地 理 学 评 论

（第 九 辑）

—— 新时期经济地理学创新与发展

金凤君　　王姣娥　　马丽　　主编

商务印书馆
创于1897　The Commercial Press

图书在版编目(CIP)数据

地理学评论. 第 9 辑,新时期经济地理学创新与发展/金凤君,王姣娥,马丽主编. —北京:商务印书馆,2022
ISBN 978 - 7 - 100 - 20467 - 5

Ⅰ.①地… Ⅱ.①金… ②王… ③马… Ⅲ.①地理学—文集 ②人文地理学—文集 Ⅳ.①K90-53 ②K901-53

中国版本图书馆 CIP 数据核字(2021)第 224068 号

地理学评论(第九辑)
——新时期经济地理学创新与发展
金凤君　王姣娥　马丽　主编

商　务　印　书　馆　出　版
(北京王府井大街36号　邮政编码100710)
商　务　印　书　馆　发　行
北京虎彩文化传播有限公司印刷
ISBN　978 - 7 - 100 - 20467 - 5

2022年1月第1版　　　开本　787×1092　1/16
2022年1月北京第1次印刷　印张　18¼
定价:60.00元

序

  2020 年初新冠疫情在全球的爆发和蔓延对人们的生产生活造成了极大的困难，人们不能聚集，学术交流无法面对面进行。在这种情况下，人们纷纷利用网络进行线上交流和交往，而且已经形成了一种新的工作与生活方式。这种生活方式可能还将延续或者成为常态。

  疫情发生后，在中国地理学会党委和常务理事会的组织和号召之下，学会所属分支机构都积极组织参与疫情防控，无论在工作单位还是在生活社区都发挥了应有的作用。在学会工作方面，各分支机构积极地组织开展疫情分析、监测和咨询报告的撰写工作，积极开展国际交流工作。中国地理学会还因此被中国科协评为"优秀抗疫学会"。随着疫情的趋稳，学者们开始谋划以适宜的方式开展学术交流活动。经济地理专业委员会是中国地理学会所有分支机构中最活跃的一个，业绩也最为突出。2020 年 5 月 5 日，经济地理专业委员会组织开展了"新冠疫情下经济地理学的创新与发展"线上学术研讨会，邀请了 10 多位知名专家、学者作学术报告或学术点评，线上直接参与者达数百人，活跃了学术气氛，并收到了很好的效果。

  2020 年 6 月开始，经济地理专业委员会以"新时期经济地理学创新与发展"为主题策划了系列论坛活动，先后成功举办了 14 期，共有来自 16 所高校和科研机构的 38 位学者在线上作了精彩报告，以及诸多有价值的点评意见，为大家送上丰富的学术盛宴。这些活动在人文经济地理学界乃至全国地理界都产生了重要影响。该系列论坛活动通过专家汇报、特邀专家点评、线上互动问答、主任总结的模式组织。论坛内容主要包括两方面，一是围绕特定主题或区域，每期邀请多位专家从多学科、多领域视角进行报告。譬如"一带一路"、自贸区、长三角和东北地区等重大区域或重点主题；二是突出学科传承与创新视角，邀请优秀的青年学者围绕其长期从事的学科领域作系统性报告。论坛学术活动客观上起到了人才培养和托举的作用。例如研究空间分析方法的董冠鹏，研究金融地理的潘峰华，研究产业集聚的李二玲，研究创新地理的滕堂伟，研究全球化与区域发展的朱晟君，还有研究能源地理的杨宇等等，以上青年学者都很好地展示了自己的学术才华与研究成果，并通过特邀专家的点评，为青年学者未来的研究方式给予了更好的指点和建议，这也是近年来中国地理学会大力倡导和积极推动的工作内容。借此机会，我代表中国地理学会对经济地理专业委员会的工作给予高度评价和赞赏，尤其是专业委员会主任金凤君研究员、副主任王姣娥研究员，以及秘书长马丽副研究员，积极策划，认真组织，确保了系列论坛的成功举办。

线上交流是一种新业态，线上直播更是科学传播的新尝试。从论坛第四期活动开始，学会秘书处会员科普部李琛妍主任通过 B 站直播进行论坛推送，极大地提升了论坛的传播能力和影响力，让更多的学者和学生有机会分享到学术盛宴。据统计，收看线上直播的人数累计超过 5 万人次。

随着疫情的逐渐稳定以及全面复工复产，以国内大循环为主的国际国内双循环发展格局逐渐形成。学会的活动组织形式上也逐渐地从线上向线上和线下结合的方式转变。在活动内容上，我们要继续坚持两个面向，首先聚焦国家发展战略需求，其次是学科创新发展，尤其是一些薄弱的领域。在活动目的上，一是活跃气氛，二是服务国家需求，三是促进学科发展，四是助力人才成长。经济地理学科与国家发展关系密切，我希望他们能够继续组织相关的学术活动与研讨，多形成智库成果，为国家发展决策需求提供科技支撑。

《地理学评论》是由商务印书馆专门为促进地理学发展精心打造的系列出版物。它的初衷是希望通过出版"人文地理学沙龙"系列论坛上的专家观点，启迪同行创新思维，扩大学术观点争鸣，促进地理学科发展。此次"经济地理学创新与发展"系列论坛活动传承了"人文地理学沙龙"的宗旨，得到了商务印书馆的重视，能够以《地理学评论》系列图书形式出版，实乃经济地理学界的幸事，也一定是出版界和学术界的幸事。希望能够推动地理学特别是经济地理学的创新与发展。

张国友

中国地理学会副理事长兼秘书长

2021 年 8 月

前　言

本成果是在 2020 年中国地理学会经济地理专业委员会组织的"新时期经济地理学创新与发展"系列论坛报告基础上凝练而成的。目的是以"推动学科发展、服务国家需求"为宗旨，凝练系列报告中"有启迪""有引领"的学术观点，为从事该领域的学者提供一些可参考的研究视角和材料。

2020 年 5 月到 8 月，针对疫情期间不允许线下组织学会会议的客观情况，为了活跃学术交流，为抗疫献智献力，中国地理学会经济地理专业委员会尝试了"云学术交流"的方式，组织全国的经济地理学者进行了线上学术交流，参加者都很踊跃。经过不断尝试和改进完善，效果与影响力不断提升，客观上实现了学术交流的"正常化"。这个时期专业委员会共组织了 14 次学术论坛，主题涉及"一带一路"、全球化、金融地理、产业集群、创新地理、能源地理、空间分析方法等学科研究方向与方法，以及东北地区、长三角、自贸区等重大区域和重点领域。尤其是特邀的多位年轻学者认真、严谨，贡献了非常多的有启迪、有引领的学术观点和方法，发挥了引领经济地理学科发展的作用，也实现了为年轻学者搭建平台的初衷。

在论坛的组织过程中，商务印书馆的李娟主任和李平总经理出于对地理学的责任和热爱，积极参与其中，并非常关注论坛报告的学术价值。2020 年 8 月论坛告一段落后，他们积极倡议将相关报告的内容整理出版，为学术界提供参考。我们很感动，积极响应他们的倡议，并与报告人联系进行系统整理。经过一年的共同努力，按照"学科创新与发展""学科新视角与新方法""区域新发展"三部分的框架对报告内容、专家点评、问题交流进行了整合和聚焦，形成了近 30 万字的成果。如果本成果能为经济地理学的发展贡献一砖一瓦，为读者提供一两点启迪，那将是我们值得欣慰的付出。

感谢我的两位同事马丽秘书长和王姣娥研究员。在我的倡导下，她们精心地组织每次论坛，付出了辛勤的劳动。在该成果出版过程中，她们更是一丝不苟、精益求精，付出了非常多的时间。她们是中国年轻经济地理学者的代表，从她们和我接触的其他年轻学者身上，我切身和深刻感受到了中国经济地理学发展的希望。感谢李娟主任，在该成果的出版过程中展现出的耐心、精心、细心和敬业精神，这是我们出版优秀成果的动力。

该成果一定还存在不足和偏颇，恳请读者指正。

金凤君

2021 年 8 月

目　　录

第一部分
学科创新与发展

新冠疫情下经济地理学的创新与发展

  为认真贯彻落实国家关于抗击新冠疫情有关指示精神,探索经济地理学理论与方法支撑全球疫情应对的相关问题,中国地理学会经济地理专业委员会于 2020 年 5 月 5 日举办"新冠疫情下经济地理学的创新与发展"学术云会,对疫情防控与应对过程中,经济地理学在社会经济发展、城乡与区域差距、交通出行与人口流动、复工复产与就业、全球产业链与国际贸易等问题的理论研究和方法创新进行研讨。

报告人:

  金凤君,中国科学院地理科学与资源研究所研究员,博士生导师。中国地理学会经济地理专业委员会主任,全国经济地理研究会副会长;享受国务院政府特殊津贴,中国科学院杰出科技成就突出贡献者,生态环境部环境影响咨询委员会委员。

  苗长虹,河南大学环境与规划学院教授,博士生导师。河南省特聘教授、优秀专家,国务院特殊津贴获得者,《人文地理》编委,中国地理学会经济地理专业委员会副主任和城市与区域管理专业委员会副主任,教育部人文社会科学重点研究基地河南大学"黄河文明与可持续发展研究中心"主任。

  曾刚,华东师范大学终身教授,博士生导师。现任华东师范大学城市发展研究院院长,兼任教育部人文社科重点研究基地中国现代城市研究中心主任。上海市高校智库——上海城市发展协同创新中心主任,上海市社科创新基地长三角区域一体化研究中心主任。

  陈雯,中国科学院南京地理与湖泊研究所研究员,区域人文经济室主任,中国科学院大学资源与环境学院教授,博士生导师。兼任中国科学院可持续发展研究中心副主任,苏科创新战略研究院理事长,长三角一体化决策咨询专家,国家级长三角城市群发展规划和区域一体化发展规划纲要编制的研究专家。

  王承云,上海师范大学教授,硕士生导师。上海师范大学人文地理学硕士点学科带头人,上海市地理学会理事,上海市城市科学研究会理事。曾荣获上海市"三八红旗手"、上海市"育才"奖等奖项。

  贺灿飞,北京大学城市与环境学院教授、院长。中国地理学会副理事长、中国地理学会经济地理专业委员会委员,中国区域科学协会副理事长,北京地理学会副理事长,教育部地理科学类教学指导委员会主任委员。

刘志高,中国科学院地理科学与资源研究所副研究员,硕士生导师。国际区域研究协会中国分会常务理事,中国地理学会经济地理专业委员会委员。主要从事创新系统与产业集群,境外合作园区研究。

王姣娥,中国科学院地理科学与资源研究所研究员,博士生导师。中国科学院经济地理与区域发展研究室主任,区域可持续发展分析与模拟重点实验室副主任。中国地理学会经济地理专业委员会副主任,国际区域研究协会中国分会副理事长。主要从事交通地理与区域发展、大数据与城市交通、"一带一路"基础设施研究。

点评嘉宾：

宋长青,北京师范大学地理科学学部部长,教授。中国地理学会副理事长,学术工作委员会主任,孢粉学会、青藏高原研究会、土壤学会常务理事;《地理学报》《干旱区地理》、*Chinese Geographical Science* 等学术期刊副主编。

刘卫东,中国科学院地理科学与资源研究所研究员,副所长,博士生导师。曾任中国地理学会经济地理专业委员会主任,国际区域研究协会中国分会理事长,现任中国地理学会"一带一路"分会主任。

修春亮,东北大学江河建筑学院院长,教授。中国地理学会经济地理专业委员会副主任,*Chinese Geographical Science* 编委,辽宁省建筑类专业教学指导委员会副主任,曾荣获"第三届全国优秀地理科技工作者"称号。

张虹鸥,广东省科学院广州地理研究所研究员,党委书记。中国地理学会经济地理专业委员会副主任,《热带地理》期刊主编。

熊巨华,国家自然科学基金委员会地球科学部一处,处长。

张国友,中国科学院地理科学与资源研究所研究员,中国地理学会副理事长兼秘书长。

主持人：

马丽,中国科学院地理科学与资源研究所副研究员,硕士生导师。中国地理学会经济地理专业委员会秘书长。

主旨报告(上半场)

金凤君：全球化与新全球化：产业转移与全球价值链重构

近十年来,跨境贸易和全球投资逐步趋于萎缩、新兴经济体的增长逐步放缓,经济全球化进入新旧规则交替的动荡期和转型调整期。发展中国家在全球的人口占比不断减小,但经济占比却不断增长,世界秩序存在很多不公之处;而美国等又认为吃了"大亏",世界秩序进入重构的前奏阶段。习近平总书记 2018 年讲话提出:当前中国处于近代以来最好的发展时期,世界进入百年未有之大变局。两者同步交织、相互激荡。这个"变",本质就在于世界秩序的重塑和全球治理体制的完善。经济全球化、政治多极化、社会信息化、文化多样化使改良旧秩序、建设新秩序成为时代的重要需求。

实际上新的全球化已经开始,2020 年新冠疫情将加速这些行为转变。转变趋势主要有以下几点:第一,既有 WTO 的机制和约束作用下降,且其改革方向不明确;第二,经济区域化、组团化趋势加强,排他式、优惠式或优先式等都会存在;第三,主权对资本自由流动和贸易资源化的约束迅速强化;第四,跨国公司主动或被动强化"主权国家隶属"的特色加强;第五,主权让渡形式下的区域一体化将有强烈的排他性色彩;第六,技术跨界流动、产业跨界转移的障碍会进一步增多。所以,以往基于成本、技术和产业链的全球价值链将面临新的挑战。资源配置、技术、区域界线、市场会出现新的组合和再分配趋势。在此情况下应对全球化必须具备几种能力,从经济地理学的角度表现为:有利的经济地理区位及其可发挥的潜力、在全球经济地理格局中的地位及其主导能力,以及可利用的经济地理势能和影响力。新技术出现推动全球化变革,也将产生新经济和新地理业态。

在产业转型与全球化过程中会出现哪些新情况?学术界形成的共识是,到目前为止已经发生过四次产业转移,但全球产业转移的周期将持续变短,优势更替将越来越快。另外,全球产业转移的驱动因素越来越复杂化。受中美贸易、全球疫情、全球一体化、本土化、地缘政治的影响,全球产业转移的形式也在发生变化,由单通道变成双通道。所谓的单通道是指产业转移从发达国家向发展中国家转移,而现在的情况是同时呈现发展中国家向发展中国家、发达国家向发展中国家转移的双通道趋势。

在该趋势下,中国仍具有一定优势。首先,中国不仅在劳动密集型、以出口或加工为主的中低端制造业方面占据优势,在创新活动、先进智能制造方面也具备潜力,既可以转移劳动力密集型产业也可以吸引高技术产业。从区位和市场的角度看,中国的潜力巨大。通过对过去 20 年全球市场潜力分析发现,1995 年的全球消费市场份额中,欧美国家占 61%,中国大约只占 2%;而目前中国占 10%,未来可能占到 16%;相对来讲,日韩的份额会减少,亚洲其他国家如东南亚等国的份额还会继续增加。从这个角度看,未来中国的优势有进一步提升的可能。其次,从全球经济地理格局的变化趋势看,目前新的核心区域是欧亚大陆,其他地区为边缘区域,这与欧亚大陆潜力不断增长、中国在全球格局中的地位越来越高、与全球的联系更为密切有关。从全球贸易格局看,未来大区域内部的交流比重会增强,区域之间的联系将会减弱;东亚、欧洲区域内循环的比例会增强,其他区域间的依存度会下降一些,比如中国与东南亚的联系在进一步加强。2019 年中国与东南亚的贸易额已经达到 6400 多亿美元,比 2018 年增长了 14%。从人民币核算角度,东南亚地区约占中国进出口总额的 14%,已经超越美国,且和欧洲不相上下。这表明如果中国在整个亚洲区域里建造并运作好产业链、贸易链和创新链的话,自我循环发展的能力将进一步提高。在劳动密集型产业与技术同步转移的过程中,中国已经具备了一些调控能力。

通过分析中国从吸引外资到对外投资的变化,发现过去十几年中国的对外投资基本都主要集中在亚洲地区,占到约 60%～70%。虽然将来可能受其他因素影响会有所减弱,但中国与东盟之间的贸易规模还将持续增长,预测到 2025 年会突破 1 万亿美元,占到全国总外贸量的 20% 以上。从经济地理势能角度看,未来中国的对外贸易还会进一步增长。我们分低、中、高三种情景进行预测。在低情景下,2035 年中国对外贸易额将达到 7 万亿美元,大约还有 1/3 的增长空间。这就是中国的势能,即谁是中国的贸易伙伴谁就能获得收益。在贸易过程中,中国与哪些国家不会有矛盾或者矛盾少一些? 应该是已经和中国签订自由贸易协定的国家,以及签订"一带一路"合作协议的国家。因此,我们要把握好这个势能实现中国产业的全球运作。另一个势能就是进出口结构的变化。1990 年中国约 95% 的出口都是工业产品,而目前正在逐步走向高端化。即使这个过程中会受到约束和困难,但是高端化的趋势不会停下。

在合作环节方面,通过梳理各类战略合作协议,并赋予不同分值,以研究全球经济格局中的伙伴关系。研究结果表明,以 50% 为节点,中国的战略伙伴大概有 62 个,主要集中在中国周边地区、中东北非地区,以及西欧部分地区和拉美。这个判断可以帮助中国在与主要竞争对手或战略对手谈判或竞争过程中,分类有序地构建竞争战略。

顺应第五次全球转移大趋势,中国首先应在全国层面进行创新驱动制造业转型,以区域协调发展引领沿海产业向中西部转移,构建自我循环的产业链;其次要从全球的角度引领价值链构建,如泛亚经济圈建设,推动与东南亚的进一步合作;再次要妥善应对全球化重大突发问题。尤其要关注中美贸易摩擦可能将越来越大且涉及范围较广,并在制造业方面表现更为强烈;另外疫情作为一个突发事件可能会持续很长时间,将在全球价值体系当中产生很多问题。

为此,中国应该怎么办? 我认为从国家的角度应积极完善供应链的风险应对体制,增强产业链的韧性;从产业的角度要推动向数字化、智能化转型,培育数字经济、发展数字贸易。通过数字供应链、数字平台串联每个生产环节,实现供应链的高端化等。

苗长虹:尺度政治与经济嵌入后疫情时代的全球化

本报告主要包括以下几个部分:首先是围绕疫情冲击和社会经济转型大的背景,对全球化、尺度政治和经济嵌入等有关问题进行简单讨论,最后阐释全球化时代经济的基本图景。

　　显然，社会经济大转型是历史发展的大趋势，其具有阶段性特征。现阶段的特征，一方面是欧美新自由主义的危机，以2008年全球金融危机为代表，引起贸易保护主义和民事主义兴起，这也是当代全球政治经济的一个重要特征；另一方面是社会经济发展又面临着新工业革命、新一轮技术革命和产业革命的机会。在此基础上，经济学家沃勒斯坦（Wallerstein）认为世界体系在进一步分化和重构。这是全球化的历史大趋势，和疫情并没有特别关系。但是疫情成为一个新的外生冲击，导致历史趋势发生变化。疫情带来的不确定性和风险，使地缘政治冲突成为当代国际矛盾和争端的非常重要的特征。

　　另一个趋势是国家市场社会关系进一步重构。近几年学界一直关注各种各样的全球化。全球化从20世纪80年代开始，就出现乐观派和质疑派之争。乐观派认为地球是平的，全球化是不可避免的大趋势。现在依然有学者对全球化推进持乐观态度；但是更强调现实主义的学者看到了全球化带来的负面效应，如著名经济学家斯蒂格里茨对全球化做了一系列研究，通过不同层面评价发现全球化的确使一些国家成为赢家，但也明显使一些国家成为输家。所以这就导致一个很重要的问题：地理学所强调的空间极化和社会极化是并存的。空间极化导致部分特定地区、特定城市在全球化过程中受益，而很多地区则并没有受益。社会极化则导致财富更加向少数人集中，正如美国的1％和99％（1％的人掌握99％的财富）。

　　2008年金融危机以来，对于全球经济增长，虽然各国都采取了应对举措，2017年全球经济增速达到3％的高位，但近两年由于中美贸易冲突、世界的不确定因素增强，全球经济形势实际呈下滑趋势；2019年全球经济增长速度预估为2.3％；2020～2021年如果没有发生疫情，一些国际组织认为在中美贸易冲突得到缓解的前提下，世界经济增长将进入缓慢抬升通道。但是疫情导致生产贸易全球停摆，全球经济增长可能会落入到一个低谷。实际上经济增长减速是世界绝大多数经济体的普遍特征。除了中国经济增速放缓，无论是发达经济体、转型经济体还是发展中经济体，最近几年尤其是2017年以来，经济增长减速也非常普遍。其背后原因显然在于全球贸易的下降。2017年、2018年、2019年全球制造业采购净利润指数、工业增长和商品贸易指数均在下降，也就是说全球对宏观经济形势均持相对悲观态度。在此基础上，由于经济政策和贸易不确定因素增加，商业信心在2018年、特别是2019年大幅下降。这对于我们思考疫情、思考世界不同经济体的发展，思考中国的发展，都是大的背景性趋势，不会因为一个国家、一个地区的变化而转变。但是疫情的确对这种趋势起到了强化作用。

　　第二个问题是尺度政治。地理学非常重视地理尺度。学者福山（Francis Fukuyama）在《政治秩序的起源》中谈到，任何一个国家的发展需要三方面的能力：国家能力、法治及负责任的政府。实际上疫情就是对国家能力、人民政府的考验。最近福山提出政府应对疫情的关键不取决于政体。无论是成熟的民主体制还是威权或者专制体制，在疫情防控方面都有赢家和输家。归根结底,国家能力和政府的信任是疫情防控的关键。从这个意义讲,在尺度政治方面,WTO、全球化在某种意义上是国家权力做出了一定程度的让路:上移进入到国际组织,包括区域化、全球化一系列组织;下移实现国家权力下放,或者分权化,也就是城市,提升城市区域、城市群。社会在全球化过程中也进行了新一轮重组。按照批判城市学家伯瑞纳(N.Brenner)所强调的,尺度重组和尺度政治是理解全球社会经济关系的重要视角。全球重组主要有四个尺度:即全球尺度、国家尺度、城市尺度和公司尺度。几个尺度之间交互作用,形成相互嵌套的结构。

市场、社会、自然的交互作用形成的多样化模式,作用于尺度的重组,形成了不同的全球情景。GPN、GCC、全球供应链、创新网络等,还包括城市群、都市圈等,其背后是跨国公司的作用。无论是围绕跨国公司所形成的产业集群,还是一些新平台内的公司,都导致经济全球化过程不同尺度的重组,重组之间的地域表现就构成了分析全球化的一个重要维度。

第三个问题是疫情对于国家能力的影响。显然疫情加强了对国家能力的重视,竞争会进一步加剧,合作会进一步分化。20世纪90年代以来是新自由主义导致全球化扩张的时期,工业和城市间的合作进一步深化,由此形成了全球化、地方化或全球在建化。新冠疫情最基本的特点是加速全球化的收缩,一方面强化了国家和城市之间的竞争,另一方面则进一步扩张国家权力。20世纪80年代末新供给主义或供给学派的革命,或是里根的马歇尔时代都是以减少或减缓国家权力为特征。但现在可以看到,无论是思想界还是政界对国家权力的重视又重新提上了议事日程。国家权力的扩张会导致全球政治经济格局发生重大变化,同时导致国家和地方博弈出现新变化,进一步凸显出区域化、国家化和地方化的基本特征。

第四个问题是经济嵌入。新冠疫情导致经济与社会保护运动之间形成关系。在经济学理论上,无论是市场自由主义还是新自由主义都强调市场经济,即现在的经济学思想或者主流经济学理论强调这样一种观念:经济是一个项目连锁的市场体系,这个体系可以通过第二个机制来进行调节。波兰尼(Polanyi)提出的"嵌入"强调经济并非像经济理论中那样是自主的,而是从属于政治、宗教和社会关系的。重温波兰尼在20世纪40年代写的《大转型》,他提出一个很重要的问题:人类社会进入到一个市场经济所主导的时代,全球化会不会存在经济有效脱嵌的社会?波兰尼的回答是否定的,他认为一个脱嵌的、完全自发调节的市场经济是一场乌托邦的战斗。当然超级全球化的学者对全球化的认知实际上也是一个乌托邦。波兰尼认为社会始终存在着两种力量:一种是力图扩展市场范围的自由发展的力量,如跨国公司;另一种是力图抵制导致经济脱嵌的保护性运动。波兰尼提出的一个重要观点就是市场能够以多种方式实现嵌入,并不仅有价格机制一种。所以人类和自然如何摆脱市场力量所造成的压力始终是一个很重要的问题。

对于经济地理学而言,经济嵌入包括社会嵌入、地理嵌入、网络嵌入、制度嵌入等。在全球化时代我们非常重视如 GPN、全球生产分工和跨国公司垂直整合之间的关系。疫情冲击会导致跨国公司的地理嵌入发生一些变化。这种变化我觉得四个方面非常重要。首先是供应链,因为在疫情冲击中大家非常重视供应安全;其次是劳动力;再次是地方的制度;最后是政治,因为国家权力提升之后政治对跨国公司的影响越来越生动。

最后总结一下,后疫情时代经济全球化的图景格局是什么样的? 我的判断是:全球化会进入到一个新的收缩期,区划的版图会更加鲜明。之所以得出这样的判断,一方面是因为疫情会强化国家能力和社会保护运动,同时会深化对全球—国家—城市—公司多尺度的重构。尺度政治导致全球化时代资源型地区、生产型地区、创业型地区等专业化分工格局的风险加大,多元化受到更多的重视。其次,疫情会强化经济的地域嵌入,即那些不能有效实现地域嵌入的跨国公司可能会进行战略调整,同时对供应链安全的重视会加剧供应链布局的区域化。基于该判断,我们认为疫情会对全球化的收缩起到加速作用。另一方面,也为区域一体化和城市区域、城市群发展提供了机会,疫情会进一步加剧世界割据化格局。

现在,全球趋同趋势发生逆转,发达国家和发展中国家进一步分化。对于中国而言,2020 年底 RCEP《区域全面经济伙伴关系协定》落地,地区一体化进程会逐步加强,疫情之后"一带一路"合作的重要性会进一步凸显。对于国内来讲,区域协同战略的重要性会进一步凸显,中国以城市群、流域为主导的区域协调发展战略实际上是顺应了新的经济全球化时代、空间一体化的内在要求。就这个意义而言也给经济地理学的创新提供了机会和平台。

曾刚:新冠疫情后时代长三角产业重构

中国产业发展优劣势并存,中国制造大而弱特征显著。中国是全球制造中心之一,装备制造业是其主要支撑之一。2018 年,中国装备制造业产值达 43 万亿元,产业规模位居全球之首,占全球装备制造业总产值的比重超过 35%,占全国工业总产值的比重达 20%。而长江经济带是中国装备制造业的重要基地,其产值占全国装备制造业的 55%,发明专利申请量占全国装备制造业发明专利申请量的 56%,长三角地区则占到整个长江经济带的 70% 以上,肩负着引领中国装备制造技术创新、产业升级发展的重任。然而,中国装备制造业关键技术对外依存度高。据国际货币基金组织(IMF)统计,2001 年到 2017 年,中国对外支付知识产权使用费年均增长 17%,而同期世界平均年增速仅为 8%;据商务部统计,2017 年,中国对外支付的知识产权使用费已经达到了 286 亿美元,逆差超过 200 亿美元;中国工业和信息化部副部长、国家制造强国建设领导小组办公室主任辛国斌 2018 年 7 月 13 日在"2018 国家制造强国建设专家论坛"上指出,在装备制造领域,中国高档数控机床、高档装备仪器、运载火箭、大飞机、航空发动机、汽车等关键件精加工生产线上逾 95% 的制造及检测设备依赖进口,中国供应链、产业链安全存在很大隐患。同时,中国一般加工工业的产业空心化趋势也越来越明显。由于越南等发展中国家交通、通讯、能源等基础设施不断改善,工业企业区位条件不断优化,加上近年来中国劳动力成本不断上升,中国相对于西方发达国家的低成本生产优势逐渐被越南等国家超越。加上中美、中国与西方发达国家之间越演越烈的贸易纠纷,使得越南等东南亚国家商品出口条件、市场准入条件远远优于中国。受此影响,2019年1至3月,越南吸引外资总额达108亿美元,同比增长86.2%,其中来自中国的资金占了一半,从中国迁入越南的企业涉及从纺织到电子等几乎所有制造业部门。贸易数据公司Panjiva报告显示,2019年一季度,家得宝(home Depot)以及宜家(Ikea)等零售商从中国进口家具减少13.5%,而由越南进口攀升37.2%;汽车轮胎方面,美国减少从中国进口28.6%,而从越南进口暴增141.7%。

新冠疫情暴发后中国面临国际地缘政治风险增加。主要表现在三个方面:第一,中西经济脱钩步伐加快。英国前任外交大臣黑格称,中国不会遵守我们的规则,中国不可能是我们包括技术合作领域在内的战略伙伴。美国前国家安全顾问麦克马斯特建议,西方国家以及日本、韩国、澳大利亚、印度应该协调一致应对中国。2020年4月7日,日本政府宣布拨款22亿美元,协助日本制造商将生产线撤出中国或转移至其他国家,以恢复日本中断的供应链。2020年4月8日,德国联邦政府决定修改《对外贸易和支付法》,阻止遭受新冠疫情打击的德国企业被外资趁机收购,剑指中国。2020年4月9日,美国白宫首席经济顾问库德洛(Larry Kudlow)在电视节目中说,美国政府应该为希望撤离中国的美国企业提供全部的"搬家"费用。2020年4月,英国议会出面干预,迫使中国投资者放弃收购英国一家高科技公司Imagination Technologies芯片设计公司的计划。

第二,新型经济区将成为经济活动主要空间载体。新冠疫情加快了全球经济区域化、集团化进程。放眼世界,经济全球化遭遇新挑战。尽管英国脱欧对欧盟发展造成了重大冲击,但欧盟内部一体化进程并没有因此而减速。东盟、北美自由贸易区也在优化发展。回眸域内,跨省经济区、具有城市群支撑的区域发展共同体发展势头强劲。长三角、珠三角、京津冀、成渝城市群,以及以上海、重庆、武汉等巨型城市为核心的都市圈发展迅速,对新时期中国高质量发展大局的支撑作用越来越大,必将成为中国经济持续发展的增长极。

第三,国内各产业发展态势分化严重。2020年第一季度,深圳市战略性新兴产业增加值为2005.84亿元,同比下降8.8%。其中,数字经济增长4.9%,生物医药下降2.6%,新材料下降8.2%,新一代信息技术下降8.7%,装备制造下降13.3%。2020年第一季度,杭州市制造业产值同比下降5%～10%。得益于数字经济同比上升30%的贡献,使得杭州市GDP第一季度仍有2%的正增长,逆市上扬。这就是说,汽车等传统制造业受新冠疫情冲击较大,2020年第一季度,上海大众汽车集团销售额下降了将近一半。而数字产业对国民经济发展的贡献率却大幅上升,地位越来越重要。

新冠疫情要求长三角采取新措施,优化产业结构。建议重视以下两个方面工作。第一,构建新基建、城市群、产业体系的三者联动发展新机制。新基建包括大数据、云计算、人工智能、物联网、区块链、5G、新能源七大领域,新基建具有辐射、溢出、联动效应大的特点,也是中国在全球具有领先地位的领域。因此,应该避免长三角各地政府部门在数据港、数据处理中心建设方面的无序竞争,重视长三角城市群、新基建设施、产业体系三者的联动规划。与传统机场、高速公路、铁路等"老基建"主要依靠政府投资建设不同,大数据、云计算、物联网、5G 等新基建投资主要由企业承担。因此,应该建立以企业为投资主体、市场规则为支撑的新基建投资运营机制,大力发展数字工程、融合工程、创新工程、网络经济、健康经济,为疫后长三角经济发展提供不竭动力。

第二,设立长三角产业创新基金会,合作建设世界级产业集群。长三角高端科技资源呈现向核心大城市集中、生产厂商向边缘中小城市转移态势。推动跨行政边界的产学研一体化,深化产业链、创新链、价值链三链融合,着力发展创新飞地,提升产业链能级安全和国际竞争力。2020 年 4 月 27 日,位于长三角 G60 科创走廊,总投资达 2 亿元的"金华(上海)产业协同创新中心"在上海松江成立,标志着研发在上海、生产在金华,沪浙产学研一体化互利合作又添新案例。具体而言,建议借鉴德国史太白基金会成功经验,政府(教育、科技、经信、财政)扶持,企事业单位主导,设立总额 5000 亿元长三角产业创新基金会,按国有非营利机构章程运行,遵循公平、效率并重原则,为集成电路、生物医药、人工智能世界级产业集群建设提供可靠保障。

陈雯:用大数据看城市商业活跃度分析

由于目前整个全球供应链近乎停摆,全球化格局发生变化,所以大家都非常关注自主可控安全产业链问题。本地如何去延长供应链和链接供应链,同时把终端耐用消费品的生产作为延长产业链以及可控产业链的重要方面? 由此,终端消费品的生产方式可能会从 B2B 方式转向 B2C 的方式,就更需要消费市场的活跃。我们的分析不仅可以反映经济复苏情况,也可以为整个产业链延长以及未来消费品生产做出一些技术支撑。

本报告的研究目的是希望能够监测整个城市内部的人员流动情况。首先它能反应商业复苏的情况,同时结合城市相关数据印证复工复产政策的实施效果;其次预判未来商业会面临的风险,特别是获知人口流量来预判未来城市的发展趋势。

数据主要是由我们的团队联合清华大学信息研究院智库 2861 项目组组成。他们建立了一个 DaaS 的平台系统,共同研发了一个基于实时 AI 大数据技术的全国以区县为单位的经济复苏状况实时监测与评估分析系统,即"复苏经济 AI 评估系统"。这个系统不仅有人口数据,还可以提供500多个指数的数据,可以做各种各样的研究。该数据从2018年开始监测。我们选用了全国336个城市2020年1月28日春节之后城市的实时商业人口数据。主要用腾讯区域热力和通讯热点数据来反映白天区域有多少人口在活动,其减掉晚上居住的人口就得到该区域的商业活动人口数。通过与2019年底特别是12月份以及第四季度的同区域的平均商业人口数据进行对比,就可以得到工商业的恢复程度。如30%就代表该区域目前只有2019年底30%的人口在这里活动。数据为实时数据,2020年"五一"劳动节前更新到了4月29~30日的数据,可以看出全国平均商业活跃度每天的变化情况。

由数据可以看出,2020年3月中旬以前有一个阶梯性的较快增长。国家几乎每星期会出一个复工政策,星期一的时候就会有一个小跳跃的增长。3月中旬到4月中旬时就进入到一个平缓增长阶段,现在停留在一个相对比较缓慢增长的阶段,大概在80%水平,还没有完全恢复到2019年底的水平。全国每个城市的商业活跃度每个时段的变化总体上呈现西部好于东部、北部好于南部的特征。4月30日城市商业活跃度前10名基本以中西部地区以及中小城市为主,后10名主要集中在湖北以及一些如杭州、温州等的大城市。由此可以总结出一个规律:初期是小规模的跳跃增长,目前大约总体上恢复到80%,有60%以上的城市恢复到85%。空间格局与疫情严重的区域格局密切相关。东南地区城市外来人口规模高,人口回流速度及规模制约着商业活跃度的增长。湖北依然相对处于商业低谷状态,但中小城市相对表现较好,武汉依旧处于末位。大城市提升难度相对较大,目前全国深圳、郑州、杭州等大城市还处于较低水平。

长三角平均商业活跃度的走势。初期长三角表现相对较好,但到2月份复工时表现谨慎使其活跃度相对低于全国,后期则与全国趋势大致相当。通过监测全国100个劳动力输出县的返工率情况,发现长三角的增长趋势与返工率极其相关。人口没有回来,很多城市的商业回流也无法增长,所以长三角地区存在着周期性增长特性。长三角从领先到落后再到慢慢赶超,目前处于相对平稳增长和微弱领先优势状态,主要是因为长三角人口基数较大、外来人口的逐渐回流和复工复产复市的政策支持,使得这种平稳增长领先于全国平均水平,但是领先的幅度较小,优势也非常弱。目前恢复率停留在80%主要是因为人员流动仍然受到较大限制,高校毕业生仍未返校。虽然长三角地区很多中小学已经开始复课,但对中小学生父母要求严格,现在不允许中小学生家长出差、不能离开所有城市。所以今年"五一"期间上海周边地区交通非常拥堵,"五一"期间的人流量超过去年同期的20%。上海家长不能带孩子到外地,只能在本地游玩,所以商业活跃度就会停留在这个水平。

从空间分布看,长三角的商业活跃度呈现东边相对好于西边,北边相对好于南边的状况。长三角的活跃度平均水平达到82%,有一半的城市超过85%,最低也超过了70%。目前就只有几个大城市,如温州、宁波等地受外来人口多、疫情相对严重影响,现在还处于相对谨慎的恢复状态。如杭州、苏州、南京、上海等城市的商业活跃度开始增长但相对缓慢。如杭州的商业活跃度恢复较慢，我们分析其原因是电子商务的发达消化了部分线下消费活动。随着外来人口的回流，这些城市也会表现出较好的态势。总的活跃量方面，大城市的活跃量较高。4月30日后上海、苏州、杭州、徐州、南京的活跃量就超过了500万人的规模，有16个城市的商业活跃人口超过了300万人。

总体看来，大城市的表现不是非常好。而大城市恰恰是商业中心城市，为什么会表现不好？能有什么样改进的措施？除却外来人口较多导致大城市商业活跃度相对滞后外，还有一个非常重要的原因——与大城市的商业布局体系有关。中小城市大量的商业形态是以街边店、街边小店以及街区为主，相对而言其商业比较容易恢复。在过去5年乃至10年，主要大城市的商业活动更倾向于发展大的综合体、大商场、大的Shoppingmall等等。恰恰这时大的综合体商业恢复相对滞后。南京中央商场第一季度的销售额与去年同期相比降低了近90%，大概只有10%左右的销售额，且主要集中在化妆品类别，其他如服装等类别几乎全军覆没。

所以，我认为在研究城市街区、城市格局、建成环境以及商业业态时，应注意特色产业街区和商业街区可能对未来城市发展的影响，或者需要改变这种趋势。如纽约原来曾希望改造一个大商场，但当地居民就非常倾向于小街小店的方式。疫情期间我们搜索了日本原宿表参道的街区发展状况，发现特色街区在疫情情况下可以做几件事情：第一，做一些爱国卫生运动。日本在疫情发生之后做的一件最重要的事情就是保持干净，让街区街店变得非常干净。第二，可以做一些个性化街景、地景。目前城市规划中的园林绿化设计采用的标准统一，缺少了多样化的消费空间，所以需要营造地景空间。第三，表参道做得非常多的内容就是推动店员店铺的培训系统，以此优化现有商业体系，改变现有的以大型商场和综合体为主的发展模式。所以，加强特色产业街区的发展，有利于补充主干商业服务的毛细血管，也有利于商业更好地复苏。

王承云：新冠疫情下上海在线新经济的发展与不足

突如其来的新冠疫情打破了原有的生产生活模式，停工停学居家隔离。上海的一千多万人口居家如何消费、如何生活成为很大的问题。京东买菜、饿了么等等平台推出了无接触配送服务，订单量倍增，美团点评也推出智能取餐柜。疫情期间上海社区的一个新现象是每个小区门外都搭建了一个无接触快递柜，或者是一些存储仓库，每个居民都可以到楼下或者小区门口取自己购买的物品。

4月8日，上海市政府公布了"上海市促进在线新经济发展的行动方案"。该方案鼓励在线新经济系统借助AI、5G、互联网大数据、区块链等智能交互技术与现代生产制造、商务金融、文化消费、流通出行等深度融合,发展具有在线交互特征的新业态、新模式。上海发展在线新经济有哪些优势? 第一个优势是具有广阔的消费市场。长三角城市群 3.5 亿人口,上海常住人口超过 2400 万人,每年来沪国内游客 3.5 亿人,国际游客 900 万人;上海社会消费品零售总额位居全国首位,人均 GDP 超过两万美元,消费对经济增长的贡献已经超过 60%,两届进博会(2018 年和 2019 年)的成交总额已经超过 1290 亿美元;位于上海的主要电商直播平台用户居全国第一,如李佳琦直播平台就在上海。新业态模式、在线新经济领军企业(品牌的便利店)就高达 6200 多家,还有很多国际化、上海特色的在线企业。第二个优势是上海拥有最齐全的消费品。国际零售商集聚,世界知名品牌超过 90%,进口化妆品占到全国的 70%,还有国产品牌集聚;此外航空吞吐量大、高铁集聚。"行动方案"的总体考虑和行动目标主要是打造在线经济新高地。一是强化高端产业引领和科技创新策源功能。加快智能软硬件及装备等创新产品的研发应用,布局新型信息网络等基础设施,着力培育新经济增长点;二是打造新经济场景,助力产业转型升级。围绕重点领域规模化推出应用场景,释放新兴消费潜力,加快培育创新型头部企业和领军企业;三是创造新制度供给,营造新经济营商环境。产业部门和监管部门形成合力,探索建立"沙盒监管"等包容审慎的监管方式,优化在线新经济发展的制度供给。

上海在线新经济发展现状。疫情发生以来上海市推出了很多措施,包括推动中小企业的信用贷款,助力在线新经济的发展;聚焦"专精特新"企业,推出"千家百亿信用担保融资计划";同时降低融资成本,给企业减负;另外就是促进中小企业改制上市。推动优质服务机构设立"科创企业投资基金联盟",建立对口服务机制,及时协调解决企业上市诉求。

接下来是数据分析。数据来源基于创投库(https://data.cyzone.cn/company)提供的 4531 家在线新经济企业的抽样数据。经过数据选择,主要聚焦在线新经济企业,排除了带有传统相关标签的企业,最终样本企业数 3684 家。通过分析发现上海在线新经济企业的行业领域分布,主要是集中于企业服务、文化娱乐、金融、医疗健康、智能制造、游戏电竞等领域。

企业数量的差异在一定程度上反映了在线新经济发展成熟度的不同。提供在线信息服务、打破行业旧有信息壁垒领域,如企业服务、文化娱乐企业数量最多,行业发展比较持续;通过互联网改变原有业务逻辑进行行业流程再造的领域,如金融、医疗、健康行业也发展比较成熟;依赖新技术突破创新领域,如金融制造、人工智能、大数据的企业数量相对较少,行业发展还处于上升期。

对数据进行空间分析研究在线新经济企业的空间分布,主要表现为两个特征。从注册地址和办公地址看,上海在线新经济企业的注册地集聚度比较高,表现为多核独立发展,主要是在郊区。因为很多郊区的产业园区、工业园区有一些注册政策,包括民宿政策等。但是企业办公地倾向在中环以内的中心城区,依托交通干线为廊道,集聚效应不如注册地址显著。

从上海在线新经济企业注册的选址看来,市中心始终不是此类企业注册地的首选。而基于"寻租"原则,具有优惠政策的工业园区、高科技园区会在早期阶段成为注册活动的核心。随后依托交通干线,随交通网络结构不断完善,注册活动的廊道扩散机制显现。相较于注册活动郊区化趋势,上海市在线新经济企业的办公活动中心极化趋势显著。2013～2018年热点重心始终在市区南部并逐渐扩大,远郊地区崇明的北部冷点区域逐渐扩大。此外,办公选址还与最为成熟的六大 CBD 商圈高度吻合。上海市规划发展最早且最成熟的六大 CBD 商圈(陆家嘴、人民广场、南京西路—静安寺、淮海路、徐家汇、虹桥古北),改革开放以来经历了集聚国企、跨国公司总部、品牌、研发创意的过程,现已成为在线经济办公的热点区域。

通过比较上海市主要 CBD 写字楼的租金,显然在线新经济的办公地热衷于中心城区。根据中心地与地租理论,地租从市区到郊区由高到低递减,能够承担高租金的企业多布局在市中心繁华商圈之内,租金承受力较弱的企业选择布局在租金较低的区位。所以企业会兼顾地租和企业形象来选址。2019 年下半年疫情发生之前,我们曾到虹桥国际中心调研,拼多多总部就位于该中心。随着拼多多总部的入驻,带来了很多周边企业,即带动拼多多上下游产业链相关企业入驻。调查发现这个楼面的单位租金也随着拼多多的入驻比周边地区高出 1～2 元。

另一个案例是叮咚买菜的线下配送点设置。叮咚买菜在上海市内的配送点布局与中心地理论相符,以各个配送网点为中心,采用最近距离为周边居民提供相同的配送服务。叮咚买菜线下配送点的布局被称为"前置仓"模式,其特征是网点较小,但较为密集;由于配送点面积小,租金较为便宜,因此对周边居民数量的覆盖率是首要考虑因素;市区配送点相对密集,郊区主要配置在中心城镇内,以确保能服务大多数居民。

最后总结和讨论。我们筛选了一部分上海各行各业在线新经济企业代表,通过分析发现它有几种业态类型:无中生有型,包括联影医疗、商汤、依图科技等在线科技产业,还有生鲜配送等;有中启转型,如在线医疗、在线金融;转中做大型,如哔哩哔哩非常典型,在疫情期间打了一个非常漂亮的翻身仗,一个季度的营业额高达 34 亿元。

无中生有型主要是指因为疫情倒逼而催生出来的新业态,包括远程办公,无接触配送等等。这些领域在疫情发生前规模很小或者根本没有,但在疫情后顺应了广大市民无接触生产生活的需求而催生出新企业和新模式。如华平信息推出了云视讯平台,为一千多家政企单位提供服务;叮咚买菜、饿了么推出无接触配送;还有一些公司推出了智能储物柜、保温外卖柜,满足社区的多元化需求。

有中启转型将线下城市的业态模式转移到线上线下相互融合,包括在线展览、在线教育、在线医疗,重点体现了"转"。受疫情影响,博物馆、博览会、学校上课、健康诊疗等线下活动不能参与,就借助新兴技术手段实现线上服务。还有如企业线上展示交易,帮助上下游企业实现互联网链接。

转中做大型在疫情期间得到了发展壮大,如无人工厂、工业互联网、在线、生鲜电商等企业。这些模式疫情前就已存在,但是疫情期间线上需求剧增,出现了井喷式的增长。如哔哩哔哩、喜马拉雅的增长非常快;另如上海通用汽车金桥工厂无人车间实现 100% 焊接自动化,保障无人生产线始终"不掉线";拼多多日均在途包裹数同比增长 60%。

根据上海在线新经济的发展,我们提出几点建议:首先在这次抗击新冠疫情中大量企业逆势而行敢于创新,对经济社会发展做出新的探索,政府应该给予支持。其次建议政府要顺势而为、因势利导,助力市场主体迸发新活力、再创新机遇。再次,提出发展在线新经济,就是希望危中寻机、化危为机,催生和固化疫情中涌现爆发的优质企业和品牌产品,用更包容的监管、开放场景、优质的服务、创新的生态,合力打造上海在线新经济发展的新高地,同时助力上海建立具有全球影响力的科创经济。

特邀专家点评

宋长青(北京师范大学地理科学学部)

会议的出发点是思考经济地理学在疫情冲击或启发下,究竟有怎样的发展模式和选择。所以,首先我给大家回顾一个概念,经济地理学是干什么的? 简单的理解,经济地理学是研究经济载体、经济行为和经济效应的空间分布以及演化过程的一门学科。那为什么大家把全球尺度看得这么重呢? 我个人理解是因为一个国家、地区是在相同的政体下组织生产活动和经济活动,所以它的模式相对比较成熟。但是一旦产生国家间冲突或国际关系变化,就势必影响国家内部或地区,或城市的产业变化。所以,研究全球化和新全球化、逆全球化,实际上是研究世界尺度的内容。但是映射到不同国家内部和地区上,同样随之变化。

其次,为什么要有全球化? 全球化是国际地域分工的结果,为了提高生产效率、创造更大的经济收益,这是一个必然的过程。为什么今天会有新全球化和逆全球化? 有两个非常重要的因素:第一是随着技术的不断提升,生产效率大大提高,整体上各类产品都处于过剩状态;第二是由于产业水平促使国家正在发生着剧烈的变化,即中、高、低端产业水平在国家之间发生剧烈的转换。以中国为例,改革开放之前产业处于低端水平,现在是中端水平并有部分地区或产业进入高端水平。由于产业水平在国家内部发生了巨大的变化,就必然带来国家之间产业上的另一种层面竞争。所以说,逆全球化是在这两个重要因素推动下的历史必然。

再次,新冠病毒究竟带来了什么? 新冠疫情引爆了国家之间的冲突。在新冠疫情的推动下,有些国家的行为已经抛弃了道德底线,有些国家抛弃了国际规则,潜在地引发政治和军事的冲突风险。如美国、澳大利亚、英国等政府和民间在讲疫情索赔,这在历史上是没有过的。为什么提出来呢? 这既突破了人类的道德底线又突破了国际法理底线,随之而来的就必然引发国际政治格局变化,政治格局变化带来的就是经济格局变化。

那未来是什么呢? 未来两极化集团可能会若隐若现地产生。发达国家制定了二战以后的现代国际秩序,但在利用现有国际秩序不断参与国际秩序的全球化过程中,新兴国家占据了有利的地位,而制定秩序的发达国家不占有利地位。所以变的是什么? 制定秩序的人想改变秩序,而后发国家要维持这个秩序则需要改变秩序中的角色。所以这极大地带来了国家之间的利益冲突,且这种冲突不可调和。将来围绕着现有的冲突可能形成两极体系,以发达国家为主的经济内循环体系和政治体系,和以中国、俄罗斯以及其他一些后发国家形成的另一套体系,两套体系将构建独立的资源、能源、制造业和高科技企业的多层次的经济结构。新冠疫情可能会促进这个过程的加速。

最后是对新冠疫情下经济地理学学科发展的一点思考。首先,我们要把握学问的根本,经济地理学是干什么的? 因此要把握地理学的根本,地理学的时间、空间和要素相融合的根本。经济载体、经济行为和经济效应,在新冠疫情后的新国际政治经济格局形势下,在不同区域不同尺度是怎么表现的? 其次要深化驱动力分析。任何一个经济行为和经济载体的空间和时间变化都受到其他一些要素的推动。最早是以资源作为推动力分析,后来以效益作为推动力。在新的国际形势或逆全球化背景下,或新全球化背景下,或新冠疫情引发的国际形势下,要更多地考虑以政治因素、军事因素和国际安全因素为驱动力来分析经济地理以及各种经济行为。

刘卫东(中国科学院地理科学与资源研究所)

感谢五位学者给出的精彩报告。金凤君主任讨论了新全球化,实际上是新的全球经济地理格局;苗长虹教授从尺度政治和嵌入的角度探讨了全球化可能发生的变化;曾刚教授、陈雯研究员和王承云教授都是从不同的尺度案例来分析正在发生的一些变化。我也在思考这件事情,但还没有思考清楚,疫情到底怎么影响我们这个时代、影响经济全球化,甚至怎么对"一带一路"产生影响? 刚才我也从各位的报告中听到了很多有意义的工作。

我总的感受就是,其实地理学(包括经济地理学)不缺思想、不缺分析方法,缺的是没有办法掌握第一手的数据。包括刚才陈雯研究员谈到她是因为跟别的公司合作然后才有了这些数据,所以就可以做这样的深入分析。王承云教授的研究也是从有些公司能够拿到一些数据。所以我感觉新冠疫情的爆发给我们带来的问题就是如何能够在短时期内,找到更好的数据和资料来证明我们的想法,这是很重要的事情。

我也很同意宋长青部长讲到的,我们作为经济地理学者应该有自己的学科定力。不能人云亦云,要通过自己已有的知识视角来分析当前的现象,这样才能够对社会有所贡献。所以从技术上我们可以做贡献,从思想上也可以做出一些贡献。听完报告我学习了很多东西,同时也有更多的一些问题想跟大家共同思考和探讨。

第一就是全球化问题。全球化概念大家都在用,但是每个人的理解五花八门。它不是一个特别准确的名词。应该把它理解为一个历史的现象、趋势呢?还是作为一种制度或治理的一种现象?从不同的角度理解可能对于其未来的发展,包括疫情对它的影响都是相关的。

第二我想提示大家,既然要研究疫情首先应知道疫情到底影响了什么?我建议如果思考这个问题,不要仅停留在媒体的报道上,而是要通过一些报道、经验的数据,把疫情对我们真正产生的影响挖掘出来。这些影响可以分为短期影响或长期影响。短期影响如现在习惯在家里买菜,疫情之后是不是还要采取这样的方式?还是跟以往的方式结合起来?产业链问题,产业链中断现象是短期现象还是长期中断?所以,疫情的影响要区分两个事情,要将疫情作为外在的冲击力,其并没有导致经济活动内在的规律变化,或者是这种变化尚未发现。现行的经济体系或治理结构如同一部汽车,如果以拳击之肯定没有影响,但若另一汽车冲撞而来就可能冲击现有治理结构。所以要思考的是疫情带来的变化是否会对现有的治理结构产生致命性或者巨大影响,这才能分析未来的走势是什么。现在疫情之中看到的很多问题都是当下的现象,这种现象什么时候或者哪些方面会演化为长期的影响需要仔细分析。

第三,几位教授都谈到了疫情会加速逆全球化的现象。我认为这需要仔细斟酌。确实这次疫情会带来已有的正在发生的逆全球化现象加快或者加速,但是会不会真正带来全面的逆全球化还需要深入的分析。目前其实找不到证据,核心就在于国家的决策空间到底有多大?目前尽管很多政客包括评论家、学者有各种观点,但这些政策是不是会真正落实到实体经济上?有多大空间?如日本要花费22亿美元将企业从中国搬走,其实后来被证实是一个美丽的错误。因此需要对网络上许多言论进行仔细甄别后再做出判断。

对于专业化分工风险、产业多样化的观点,我认为现有的专业化分工格局是有其经济学道理和经济地理学基础的,如果改变这个格局会带来什么后果?目前尚未看到真实证据,需要深入思考;对于利用手机数据进行商业活跃度的判断,也要思考数据是依靠手机而来。手机只能表明人的区位但不能反映其是否从事生产、消费活动或经营商业活动。现在还有一个名词称为"戏剧性复工",就是知道人在哪里但并不知道他的行为,所以仅以手机识别出人的位置数据来理解为商业活跃度,可能距离现实还有一点差距。另外陈雯研究员已经很好地刻画了商业活跃度变化以及地区差异,后面可以再进行一些相关性分析,研究造成不同城市或者不同区域活跃度差别的原因,如是否和服务业态相关等。

王承云教授的报告我也非常感兴趣。实际上她提出的新的生活方式就是在线经济过程。问题是这种在线消费模式是否会延续下去成为常态化？如果能够对疫情前后的各个公司进行对比研究,可能会得到一些新的认识。

所以,我认为每个人都关心疫情对于社会、特别是对于经济地理学现象的影响,这是非常有意义的工作。但要提醒各位疫情的影响和时间尺度密切相关。如果疫情持续时间较短,社交活动会很快恢复正常;但如果疫情持续时间较长,社交隔离会长期存在,那么其影响又将不同。所以请各位在研究中要注意。

主旨报告(下半场)

贺灿飞:全球化重大突发事件冲击下产业发展布局探讨与思考

全球化显然有好的和不好的方面。经济全球化会促进经济发展、全球经济增长、居民收入增加;信息全球化、文化全球化等也使我们获利。但有好的全球化的同时,也有不好的全球化。如全球化过程中收入差异扩大、经济风险全球化、环境问题全球化,以及疾病流行全球化。全球化让世界更美好的核心是需要世界各国进行分工合作。比如经济上可以通过全球价值链的分工合作。此外,全球经济风险、全球环境问题、流行病的防控更加需要全球合作。但是,全球性重大突发事件的冲击可能会破坏合作的能力、合作的意愿和合作的前提。因此中国也需要为各国可能出现的不合作做好准备。

在全球化各种合作中,价值链合作、国际贸易合作、投资合作的经济效率很高。经济全球化过程中,全球价值链是经济合作的一种非常有效的模式。一个产品不同部分的生产,如原材料、零部件、产品等,通过国际贸易从生产者传输到消费者。全球就在这样一个价值链下进行分工。这种分工推进了专业化,加强了企业联系,加强了政策、体制、市场、规模、禀赋等的互通有无,使全球经济发展加快。其好处如促进了经济增长、就业拓展,也消减了贫困,但是也带来如环境恶化、不平等等问题。各个国家都以不同方式、不同程度地参与全球价值链。如非洲基本上以初级产品参与,中国以先进制造业和服务业参与,发达国家以创新活动和先进制造业参与。在供给侧角度,在区分传统贸易、简单全球链贸易和复杂全球链贸易后,发现中国已经取代日本成为全球价值链的重要供给方;而在需求侧角度,虽然欧美依然是重要的需求主体,但实际上中国在中间产品方面的需求也越来越重要。所以中国在全球价值链中的参与程度越来越高,地位也越来越重要。

自 2020 年 4 月,中国的新冠疫情逐渐得到控制,而全球两百多个国家和地区已被疫情影响。在这疫情突然暴发的半年中,疫情如何冲击和影响生活和经济活动? 全球供应链、产业链、需求链暂时中断,严重冲击了全球产业分工;同时,防疫产品如口罩、防护服、呼吸机等需求骤然上升。这实际上造成了突出矛盾——供应链、产业链中断显著影响下游产品。上游产品无法供应,最终产品就无法生产。如汽车行业受到的影响较大。很多汽车行业暂时停工或者转到其他行业;美国苹果公司受东南亚供应商停工影响导致供应链基本瘫痪。供应链中断也会影响上游产品,比如一些地方疫情得到控制已经可以恢复生产汽车零部件,但是由于供应链的中断导致无法正常开工。下游需求减少使得上游出口滞销,如石油价格暴跌等。下游产品需求骤增会导致上游产品供应不足,如防疫物资等。此外,经济全球化过程中发达国家低端制造业外移导致本地生产不足。这导致尽管其制造水平很高,但防疫相关物资,如最简单的口罩都需要依赖进口;或者出现具有生产技术与能力但却无上下游供应链和产业链。也就是说有技术水平却不一定代表有生产能力或转产能力。

那该如何应对? 一方面要充分利用全球各个地方的生产能力,但这需要确保区域性的产业链或者供应链配合。另一方面是充分利用各地的生产潜力来激励企业进行转产。当然,这种转产并不是谁都能做到,面包生产商是不可能转去生产口罩,转产需要企业所属产业之间的技术关联。这里,技术关联是一个非常重要的概念。

防疫需要什么? 第一是口罩。口罩看起来简单但产业链很长,需要原材料、化工、无纺布还有口罩生产设备、口罩制造企业和销售流通,而且不同的口罩适合于不同的人。目前该产业链的全球格局如何? 根据联合国商品贸易统计数据库,2017 年的出口表明中国和美国是两个重要大国。中国在口罩的上游产业如石油化工、石油制品分布较广,化工主要集中在沿海地区,目前上游很多企业在转产。口罩生产设备企业主要分布在浙江、东莞和深圳,但受疫情影响和口罩需求激增,供应量不足。同时其他制造业由于产品需求下降,有些企业希望转产。转产并非任何企业皆可,而是需要有相似的生产技术或者生产知识比较相近。比如口罩生产设备制造转产企业主要来自汽车制造、智能装备制造和专用设备制造。

中国、美国、欧洲是很重要的口罩生产国,而在贸易网络上,中国是非常重要的出口国,此外是墨西哥、美国、德国、越南。其中美国是高技术公司用新的技术——3D 打印技术来生产,如惠普用其在美国和西班牙的打印机群来生产口罩的调整器等。疫情冲击后的几个月,新增大量拥有口罩类注册证的企业,通过比较国家药品监督管理局官网 2015 年到 2020 年3 月份的数据,发现口罩生产企业数量增长非常快,尤其是 2～3 月份新拥有口罩类注册证的企业增加最多。仔细研究都是什么样的企业? 哪些行业的企业能够成功转过来? 发现基本上都是技术关联比较高的行业:或是从事医药相关的产业,拥有相近的产业知识;或拥有相同的上游产业;或拥有更高的技术知识和资金,容易打破技术壁垒。口罩类产业的空间布局也发生了变化。2019 年底主要集中在河南、江西、江苏、湖北等省份,但 2020 年 3 月份就有所变化。河南、湖南、浙江等省的生产企业都分别增加到一百多家,生产口罩的省份越来越多。这些企业分布具有一定地域规律性:或是布局在传统的产业集聚区;或是在疫情严重地区的周边省份和城市;或是拥有比较发达的上游产业或者转产能力产业的地区,而且一般分布在直辖县或者县级市等地区。如河南省新乡,其本来就是口罩的主要生产地,可以生产各种各样的口罩。

第二是防护服。防护服的上中下游生产链都很长。国际上中国、加拿大和德国是重要的生产国,国际贸易方面中国是绝对重要的供给国,其他如加拿大、越南、德国等。国内商情爆发后的几个月也增加了许多生产企业,尤其是1~3月份期间。什么行业里的企业能转产生产防护服? 和口罩类似,转产企业一部分来自纺织服装类,另一部分来自与生产医疗器械相关的专用设备制造业。新增企业基本上是技术关联很高的与医药器械和纺织服装相关的企业。

第三是呼吸机。呼吸机上游产业很重要,需要非常精密的元器件,多来自发达国家;中游企业是呼吸机生产企业本身。且呼吸机有很多种,根据创口分有创、无创;根据用途分成人、婴儿;根据驱动方式分电动、气动;还可根据流量、压力等细分。这些产品主要在哪里生产? 国际上主要集中在中国、美国、欧洲和澳大利亚。但由于生产技术水平要求较高,其增长相较口罩、防护服而言并不快。2019年底中国只有38家企业能够生产呼吸机,到2020年第一季度实际上并没有新增加。目前中国有呼吸机生产企业有21家,其中8家取得了欧盟认证,占全球产能的1/5。因此,与口罩、防护服不同,呼吸机的技术壁垒较高,供应链较复杂,质检审批等要求也较高,所以转产就比较复杂,转产时间也较口罩机、口罩、防护服长。目前尚未发现成功地从其他行业转入呼吸机生产的企业。美国前总统特朗普根据《国防生产法案》要求波音、GM、特斯拉生产呼吸机,后来也是雷声大雨点小,没再有新的新闻报告。其空间布局上变化不大,因为生产企业不可能很快出现,所以还是主要集中在京津冀、长三角等比较发达的地区,如北京、深圳、苏州、南京等地拥有注册企业比较多。

通过上述三个防疫相关的产业案例,可以发现当经济受到冲击时如何应对? 本地有没有上下游产业链、有没有能够转产的企业,实际上是应对冲击非常重要的布局。传统上按照价值链分工,就导致发达国家制造业空心化,防疫产品就依赖进口,如美国在疫情暴发后大量依赖中国。事实上中国作为"世界工厂",疫情早期也存在物资不足问题,但很快又可以出口,所以制造业生产能力能够一定程度上保障公共卫生,但在高端制造业水平上仍然有差距。疫情冲击后的快速响应能力一方面取决于既有能力,另一个就是转产能力。现在是疫情,将来可能还有其他突发事件需要其他行业能够转行。如汽车制造、装备制造转到口罩机,医药、纺织服装转到口罩防护服等,核心是技术关联推动企业转产。但是产业链的核心部件仍然受制于发达国家。所以原来传统的产业布局是不能充分应对危机的,还是要看产业的潜力。也就是说在考虑区域布局时,早期要考虑市场、经济、政策因素,但现在可能还要考虑一些非激励因素,如政治、医药安全、生物安全等;早期考虑的是布局生产力,现在除布局生产力外还须考虑潜力,也就是应对某一种冲击而能够转到其他行业的转产能力。此外,在全球化中还需要重视区域化,要通过区域化来提高区域的认识。

在什么样的地方能够有更大的潜力实现转产? 通过数据分析发现,首先要有联系上中下游的能力,以及有技术关联的相关企业。判断区位是否重要的核心指标就是技术关联、产业和产业之间的技术联系,一个产业在此地是否有关联度很高的上下游产业或者是周边产业。通过估算口罩、防护服、呼吸机的发展潜力,结果发现:浙江、江苏、福建的口罩、医用防护服的发展潜力比较大,呼吸机发展潜力大的城市主要是省会城市和研发水平比较高的城市。所以,未来需要加强呼吸机等高端医疗器械产业的研发和技术提升,提高中国高端医疗器械产业的国际地位。

最后提几点展望。第一,应对全球性的突发性重大事件,尽管其暂时冲击了全球产业链,但我个人相信全球化仍然会持续,可能会以不同的方式。自工业革命以来,资本向来是全球化的。所以还需继续进行全球化布局,但是对于一些关系到战略安全、技术安全、生物安全的产业应考虑区域化布局。这个区域可以是跨国的,如东亚、东南亚联盟;也可以是国内的,如长三角、珠三角等。即通过区域化提高区域的韧性,从而能够对抗外部的冲击。

第二,要兼顾经济效率和国家安全。产业布局不仅要考虑传统要素,还要考虑非经济、非市场因素,如政治安全、医疗安全、生物安全、技术安全、粮食安全甚至产业链安全,这样才能够应对黑天鹅事件的出现。

第三,要综合地理邻近性和产业技术关联性。像转产能力除技术关联外还需要上下游的联系,所以就需要培育或推动区域性的产业链建设。这不是简单的产业集群,而是产业链的集群布局。上下游联系是物质联系,产业技术关联是生产知识基础的相似性。技术关联相近,产品生产要求的设施、技能支持就相近,就容易实现转产。所以应把产业技术关联法则应用到产业布局中,以帮助区域提高韧性,提高应对外部冲击的潜在能力。

所以,一个区域、城市群或者一个省区,都需要围绕着一个核心技术,或者几套核心技术,或者核心知识,建立一个区域多元化的产业结构。这样能够提升区域产业发展的潜力和转产能力,从而能够提升其应对全球重大突发事件的能力。

刘志高:新冠疫情对全球产业链影响及中国应对策略

新冠疫情已经成为了当前国内外重要的媒体、学术界讨论的主要话题之一,尤其是国际政治领域进行了大量的讨论。有12位顶级的专家,即所谓的以美国鹰派为主的专家发表文章,讨论了全球化到底是经济全球化的终点,还是"一带一路"以后形成以中国为代表的全球化等问题。地理学的期刊也有征文,希望研究疫情对流动和健康的影响,还有对政治方面的影响。我认为疫情对这一轮的全球经济、产业的影响,它只是会加重一些趋势,并不是重新启动,而且会表现为多种危机重叠。因为疫情首先是健康的危机,同时叠加油价下跌、降息、股市下降等问题。所以目前来看,经济大衰退绝对是不可避免的,而更恐怖的是经济衰退引起恐慌,进而带动更大的单边主义、封城、封国,保护民粹主义泛滥,大国之间的矛盾竞争会进一步加剧。无论是 G7 还是 G20 的合作都会比以前更加困难。2008 年金融危机以来全球经济进入了低增长、低投资和低贸易的时期,而疫情实际上是把这种低谷期延长了。全球经济大衰退是不可避免的。2011~2016 年经济增长一直在下降,近三年是持续降低。疫情之后各大基金组织,包括比较乐观的世界银行和联合国贸发组织就不断调低全球经济增速,估计会更加趋于悲观。

中国经济前三十年的高速增长很大程度上是得益于外资的大量涌入,中国经济的大发展也代表世界经济一定的发展。以 2007 年为期,1990 年到 2007 年,对外投资高速增长;2008 年之后趋缓,疫情之后会大幅度下降。因为贸易和人流息息相关,2008 年以前贸易增长高于经济发展速度,但近几年增长不断持平。疫情会把贸易降到原来水平均 1/3 左右,未来疫情对经济发展到底有多大的影响,目前很难预测。但可以把握,疫情的影响和金融危机的影响在机理方面不一样。

原来的产业转移更多是以经济效益和资本为驱动,未来将更多考虑国家或地区的生产安全。比如 2011 年日本福岛事件就引起了全球电子产业的波动,产生了一些新的发展机遇,如深圳液晶电子产业的发展。苹果手机已经在全球 180 个国家布局,你中有我、我中有你的世界是一个老的故事,但疫情的发展也会引起产业链的传导,如精密仪器等产业链较长的产业影响是最大的。虽然我不太相信日本、美国、欧洲提出来的支付所有直接搬迁费用以吸引企业回国等各种传闻,但是疫情会使产业布局有一定的收缩,引起分散布局趋势。

还有一个重要趋势就是国家安全因素或者国家力量会参与到经济布局中。原本的国家经济主权原则是一些殖民国家掌握“二战”后独立的发展中国家的经济命脉之时提出来的。它的表现就是不干预、进一步摆脱跨国公司和外国的控制、对跨国公司经营予以管控、对本国资产收编国有或征用、国际权力领域平等。但是进入 20 世纪 80 年代,新自由主义兴起之后,出现了以出让国家主权来换取经济发展机遇的现象。最典型的一个案例就是制裁华为。美国制裁华为是最典型的以供应链、以安全为名义的制裁。除对华为外,美国还有很多以安全名义的制裁案例。2008 年之后欧美国家、日本都陆续提出了制造业再造、工业回笼计划。尽管效果有待考证,但不可否认,以欧美国家为代表的对外投资步伐会放缓,如美国顾问提出支付高额的搬迁费、日本也提出希望工业搬迁回国等。我认为这对中国本土经济影响还小,但可能会影响中国的“一带一路”建设,可能会诱导一些“一带一路”国家运用经济主权为借口,干扰"一带一路"建设。

中国如何应对? 中国经济很大程度上是以出口为导向,虽然 2008 年之后中国在激发国内消费方面也做了很大努力。这轮疫情可能会给中国提供一个更广阔或者更方便的实验场来做产业和消费的双升级,实现国内大循环,也为以后开放经济、更好的发展做好准备。另外,中国还需要加强同周边东南亚和东北亚国家的合作,加强全球产业链和供应链建设。

从产业的角度分析,目前中国产业内部一些专业领域分工,可能不太利于应对一些大的事件或者满足中国经济大发展的需求,包括"一带一路"的建设。我认为新时代的产业经济应在工业经济地理基础上,关注产业链布局,关注生产链发展问题以及供应链安全问题。供应链安全问题是以交通为主,关注互联互通。此外,地缘政治和地理安全问题也应考虑在内。

从地理的角度而言,近三十年中国经济地理学研究很大程度上是基于改革开放后相对稳定的政治经济格局进行的。我们的研究思维需要转变,由一种稳态的研究转变成一种不确定性发展环境下的研究。可以进行一些理论上的探索,如自然灾害问题、传染病问题;还可以进行地缘突发性事件等突变型变化研究,如何从一个遥远的地方发现一些突变型的变化? 如何去影响全球乃至一些区域性的变化? 我认为不确定的发展环境下的地缘经济可能是经济地理学未来可以去努力的方向。

王姣娥:"流空间"和"大数据"视角下的人类经济活动与疫情传播

我从 1 月底开始关注新冠疫情,发现在疫情的传播阶段、后期的复工复产阶段,疫情对经济发展的影响跟交通关联性非常大。本报告主要是从人口流动与交通运输视角来研究新冠疫情。在全球化和地域开放系统中,各种要素随着交通技术的进步以及信息化的发展,在全球范围内非常快速地流动。随着空间依存关系对地方社会经济发展越来越重要,流空间对地域格局的解释在很多地方可能已经都超过了原来传统的、静止的空间解释,那么流空间视角下的人类活动对疫情传播会造成哪些影响? 在疫情传播、扩散以及后疫情阶段它又反过来对人类经济社会活动产生哪些影响? 我将以人口流动的主要载体——交通运输为例做一个简单的介绍。本研究主要包括四个部分。一是,疫情的空间扩散模式及地理规律;二是,基于流空间视角尤其是对疫情的城际传播进行模拟,以及它的防控措施进行效果评估;三是,交通运输方式对早期疫情在空间上传播的影响;四是,疫情对人口流动和交通运输尤其是客运和物流的影响,以及对各个地方城市交通的影响。

关于疫情的城际传播和扩散过程,是通过分析疫情确诊病例的发生、疫情在空间上波及的城市数量或者在城市扩散的速度。根据国家卫健委的统计,一共有 330 多个城市发现确诊病例。这里面有两个关键的时间节点,第一个是 2 月 4 日,是中国新增确诊病例的拐点时期,此后的新增病例就处于下降的趋势;第二个非常重要的时间节点就是 3 月 12 日,国家卫健委表示中国疫情流行的高峰已经过去。这两个非常重要的时间节点对旅客出行以及交通物流的影响是非常大的。我们对全国疫情的空间扩散过程进行了可视化和模拟,并对空间扩散模式和规律进行总结。

首先,邻近扩散是一种典型的模式。具体表现为,包括武汉以及湖北省内的疫情确诊病例数显著高于其他地区,且围绕武汉呈核心—边缘扩散。此外,流空间视角下疫情传播表现出迁移扩散、等级扩散和廊道扩散模式。这三种模式其实都与流空间理论相关。其中,迁移扩散主要是现代高速交通技术发展使得人口的迁移不再只是邻近性模式,而是可以跨越地理空间的点对点模式。等级扩散表现为疫情从湖北向其他地区进行扩散时,会先出现在这个区域的高等级城市,比如广州、深圳、北京、上海以及各省的省会中心城市,然后再逐级往下一级的城市进行扩散。这种模式与我们国家社会经济的组织结构和治理结构密切相关。廊道扩散和交通运输的组织模式也是密不可分的。通过疫情的扩散模式可以发现,以人口流动为载体来观察,有两个非常重要的因素在起作用,一是地理邻近性,二是流空间网络中的社会经济关联关系,它会对人口流动的空间扩散和模式产生非常重要的影响,并进而对疫情传播产生影响。

以往疫情的传播和扩散模型主要是基于点对点的模型,基于个人接触来构建传染病传播模型,当然也有基于层级传播理论的。在研究疫情传播时,假设从武汉流出的人口到其他各个城市,如北京、上海、深圳后,就以流出的人口量及潜在感染率为测算依据,直接进入内部传播模型来进行研究。但基于流空间理论,尤其随着高速交通技术的发展,人口流动变得更为快速和便捷,人口可能从武汉流出到北京,然后短时间内又从北京流出到天津或石家庄。所以,人口流动不再简单地表现为点对点的流动模式,而是网络状的流动模式。

基于该理论,我们对城际传染病模型进行了修正。采用网络传播模式,不仅将从疫情发现地如武汉到其他各个地方的人口流动作为重要参数,同时也考虑了其他各个城市之间的人口流动。当然疫情传播仍然包括两个重要组成部分,城际外部输入和城市内部传播。我们对模型中的几个关键参数进行了设置。第一,1 月 23 日武汉开始封城,1 月 24 日湖北省其他城市也封城,因此需要对人口流动的系数进行设置,封城之后基本控制为原来的万分之一。第二个重要的参数是防疫政策下的人口流动限制。1 月 24 日后全国各个城市人口流动的数值缩减到 2019 年同期的 12% 左右,所以我们对 1 月 24 日起各个城市之间流动人口数据进行了同比例缩减。考虑到后期各个城市会采取进一步的防控措施,所以我们只对 2 月 4 日拐点前的疫情传播进行模拟。研究发现,各个城市的确诊病例确实与其在城际网络中的人口流动量呈正比例关系,但表现为非线性现象,因此我们在模型中又增加了空间距离衰减效益和规模效应衰减系数。

　　结果展示,无论从时间还是空间尺度,模型都表现出比较好的拟合效果。当然,这个模型不仅可以对最终确诊量进行模拟,同时也能得到不同时间尺度如某一天全国所有城市的疫情确诊量及其空间格局。将国家卫健委公布的确诊值数据与模拟值数据进行比较,发现整体拟合系数相对较好。模型可以对 2 月 4 日之前每一天的疫情空间传播过程进行模拟,并能体现全国疫情扩散的空间格局。该模型的优点不仅可以模拟疫情的总量,还可以模拟疫情的空间分布及扩散过程。总体上,该模型的优点是考虑了人类社会经济活动对于流空间网络的依赖性,而不仅仅是考虑疫情点对点的传播。

　　基于以上研究基础,进一步地对 2 月份国家疫情防控措施进行效果模拟。我们假设了不同的模拟情景:第一种情景是按国家现已采取的措施,(湖北省内)封城并限制人口流动,该情景下 2 月 4 日的病例约为 2 万多;第二种情景为只限制人口流动而不采取封城措施,则模拟出 2 月 4 日全国病例会达到 5 万多;第三种情景为只对湖北省内城市封城,而不对全国其他各城市之间的人口流动进行限制,模拟出病例将达到 13 万多;最后一种情景为封城和限制人口流动的措施都不采取,则模拟出 2 月 4 日的病例将高达 41 万多。疫情暴发后的 2 月初,美国就对中国疫情传播采取了防控措施,中断了与中国所有航班联系,但后来美国的疫情还是很快就暴发了,其中重要的原因是因为美国与欧洲的航班没有中断。后期也发现美国的第一位确诊病例并非来自中国,而是来自于欧洲。所以,在全球化以及现代交通运输所构建的网络空间中,如果只对一个城市或一个地区进行疫情防控,效果恐怕很不理想。

　　由于人口流动是影响疫情传播非常重要的因素,那么交通运输方式在早期疫情传播中扮演着什么样的角色呢? 我们采用了 2019 年的城际交通数据,试图挖掘航空运输、高铁运输以及长途汽车等不同的交通运输方式、交通联系强度、交通运输时间和地理距离等在早期城际疫情传播过程中分别发挥的作用。研究结果发现,地理距离和交通运输时间跟疫情的传播有非常大的关系,高铁和航空的影响都是非常显著的,尤其是与航空的相关性非常大。如果将因变量由疫情确诊量换为首例病例确诊时间,会发现航空运输联系与首例疫情出现早晚时间的关联性非常大。

　　2020 年 2～3 月份,我们主要是对疫情的传播以及防控进行研究,如通过交通枢纽管控来控制疫情扩散,包括后期对境外疫情输入的风险管控、对入境的国际机场分级分类管控,以及交通出行复工复产等方面的研究。4 月份以后,我们更关注疫情对人口流动与交通运输的影响。首先看对人口流动的影响。2019 年春运从 1 月 10 日开始。通过比较 2019 年和 2020 年农历春运同期当天人口迁徙规模量,可以发现,春节前人口的迁徙量每日可以达到八千多万,2 月 4 日至 2 月 8 日确诊病例达到拐点时,整体出行量下降了约 88%～90%。3 月份疫情逐渐得到控制时,出行量比 2019 年同期下降了 60% 左右,即恢复到 40% 的水平。进一步采用交通运输量的数据研究,发现疫情对交通运输的影响和人口流动的影响趋势类似,但是恢复比例略高一些。其中主要差别在于统计的客运量数据中没有包括小汽车出行,而前面基于大数据的人口流动是包括小汽车出行方式的。截止到 4 月 30 日,全国交通运量大概恢复到了 2200 多万;五一期间运量总体有所增加,大概达到了 2800 多万,但与 2019 年同期相比,五一出行人口量下降幅度更大。在出行距离上,主要表现为短途出游。

疫情对不同交通运输方式的影响也有差异。其中,客运方面下降速度快但恢复也快;民航运输下降速度慢、恢复也最慢。这主要与各种交通运输方式的出行距离密切相关。疫情期间居民不愿意进行远距离出行,所以民航运输恢复相对较慢。进一步详细分析疫情对高铁和民航两种不同交通运输方式的影响。我们获取了疫情期间每天运营的航班和高铁列车数量,包括取消的计划量。可以发现,1 月 23 日之后执行航班下降速度非常快,低谷时期的航班执行率大概只有百分之十几。而全国没有航班起降的机场数量在疫情后迅速增加,2 月 14 日达到峰值,当日停飞的机场有 62 个,占到全国所有机场总量的 1/4。

进一步研究发现,疫情对民航和高铁运营的影响也存在空间差异。疫情期间,高铁和民航的需求基本同比例下降,但两种运输方式的供给则存在较大差异,其中航班的取消率总体要远高于高铁的停运率。具体为,2 月 14 日全国航班的取消率为 83%,且有 70% 以上的城市航班取消率达到了 75% 以上,30% 左右的城市航班取消量达到了 90%。对于高铁而言,会发现大概 75% 以上城市的高铁运营取消率在 50% 以下。这里面其实产生了一个问题:在需求变化基本差不多的背景下,民航运输的供给表现为以市场为导向,而高铁更多受政府管制的影响。不同交通方式在应对疫情时的自我调节能力及韧性也存在较大差异。当然,另一方面也是因为疫情期间高铁需要保障基本的出行服务需求,会导致其在供给层面并没有太大的变化。

在空间上,我们试图揭示疫情确诊量或者疫情的严重程度是否会对不同交通运输方式在空间上的供给或取消产生对应的关系。结果发现,民航航班的取消量与经济发展及航班规模量的空间分布密切相关,在空间格局上以北上广和成渝为核心,呈钻石形结构;而高铁列车的取消量则是明显表现为以武汉或以湖北省为中心,以京广线和沪汉蓉为廊道,向外围递减的趋势。也就是说,高铁交通运输政策更多的是对疫情暴发地的交通出行进行限制。进一步分析发现,高铁列车取消率也同样呈现出以武汉和湖北省为中心的圈层结构;而民航航班取消率高的城市也主要集中在湖北省。而且,北京、上海、广州等武汉之外人口流入流出较高的城市,航班取消率也都相对较高。究其原因,应对疫情下的交通运输政策和管理,不同交通运输方式的运营主体表现不一样,以及其应对的弹性空间和时间表现也都不太一致。

疫情对交通的另一个非常重要的影响是物流和供应链。研究发现,疫情对物流的影响相对小于客运,恢复较快。以全国沿海地区的港口为例,主要对集装箱影响较大。2 月下旬,沿海八大港口集装箱吞吐量下降了51%,3月底就基本恢复到了去年同期水平,下降率只有10%左右。在空间上主要表现为对长江沿岸港口的外贸货物影响较大,而对煤矿、石油、铁矿石等产品运量影响不大,现在基本上都处于恢复阶段了。

关于疫情对城市交通的影响。2月份全国城市交通恢复量在20%左右,3月份上升到30%左右。各个城市的表现不一样。整体而言,大城市的交通恢复相对更慢。通过3月22日全球各个城市交通运行量的恢复情况比较,可以看到北京、上海早晚高峰的通勤交通基本上已经恢复。但其他时间段的交通量,尤其是周末交通量一直没有完全恢复。换言之,非通勤交通的恢复明显滞后于通勤交通,城市居民的出行意愿在后疫情时代受到很大的影响。5月1日前,北京早晚高峰的交通基本全部恢复,但5月1日～5月4日节假日期间的交通恢复量较低,相对来说还有很大的弹性空间。

在经济全球化和地域开放系统中,随着信息化和交通技术的发展,人口流动越来越便捷,流动成本也越来越低,疫情的传播会随着人口流动呈网络式的传播。同样,在后疫情时代的经济恢复,依赖于流网络的经济相比于以往依赖地方的经济恢复速度慢,且恢复弹性或韧性较低。因此,如何在经济高效发展与经济安全可靠中寻求博弈,是值得思考的问题。

特邀专家点评

修春亮(东北大学江河建筑学院)

下半场的报告主要关注了两个问题,全球化走势与疫情扩散。关于全球化,显然全球化等于效率的提升,也加剧了社会的分化和不平等。

贺灿飞老师讲到有好的全球化和坏的全球化,又结合口罩、防护服、呼吸机等产业发展路径展示了产业链、供应链的演化经济地理学的规律。其中要重点注意到一个关键词——转产,关注转产的能力,实际上在效率之外又涉及到了产业和区域安全的问题,最后又特别思考了全球化和地区产业安全韧性的关系。应该说这个研究给我们展示的素材非常丰富,既生动又有深度。

刘志高博士分析了新冠疫情对全球产业链的影响,则是重点从效率和公平的关系来考量。全球化产业链、价值链等的一体化是建立在联系基础上的,联系的规模增大,也就是有了足够的流才有利益一体化。地理学者考察全球网络中的空间结构特征,用所谓的流空间的视角来关注网络的特征、各国在网络中的地位、内部相对完整性等,涉及到网络整体和局部的安全性还有韧性问题,也就是抗冲击能力。西方国家目前担心对中国的依赖太多,特别是在抗疫物资方面;而国内则担忧主要的生产中心,如长三角、珠三角等对外来人口的依赖过大。

全球化、区域一体化的未来趋势如何？可能是不能完全逆转的。从历史上看一种趋势到一定阶段完全逆转的情况可能性非常低，更多是通过调整继续向前走。全球化的背后动力是效率，效率的诱惑无可抵御，但对安全的担忧也同样重要。全球化是资本推动的，对安全的担忧是政府关注的，二者不完全是一回事。现在新冠疫情期间各国空前重视安全性，似乎可能导致全球化的一些倒退。但我认为这不是真的倒退，而可能是一种发展过快后的制衡与调整，通过增加一些分布式的、便于自组织的空间来增强韧性。从地理学视角看，这导致一种尺度重组以及各个尺度一体化之间的平衡，使所有要素不会直接一股脑进入全球尺度，从而实现全球化和安全韧性之间的平衡。

关于城市的安全性。城市面临着一些经常性的急性冲击和外部性压力，包括气象等自然灾害、生产事故，还有偶发性的经济和社会波动、流行病冲击等，这些应该都与城市网络、城市建设环境有很大的关系。其实关于疫情对安全的冲击我们平时关注不够。王姣娥研究员分析疫情在城市间的传播，从城市人口空间流动和交互的角度研究疫情传播，同时结合社会经济背景研究了疫情对人口流动和交通供给的影响。这里从人口空间流动和交互形成的网络角度来研究疫情传播与流行病学的研究方法不同，也提示我们思考这样一个问题：地理学者关注疫病传播问题，怎么能做一些有独特意义的工作？

应该说我国的城市规模都比较大，密度高，布局集中，特别是单中心格局非常常见，生态空间和开敞空间非常不充足，缺少分中心。这些特征使特殊时期进行分布式的自组织条件就会比较差。一方面对疫情传播控制非常不利，另一方面对疫情冲击下城市经济和社会生活的最大限度上的自组织也是不利的。也就是说建设韧性城市，不管是从城市景观上、城市硬件设施布局上，还是从城市的经济和社会活动的组织上都可能有很多的空间，任重道远。

张虹鸥（广东省科学院广州地理研究所）

首先谈谈这次疫情我自己的经历和感受。前半段在全力支持和配合科技抗疫，后半段就是积极复工复产。前半段广州地理研究所配合广东省卫健委和疾控中心对广东疫情的发展态势，以及精准防疫做了一些配合性工作，并起到一定效果。整个过程中我们也是利用大数据、地理学与流行病学的基本原理，也运用了地理学中经济社会、自然环境以及流感传播跟踪技术，综合开展了一些研究，分析了广东一些地区的发病风险集中点分布，最后提出一些精准防控措施。一段时间后广东比较快地进入相对稳定阶段后，我们科研主要是在国土空间规划和"十四五"规划方面为相关政府提供咨询服务。结合这两项工作，我感觉疫情给我们的影响是广泛而深刻的。

从现象上来看，我们经历了短暂的经济和社会停摆，后来全球性疫情暴发可能引起的就是非常深刻的经济负增长，甚至是衰退风险。这是需要面对的第一个突出问题。第二，各国和各地区采用了多种手段抵抗疫情,其中在经济上增大资金流动性,投入大量资本用来刺激经济和稳定经济,将为全球经济秩序和金融秩序带来深刻影响和变化。第三,疫情将使全球产业链、供应链和需求链发生深刻变化。这一点我在广东体会非常深刻。疫情早期,厂家有很多订单要进行复工复产,但没有工人;现在工人回来了,全球的需求链变化了,订单被取消,生产的产品又卖不出去。第四,由于疫情加剧了所谓逆全球化或全球化低潮等,技术封锁、产业结构脱钩的风险也在明显加大。从这个角度来看,我觉得我们面临的挑战是非常严峻的。挑战一方面是由疫情带来的,另一方面是延续了近一两年来全球格局的总趋势,只是通过疫情进一步引爆和加剧。近年来,全球已经进入了"百年未有的大变局",外部发展形势非常严峻。首先,世界进入竞争优势重塑、国际贸易规则重建和全球力量格局重构的叠加时期,发展环境的不确定性和风险挑战显著加大是非常突出的特征。前面几位学者的报告也反映了该现象。另外,随着中国在全球地位的不断上升和作用的不断增强,以美国为代表的一些西方势力,特别是美国通过一系列的中美战略博弈、中美政治新冷战、经济脱钩、安全的擦枪走火等风险都在加剧,所以全球经济陷入衰退的可能性显著加大。经济全球化从高潮转向低潮,国际多边经贸规则的挑战等都将使中国面临重大的新风险和新挑战。中国将很快进入"十四五"时期,也正在编制面向 2035 年的全国性国土空间规划,所以作为经济地理学者,在这个形势和背景下要加强应对,思考怎样来发展地理学。我个人认为,第一,应通过这次重大疫情或是说重大灾害来思考和研究中国应如何构建更具韧性和国际竞争力的行业体系。这个思考在贺灿飞院长的报告里面得到了非常充分的体现。通过产业链、供应链、需求链以及全球生产网络的角度,通过各种方向和形式来构建更具韧性、更加有强大适应性和竞争力的产业体系。这是经济地理学者应该加强研究和考量的事情。第二,思考如何应对目前金融和投资变化对经济地理格局的影响。现在大量的资本通过各种形式,特别像美元大量的发行,将对全球经济产生很大影响,对中国经济也将产生很大冲击。为此,经济地理学者应加强对金融投资地理学的研究以应对全球金融投资变化的影响,并结合人民币结算体系的构建,思考如何从地理的角度加强国家金融和产业体系的应对。第三,从地缘政治、国家利益、国家安全的角度进行经济布局。第四,中国需采取一系列措施发展新经济。发展新经济的基础就是科技创新,那么科技创新以及新经济发展对于经济地理、国家未来的经济布局、经济发展又会带来什么影响?

　　这四个方面的问题,是我听完前面几个报告后引发的思考。经济韧性,产业体系的韧性,金融对经济发展以及布局的影响、国家安全和国家利益的影响,以及科技创新和新经济等产业形态对新经济地理的影响等都值得我们重点关注,希望大家能共同投入研究这些问题。

熊巨华（国家自然科学基金委员会）

经济地理学是一门非常重要的学科。任何一门学科做研究的时候都是这样几个步骤：一是对现象的观察，二是对现象背后机理的归纳总结，三是对今后的预测。但是对于经济地理学科所关注的内容来讲，现在可能碰到很多困难。第一个困难是现象观察。可能大家观察到了各种各样的现象，但是在这种信息比较发达的情况下，我们的观察可能会出现很多问题。信息既显得很多余又显得很不足，有很多信息是多出来的、冗余的，还有很多需要的信息没有。第二个困难，经济地理是一个非常复杂的问题，背后的原因很复杂，可能在很大程度上超出了学者理解的程度，所以归纳机理比较困难。但这一点也是我们需要做的，如果不克服这些困难那经济地理学的发展可能就会遇到瓶颈与阻力。不做好这个肯定不行，无论超出理解范围多少，我们也要尽力去做好机理研究。第三，大家都讲到新冠疫情影响下的发展等各方面问题，但目前不只是经济地理学，其他学科也碰到类似问题，即今后发展的不确定性可能更远远超出了学者们的理解范围。我们现在可能很难把控这种不确定性，反过来讲在今后做预测、政策决策支撑时，对这种不确定性的评估也需要特别关注。因此不能仅仅说今后会有什么问题，还需要对这种不确定性做充足评估。希望今天在座的专家学者跟我们一起共同努力，把经济地理学学科发展好。

张国友（中国地理学会）

首先，非常感谢经济地理专业委员会适时组织这次研讨会，也给其他专业委员会开了一个好头。今天大概有十来位专家做报告和点评，大家应该收获很大。虽然替代不了面对面的交流，但在当前情况下能够有这样的交流形式还是非常好的。其次，也是近期工作和今天下午学习的一点感想。疫情发生后，前期各个学术群里大家积极讨论了疫情发展趋势等，并分享个人的研究成果。一些研究可能比较粗浅，但更重要的是态度。疫情突如其来，的确各行各业都没有很好的准备，但学者的积极参与是非常重要的前提。

中国地理学会更多还是给大家搭建一个平台，进行充分的交流，舒缓一下我们的压力和心情。实际上学者们时刻都没有停工停产，大家以不同的形式在促进科研。尤其面对疫情时，如刚才广州地理所张虹鸥所长所言以及相关的报道，地理学者们已经组织相关力量积极抗疫，如开发了一些系统软件，部分抗疫的研究成果已经在国际上分享，对全球抗疫都有很好的借鉴意义。所以我们做了很多的工作。大家都在思考地理学会、地理学家怎么积极嵌入抗疫过程。早期时候个人感觉的确这个学科有作用，但在一线防疫、治疗的过程中，我们学科发挥作用的力度是有限的。经济地理专业委员会组织这次会议，我今天听了大家的报告很兴奋也有很多期待，疫情过后怎样调整产业结构、研判国际形势和中国经济发展状况可能是地理学家大显身手的机会。

过去常说经济地理学发展是任务带学科,所以学会也呼吁大家在从事科研的过程中,也思考如何促进学科发展,加强基础研究,也希望专业委员会继续在学科发展方面起到推动作用。

自由讨论

刘卫东(中国科学院地理科学与资源研究所)

中国的经济地理学是比较有特色的,除了国际上的纯粹经济地理学研究之外,我们这个学科从 20 世纪 90 年代初开始在陆大道院士的倡导下做了区域可持续发展的系列研究。所以我也呼吁大家还是要重视经济地理学的核心内容研究,离开那些因素研究我们的区域可持续发展研究也不会深入。

张平宇(中国科学院东北地理与农业生态研究所)

今天我们经济地理学者针对疫情之后的长远影响,包括全球化走势问题、跨尺度多尺度调整问题进行了研究和探讨。实际上不仅仅是经济地理学,经济学对这个问题也探讨较多,可能会给我们带来很多启发。我同意部分专家的观点,本次疫情应该是人类历史上的一个重大事件,对经济等各方面的影响非常深远,当然也促进对一些学科新问题的关注。不是说原有的一些理论不灵了,而可能是深化已有一些理论在新领域、新问题的思考和发展。我觉得这可能会给大家留下更多的创新空间。

第二,我认为这次疫情对经济社会发展影响很大。如一些专家判断疫情对美国经济的影响很严重,但就中国而言,尽管我们复工了,但市场在哪?可能影响是什么?没有人能独善其身。所以说这次疫情之后对我们原有的一些研究工作,如"一带一路"沿线研究、国土空间规划研究、城市规划等研究,都会有很多新的内容让我们在原有的框架和思路上做出调整。但无论如何,我们还应从学科出发进行思考,并深入做一些具体研究工作。

陈雯(中国科学院南京地理与湖泊研究所)

对于经济全球化以及未来的经济发展趋势,我今天只是做了一个活跃度分析的报告。其实最近我们也开始做中小企业的调查,如小微企业、科创企业等,如果大家感兴趣我们可以共同分享这方面内容。正如很多专家谈到的,疫情的影响可以说是不确定。现在我们发现了问题,如对产业链的影响,也不见得我们能够完全解决。刚才贺灿飞老师谈到技术关联性,这是一个思路,但具体如何操作和落实到政策,经济地理学者确实还有很多工作要做。

现在这个时代确实对学者很重视,对科学家的重视程度更高,如果我们能够提出真知灼见,还是能够为国家的战略提供更多的决策咨询。

曹卫东(安徽师范大学)

首先谈谈学科问题。我个人从事经济地理学教学和研究接近25年,深刻感受到经济地理学的重要性,它在解决社会经济发展中发挥的作用非常大。因为经常有地方政府包括规划学界特意邀请我们经济地理学的老师和学者参与他们的决策、规划,帮他们提供咨询服务。因此,经济地理学的确是一门与现实社会经济联系很紧密的学科。

其次谈谈我个人的研究感触。地理学的研究,尤其是经济地理学的研究是不是要走向更扎实的解决实际问题和现实问题?除了观察现象之外,可能更需要地理学学者们踏踏实实做具体问题研究,通过为国家解决具体的问题来获得学科地位。刚才几位老师讲到新冠疫情发生后,前期是感觉到束手无策,帮不了什么忙,到后期各位学者有了发挥经济地理学特长的机会。国家很大、很复杂,方方面面需要解决的实际问题有很多,仍需要我们更聚焦一些现实问题做扎实的研究。

梁育填(中山大学)

因为在英国这边访学,在海外看国内与国外政府应对疫情措施的差异和学术界、媒体的声音,还是有蛮多不同。目前中国是第一波解除疫情警报的,之后全球化疫情趋势的影响以及未来中国国际地位的变化可能需要重新思考。可能一开始中国的疫情暴发早对于中国控制疫情后的稳定发展是一个利好,但是慢慢的一些措施或政策会使这些国家站在中国的对立面。所以这可能需要我们思考一些问题。

从经济地理学研究的角度看,应对未来可能的重大变化很重要。比如说"一带一路",一开始很多国家都参与投资,现在受疫情影响或如后面经济衰退,中国后续如何应对?继续扩张还是收缩,这也是需要去思考的。另外要加强国别研究。现在印度对于中国的投资也开始审核,这一系列政策影响可能会持续一段时间。所以,经济地理学在研究社会经济活动的过程和机制时,可能后面的机制看不见的情况居多,不像自然地理或者大数据那样清晰可见,因此需要更为深入地了解和研究事件过程背后的制度、文化、技术差异所造成的区域格局影响,以及各因素的作用方式和机理。

对于产业链而言,我们去年对东南亚一些国家进行了调研,发现更多的是产品间的转移,如广东到越南有投资。中国疫情解封之后,很多到越南投资的企业可能往回移到国内去,因为他们在海外的投资多是终端产品的组装,核心技术或核心生产环节可能还在国内。对于整体的产业链转移,可能还不像我们想象的产品间那么大,从长期可能会有大的影响,但短期来讲对于中国影响不会太大。目前欧洲各个国家都开始准备复工复产,英国可能是这个月底,美国估计也是六七月份开始解封。如果解封之后对产品的需求增长,由此对于进出口贸易的表现还是利好的,但是还需要考量长期的产业大转移趋势,以及产业成本和安全的考量。其实今天我们的部分报告也是在讲从效益优先逐步转变为将安全和利益、金融进行综合考虑。

宗会明(西南大学)

正如刚刚王姣娥老师和几位老师提到的,疫情期间人的流动受到很大的限制,但是物流活动受到的影响并没有那么明显,所以我们需要重新认识物流活动和物流产业在社会经济活动当中的保障和支撑作用。在分析中我觉得还要分清楚对于不同的物流可能有不同的影响。比如生产物资流动可能会受到很大的影响,但是生活物流可能会有很大增长,所以从总体上看就会出现物流总量没有变化的结果。

对于生活物资的保障,如果从经济地理学角度研究,其供给和需求以及网络购物和线上经济发展是一个重要的原因。虽然从需求的角度考虑,需求量很高,但从供给角度我觉得有几个方面可以进行思考研究,比如物流企业在整个产业链当中所扮演的角色和定位。无论是中国还是东南亚的陆路交通,我们都需要考虑物流在其中如何组织。

另外在城市尺度,有一点直观感受是快递柜、自提柜都是设在小区里面,但在疫情期间很多小区不允许进去,所以快递柜就没有起到很大的作用。我们曾经用 QI 数据做过分析,在城市的中心区快递柜的比例较高,在郊区更多采用由摩托车或者物流配送点把所有客户都转一遍来配送的模式。疫情期间两种末端布局的差异我觉得可以纳入到未来的国土空间规划、城市规划当中。

王琛(浙江大学)

重大全球突发事件之后,区域经济应该如何应对?之前虽然有很多的关于区域经济韧性等方面的研究,但现在特别是全球性的重大事件背景下,区域如何增强它的韧性?我感觉思考还是不太够。是不是应该从多方面的、不仅仅是从经济地理的角度进行思考;或者在这大背景之下,经济地理要与其他相关学科共同努力交叉融合来做一些研究。因为目前形势下区域经济活动受到的影响不仅仅来自经济、政治方面,还有很多不确定因素。这些可能都需要经济地理与政治地理、城市规划等学科合作。

针对曾刚老师讲到的长三角产业发展出现分化态势,这就启发我想到,如在数字经济背景之下,部分地区反而能从危机当中抓住机会,如杭州市反而有了逆势增长。那么接下来是不是就需要从不同的产业细化来进一步深入研究,看看不同的产业特性在后疫情时代有什么机遇和挑战？今后发展路径有什么样的差别？如数字经济或者新经济基本上都是从需求的角度来探讨问题，需求推动下新经济和传统制造业之间的关系如何相互促进，两者之间的平衡关系等。可能也是需要我们思考的问题和方向。其实疫情之后上海在很多方面走在前列，包括复工复产；相对而言，浙江省稍显落后，所以也需要更多的学者研究浙江省的经济地理现象。

韦素琼（福建师范大学）

今天下午的很多报告，印象最深就是全球化驱动产业链的转移和重组。实际上我在很长一段时间里一直关注海峡两岸的合作。从这个角度来看，海峡两岸合作现在情况并不是太好。从台湾对大陆的投资情况看，2010 年以后投资总额在迅速下滑。下滑的原因一方面与大陆的投资环境有关。因为台湾更多以代工制造为主，产业链也不是太高端；当然另一方面也与蔡英文的新南向政策关系密切。2018～2019 年投资总额下降幅度特别大，这是受到中美贸易关系的影响。实际上我们对台湾的政策一直是强调两岸要融合发展，但融合发展不仅要体现在台湾与大陆的融合，还要体现在国际市场上的融合发展。

从我的研究来看，这种融合发展目前面临的挑战非常大，特别是美国将来有可能进行长臂管辖后，就会影响到大陆产业供应链上的台资企业能不能继续和大陆合作。如和华为合作的一些企业，美国就此对其进行制裁，目前像台积电等企业都在犹豫观望。当前这种影响是比较大的，甚至超过了新冠疫情的影响。虽然疫情的影响的确存在，2020 年 1、2 月份台商投资的确有所降低，但到 3 月份又提高了，这与大陆的复工复产有关。至于未来两岸关系怎么走，我觉得还有很多的不确定因素，我们也会做进一步的研究。

主任总结

首先感谢大家！各位报告人的报告都非常深入也很有科学性，点评专家也很到位，非常感谢！我总结两点：

第一，疫情对全球化的影响或者对经济地理学科的影响，既广泛又深远，其中反映出很多社会科学问题、综合性的问题正是本学科能解决的。所以关注这类问题的科学性，寻求其科学应对，应该是经济地理学科服务于社会发展始终应坚持的一个方向。

第二，目前经济地理学科建设仍面临着非常严峻的挑战，必须在学科理论和技术方法上有所深入。基于此我有两点建议，一是我们会适时组织年轻地理学者就学科的建设进行专门研讨，培养后备科研力量；二是将以经济地理专业委员会为平台多开展学科建设与技术方法研讨，形成一系列共识性的模式或程序，以推动学科发展。

第二部分

学科新视角与新方法

关联视角下的全球化与区域发展

报告人：

朱晟君，北京大学城市与环境学院研究员，博士生导师，博雅青年学者，教育部地表过程与模拟重点实验室副主任，人文过程与区域可持续发展分室主任，中国地理学会经济地理专业委员会副主任。青年QR计划、"中国地理学会科学技术奖—青年科技奖"及"黄廷方/信和杰出青年学者"获得者。

点评嘉宾：

苗长虹，河南大学环境与规划学院教授，博士生导师，河南省特聘教授、优秀专家，国务院特殊津贴获得者，《人文地理》编委，中国地理学会经济地理专业委员会副主任和城市与区域管理专业委员会副主任，教育部人文社会科学重点研究基地河南大学"黄河文明与可持续发展研究中心"主任。

主持人：王姣娥研究员

主旨报告

我今天的报告题目是"关联视角下的全球化与区域发展"。为什么叫这个题目？因为这些年我一直做的研究离不开两方面内容：一个是全球化，一个是区域发展。这两个内容的互动牵扯到了两个地理尺度：全球尺度和区域尺度，以及中间各种各样的中观尺度，如跨国尺度。今天我希望用关联视角把这些年的研究成果串起来。报告包括三个方面，首先是介绍一下为什么要研究关联视角下的全球化与区域发展。其次用两个案例来予以阐释，一个是从产业关联角度，研究其如何影响中国区域产业发展；另一个是从国家关联角度，研究其如何影响中国企业的海外扩张。最后是总结。

首先，全球化与区域发展可以拆分为两个尺度：全球尺度和区域尺度，其中区域可以是城市或省份。两个尺度之间有非常强烈的相互影响和互动。所以研究全球化与区域发展既可以关注全球化，也要关注地方尺度上的区域发展，是一个全球和地方互动的研究问题。这种互动可以拆分为三个主要的研究方向或三个子问题。

第一个子问题是基于全球化背景下,如全球生产网络、全球价值链等,如何影响中国的区域发展,也就是"引进来"如何影响我国的区域发展;第二个子问题是就本地关注本地的力量,研究区域如何发展?产业如何产生、增长、衰退,甚至退出或消亡?以及哪些城市在不同时期会崛起,这些城市原有的发展模式出现了什么问题?如城市衰退等等。第三个子问题是"走出去"与区域发展。随着全球化进入到一个新阶段,中国可能会在全球化过程中扮演更加重要的角色。它和全球化的互动从原来相对单一的全球影响中国、通过全球生产网络影响中国区域发展,已经转变为中国在全球价值链或者全球生产网络中扮演角色越来越重要,或越来越核心、越来越主导。即中国从一种被动接受全球化变为一种主动、引导或者是影响全球化的过程。尤其是"一带一路"战略、"走出去"战略等都鼓励中国企业走出去、鼓励中国企业对外去投资,以另外一种方式参与全球化,或者在全球生产网络中扮演更积极的角色。这次疫情暴发之后,贸易保护主义回潮,美国在很多区域协定甚至全球协定中都不再扮演核心角色,此时中国是否应该去拥抱全球化、扮演更核心的角色呢?

总的来说,我最近这几年做的工作都是围绕全球化与区域发展,以及它下面三个子问题来展开。无论是哪一个子问题都有同一个关键词,就是区域发展。区域发展不是说任意某个区域的发展,而是中国的区域发展。无论是全球化影响中国的区域发展,或是中国本身从地方尺度上谈的区域发展,还是中国未来走出去之后如何影响自身的区域发展,核心都是区域发展。

区域发展是经济地理的一个古老核心命题。影响区域发展的主要因素,传统的经济地理研究中主要有交通、资源禀赋、劳动力等,还有一些软的因素,如正式的制度和非正式的制度、社会准则、本地知识库、当地的能力等。这个视角是一种个休视角,即就区域谈区域,在某种程度上是一个孤立的视角。经济地理学者很快就意识到这个问题,并逐渐开始转向关联视角。关联视角注重研究个体与个体之间的联系、个体之间的相互作用,包括它们在空间上的相对位置、相互的联系产生的影响等,它们已经逐步成为经济地理学的关注对象。联系由多种要素组成,可能是直接的互动联系,如经贸联系、劳动力联系、金融联系等。这种联系使个体不再孤立而与其他个体形成互动。另外,关联也会导致一些个体变得相似,如邻近区域有很多联系。当然,区域的相似性也有助于区域间关联的建立,如两个地方的文化底蕴相同就可能建立这种联系。所以关联视角逐渐开始取代原来的个体的研究视角,纳入到经济地理的核心的研究视角、研究方法、研究框架里边去。

关联视角的理论基础或思想基础,甚至哲学基础最早可以追溯到建构主义的提出与对"空间"的新认知。其关注的不再是绝对空间,如物体的位置、特征,而更多关注每个个体在空间的关系是什么。如 Massey 在分析劳动力的空间分工时就讨论到一个城市的重要作用不是自身,而是取决于它和其他城市各种各样的联系。如伦敦,他不是就伦敦论伦敦,而是把伦敦放在更大的网络关联体系中探讨,将区域发展中各种经济活动的关联属性纳入进来。Lefebvre 在空间的生产中也涉及到个体与个体之间的联系。具体到经济地理学,经济地理学者把关联纳入后,最直接就形成了"关系转向"。

关系转向是文化转向之后的一个非常重要的转向,突出个体与个体之间的关系、联系或关联特征。每一个物体都有个相对的对象,如 A 之所以存在是因为有 B,也就是说 A 和 B 的关系某种程度上定义了 A 和 B,而不是 A 自身定义了 A。A 和 B 的关系某种程度上会影响 A 的特性和属性。经济地理学中的"关系转向"有三个重要的代表学派。

第一个是加利福尼亚学派,代表人物有 Scott 和 Stroper。他们基于加州的产业集群、产业区,如电影产业等,发现企业之间的相互联系能够非常强地影响该区域的发展。他们称之为贸易或不可贸易依赖(Traded and untraded inter-dependency)。这对于产业集群的发展非常重要。集群里有上百个企业,它们之间不是简单的 1+1 关系,有可能发生一个 1+1>2 的反应,由此产业集群的整体效应要大于个体之和。

第二个是以 Dicken、Henderson、Henry Yeung 为代表的曼彻斯特学派。他们创造了经济地理学中非常著名的全球生产网络。这个关系尺度跨越了地方、区域,甚至国家,将全球生产体系纳入进来,形成了全球生产网络概念。其中,Henry Yeung 就从关系视角提出要关注生产活动的网络组织和关系的根植性(Relational embeddedness),并以之为理论基础来认识全球生产网络中地方之间的关系、企业的存在和联系等。

最后一个是德国的关系学派,代表人物是 Glückler 和 Bathelt。他们从经济行为主体视角出发,提出了演化、路径依赖的特征。即在一个区域中每个个体之间都是联系在一起的,所以当作出任何改变时都不可能一下子改变整个网络。因为每个个体都联系在一起,肯定会受到原来一些内容的影响。因此,通过这种交互影响,最后整个区域就是一个路径依赖的发展模式。该学派对后来的演化经济地理学有非常强的影响。

地理学很早就已经关注了关系的研究。Henderson 于 2002 年结合全球生产网络(GPN)和全球价值链(GVC)的理论分析框架,认为区域发展是区域化的关系网络与全球生产网络在变化的区域管制结合体,即全球生产网络就是跨国公司把全球不同地方的企业联系起来形成的一个网络从而影响区域经济发展。全球联系对于区域发展的影响就如同 Bathelt 提出的"本地蜂鸣"(Local buzz)和"全球管道"(Global pipelines)。我最早做的一个研究就是把区域放置到全球生产网络中,研究全球网络或者全球管道,即"引进来"如何影响区域发展。为什么有些地方产业升级? 而有些地方会产业转移? 即有的去地方化或空心化了,而有的地方没有? 有的地方产业有非常强的本地根植性,没有迁移走且更好地参与到全球网络中,它是怎么做到的? 为什么有些地区可以而有些区域做不到? 主要就是依托加利福尼亚和曼彻斯特学派的研究,基于浙江的一些案例,如浙江宁波的服装产业集群、上虞的污染产业集群,还有永康的五金产业集群做了一些研究。

现在我们开始集中于第二和第三个子问题研究了。这两个子问题也是谈关联,但与第一个子问题中的加利福尼亚学派和曼彻斯特学派的关联不同,而是有点像德国关系学派,即Bathelt的关联演化方向,更多地强调不同产业之间、甚至国家之间因为相似发生的关联。如产业之间因为投入产出关系共享劳动力、基础设施、制度等导致他们之间发生了某种关联和联系。如口罩制造,需要纺织行业、机械制造业、消毒、可能还有核工业等发生关联;如光刻机需要几万、几十万个零件从而导致更多行业关联进而形成产业网络。同样,依据国家之间的联系和相似性,如美国和加拿大、中国和新加坡在文化或其他属性上的相似性,也可以构建国家网络。因为关联和网络的存在,其发展模式会呈现路径依赖,或称为演化的特征,其中夹杂着路径依赖和路径突破。两股力量互相交融,决定了关联导致的演化,也导致了区域的发展不是随意的,而是具备演化的特征。我将以两个研究来进行阐释。第一个案例是产业关联与中国城市产业转型。

近几年,中国面临的重要问题是产业的结构性矛盾。沿海地区产业高度集聚,面临"拥挤效应",土地、劳动力、环境污染等问题迫使产业需要升级;区域发展不均衡问题依然存在,欠发达地区希望弯道超车。如何执行行之有效的产业发展政策,破解这些矛盾需要理论创新。对此问题恰好可以用产业关联的理论,因为关联构成了网络,网络构成了区域发展演化、路径依赖和路径突破的特征。通过演化视角,能够帮助我们更好地理解区域发展和区域不均衡这两个非常重要的经济地理学核心研究问题。

演化经济地理是地理学和经济学合作的产物。2000年之后地理学出现演化转向,与演化经济学结合形成演化经济地理。演化经济地理和克鲁格曼的新经济地理学、地理学文化转向后的制度学派,以及关系学派都有共通性。简单而言,它和克鲁格曼的新经济地理学的相似点是都不排斥模型的使用,都认为区域是不均衡的。这和经济学认为区域应该达到一个均衡不太一样。但它们也有差异,如演化经济地理认为人是不完全理性的,不是经济人;关注动态过程,强调知识溢出,而不是特别强调规模经济等,这和克鲁格曼的新地理经济学存在一系列差异。它和文化转向之后的制度经济地理也有一些异同:相同之处如它们都认为人不是理性的,都强调制度、义化这些社会性要素对经济发展的影响;但是在使用模型的过程中,对动态、宏观、微观的处理方面不太一样。

具体来说,演化经济地理学的核心观点就是关注产业关联,认为地理邻近不能保证知识的有效溢出。地理邻近性作为经济地理学的核心概念,发源于托普勒第一定律,认为距离越近的地区联系越强,甚至牵扯到地理学的存亡。随着技术进步,新的交通技术、通信技术发明后,是不是地理就没有意义了? 有人说地理学之死(End of geography),那到底是不是这样呢? 肯定不是,因为地理并不能抹杀掉面对面交流的效果,很多知识仍然是需要地理邻近的,我们称之为缄默知识。如同海上的冰山,所有的知识中,能够编码的知识或者说比较简单的知识就像露出水面的冰山一角,而更多地藏在水面下的冰山基底都是缄默知识。只要这些缄默知识存在,地理就仍然重要,地理邻近就仍然重要。但是演化经济地理还对它做了一个批判,认为它只关注到了地理的重要性,忽视了另外一个内容。如离岸加工区有很多优惠政策,很多企业都布局在这里,如纺织、汽车制造、零部件、电子计算机制造等,它们达到了地理邻近但并没有形成产业集群。有没有形成一个有效的知识溢出呢? 这其实是一个问题。有一个词叫"集而不群",就是集聚了但没有形成产业集群。该问题存在的原因就是没有认知的邻近性。这些产业之间的知识是不一样的,电子和服装之间没有任何可以沟通的知识。这个时候就需要产业关联、认知的邻近性,或是基于产业关联形成的知识溢出。所以地理邻近既不是知识溢出的充分条件,也不是知识溢出的必要条件,只有产业关联才能引发认知邻近。

产业关联对于中国每个区域的产业引入、维持都是至关重要的。产业的引入和维持就是产业升级。所以产业关联对于区域的产业升级是至关重要的。

根据产业与所有产业之间的关联就可以绘制产业网络。区域产业转型就可以看作是区域在产业网络中进行产业结构的拓展和调整。由关联到网络,由网络到演化。一个区域的发展其实是在网络里演化。我认为一个区域的发展就如同一只猴子,产业关联就如同一个大树或一片森林。猴子在不同的点上跳来跳去。当它站在一个高端的点,就说明区域进入了一个新的高端行业。产业升级了,区域就发展了。如果把这个网络图绘制出来,就发现一个非常有意思的特点:中间部分都是高端行业,边缘部分是低端行业;发达国家都在中间,而发展中国家都在边缘。而且还发现,位于产业空间核心区的国家容易实现产业升级而获得持续经济增长;而位于边缘区的国家产业基础薄弱,创新能力有限,很难脱离原有发展路径。如光刻机刚被发明出来时,发达国家想进入这个新行业很容易,而发展中国家就难上加难。这就是从网络推演出的演化的第一个特点:路径依赖,也就是"马太效应",最后一定会导致强者恒强,弱者恒弱。

这个当然不是我们希望看到的。如果真是这样,发展中国家还发展什么? 西部地区也没有什么希望了。同时我们也认为它不合理,因为这解释不了亚洲四小龙、中国的快速崛起。为什么会有这些特例出现? 肯定不可能完全是路径依赖,还必须有另一个特征——路径突破。如山西大同市,某个偶然事件发现了煤(路径创造),后期煤越做越好(路径发展),所有产业都围绕煤进行(路径僵化);最后有一天煤没有了,或者煤降价了,或者新能源出来,煤做不下去这个城市就衰亡了,又变成了一无所有,这时路径就解锁了。从路径僵化到路径解锁,再次等待新的历史偶然事件回到原点的路径创造,就是等待新的事件发生将其带到一个新的发展模式。这个就是传统定性的区域发展模式分析框架。老工业基地、资源型城市转型都会用这样一个四阶段分析框架。这个框架的一个缺点就是非常的宿命论,整个过程不受地方影响,好像大同没有任何决定权,大同当地的人、企业、政府没有任何能力去影响这个过程。因此我们基于这个缺点,也基于有些地方能够打破路径依赖建立一个新的演化过程,提出"路径突破"。具体而言,就是通过外部联系或者内部创新,引入新的知识改变本地的发展模式,而不是默认等待或接受这样一个路径创造—路径发展—路径僵化—路径解锁的四阶段发展模式。

路径创造的模式一般有几种。第一种就是纯粹随机的,强调历史的偶然性,即企业随机区位决定了产业区位,如苹果在中国郑州的投资布局;第二种为区位机会窗口,即 Windows of opportunity,基于新技术的新产业具有大量符合其发展要求的区位可供选择,地区就要抓住这种机会窗口;最后一种就是我们要强调的有针对性的战略行动,即来自于企业家和地方政府等行为主体主动做出的战略决策能够对路径产生影响。从外部嫁接引入新产业,或者从区域内部主动做出改变,都可以实现路径突破。我们认为路径突破的存在,是发展中国家摆脱贫困陷阱魔咒的一个非常重要的方式。

由此,城市的产业演化路径可以是路径依赖,也可以是路径突破。为了测度路径突破,首先要测度路径依赖。路径依赖是依据产业关联来发展。产业关联采用一种后验的方法去测度,也就是说不管两个产业怎么关联或为何关联。比如说两个产业可能是因为投入—产出的关系,或者同需要高素质的劳动力,也可能都需要一种特定的法制环境等。如果他们关联,我们认为他们共同存在的概率很大,即"共现"。该方法也常用于文献计量分析,如果两篇文章经常被一起引用,就认为这两篇文章特别关联;又如购物网站中,购买一个产品后常会推荐另一个新产品,如果 80% 的人群购买,那么大概率这两个产品关联特别大。

基于共现概率算法我们测算出产业关联,进而描绘出产业网络。研究时段是 2000 年到 2010 年代初期,该时期是中国产业发生剧变的时期。研究发现 2002—2006 年产业关联极大程度上影响了新产业的诞生。2007 年之后,产业关联的影响力降低,也就是出现了路径突破。也就是说 2008 年金融危机之后,中国各类企业、城市都在尝试跳出旧发展模式寻找新模式。通过回归结果发现,产业关联和路径突破确实有影响作用,但路径依赖仍然是主要决定因素。但是我们认为可以通过一些手段,如外部联系和内部创新来降低产业关联的影响,实现路径突破。这个研究的主要意义在于提出在路径依赖之外还有另一种演化的模式:路径突破。它的政策意义也显而易见,落后区域可以通过外部联系和内部创新创造产业演化的新路径,摆脱马太效应,实现弯道超车。

第二个案例是关于国家关联的作用,主要是关注中国企业的海外扩张。近几年中国对外出口发展非常迅猛,但也存在贸易保护主义、贸易战、疫情、反倾销等各种各样的问题。为降低外部冲击风险和对企业出口的负面影响,我们提出了出口多元化策略。

多元化一共有四种发展方式。第一种为产品尺度的多元化方式,如增加新产品;第二类是继续出口某类产品,但单位价值增加;第三是出口的市场规模增加,比如都出口到美国,原来袜子出口 10 万双,现在出口 20 万双;最后就是出口的市场的数量增加,原来出口到美国,现在出口到更多的国家。前面三种方式研究的人都非常多,这里我想重点关注第四种方式,就是中国的企业如何出口到新的国家,如何去打开新的市场。

我还是希望构建一个网络。首先要找到国家的关联,基于地理学非常经典的两个理论,引力模型和扩展引力模型。引力模型是什么意思呢? 比如对于中国的企业来说,如果同时对日本和美国出口,那么对美国出口要难于对日本出口。因为日本离中国近,且都是东亚文化圈,中国进入日本要相对容易。引力模型就导致中国和日本比中国和美国更像。另一个是扩展引力模型。若按前文所述,是否就永远不进入美国了? 永远跟美国比较不熟,距离远。那么怎么办呢? 可以一点点地移动过去。比如说先进日本,然后再进韩国,再通过韩国进菲律宾,然后通过菲律宾一点点地往那跳。就是企业在利用它已有的出口经验,然后去打开新市场。比如说发现加拿大和美国特别像,如果已经出口加拿大,大概率认为出口到美国的难度会大幅度降低,因为可以用加拿大的经验打开美国市场,这个时候测度的就是加拿大和美国之间的相似程度。总而言之,无论是引力模型还是扩展引力模型,讨论的问题是国家与国家之间有多像。这个可能是因为他们的联系,也可能是因为他们各种各样的相似性。我们定义成国家的关联。那如何测度?

现有测度引力模型或者间接引力模型时都会有一大堆指标。模型的缺点有三个:第一个是先验性。当在研究美国和加拿大相似的时候,会想是不是文化相似,制度、社会相似? 是不是距离相近,经济发展水平相似? 因为不知道哪个因素会起作用,于是将所有指标都放入模型,最后可能导致指标之间的关联性不确定,部分指标的显著性不统一,无法清楚说明要素的作用。第二是指标的局限性。相似的维度很多,有文化、社会、制度、地理、政治、外交、经济等,无法表征出口市场之间所有维度的相似性,也无法用单一的代理变量表征特定维度关联的全貌。第三是测定的复杂性。间接引力模型需要测度加拿大和美国之间的各种相似性,如地理距离、文化距离、社会距离、政治距离等,直接引力模型还要测度中国和美国的这些距离,如社会距离、地理距离、文化距离等。然后判断中国出口到美国的难度有多大,可能性有多强。因此需要对两套指标进行处理,对于出口市场多样化的预测更为困难。

我们的第一个贡献就是希望构建一个更好、更简单、更有利的指标,能够全面有力地测度企业市场的相似性;同时该指标可对于引力模型和扩展引力模型的效应同时进行测度,使出口市场多样化的预测更为简便。还是采用共现分析法,假如两个国家经常被同一个企业同时出口,则认为两个国家之间的相似度高。如十万个企业里边,有八万个企业都同时出口美国和加拿大,就可以认为美国和加拿大比较像。假设企业都是理性的,然后计算国家共现的概率,最后列出所有国家的共现概率。发现大部分国家之间关联不强,而少部分国家之间确实有关联。用最大扩展数方法进行网络化,并加上一些强联系,最后体现出核心—边缘式的网络结构图。

第一,显然核心地区是中国最重要的出口市场。所用数据是 2001—2011 年的,该阶段对于中国最重要的核心市场是北美、西欧、澳大利亚和东亚,边缘地区是北非、南非、东欧和中亚市场。我们另外发现同一大陆内的国家联系更强,表明地理邻近促进市场的相似度提高。第二,也存在一些跨大陆联系,如美国、加拿大、新西兰和西欧国家以及南非和西欧国家之间的联系均较高,表明这些国家虽然距离很远,但可能因为文化、外交、制度等联系导致它们在网络里很近。第三个比较有意思的发现就是在网络中,连接度、中心度非常强的国家扮演着节点型的角色,它们通常是打入一个大洲的门户型国家。如中国企业进入欧洲一般会首选德国和西班牙;进入南美一般会首选智利;进入中东市场一般会首选阿联酋。

对指标的可靠性进行检验。对于新得到的指标,一般要考虑该指标是否和原来用的那些指标相悖。由此以国家之间的关联作为因变量,以国家之间的地理距离、文化距离、政治距离为自变量进行回归分析,发现都是正相关的,也就是说该指标和原来用的指标是一致的,没有任何完全相反的结论出现。

研究一下广东、上海、江西、四川在 2002—2011 年期间出口市场多样化的情况,首先发现,新出口市场倾向于出现在现有出口市场的邻近地区,出口市场的点呈蔓延式的而不是跳跃式的变化,也就是出口市场多样化是一个路径依赖过程。同时发现,发达地区(如广东和上海)进入的出口市场多,而内陆省份(四川和江西)进入的出口市场较少。基于此,假如中国的企业打算进入新市场,就要去算一个综合的关联强度获得企业进入新市场的成功概率。最后用密度指标计算基尼系数,发现各年份基尼系数都在 0.6 以上,表明了企业出口市场数量较高的不均衡性。也就是说,企业出口进入的市场越多,其在同一时间进入其他国家的机会就更大;出口越少,进入新国家的难度更大,有两极分化的情况。

以中国企业 2002—2011 年进入新的国家作为因变量,将密度指标作为一个核心自变量纳入进去,研究密度指标或国家关联指标能否解释企业进入某个市场。结果发现都是正显著的,表明如果潜在出口市场与企业已有出口市场网络之间的相似度高,可以提高企业进入该市场的成功率,是正相关。反之出口市场与企业已有出口市场网络之间的相似性也降低了企业退出该市场的可能性。也就是说,国家之间的关联越强,经验可以互相地反馈地加强,降低了企业退出市场的可能性。此外,国家关联模型的拟合度较高,能够把企业进入新市场的预测能力提升 4.54%,在退出里面能够提升 8.81%。所以我们认为这个指标能够更好地帮助理解中国企业打开新市场出海的行为,当然也能够更好地预测进入新市场的成功率。

今天这两个案例,一个是关注产业关联,通过产业关联去研究中国的区域发展;另一个是关注国家关联,通过国家关联关注中国企业将来如何走出去。这两个关联都有一个核心的特点:首先是关注关联视角。主要是基于德国关系学派的观点,通过关联引发网络、建立网络,通过网络影响区域发展和企业扩张呈现出演化的特征。即表现既有路径依赖,也有路径突破的特征。这和加利福尼亚学派、曼彻斯特学派是有一些差异的。

未来的展望,第一是希望深挖多类型关联交互作用的综合影响,如劳动力发展形成的技能关联、投入产出的关联,等等。第二是希望把两类关联结合起来,进一步丰富关联表征,包括关联形成的网络、演化等;另外要将区域与区域之间通过投资、贸易形成的关联,全球生产网络和产业集群内置的关联形成互动。

特邀专家点评

晟君做了一个非常精彩的报告。任何一个深入研究,要体现自己的心路历程。今天晟君将其研究的心路历程做了非常清晰的勾画。

经济地理学的发展与研究是伴随着时代的发展和国家的需求在不断演进。第一,如北京大学王缉慈老师在20世纪90年代就关注产业区、创新的空间。那时我们和国际经济地理学一脉相承,大家都关注新区域的出现、创新的空间或者活力空间出现。所以那时大家关注所谓的"新区域主义"这样的反思。后来关注的焦点不断变化。正如刚才晟君所言,全球化实际上促进了不同地区、不同产业之间的关联。这种关联作为一种现象,学术界也做了一系列的理论建构。如曼彻斯特学派、加州学派、欧洲学者的研究,实际上都体现出伴随着全球化进程和学术创新需要做出的反思和转变。晟君介绍的案例,从引进来到走出去,都是全球化过程中大家所关注的焦点。

第二,晟君所做的研究实际体现了国内经济地理学的发展和国际学术界的互动。整体而言,西方在全球化过程中的理论建构相对走得快一些。如关系经济地理学、演化经济地理学、原来的新区域主义,实际上都是西方国家学者所做的理论建构。林初昇老师在谈亚洲经济地理范式时指出亚洲也做了大量的研究,但这个研究怎么和西方所谓的主流之间建立一个对话、交流的机制,年轻人应承担重要责任。大家在做研究时,本土性的特征和意识非常鲜明,但也应在国际研究的框架下,实现有效的互动并为国际学术做出自己的贡献。实际上一代一代的学者都在努力。我看到像晟君作为青年一代学者的代表,在这方面做得非常出色。

第三,经济地理学在研究范式方面有几个转向,从新区域主义到关系经济地理学到后来的演化经济地理学。从文献中可看到,原来的新区域主义研究基本上是以案例为主;关系经济地理学研究也以案例为主,特别是像 Henry 的 GPN 研究范式,基本上是做的案例解剖;而演化经济地理学则体现出模型的建构和计量分析。这也表明经济地理学在发展过程中,传统的质性研究方法还在坚持,但是新的模型应用在青年学者中已经非常充分了。

最后,经济地理学研究无论是质性还是计量模型,如何创新?我认为晟君介绍的两个案例可以帮助我们在思考问题的基础上,进一步探索创新性的空间。无论在测度的方法、测度指标,包括问题的意识,可以给经济地理学青年学者的研究提供启示和示范。

总体来讲,晟君介绍了经济地理学以新区域主义为基础,从关系到演化的一个重要范式,或者说研究方向转型所体现出来的一种新的动态。一方面回应了国际经济地理学前沿的动态,另一方面也反映了我国的确从重视吸引外资进入到企业走出去的时代,在区域发展上如何更好地实现产业转型升级。这反映了时代的需求,也恰恰是和当前的学术研究前沿、国家重要的战略需求、我们学科的特性有益结合。这样的研究也是经济地理学的特色。正如陆大道先生所讲到的学科情怀也好,一个学科在发展过程中是有特色的,这是中国经济地理学发展的特色,也是年轻学者在此基础上进一步发扬的特色。

此外,我也想借此机会和晟君交换几个方面的意见。第一,林初昇教授曾在一次报告里讲到经济地理学有两种范式,质性研究和模型研究。很多年轻人可能两个方面都会关注和实践,但在实践过程当中会面临着一些困惑。如计量研究,无论做产业关联,包括产业的进入、退出、指标的测算和模型建构、出口网络等,其中有一个很重要的问题就是模型是为了验证理论推论的。但一般经济地理学在做计量研究时,前面没有做理论模型。当然会做一个假设,变量之间可能会是一种什么样的关系,但是这种关系不是基于很强的理论推论。因此后面模型的结果完全取决于运算出的结果,从而成为基于模型来解释变量之间的关系。在此方面,晟君,包括贺灿飞老师的团队做了大量的计量研究。这方面能否和大家分享一下,当面临实证建模和理论中变量之间的内在关系逻辑,有时一致,有时不一致的情况下,建构一个实证模型来非常好的体现理论假设和理论推论,我觉得有时还是面临很大挑战的。正如你刚才所言,我们无论是用前验概率或者其他什么模型,模型的拟合度还需要进一步提升。我想这可能是大家共同面临的一个问题,特别是现在很多年轻人,博士生、硕士生都会做很多计量模型,都会面临这样的问题。我想请你一会儿跟大家可以简单地分享一下,遇到这些问题时,怎么更好地解决和处理,在技术、技巧上是不是可以给大家能够提供一些更好的建议。

第二,经济地理学的研究范式相对来说比较开放。相对于经济学,地理学考虑的因素比较多,有时会把一些非常难测度的因素放入理论框架中进行分析。而经济学中的模型,如我们非常熟悉的一般均衡、完全竞争市场等,是一个理想的模型。现实模型肯定不是理想模型,但是理想模型可以提供参照,将现实模型和理想模型进行比较,就可以知道现实过程中有哪些问题。经济地理学在研究过程中,理想化的模型建构相对是不够的。换言之,为什么经济地理学的范式不断地变? 变得快有好处也有问题。这个问题就是经济地理学在建构过程中能否形成一些理想化的模型,正如中心地模型,虽然有很多的变异,但该模型是思考城镇体系空间结构的基础性理论。刚才晟君谈到关联,关联包括产业之间的关联、区域之间的关联、国家之间的关联。但是关联背后还有更本质性的内容。能否建构一个更加理想化的或者标准化的模型,以之来观察认知千变万化的世界。有了这种基本模式,我们对现实世界的理解可能会更加科学。

这两点也是我自己面临的问题。借此机会,我想晟君的报告能够给我们提供一些启发。谢谢。

问题交流

主持人:谢谢苗老师的精彩点评,能够让我们从更长远的学术研究尺度来解读这个报告。苗老师不仅对晟君的研究进行了肯定,也对我们经济地理的年轻学者提出了殷切的希望。先请晟君就苗老师的点评做一个回应。

朱晟君:非常感谢苗老师精彩到位的点评。正如苗老师所言,关于研究过程中的理论建构、定量定性方法应用问题,我也谈一下自己的感想和反思。

第一,现在经济地理学甚至整个人文地理学,做研究无外乎采用定性和定量方法。这两种方法没有优劣之分。虽然正如苗老师刚才所言,定量方法用得越来越多,包括各种各样的模型、数据、网络图和可视化展示。定量和定性有什么区别? 这些年我也一直在思考。刚才也介绍过,我有三个研究方向。第一个研究方向主要是做定性研究,基于浙江宁波、上虞、永康、杭州等做了一些访谈和问卷调查,以及大量的实地考察,最后得出一些发现才去撰写文章。后面的两个方向一开始也是定量和定性相结合,只是近期定量方法用得多了一点。理论而言,定量和定性的文章只有方法介绍和结果展示的差异,最后的讨论与前面的引言和文献综述部分应该都是一样的。什么意思呢? 无论是定性研究还是定量研究,一个优秀的经济地理学研究首先要有一个非常好的 idea。基于这个 idea 去构建自己的理论分析框架,并基于已有的理论推导这样一个 idea 能得到什么样的推论。无论用定性还是定量方法验证都是可以的,但是最核心的内容永远是 idea 和理论框架。这就导致了地理学文章在有数据和访谈之后,有时最难写的不是方法和分析部分,而是引言和文献综述部分,需要把研究问题阐释明白,说清楚其与现有研究有什么关系,和现有的理论能够发生什么样的对话,现有的理论有什么缺陷而需要做这样一个新的研究来弥补缺陷。所以无论你选择定量还是定性方法,那是你的自由,你用什么方法或者用什么数据去做这个工作。但是最开始的第一、第二部分,阐释为什么要去做这个研究,它有什么潜在的贡献,现有的理论和现有的文章有什么共鸣的地方,这部分是最难写的,也是对于逻辑性、观点要求比较高的。我的感受是,写完第一、第二部分之后接下来就非常容易了,一气呵成完成。所以,我认为无论是定性还是定量方法,对人文经济地理学来说没有差异,只是一种工具,最核心的仍然是你的理论、你的想法。

刚才苗老师说到如果一开始有一个推论或假设,最后定量分析发现结果不是这样,怎么办呢?这可能也不是定量专门的问题。如果做定性研究,在没有去调研之前可能也有一个预设或假设,但通过访谈发现当地的工人、企业的反馈和预想的完全不一样。如企业搬到园区根本不是为了知识溢出,可能是为了钻法律的空子、占政策便宜等。其实也有一个不断推翻原有假设的过程。这时就要想如何修正现在的理论框架,如何进行调整。定量方法也是如此。当数据结果无论怎么验证、用了各种各样的稳健性检验都得出与预想不一样的结果,这时就应该思考为什么会有这个预先假设?这个假设是不是有问题?是不是需要调整理论框架?

另外,关于苗老师提到的经济学研究开始都有一个一般模型,然后不断调整的研究范式。其实这是地理学非常致命的一个问题,其核心是如何平衡普适性和特殊性。如果研究太特殊,别人就问研究的普适性如何?怎么提炼一般均衡模型?同样反过来,如果做得太普适就忽视了地区差异性。这也是地理学批判经济学的关键所在,认为经济学过于强调一般均衡,忽视了地方差异性或地方因地制宜、因人而异的情况。英文文献中叫 context,每个地方的 context 不一样,就需要做调整。这就是需要平衡普适性和地方特殊性的矛盾。

我们在所有研究中都面临这个问题。我感觉只能是做一个平衡,走到哪个极端都是走不下去的。最近我正在和贺灿飞老师写一篇文章,是关于关联法则的,就是基于关联将其提炼为一个更加规律性的、普适性的、不单单关注一般产业关联和国家关联,还关注到各种各样的关系的法则。就是看这种关联能不能适用到更广泛的尺度上,是不是存在一定范围的比较广泛的解释力。但我们也知道,如果这种关联有非常强的解释力、能百分之百的拟合解释一切的话,这个世界就变成一个没有颜色、不是多姿多彩的世界了,因为它导致每一个区域都有一个宿命论的结果。所以,我们还是要研究某些区域是可以路径突破的。早期西方学者基于欧洲的情况发现都是有路径依赖的。在中国路径依赖虽然仍然很重要,但也很容易发现一些奇怪的点,而且不是一个两个而是很多个。所以这时就要去想,是不是有特殊性,是不是有路径突破的存在?这种特殊性能够帮助你有新发现。但同样也要注意其中也有一些一般性的东西。我认为做研究就需要平衡这点,无论是一般性还是特殊性,都能够带来新发现、新的知识点。这是我的一点感想和思考。

主持人：谢谢晟君，他从研究方法的定性和定量、普适性与特殊性等方面进行了回复。这应该也是困扰很多年轻学者的一个非常重要的问题。在此我也有一点想补充一下。现在在研究方法和可视化表达方面，与我们的前辈和老师们相比，我觉得已经有了非常大的进步，但可能我们的缺点还在于对中国区域发展实际的情况缺乏一定了解，缺乏深入到企业进行调研，尤其是我们的学生。也就是说，我们能利用或者说借用国际上学科基础的理论，在一定程度上面向我国发展需求来进行应用，包括采用大数据，或者采用比较严谨的计量经济学模型来进行验证，甚至还进行理论分析等。但是我们也一直在担忧，如何能从中国的区域发展实际案例中进行基础理论原创性的创新？我觉得这应该是现在我们年轻学者以及同学们继续努力的方向。刚才朱老师也提到，他不仅擅长用计量经济学模型，也做了很多实地调研工作。我想如果你的研究把追踪的企业或国家案例与前面的产业关联和产业转型研究以及后面的国家关联和出口市场多样化研究有效衔接，整个逻辑框架和理论就更完美了。因为可以用一些具体案例和事实来解释或验证模型的预测结果。

接下来是老师和同学们的问题。第一个问题是请问怎么理解新出口市场的进入对发展中国家更重要，是不是对发达国家而言相对不重要？

朱晟君：这不是我的主要研究内容，而是一篇文献里提及的。作者也是用了计量方法，发现相对于发达国家来说，发展中国家开拓新市场的作用非常大。可能新市场能够带给它更多的新知识，而发达国家先进的知识已经比较多了，所以可能作用不大或存在边际递减的情况。

主持人：在后疫情背景下，关联的环境条件和关联逻辑发生了哪些变化？对已有学派的理论认识有什么挑战？能否展望一下未来中国与世界的关联图景。

朱晟君：这个问题还挺大的，我把它放小到我这个研究里来回答。比较有意思的是，我做中国企业对外出口的研究主要使用的是2000—2011年的数据。这时候还没有贸易战，虽然有金融危机，但是很多阻碍全球化的力量都没有发生。所以那个网络图更多的体现的是2000—2011年这一阶段的世界图景，或者说当时中国企业眼里的世界图景。未来在后疫情时期，包括贸易战、贸易保护的兴起，包括如果中国主动走出去挑起全球化的大梁，肯定会对我们的研究结果有影响。

我们现在提的新的计算方法指标有什么好处呢？无论什么时候遇到新情况，都可以用新数据再重新算一下得出新的结果。另外还可以看一下不同时期，贸易战前和贸易战之后，中国企业眼里的世界发生了什么变化？可能贸易战或者疫情之后，因为产业链的迁移或者脱钩行为的发生，是不是有一些国家之间的联系变化了？这是非常有意思的话题。可以研究一些国家之间的关联，在疫情、贸易保护等大事件的冲击下会发生什么样的变化。

主持人：我觉得除了制度和贸易壁垒之外，在后疫情背景下，交通作为贸易的载体也发生了比较大的变化,可能对贸易关联网络也会产生影响。第三个问题,报告中提到全球化已经进入 3.0 阶段,但许多国家之间的联系依然是以弱关联为主。你认为造成这种以不密集国家间的关联为主的原因是什么? 未来应该如何提升世界各国之间的关联呢?

朱晟君:我认为这是一个正常现象。除国家关联外,我们也做过产业关联、产品关联、甚至劳动力关联的研究,发现弱关联多、强关联少是常态。为什么呢? 这符合世界不均衡的特点。类似于齐普夫定律,关联多的是非常少的,大部分都是不关联的,这是一个自然规律。具体是什么原因呢? 即使全球化发展到今天,西欧、东亚、北美参与全球化程度非常高,但目前依然有一些区域被排除在全球化之外,说明全球化还是不充分的。我认为这是一个比较好的研究议题,下一阶段可以进一步研究。

主持人:我认为可以从网络自组织规律去考虑。全球有很多网络,航空网络、社交网络等,如果数据量足够大,最终都表现出来是这种强关联少的网络特征。它就是网络的自组织规律,即基本上只有少数节点之间会形成强关联。

朱晟君:对,有点类似于齐普夫定律,中心度高的点永远是少的,类似于右偏曲线。

主持人:江苏省省委党校的宁老师提出问题,关系转向是在文化转向大伞之下,如何理解?

朱晟君:对于第一个问题,Travor Barnes 的文章指出地理学分为两个大的转向,计量革命和文化转向。这两个大的转向之前还有哈特向的区域主义、环境决定论等。但是他认为地理学为什么只有计量革命和文化转向呢? 因为之前的研究没有把地理学理论化。如哈特向认为地理就是不能理论化,地理就是要一事一议,因地制宜,做描述性的工作。这个观点没有把地理作为一个学科,给它进行学科的理论建构。这是 Barnes 认为区域主义不能真正作为地理学发展阶段的主要原因,或者说地理学没有真正学科化或者制度化的一个阶段。

真正的学科制度化的第一个阶段就是计量革命,第二个阶段就是文化转向。文化转向下,无论是制度转向、关系转向、演化转向,它们有相同的特点,都是在计量革命基础上往前走了一步,更多地强调一些非经济、非模型的东西,一些用模型不能够完全解释的东西。所以地理学大概就分为这两个转向,我认为关系转向应放到大的文化转向的帽子下面。

主持人:东北大学修春亮教授点评:"苗长虹教授和朱晟君老师都提到西方经济地理学相关的理论总结很丰富。同时我们也可以看到中国的国家和区域经济发展实践非常丰富,案例研究也经常很深入。但基于中国案例的理论总结和创新还比较缺乏,有关概念、效应、模式、模型等都来自西方。接下来的理论创新应该是国内经济地理学重要的努力方向。"我想修老师这些话应该是给我们所有经济地理学者们,和正在学习的同学们提出来的非常具有挑战性的研究方向。这也是我们广大青年学者未来应该努力的方向。

还有一个问题,产业分类尺度对产业关联的影响是否有差异?

朱晟君：一般来说，门类分的越细越好，就能够体现出微观尺度上的一些特点。如果能够分到产品级别就最好了，每一个都能看出来它们的差异性。因为产业分类是基于统计口径做的，所以就会导致部分产品之间关联非常强，部分产品之间的关联性没那么强，反而不如它和另外一个行业的某产品关联强。如果用非常粗糙的产业关联，就容易掩盖很多东西。

主持人：确实，数据的精度和可获得性是我们做研究中经常会面临的两难问题。

主任总结

感谢晟君博士做了一个非常精彩的报告。就朱博士的报告我有几点启示与大家共勉。

第一，年轻学者聚焦一个方向，从时政、理论、方法、视角等多角度、多途径、多方法来观测，试图用严谨的学科理论来解释该现象。我认为朱博士给我们展示了他从事科研的心路历程，这非常的有意义。

第二，他的报告给我启发较大。以往演化经济学和演化经济地理学特别强调路径依赖，或者是路径锁定。实际上这是西方学者在构建产业关联中所倡导的一个理论范式。但是朱博士特别强调路径突破，来解释发展中国家融入全球化或者是谋划自我发展的一种模式。这对于解释我国引进来、走出去的发展路径很有启发，也从理论或现象观测上，给企业家增强了信心和思考。

第三，透过前沿建立自己的理论，我觉得这是中国经济地理学界，或者是中国学术界义不容辞的责任。改革开放以来，我们所有的理论都是来自西方，以之解释自己的对错优劣。有时候不服气但又没办法。正如刚才修春亮教授所言，我们要总结自己的理论、范式，或是学术、学派。要慢慢地从一种跟进模式或追随模式，向逐步引领转变。我们应在理论创新上多做工作，百花齐放，百家争鸣，探索出新的模式、方法来指导我们不确定、不可预见的未来的发展，这才是我们的责任。基础性的理论创新应该是最主要的。策划这个论坛的初心就是要推进创新，理论上和模式上的创新，以及研究方法、范式上的创新。我希望大家共同努力推动学科在这方面向前迈进。

融入全球金融网络和区域发展:理论和案例

报告人:

潘峰华,北京师范大学地理科学学部副部长、副教授,博士生导师,北京大学人文地理学博士,曾先后在加州大学洛杉矶分校(UCLA)、香港大学访学,在英国伦敦大学学院(UCL)担任 Research Associate。主要从事经济地理学和金融地理学研究,是金融地理全球研究网络联合创始人及现任执行委员会委员,国际区域研究协会(RSA)中国分会理事,中国地理学会经济地理专业委员会委员,国家自然科学基金优秀青年基金获得者。

点评嘉宾:

刘卫东,中国科学院地理科学与资源研究所研究员,副所长,博士生导师。曾任中国地理学会经济地理专业委员会主任,国际区域研究协会中国分会理事长,现任中国地理学会"一带一路"分会主任,长期从事经济地理、区域可持续发展、经济全球化与"一带一路"等研究。

主持人:王姣娥研究员

主旨报告

今天的报告包括五部分。第一是研究背景和问题的提出;第二是文献回顾;第三是全球金融网络(Global Financial Network,GFN)视角下企业海外上市与区域发展的分析;第四是基于以上研究框架针对临沂的案例研究;第五是结论和讨论。

首先提出研究背景和问题。在金融全球化背景下,发展中国家和地区正在加速融入资本市场。其背后的主要原因是在新自由主义的浪潮下,全球金融管制在过去几十年日益放松,跨境资本的流动日益加速。其中一个重要表现是包括中国在内的金砖国家有大量的企业到发达国家和地区的交易所上市,巴西、南非、印度以及中国都有数量非常可观的企业在美国以及欧洲等地的交易所上市,这些企业不仅来自大家所熟悉的重要城市,如巴西圣保罗、俄罗斯莫斯科、印度孟买等,也来自这些国家的其他地区,并且数量非常多。

发展中国家和地区的企业在发达国家和地区交易所上市的现象已非常普遍。中国也有大量的企业在境外交易所上市，如阿里巴巴、腾讯、百度、新浪、中国移动、联想等一大批非常知名的企业，都在美国纳斯达克、纽约交易所或者香港交易所等全球知名的交易所上市。中国从 20 世纪 80 年代末开始有企业赴境外交易所上市。比较历年在中国内地和境外上市企业的数量，部分年份在境外上市的企业数量甚至超过在国内 A 股上市的企业数。

中国内地赴境外上市的企业具有明显的特征。一方面，企业上市目的地非常集中，主要在香港地区、纽约、新加坡和伦敦等。其中纽约有纽交所和纳斯达克两个非常重要的交易所，是中国内地企业境外上市的最主要目的地。另一方面，这些企业在国内的分布也呈现出非常明显的空间集聚现象。如长三角地区、珠三角地区和京津冀地区都有大量的境外上市企业；此外，在一些中部和东北地区的省会城市也有较多的境外上市企业分布。

在经济全球化背景下，主流的经济地理学研究非常注重从全球—地方联系来研究区域发展。但是主流的概念和理论却无法解释企业境外上市所形成的全球—地方联系，并分析这种联系如何影响区域发展。今天给大家分享的报告主要基于全球金融网络这个新的概念框架，以中国山东临沂市为例，研究临沂市的企业通过境外上市的方式融入了全球金融网络的格局、过程、影响和机制。

接下来是相关研究文献回顾。首先金融活动对于理解世界经济格局演变具有日益重要的意义。金融系统在时间和空间上对经济资源进行分配和使用，不同的金融系统对企业长期竞争力乃至社会结构都会产生非常深远的影响。但是传统的经济地理学研究往往将企业的融资行为作为黑箱来处理，认为企业获得融资是非常自然的事情。但是在金融化和金融全球化的背景下，金融的重要性正在被人文经济地理学者重新认识。金融化和金融全球化正在携手塑造全新的全球经济景观。金融化是指金融渗透到现代经济活动中的方方面面，在社会经济中扮演越来越重要的角色。而金融全球化则是指在全球范围内金融资产交易和联系不断的加深，是金融化在全球尺度下的表现。

金融对于理解世界经济地理格局的重要性，已被很多知名的经济地理学者所强调。例如著名的金融地理学者 Gordon Clark 指出，如果我们需要理解 21 世纪的资本主义，就需要通过全球金融机构的社会形成过程及其投资实践来理解。知名经济地理学者 Yuko Aoyama 也指出，金融已经成为当代资本主义生产运行机制的核心，不理解金融及其内在的逻辑就无法理解现代全球经济景观的形成。

目前经济地理研究全球化对区域发展的影响主要是基于生产活动而忽略了金融视角。一方面，大量定量研究分析国际贸易和外商直接投资的空间分布，及其对区域发展的影响，强调这两个重要的全球经济活动对区域发展产生了溢出效应。另一方面，也有很多案例研究主要基于跨国公司为主导的全球价值链和全球生产网络，分析欠发达国家和地区融入全球生产活动的过程和影响。其中有很多经典的研究,是将以上的理论视角和产业集群理论结合起来。但是这样的研究也存在明显的缺陷,特别是忽略了金融的视角。因此,经济地理的主流学者特别是全球生产网络相关领域的学者,如 Neil Coe 和 Henry Yeung 在他们最新发表的文章中都反复强调要重视从金融视角研究经济全球化对区域发展的影响。例如,Neil Coe 等在 2014 年发表的文章中指出,在全球经济和地方发展的动态演变中,基于全球生产网络的研究还很少能看到分析金融的角色,例如金融服务业企业、金融市场和金融实践等对区域发展的影响。Henry Yeung 和 Neil Coe 在 2015 年的文章也指出,全球生产网络(Global Production Network,GPN)2.0 应该将金融作为重要的因素考虑进去,从而能够更好地解析全球资本主义生产活动的组织过程和机制。

企业境外上市等跨国融资活动变得日益普遍,这样一种金融全球化的现象对区域发展的影响也非常深远。事实上,欠发达国家和地区的金融体系往往存在缺陷,导致这些国家和地区的金融体系无法有效地支撑区域的经济发展,突出表现在本地的经济系统往往存在明显的资金缺口。由于资金不足、资金成本过高,以及资金配置效率过低等种种不足影响了区域的生产体系和创新体系的健全和发展。随着金融化和金融全球化的不断深化,欠发达国家和地区的企业和区域经济正在以不同的程度和方式融入全球资本市场。这个过程对区域的经济发展、创新以及可持续发展等,都可能产生重要影响。

地方融入全球资本市场的典型方式有两种。第一种就是前面提到的企业境外上市,另一种是获得国际风险投资的支持。目前已经有少量研究关注企业跨国融资对本地生产网络的影响,但是已有研究主要是针对发达国家的案例,并且是从批判的视角揭示金融全球化对发达国家部分地区的负面影响,比如对英国和德国的研究。

总之,现在还非常缺少对欠发达国家和地区融入全球资本市场的研究。最新提出的全球金融网络则为分析和理解金融全球化和区域发展的关系提供了非常及时、有效的分析工具。今天分享的内容就是基于全球金融网络框架,以山东临沂为例分析地方经济融入全球资本市场的过程、机制和影响,从而深化对金融全球化与区域发展关系的认识。

金融全球化视角下企业境外上市与区域发展有紧密的关系。首先,企业境外上市是融入全球金融网络的一种典型方式。根据 Neil Coe 等学者在 2014 年发表的经典文章的定义,全球金融网络是指以金融服务企业为主的高级商业服务企业在世界城市和离岸金融中心为核心区域构建的全球金融联系,用于分析在全球融资过程中的地理结构以及主要参与者的相互关系,从而从金融角度来理解全球生产结构的演变。根据该定义,全球金融网络的主体包括关键的地理单元和行动单元,其中地理单元即世界城市和离岸管辖区,而行动单元则是高级商业服务业企业。典型的世界城市如纽约、伦敦、香港地区等,这些城市往往也是顶级的国际金融中心;而典型离岸管辖区则包括开曼群岛、英属维尔京群岛等,也被称为离岸金融中心或避税天堂。而高级商业服务业则包括投资银行、会计师事务所和律师事务所等。Neil Coe 等学者在这篇经典文章中首次提出了全球金融网络理论，认为高级商业服务业企业是重要的纽带，将世界城市和离岸管辖区联系起来，最终服务于特定区域的融资需求。在 Neil Coe 等提出的这个结构中，全球生产网络和全球金融网络是整合在一起的，区域发展和全球生产和金融活动都构成了联系。

企业的境外上市是区域融入全球金融网络的典型过程。一家企业在离岸管辖区进行注册，然后在律师事务所、会计师事务所和投资银行的服务下，最终在世界城市，也就是国际中心城市实现了上市。在这个过程中，上市企业和各种高级商业服务业企业就形成了非常紧密的联系。为了更好地理解这个过程，我们以百度为例来说明全球金融网络和区域之间的关系。百度是一家非常知名的互联网企业，它的总部在北京。但是如果进一步研究，可以发现百度的注册地位于开曼群岛；同时，它是一家在美国纽约纳斯达克上市的企业。可以用全球金融网络的框架来分析百度的境外上市的空间结构，涉及的世界城市是纽约，离岸管辖区是开曼群岛，融资地区则是北京。进一步通过股权结构，可以更好地了解百度这家企业的空间结构。百度的上市主体是一家在开曼注册的公司，那么它又百分之百控股一家在维尔京群岛的控股公司，进而控制其在中国国内的企业。通过这样的股权结构，可以看到离岸管辖区在这些境外上市的企业中扮演着非常重要的角色。那么百度在境外上市过程中，有哪些高级商业服务业企业为它提供服务呢？根据百度的招股说明书，包括高盛等 4 家投资银行参与了保荐承销服务，多个位于美国、开曼群岛和中国内地的律师事务所为其提供法律服务，会计师事务所则来自香港的安永。总体而言，这些重要的高级商业服务业企业都是来自国际金融中心或者离岸金融中心。

企业通过境外上市融入全球金融网络对区域发展会产生怎样的影响呢？全球金融网络的框架提供了可用的分析工具，尽管目前基于该理论的研究依然存在明显不足。一方面，现有的分析框架在机制和过程方面还比较粗陋，无法全面用于理解融入全球金融网络和区域发展的关系。另一方面，目前实证研究往往是针对单个企业融入全球金融网络，尚缺乏从区域发展视角来考察融入全球金融网络的影响。

企业通过境外上市的方式融入全球金融网络，事实上是一种构建全球—地方联系的重要方式，对于区域发展的意义非常重大。本研究基于中国的临沂案例提出两个主要的研究假设。第一个假设，企业通过境外上市的方式，帮助区域构建了全球资本通道。境外上市是企业在全球资本市场融资的重要方式，同时也为全球投资者投资中国高成长企业创造了机会。发展良好的企业上市之后还可以不断地获得国际资本的支持，为区域发展提供重要持续动力。第二个假设，企业境外上市之后可以为区域构建全球知识通道。除了获得资金支持之外，境外上市的企业在融入全球金融网络之后还可以获得全球的市场、技术、公司治理等知识,从而提升企业经营水平,并进而带动区域发展。

接下来以临沂为例来详细阐述,临沂的企业通过境外上市的方式融入全球金融网络的过程、机制及其对区域发展产生的影响。本研究主要基于实地调研。在研究过程中我们在北京访谈了多个境外交易所驻北京代表处,包括香港交易所、法兰克福交易所和纽约交易所;同时还前往临沂访谈了临沂的上市企业高管以及临沂金融办官员。除了调研获得资料外,还搜集了临沂境外上市企业的招股说明书和企业年报,以及通过上市企业的官方主页和上市目的地新加坡交易所和香港交易所的主页等等搜集了相关信息。

临沂的基本情况如下。临沂是山东省内的一个相对落后的地区。2010年城镇化水平为48%,人均GDP2.4万元人民币,远远落后于全省的4.1万元人民币的平均水平。临沂有一个非常重要的特点,民营经济占绝对主导地位。2010年临沂市工业总产值的86%由民营企业创造,而在民营企业中食品加工和制造业是支柱产业,2000年食品加工和制造业占整个城市工业总产值的34.7%。截至2016年,临沂一共有19家企业在境外上市,而在国内上市的企业仅2家,形成非常鲜明的对比。在这些企业中,有10家在新加坡上市。香港是第二大境外上市目的地,总共有4家。临沂的上市企业主要来自传统的制造业,其中食品加工和制造业行业共有9家,与临沂市的产业结构一致。

临沂企业赴新加坡上市过程中形成了全球金融网络空间结构。首先,企业的注册地。以在新加坡上市的企业为例,9家企业中有4家注册在百慕大,有5家注册在新加坡。可见百慕大和新加坡在其中扮演重要的离岸管辖区的角色。进一步分析最早赴境外上市的两家临沂企业,他们都是在新加坡上市。这两家企业在上市过程中为它提供服务的投行、会计事务所、审计事务所以及律师事务所有着高度的同质性。除了投资银行以外,其他的高级商业服务业企业几乎都是重合的。说明临沂企业在早期融入全球金融网络的过程中,是同一批高级商业服务业企业在其中发挥关键作用。

在访谈中得知,金融服务业企业在临沂企业融入全球金融网络过程中起着非常强的主导作用,他们会筛选具有上市潜力的企业;商业咨询公司则负责设计路线图,投资银行进一步将其具体化,会计和律师事务所帮助准备相关文件。在临沂企业境外上市的过程中有一些重要的金融服务业企业,如新加坡的华联银行在其中发挥了关键作用。临沂金融办的官员也有相似的观点,他指出包括证券交易所、投资银行、咨询公司、会计事务所等金融中介在中国寻找新的商业机会。他们对雄心勃勃和有远见的企业家尤为感兴趣。这些机构不断访问临沂,并通过地方政府来寻求帮助。

在访谈临沂金融办官员的时候还发现境外交易所本身也在其中发挥重要作用。境外交易所中国代表处的工作人员非常频繁地来到临沂。香港交易所是其中的典型,他们在上海有一个分支机构专门做市场推广,该机构的负责人每年到访临沂一次,并在临沂举办讲座,培训企业家如何寻求上市并推销其交易所。当地官员表示他刚刚参加了香港交易所代表处负责人举办的讲座。该发现与我们在北京访谈的交易所代表处负责人所介绍的情况一致。他们指出，交易所代表处会在中国很多地方与政府合作举办各类活动，地方政府会邀请具有上市潜力的企业参加这些活动。通过这样的方式，更多企业家能够获得境外上市的信息，以及如何在交易所上市的知识。

企业如何选择上市目的地呢，所访谈的上市企业高管告诉我们：该企业在香港的分支机构计划在境外融资，后来发现在新加坡交易所上市的财务标准要低于香港地区，在当时的情况下企业最终选择在新加坡交易所上市。

企业融入全球金融网络对于区域发展的影响到底有哪些？临沂的案例显示，企业境外上市促进了临沂的经济发展，符合之前的研究假设。第一，境外上市建立了全球资本通道。以在新加坡上市的几家企业为例，这些企业通过在新加坡首次公开发行，都融到了数量可观的资本。早期企业首次公开发行（IPO）的融资额都在两亿人民币左右，后期有部分企业IPO融资甚至远超过这个额度。通过访谈，我们了解到在当时的情况下，临沂的企业特别需要融资，但是无法从当地银行获得贷款，而且当时企业根本没有在国内上市融资的可能性。所以这些企业转而到境外上市。人民食品（People's Food）在新加坡IPO募得了近5000万新加坡元，联合食品（United Food）融资3510万新加坡元。在IPO之后，两家企业又在新加坡资本市场通过增发和发行债券等方式继续融资。很明显，境外上市为这些当时陷入财务或者融资困境的企业建立了非常有效率的全球资本通道，极大地解决了当时企业扩张所面临的融资难题。

境外上市为临沂建立了全球知识通道。被访谈的高管告诉我们，企业为了满足监管要求，需要全面的改造或者提升企业的公司治理，因为企业为了上市需要在招股说明书、年报和财务报表中公开经营和财务方面的信息。全球投资者和分析师会对这些资料进行深入分析。在这种情况下，临沂的企业家需要作出变革并不断获得监管者和市场的信息反馈，从而提升公司治理、企业文化以及企业家本人的能力和视野。

值得一提的是，境外高管加入到企业的管理层也极大地提升了企业的管理能力。所有9家在新加坡上市的企业，在上市之后几乎都增加了相当多数量的境外高管，这些高管的数量和本地成员几乎差不多，甚至在一些企业里面，境外高管的数量还多于本地高管的数量。访谈当地企业高管得知，境外高管的加入极大地提升了企业的管理水平。

这些境外高管要求非常严格，他们对投资者更为负责。由于这些外部人员加入企业管理层，企业能够更好地获取信息以及提升公司治理效率，效果非常明显。因此，建立全球知识通道这个证据也在访谈中得到了验证。

除此之外，临沂融入全球金融网络还极大地提升了企业声誉。企业的高管告诉我们，企业在境外上市之后声誉得到显著提升。在上市之前企业无法获得本地银行贷款,但是上市之后企业顺利获得从银行得到大额贷款的机会,额度和 IPO 得到的融资相当。因此,境外上市对企业融资而言具有重要的乘数效应。

临沂融入全球金融网络对区域发展的影响。一方面,我们发现临沂的龙头企业在上市之后,业务得到了显著增长。其中最早上市的企业人民食品的品牌在国内也为大家熟知,即金锣食品。这是一家非常知名的火腿肠生产企业,销售额从 1999 年的 23 亿元增长到 2011 年的 168 亿元。另一家企业联合食品的销售额也从 10 亿元增长到 53 亿元。访谈中临沂金融办的官员提到,临沂是以猪肉生产加工产业集群而闻名,尤其是在生猪饲养和猪肉加工领域非常具有竞争力。金锣食品在新加坡上市之后,成为中国最大的猪肉加工企业之一。

与此同时,龙头企业的快速增长也促进了同行业和相关行业上下游公司的发展。根据临沂统计年鉴数据,从 2000 年到 2010 年临沂市食品加工企业的数量增长了 5 倍,销售收入增长了 10 倍,而食品制造业企业也经历了相似的增长。除上下游企业得益于龙头企业的增长而实现发展,事实上龙头企业在境外上市后获得成功也带动区域内更多的企业尝试到境外上市。更多企业境外上市进一步促进了整个区域经济的发展。

结论和讨论。临沂企业通过境外上市融入全球金融网络的核心动力是融资,由于企业的融资需求在本地无法得到满足因而转向境外资本市场。在这个过程中,一些重要的金融服务业企业在其中发挥了关键作用,其中境外交易所和投资银行扮演着最重要的角色。根据全球金融网络的框架,本研究也刻画了临沂企业赴新加坡上市所形成全球金融网络的空间结构。我们的研究揭示了地方经济融入全球金融网络的影响和机制。临沂的企业通过融入全球金融网络,成功建立了全球资本通道,从而扩大了企业生产经营的规模。同时,建立了全球知识通道,提升了企业的治理水平和经营管理水平,还提升了企业的声誉,从而为企业的发展获得了更多的资本和市场机会。在区域层面,融入全球金融网络带动了相关产业集群的发展繁荣,并且促进更多的企业寻求海外上市,提升了地方经济的活力。

本研究的创新点在两个方面。第一,基于中国案例研究金融全球化对欠发达国家和区域发展的影响,丰富了学术界对经济全球化和区域发展关系的理解,突破了过去主要从跨国公司主导的 FDI 和贸易活动的视角考察全球化对区域发展的影响。第二,首次利用全球金融网络的框架,分析了区域融入全球金融网络的过程和机制,提出了融入全球金融网络建立全球资本通道和全球知识通道的观点,发展了全球金融网络理论。

本研究也存在一些不足。一方面,实际调研还存在欠缺,受条件限制,无法对企业创始人和投行等主要的高级生产性服务业企业进行访谈。企业境外上市对区域发展产生的效益包括知识通道和对产业上下游的影响等方面的证据还不够丰富。另一方面,当前的研究也没有对融入全球金融网络可能存在的负面影响和效应进行探究,比如上市之后,企业面对全球资本市场可能存在更大的风险暴露以及企业上市之后可能会加速去地方化的过程。

　　未来需要在理论和实证方面加强研究。在理论方面,希望继续完善全球金融网络的分析框架,从而能够分析各个主体之间的权力关系以及全球金融网络的治理结构,可以将更多的行为主体纳入分析框架,如地方政府。在实证方面,需要丰富现有的研究案例,通过更多的不同发展阶段、产业类型和制度背景的地区和国家的案例研究来全面揭示金融全球化和区域发展的关系。我们研究小组计划在北京、泉州等地开展更深入的研究。

　　最后讨论一下全球金融网络和全球生产网络的异同。在尺度构建的方法上,全球金融网络和全球生产网络都是基于关系进行尺度构建,使用网络隐喻来刻画全球—地方经济联系。但是,这两个理论产生的背景存在差异。全球生产网络主要是基于全球化和新的国际劳动分工作为背景来进行分析,而全球金融网络基于金融化和金融全球化为背景。研究的主要对象也存在差异。全球生产网络主要研究企业的全球生产活动,而全球金融网络主要研究企业的全球融资活动。从网络中行动者来看,全球生产网络中涉及的是跨国公司(也被称为领导企业[Leading firm])、战略合作伙伴、专业供应商、普通供应商和主要消费者等,全球金融网络考察的主要是高级商业服务业企业和融资企业。从涉及的地理单元来看,全球生产网络主要涉及特定的案例区,而全球金融网络则不仅涉及案例区,还有两个重要的空间单元,即世界城市和离岸管辖区。对区域发展的解释方面,全球生产网络强调的是区域和全球生产网络的战略耦合、退耦合、再耦合的过程中价值如何被创造、提高和捕获。而全球金融网络研究主要探讨区域融入全球金融网络,获取专业化的知识溢出和资本支持,以及探讨这个过程中面临的金融全球化带来的风险。

　　以上研究得到了国家自然基金青年项目和面上项目的支持,相关的研究发表在 *Regional Studies*、《地理科学进展》和 *Geoforum*。

特邀专家点评

　　首先要感谢峰华精彩的报告。我国研究金融地理学的人比较少,研究金融全球化的人更少,这是一个非常需要加强的研究方向。去年十月峰华在北京组织召开了全球金融地理学的会议,也是促进了学科的发展。

　　峰华讲的背景是非常重要的。大家都知道在过去半个世纪以来,全球化一个突出特点就是经济部分的全球化。一方面,20 世纪 70 年代之前西方的许多企业向国外扩展发展跨国公司,形成制造业的全球化;另一方面就是进行对外直接投资形成金融的全球化。但是,相对于制造业全球化可以明确看到企业的区位布局、生产配套关系,金融全球化是相对比较难以刻画的。但只有有了钱才能改变生产的布局,金钱就变成了数字,数字就变成了价值。

所以,在这样的背景下研究金融全球化是非常难的,但又非常重要。我们原来看到一些企业通过对外投资推动全球化的进程,现在峰华做的是企业通过金融行为,在全球获取资本的金融全球化过程来推动生产全球化,这也是一个重要的方面。金融全球化推进了经济全球化过程,金融对于认识经济地理的格局是非常重要的。

学过经济地理的同学都知道,经济地理讲的是经济现象在空间的集聚与扩散。金融地理学也一样,主要讲的是金融在空间上的分布,第一,如我们都比较熟悉的金融中心(Financial center),也就是研究不同级别的金融机构的分布规律、融资规模的差异。这是2000—2010年主要的研究,Gordon Clark研究的比较多,主要是金融系统的研究。第二是研究全球融资的格局,也就是如峰华的上市公司研究。第三就是融资行为的研究,像"一带一路"的金融和融资行为的研究,是企业直接对外投资,还是在当地融资;第四就是GFN的研究。GFN实际是从GPN理论研究演化出来,认为金融是其中一个重要的因素,但被忽视了,而且金融因素也有独特的特点值得去研究。

GFN的研究是经济地理领域的前沿,也是GPN研究者试图将金融视角纳入到原有框架的尝试。它和GPN是一样的,也是非常经典的行动者网络行为联系,包括企业、金融机构等主体,在空间上也有金融中心。但是,在研究中必须要了解到分析的对象,进一步明确GFN是基于地方(Place)—地方(Place)的网络,还是地方—行动者(Actor)之间的网络。此外,也建议未来的GFN研究要考虑量化的方法,通过定量计算和分析反映出GFN的地理结构,并进一步探讨GFN内部的结构及其对区域发展的影响。

问题交流

主持人:谢谢刘老师!先请潘老师回应一下刘老师的点评。

潘峰华:非常感谢刘老师的点评,给了我极大的鼓励,让我有更大的信心和兴趣继续去做这方面的研究。我非常认同刚才刘老师对金融网络研究的评述,该研究领域目前存在自身的局限或者说遇到发展的困难。他的评述让我思考如何进一步去完善和发展全球金融网络理论。目前GFN研究还不是很成熟,需要继续学习GPN的研究成果。同时考虑金融的特殊性,将企业网络和城市网络结合起来。以企业上市为例,可以分析这个过程中的企业合作和服务网络,同时将企业落到空间上,尤其是金融中心上,又可以进一步分析城市网络。由于全球融资行为主要依赖少量金融中心和离岸金融中心,所以GFN的空间结构是比较稳定的,可以清晰地刻画。这也是GFN和GPN研究的重要差异。同时,我们确实需要努力发展或采用更好的定量方法来研究GFN的结构及其对区域发展的影响,这也是未来重要的研究方向。

金融地理已经成为经济地理学的新兴领域,同时越来越多的城市地理学者也在做金融相关的研究,很高兴看到金融地理正在受到更多的关注。再次感谢刘老师的支持和鼓励,希望将来和更多的学者一起交流和探讨金融地理的研究问题。

主持人:确实,金融地理学作为经济地理学中的一个比较新的研究方向,非常契合我国的发展需求。现在越来越多的企业寻求海外金融资本,积极地融入全球金融网络,也给了年轻学者研究的机会。我觉得后面也可以在此基础上扩展思考,进一步发挥经济地理学的作用并在学科中取得进步。下面是提问环节。金凤君老师问 GPN 和 GFN 在经济地理形态上有什么不同,演进规律和机制是什么?

潘峰华:GPN 的框架没有特别强调地理形态,主要研究领先企业为主体形成的企业网络,以及地方融入到 GPN 的过程和影响,没有提出统一的 GPN 地理结构。GFN 则明确提出了空间载体,世界城市(金融中心)、离岸管辖区(离岸金融中心)和融资企业所在地区共同构成了 GFN 的空间结构。GPN 的研究已经较为成熟,很多研究都揭示了其演进规律和机制。但 GFN 的研究还比较初步,理论比较粗糙,实证研究也很少,未来需要更多的学者参与进来,其中一个重要的研究思路就是借鉴 GPN 的成果。

主持人:中科院地理所何则博士问:第一,Neil Coe 的全球金融网络定义是从 GPN2.0 的 Leading firm 出发的,所以比较关注全球城市、离岸金融中心和高级商业服务业企业(Advanced Business Service,ABS)。从金融的一般定义出发,金融除了企业上市,可能还包括借贷、兼并、收购和投资等。那么在广义的金融网络下,您觉得金融网络与区域发展的研究命题能做哪些新的延伸呢? 第二,企业主动融入全球网络,除了资本需求、提升商誉和知识通道的动机,也会存在迎合国际资本的去本地化动机。对此,您怎么看?

潘峰华:非常同意何则博士的观点。第一,不同空间尺度上的金融网络都存在,并且不同类型的金融活动会各自形成独立的网络,可以基于不同空间尺度、不同的金融类型来研究金融网络与区域发展的关系。

关于第二个问题,确实如此,针对发达国家的案例研究表明,国际风险投资和股权投资机构的投资可能会导致本地企业逐步失去根植性,从长远来看甚至不利于区域发展。同样道理,企业在国际资本市场上市,也可能会暴露在更大的全球金融风险中,或者受到国际资本的控制而忽视了地方利益。

主持人:林柄全老师有两个问题请教:第一,在 GFN 背景下是否也存在国内或区域层面的金融网络? 这些金融网络可能会有哪些效应? 第二,关于定性、定量研究。如对全球金融网络的链接促进了本地食品加工企业数量的增加。但是,本地食品加工企业数量的增加也可能源自其他原因,这种因果关系是否可信? 如何在定性研究中得到令人信服的结论?

潘峰华:关于第一个问题,全国性和区域性的金融网络也是存在的。运行良好的金融网络能够促进区域发展,相反,缺乏良好的金融网络或者无法融入更高层次的金融网络也会成为区域发展的不利因素。美国硅谷本地就拥有高效率的风险投资网络,同时依托纳斯达克和纽交所的全国性乃至全球性金融网络,为硅谷的持续科技创新和产业发展提供了不竭动力。类似的,国内的北京、深圳和上海也拥有较好的本地金融网络,同时又是全国金融网络的重要组成部分,甚至能够融入到全球金融网络。

关于第二个问题,确实存在这方面的问题,任何区域发展的结果都是多个因素共同作用的结果。以临沂为例,除了企业境外上市之外,国内市场需求的增长可能也是食品加工企业数量快速增加的重要原因。定性研究很难将其他因素排除,但是从我们实地访谈获得的信息中有证据表明,企业上市之后的扩张进一步带来了上下游企业的发展。我们的结论是,融入全球金融网络促进了本地产业集群的发展。当然,如果能够进一步调研上下游企业,可以更好地证明这个结论。因此,定性研究也是可以找到令人信服的因果关系,最重要的是做充分的调研,把相关的主体都能够考虑到,并确保样本的代表性。

主持人:刘卫东老师问,GPN 有要素分类,GFN 是否也有? GFN 如何落地? 是到城市还是到项目?

潘峰华:GFN 的理论框架还比较初步,未来需要学习 GPN 的研究,在要素分类、权力关系等方面深入研究,从而完善框架,能够用来分析更为复杂的现象。

主任总结

今天潘峰华博士给我们做了一个非常新颖的报告。金融地理学、金融全球化作为经济地理学中的重要分支学科,国内研究的人比较少,但这个因素又很大程度地影响了生产要素的布局和空间移动。今天潘博士通过临沂上市公司的案例,很好地介绍了企业如果通过海外上市来纳入全球金融网络,进而进入全球知识网络的过程。非常有意思。但是作为经济地理学者,我们还是要关注企业金融行为背后的地理要素,也就是刘卫东老师讲的 GFN 落地分析,哪些地区的企业更容易上市,或者更容易在哪里上市,对于企业生产组织或者网络的影响如何,都值得进一步研究。

经济地理与全球化视角下世界
能源地理和国家安全

报告人：

杨宇，中国科学院地理科学与资源研究所研究员，博士生导师。主要从事经济地理与区域发展、世界能源地理与能源安全研究。目前担任中国科学院地理科学与资源研究所经济地理与区域发展研究室副主任，国际区域研究协会（RSA）中国分会理事，《世界地理研究》副主编，中国地理学会经济地理专业委员会委员，粤港澳大湾区战略研究院特聘研究员等，入选中国科学院青年创新促进会，国家自然科学基金优秀青年基金获得者。

点评嘉宾：

贺灿飞，北京大学城市与环境学院院长、教授。中国地理学会副理事长、中国地理学会经济地理专业委员会委员，全国经济地理研究会副会长，中国区域科学协会副理事长，北京地理学会副理事长，教育部地理科学类教学指导委员会主任委员。

主持人： 马丽副研究员

主旨报告

各位老师、同学好，我汇报四部分内容。第一部分是能源地理与权力，第二部分是"地缘能权"的内涵，第三部分是关于贸易、运输与投资大数据的地缘能权解析，第四部分是百年变局与新时代能源地缘政治的一个研究转向。

之所以强调经济地理与全球化视角，主要是借此机会来回应我的学术定位问题。有不少青年学者都认为我是做能源研究的，其实能源只是我在一个阶段的研究对象，我研究的核心一直是围绕着经济地理学展开的。以我对学科的理解，经济地理学是研究地球表层经济活动的空间组织规律的学科，而能源利用过程则是非常重要的一种地表经济活动。我的研究内容是在全球化背景下能源的地理分布及其空间配置的过程与组织模式，基本研究思路是从经济地理学思维出发，在全球尺度上以能源作为研究对象。能源有一个特殊的属性，即在能源全球化的配置过程中,必然会伴随着一些地缘政治博弈特征,因此能源研究往往会落脚在能源地缘安全上。能源是世界各国经济发展的重要依赖,能源的地理分布和需求具有不均衡性,如世界范围内石油的储量、生产及消费等都存在不均衡状况。因此就使得能源在全球化过程中必然面临全球重新配置的过程,同时能源竞争也就成为大国牵制其他行为体的重要手段之一。争夺稀有资源或者分布不均的资源并不是一个新的现象,历史上这种争夺往往是引起冲突或战争的重要原因,因此,能源也成了地缘博弈的媒介或载体。历史上围绕着资源占有、贸易争夺、通道控制,发生了诸如海湾战争、伊拉克战争、石油禁运、石油价格战等一系列问题。因此能源不仅是一个世界性的经济问题,也是一个世界性的政治问题。从经济地理学的视角来研究能源,需要将其置于经济与政治的复合视角中,其中最基本的属性来源于能源地理分布的不均衡性。

从国际上看,美国国家科学院国家研究理事会发布的《理解正在变化的星球:地理科学的战略方向》研究报告中提到11个地理科学未来的战略方向,其中第8个问题是"全球化如何影响不平等",第9个问题是"地缘政治的变化如何影响和平与稳定"。全球化背景下能源是影响全球不平等及地缘政治变化的一个核心要素。2020年中国地理学十大科学问题的征求意见稿中提到的第6个问题是"世界政治经济格局重塑的资源环境制衡",也表明能源不仅是一个全球范围内的政治经济问题,同时对于我国还有特殊的意义。

从现实需求看,2019年我国的石油对外依存度已经超过70%,进口石油达5亿多吨;天然气进口依存度已迅速飙升到43%,2019年天然气进口量达1300多亿立方米。在经济发展和城镇化建设过程中,我国将持续面临着巨大的能源需求。通过一些模型预测和模拟,发现即使考虑到能源技术的进步和新能源,基于中石油公布的我国石油天然气储量,未来20~30年我国石油和天然气的对外依存度仍将分别高达80%和50%。我们有巨大的需求又面临着对外高度依赖,在全球化经济发展过程中必然要求在全球范围内进行资源重新配置。

在全球范围内配置能源就必然需要理解能源自身的属性以及能源与地理的关系。在大国博弈和相互牵制的背后,权力为什么是经济地理学需要关注的一个核心问题?经典理论对能源的关注主要基于两个方向:第一个方向是地缘政治角度,主要基于大陆和海洋等关键的地理空间来控制能源,如基辛格曾提出"谁控制了石油,谁就控制了所有国家";第二个方向则从国际政治、国际经济以及能源外交等角度进行实证或案例研究。在这些案例研究中,有一个核心词为"权力"。在政治学中,权力是一个主体影响另外一个主体并控制其行为的能力,是一种可以改变对方行为的强制性力量。从这个概念中可以发现,权力其实隐喻着两个基本属性:第一是影响力,第二是权力关系,即拥有权力的主体和权力所作用的客体之间是支配与被支配的关系。权力主要分为两类:第一类是经济权力,是指对物质财富的占有、支配、分配和管理权。从能源属性看,能源在不同的发展阶段具有稀缺性、不可再生性和分布的不平衡性,就产生了能源的地缘经济属性。不同的国家对能源这种经济要素的占有和分配就产生了各种权力之间的制约关系;第二类是政治权力,主要指国家与国家之间的博弈。能源作为一种战略资源,博弈的主体往往是国家力量,这也符合能源的政治权力属性。通过这两个属性,综合能源在全球化配置过程中可能面临的各种问题,就会发现地理学的要素、空间,以及围绕着要素和空间所产生的地理学的空间关系研究,对于深刻理解和剖析能源地缘权力是一个独特的学科视角。

在该视角下,我们团队通过几年的研究和积累,总结提出了一个概念叫做"地缘能权",是指在地理属性之上不同的能源行为体,既包括主权国家也包括国际能源公司及国际能源组织,在全球范围之内通过对能源的占有、支配和管理形成控制和影响其他行为体的能力。不同的能权对地理要素关联程度和依赖程度不同,其地理学机制和影响因素也不同。行为体之间通过"地缘能权"相互影响和控制的能力表现为地缘能权关系。地缘能权主要包括四个核心问题,权力的构成、权力的主体、权力的影响因素,以及权力的组织模式。

资源控制权和贸易控制权是传统能源地缘政治研究的核心。传统能源地缘政治最主要的载体是油气资源,主要表现为世界各国经济发展对油气资源的高度依赖。但油气资源的地理分布主要集中在少数国家和地区,生产与消费的分离就是能源权力产生的最直接原因,主要表现为对资源的控制,以及资源在跨区域间流动的能源贸易和通道的控制。资源控制权是最原始也是最直接的能源权力,主要表现为资源的储量、产量以及开采成本的控制,这决定了能源生产国向世界能源市场供应的能力。在传统的地缘政治权力格局研究中,中东、中亚、里海、俄罗斯、北非等地成为地缘政治博弈的焦点。贸易和通道的控制权影响和控制着全球能源的再分配。贸易连接了能源的消费中心和生产中心,主要表现为从欧洲、北美、东亚等多元化消费中心与中东、北非等多元生产中心之间错综复杂的能源贸易关系,地理的分离导致了重要的战略通道形成,也成为地缘政治博弈的重要筹码之一,如马六甲海峡、霍尔木兹海峡以及北印度洋航线等,都是重要的能源贸易通道,亦是大国博弈的焦点地区。除海洋运输线路外,能源通道还包括横跨亚欧大陆的众多陆地能源通道或管道。资源的控制权和贸易的控制权,从经济地理学的视角主要表现出属地性,即资源生产控制和跨国贸易的二次分配。

技术控制权和资本控制权是能源权力研究的新焦点。技术进步对能源权力具有颠覆性的影响。首先,技术进步可以主导能源消费的变化,改变能源地缘政治所依赖的主体及其地理空间。如未来可能是核能、太阳能等能源为主导。相较于油气资源的地理分布不均衡,太阳能等新能源的分布具有普遍性,但其发展背后所依赖的核心资源——如硅、钴、锂等就成为新的能源权力。新能源的转换模式和传统能源不同,在能源运输中主要依赖于洲际电网或区域电网。因此,能源转换和运输方式不同都将改变油气时代的地缘政治博弈特征。其次,油气资源时代比较先进的液燃气技术、深海石油勘探技术等,都能够极大的改变油气资源的地理格局,增加不同区域的油气供给能力。如美国就依靠页岩气技术的商业开发实现了能源独立。此外,一些国家可以通过技术进步率先实现低碳技术和能源结构调整,从而在全球变化中具有更大的话语权。通过权力衍生出来碳排放权等向发展中国家施压,从而实现通过技术控制权牵制他国的目的。

资本控制与技术控制、资源控制、贸易控制都密切相关。第一,传统油气资源时代,资源和资本的分离,使其属性空间重构;第二,即使是新能源时代,前期的研发、中期大范围的基础设施装机以及后期的管理维护也需要大量资本;第三,能源贸易作为大宗商品涉及资金规模巨大,会衍生独立的国际能源资本市场;第四,能源国际合作中很多资源国资金缺乏,需要大量的国际投资和国际贷款;第五,跨国能源公司实际上是一些国际能源业务的执行者,通过跨国公司的国际能源投资与国家控制需求相结合,构成能源权力的重要组成部分。

主要的能源行为体包括三类:主权国家、国际能源组织和国家能源公司。能源权力的主体是指掌握权力的一方,客体是被影响的一方,不同时代能源权力的主体和客体的关系是变化甚至互换的。当世界石油处于卖方市场时,中东的石油生产国就是石油控制权的主体,而石油需求国是被支配的客体;而当世界石油市场处于买方市场,如 2020 年发生的新冠疫情导致全球能源消费断崖式下跌时,拥有强大需求和购买能力的石油消费国与石油生产国在贸易中的主动关系与被动关系就随之发生转换;在能源的资本与技术控制权力中,西方发达国家和石油公司是权力控制的主体,而中东国家反而成为被支配的客体。不同的能源行为体围绕多元的能源权力形成相互交织且具有等级关系的能源权力关系网络。如在石油危机时期,能源权力主要表现为中东石油生产国与西方国际能源公司等围绕着资源的占有、勘探开发和贸易所形成的权力约束。但在 21 世纪全球气候变化背景下,新能源的快速发展导致能源权力、权力关系和博弈焦点都发生较大改变,太阳能、风能等资源的控制权被弱化,而技术控制权在整个能源权力体系的重要性得以体现。

经济全球化、区域一体化和全球能源治理拓展了能源权力的外延。经济全球化和区域一体化促进了贸易、技术、资本在全球或区域范围内的流动,强化了能源权力的复杂性。这种复杂性主要表现在:第一,它是多种能源的叠加。全球化和区域化的流动中很多国家同时需要不同的能源,传统的油气资源、新能源都要通过全球网络在不同行为体之间进行流动;第二,多种行为体的叠加。如生产国、消费国、国际组织、国际石油公司等,不同行为体对权力同时发生作用;第三,全球化的过程中,能源权力关系与国际经济关系、政治关系等相互交织,促进能源权力的进一步外延。区域一体化是全球化的一个特定表现形式,在其影响下,能源贸易和投资都表现出较为明显的集团化特征。如欧盟、亚太经合组织、东南亚联盟等区域性组织都会提升区域一体化对能源权力的影响,因此区域一体化是经济全球化在特定区域、特定权力的集成;第四,全球能源治理是值得关注的全球化趋势。全球能源治理的核心是世界各国政府和国际组织等行为体制定和实施系列规则防止能源问题扩散成国际性危机。该过程中主体不同,利益诉求也不同。以往的全球能源治理核心主要表现为能源消费的约束,而未来权力的核心主要表现为新能源技术和资本的互动。如能源利用领域,美国等西方发达国家和发展中国家经济发展阶段不同,其对能源利用所产生的碳排放空间需求也不同,从而存在能源利用的历史性与现实性博弈的问题。通过全球能源治理的学术框架理解组织间、国家间的关系,可以将能源权力拓展到事关国家发展权的时间与空间维度。

以上是地缘能权形成的基本解释以及它的一些权力表现形式。相对于已有的陆权论和海权论,"地缘能权"提供了从战略资源控制对地缘政治格局、国际能源合作等进行分析和阐释的新视角;而相对于油权论,"地缘能权"的解释力能够从油气资源拓展到资本、技术等领域,进而拓展到全球气候变化与新能源转型等新时代的能源研究范畴。从经济地理学视角,主要关心资源控制权的"地点空间"如何向贸易控制权、技术控制权和资本控制权的"流空间"转变。以往能源国家之间的关系往往表现为双边关系,而在不同权力之下,它会表现为多种网络关系。其中有一些看得见的为显性权力,还有一部分看不见的隐性权力。

如何从经济地理学的视角解析地缘能权? 目前我们主要是从国家尺度、港口尺度和企业尺度开展了全球贸易网络、全球运输网络和全球投资网络研究。国家尺度更关注从地理空间的差异化解析能源的全球贸易,以及能否参与到不同地理属性的变化中,即通过投资网络参与到全球能源地缘政治中。如伊朗的石油国不一定具有绝对控制权力,有可能美国、中国等不同国家通过国际投资控制了其中一部分石油的权力。

三个网络如何解析? 第一个网络是地缘能权与能源贸易网络。已有的国际经济、国际关系研究方法主要有两类,一类是基于进出口的统计分析,另一类是将复杂网络引入能源网络进行复杂网络的拓扑研究。地理学目前也有很多学者研究能源网络。我们将不同的节点或者国家空间属性附到复杂网络上,形成了空间关系。通过这种关系可以进一步从拓扑网络的角度分析各种网络的运行机制,从地理空间的角度分析国家贸易的区域模式。

能源贸易网络是我们早期的一些研究。通过对世界石油贸易的基本拓扑网络进行分析,发现世界能源贸易网络呈现为一个"中心—外围"的空间权力结构。事实上经济地理的很多现象都呈现这样的结构,但与其他不同,世界能源网络的"中心—外围"结构很稳定,且在不同时代表现不同。传统的油气地缘政治时代,美国等发达消费国和沙特阿拉伯处在权力中心;但随着中国油气消费的增加,尤其是随着中国在全球资源运作和与世界主要石油出口国间的关系进一步强化,中国等消费大国已经逐渐成为新的权力中心;同时一些新兴的强势生产国,如伊朗、俄罗斯等也对该模式提出挑战。

能源贸易网络的"中心—外围"结构导致不同中心和外围之间形成集团化的贸易模式和

非对称依赖关系。研究发现,2000 年之后中国逐渐从亚洲—中东的贸易集团中脱离,形成相对独立的中国—中东—非洲贸易集团。核心表现为在伊朗、伊拉克等中东国家石油动荡期间或国际关系复杂阶段,中国与这些国家保持了比较稳定的关系。甚至在美国制裁伊朗时,中国与伊朗之间的石油贸易量仍在增长。同时中国也是非洲很多国家的主要石油贸易伙伴,在一定程度上打破了它们与欧洲国家之间的殖民历史。通过对贸易及其相关的因素进行计量模拟发现,地缘政治关系、能源市场规模、经济发展水平、殖民历史和路径依赖是集团化形成的主要动力。

风能、水能等新能源是否也表现为同样的特征?事实上不是的。通过对大概 14 万条的新能源商品贸易进行研究发现,传统能源贸易主要表现为能源产品本身的贸易,而新能源贸易主要表现为生产新能源所需要的如多晶硅片、水轮涡机等产品和技术的贸易。新能源的贸易关系不断复杂化。在贸易量上有一个极化过程。在政府多种形式政策扶持下,主导新能源贸易的核心已经逐步从欧美转移到亚洲新兴工业化国家。1990 年主要的新能源贸易国是以欧洲为主体,亚洲只有日本;而 2013 年中日韩以及东南亚国家已经成为世界新能源产品贸易中非常重要的国家。从中心到外围是简单贸易量的关系吗?事实上不是。通过分析发现 2016 年底全球可再生能源产品专利中,中国占 29%,美国只占 18%,即中国在新能源的全球贸易中已不仅仅是一个制造商,而是成为了一个全球新能源贸易的领导者。

我们同时关注能源贸易在复杂网络之下是否稳定。通过随意攻击模拟,发现整个能源网络的稳健性随着贸易关系的多元化不断增强。事实上在世界能源的地缘政治博弈之下,随意攻击发生的可能性很低。由此对蓄意攻击进行模拟,发现有两个截然不同的结果。对能源生产国进行攻击,发现能源网络从一开始便受到了直接影响导致其功能不断减弱,稳定阈值在 30%~40% 左右;若对能源需求端,如对中国、印度等国进行攻击,发现对网络的整体影响比较有限,多表现为某一个节点的变化,并不能够完全影响到多元化的石油出口国。但是当这种攻击累积到一定量时就会表现为从需求端转移到供给端,演变为供给端攻击的影响模式。也就是说供给端和需求端,不同能权的作用方向不同。在已有的能源贸易中,通过对供给侧影响全球能源安全是全球能源地缘政治博弈的重要手段。

第二个网络是能源运输网络。以往的能源运输通道研究主要是风险节点和战略通道的定性研究与经验判断,通过大致的贸易量和海运走向来判断重要的能源运输通道。而我们利用大数据信息挖掘技术对能源运输轨迹进行分析,可以实时了解有多少艘船?每一艘船是从哪里到哪里?如何从石油出口国进入石油进口国?在这个过程中到底发生了什么?我们链接了四个属性库,一个是船舶的实时地理坐标数据。在全球,涉及能源运输的船舶大概有 12 万艘,每隔大概 2 到 3 秒会有一个点位数据,在南印度洋地理卫星覆盖比较稀少的地方可能是 7 到 10 秒,最后每年会形成 700 多亿条的船舶点位数据,由此可以通过船舶编号和实时经纬度来追踪其完整的石油运输轨迹,进而与全球海洋货运船舶进出港记录数据、全球贸易港口属性数据和货运船舶属性数据库链接,分析船舶的港口停泊、港口属性等信息。我们主要是设计了两个模型。第一个模型是通过运输轨迹对完整的能源运输骨干网络和枢纽节点进行识别,并在此基础上建立第二个模型,基于实时运输规模对每个港口的影响力船舶进行模拟。我们通过编程建立一个类似于病毒传播模型,但不同于病毒传播模型的直接传播,港口影响力是有阈值的,主要表现为两个港口之间量的关系,只有达到一定量才能够影响另外一个港口。而这种影响程度不仅通过港口之间的直接联系表现,还可能通过中间人转嫁。因为每一个点是一艘船,可以跟踪到每艘船在不同港口之间的运输联系,由此就会发现它有一个二次传播或三次传播的过程。当传播量达到一个累积阈值量,港口就会被激活。这个被激活的港口就认为是被影响的港口。

通过该模型我们对原油运输网络进行研究,发现全球范围内有1410个港口有石油运输联系,但枢纽港较少。全球排名前10的枢纽港对全球能源运输起主导作用,枢纽港与其他港口之间形成"轴—辐"的组织模式。轴—辐组织模式在金凤君老师所做的集装箱航运网络以及航空网络等研究里都有体现。很多学者认为能源港口运输不存在轴辐模式,而是点到点的模式。但通过研究我们发现油轮从始发港到目的港,不仅存在停靠港,且呈现停靠次数不断增多的趋势。通过港口停靠,枢纽港的影响力不仅仅表现为港口之间的直接联系,还表现为港口之间的间接联系。通过这种直接联系和间接联系,形成了枢纽港对航线航程和吞吐量的绝对控制力,如18%的港口影响了78%的航线、88%的航程和79%的吞吐量。

这种影响如何实现?2009年全球港口相对来说较少,通过累积线性模型研究发现,第一次传播阶段以直接的港口之间影响为主。到2013年和2016年,港口之间的间接影响和累积效应成为"轴—辐"模式形成的核心机制。如所研究的1410个涉及石油运输的港口中,只有309个港口产生了影响力,即通过309个港口跟其他港口之间的联系达到了20%的影响;而309个港口中高达50%的港口只能对一个其他港口产生影响,而鹿特丹港、安特卫普港以及新加坡港等主要枢纽港口通过不断的优化达到3到4次的累积效应,可以影响85%的港口。

对鹿特丹港和新加坡港进行比较分析,从统计数据看,2009年新加坡港主要表现为一次接触性传播,即此时它就可以直接影响其他港口。在2013年,发现通过两次累积传播使新加坡港成为一个全球化港口,但其主要是在东南亚发挥区域性组织能力;2016年,其影响港口的累积效应次数达到了6次。同样,鹿特丹港也是通过了多次累积影响来实现其对全球港口的影响力。欧洲的安特卫普港与新加坡港和鹿特丹港截然不同。鹿特丹港口的第1、2、3次传播能力过于强大,导致安特卫普主要的影响力传播是发生在第4次和第5次。以上是我们对能源海运发生和组织的研究。通过这种组织方式,可以了解世界上任何一个能源运输港口如何影响其他港口,以及如何识别其他港口的影响。研究的出口可以帮助我们国家如何优化国际港口投资。

第三个网络是投资网络。目前国际投资研究对能源跨国投资研究相对较少,可能是因为能源投资涉及到地缘政治属性问题、数据获取难度大等问题。为解决这些问题,我们通过对能源地缘政治属性和经济属性进行分析,发现每一个投资项目背后都有国家行为,由此构建了一个从国家到企业到项目的能源投资数据库。在国家层面主要能源政策、国际能源组织的各种关系数据,以及世界银行公布的国家属性数据;企业层面是500强的能源企业以及其油气投资、油气并购数据;投资项目层面是对全球27个细分行业的4.3万项油气资产项目数据。

通过研究我们也得到一些结论。首先是国际石油公司总部及其分支的研究。国际石油公司分为两类:一类为国际大石油公司(IOC),如英国的BP石油等;另一类为国家石油公司(NOC),如中石油、中石化等。这些跨国能源公司在全球范围内的能源投资、能源勘探开发、技术控制和资本控制等方面,影响着能源权力在国家之间的分配,甚至很多国家石油公司本身就是国家能源行为的利益代表。通过梳理它们的总部及分支机构,in-degree是这些能源公司在哪些国家设立分支机构,有些可能是勘探开发,有些是为了石油冶炼市场、石油销售市场;out-degree则是哪些国家拥有总部,通过总部到外面去设立分支机构。研究发现具有全球化能力的国家只有7个,总部及分支机构所代表的能源投资网络比能源贸易网络更加不平等,即权力更加集中在少数具有全球投资能力的国家。

具体分析每一个石油公司。国际石油公司设立分支机构的类型主要是集中在勘探开发和关键技术领域的控制,其在传统能源和新能源领域都趋向于全球布局,即每个公司设立分支机构的国家是比较广泛的。而国家石油公司的海外布局更加区域化、更集中在某一些市场。如中国的石油公司就更倾向于在传统资源富集地区实现资源扩张,在产业链上表现为明显的上游投资偏好。

全球投资还有一项重要内容是并购。如某国可能没有在伊朗设置石油分支机构,但可以通过并购来获取其部分石油控制权。通过研究27个细分行业的产业项目,发现全球能源投资网络表现为分散化和多元化倾向。并购的主要目标是上游的开采行业、欧洲公司和中东的油气资产。石油并购往往需要规避地缘政治敏锐性。是不是所有行业绿地投资或者利用海外的离岸金融中心进行投资都是存在的?把投资拆解成三个不同行业,发现这种投资在上游开采行业最为明显,下游的冶炼行业不需要借助绿地投资。也就是说整个能源产业链条中最具地缘政治敏锐性的主要集中在石油勘探开发领域。

中国的全球能源投资成功与失败受哪些因素影响?从统计数据看,2005—2018年,中国能源对外投资比较大的项目(1亿美元以上)和金额分别占到全部项目的24%和35%,均位列各产业第一位。其中受干扰未成功的海外能源项目共计 78 个,占所有遇阻海外项目的 29%,也位居所有行业之首。如何研究这些能源投资成功与失败的原因? 偶然机会与一位国际经济与贸易专业的老师开会,他的研究主要从国家的宏观影响因素判断能源投资受哪些因素影响,在计量经济学模型之下得到的结论很有意义,发现政治关系是其中很重要的影响因素。但这个结论可能从经济地理学、能源地理属性以及权力关系方面不能完全说明问题,于是他进一步做了投资合作形式分析,如是单个企业还是联合企业,是自己投资还是与金融机构联合,是自己横向拓展还是多元化,但依然没有得到一些特别有信服力的结论。

经过反复探讨,我们研究了具有地缘政治色彩,或是带有国家援助形式的影响因素对能源投资成功的作用。借助前面构建的数据库建立了一个从国家到企业的评价模型,讨论了四类援助:无偿援助、融资支持、技术支持和出口,不同的国家援助分基础设施、产业发展、社会发展以及政府财政四个方面。把能源投资是否成功跟这些因素关联,研究国际能源投资相对于其他能源投资不一样的特点。研究发现,正式和非正式的双边友好关系对中国能源企业投资有显著影响。从援助形式看,四类援助都对投资成功具有显著的正向效应,都能够通过检验,其中无偿援助和技术援助的效应最为明显。无偿援助容易理解,而技术援助主要是帮助很多非洲国家进行勘探开发,之后还建立了一体化能源炼化设施,包括能源加工等等。通过无偿援助和技术援助,中国帮助很多国家建立了能源工业体系。从援助用途来看,四类形式也都通过检验并且都表现为正向促进作用。但值得注意的是政府财政援助最为明显,即帮助当地政府解决实际问题可能更受欢迎,尤其是世界能源富集国家和地区往往是地缘政治非常不稳定且严重缺乏资金,政府财政支出比较有压力。因此对于这些国家的财政援助,效应非常明显。所有的援助效应基本上都表现为滞后一期的短期效应。因为援助与能源投资不是同时开展,可能出现滞后情况。而且对某个国家进行援助,就一定能够持续的在该国获得能源投资成功,但如何去更好的长线投资,就需要兼顾短期效应,更好地实现长期化。

未来研究展望。第一,能源内涵会发生变化。前面所有的研究都是针对石油和天然气的,但太阳能、风能以及核能等新能源所表现的地缘政治会发生很大变化。国际可再生能源署就提出了可再生能源加速转型。如同化石能源塑造了过去两个世纪,这种转型应该如何理解。最关键的问题就是在这种变局之下,新能源和新的能源利用形式如何引发地缘能权的关系调整,其模式和机制是什么。它会引起全球能源治理体系的重构,如新的全球能源治理体系将形成,而以往依赖于石油供应而享有地缘政治影响力的国家的全球影响力将会持续下降。在这个过程中会伴随着既有国际能源组织的瓦解、新的双边关系建立、角色转变以及新的国际组织的成立。

第二,与油气资源不同,太阳能、风能表现为遍地性。但这些能源发展所依赖的稀土、钴和锂等矿产资源分布的不均衡性将会引发能源权力博弈。他们与地缘能权如何关联将成为我们下一个要关注的研究转向。同时新能源产品形式和以往的产品贸易形式不同,未来运输通道也向以电网为主要形式的新能源运输结构转变,未来亟须开展全球能源互联网和新能源基础设施对地缘能权的影响研究。

第三,新能源投资依然是中国全球资源配置的一个重要方向。如国家开发银行和中国进出口银行在境外的新能源项目已经占到全部能源项目的50%以上。但是新能源投资既有市场化特征,也有地缘政治特征。它的市场化特征主要表现为以前投资石油天然气是为了获得更多资源,而现在投资新能源主要是满足区域市场上该国自身的电力需求等,它是通过市场化机制获取全球投资的回报。其地缘政治特征主要表现为重大的基础设施建设,如国家电网在澳大利亚、比利时的基础设施建设投资,会像以前投资能源一样以国家安全为由被叫停。这和我国在全球的5G基站建设如出一辙。

第四,很多研究都关注全球生产网络隐含的碳排放转移,事实上当新能源作为一个生产动力嵌入到全球生产网络中,传统的石油天然气稀缺的国家借助新能源在全球生产网络中是否会有一个功能变化?我国不仅是能源进口大国,还是制造业和贸易大国,不同的能源资源作为基础原材料和生产动力嵌入到整个网络中,如何追踪其全过程的生产和利用过程?这是持续发展的思维。但是从底线思维看,最低多少能源能够保证我国的需求,就需要分析显性和隐含的能源贸易之间的差额,探讨其实际依赖关系。以上就是我们认为未来的研究转向,谢谢大家。

特邀专家点评

杨宇的报告非常精彩,很完整,很系统,也很有特色。

第一,这显然是一个交叉性的研究。他一开始就强调能源地理属于经济地理,这点我也赞同。但是我觉得更属于经济地理与地缘政治或政治地理的交叉性研究。我觉得这项交叉研究还是比较成功的,很有特色。

第二,我上次点评董冠鹏教授的报告时提到过,也对我的学生讲过,做研究首先应做理论探讨。我认为杨宇在这方面做得比较突出,尤其是他提出了"地缘能权"概念。先不管这个概念是否准确,但是敢于提出该概念,就展现了一个青年学者的魄力和创新性。然后他基于地缘能权建构自己的理论分析框架,进而展开实证研究。我认为这非常重要。地理学者可能传统上善于做一些归纳性的研究,演绎性的研究可能相对于经济学者稍微弱一点。但杨宇的思路是先提出概念,然后建构分析框架,在这个分析框架指导下提出一系列的想法并进行验证。我认为这是很重要的,他的研究显然具有理论创新性。

第三，他运用了大数据方法。虽然西方经济地理学做了几十年的定性研究，大量文章基本上是在讲故事，但我总认为中国的经济地理学还是应做些定量研究。尤其现在有大数据，可以在比较宏观或中观层次进行研究。我认为数据分析是很重要的，但数据分析不是搞数据挖掘，而是基于理论引导基础上的模型探讨。这不同于一般的统计分析。在统计分析中我们找 Dependent variable 和 Independent variables，哪个变量显著就讨论哪个，这叫一般统计分析。计量分析或者经济计量分析中，每一个 X 背后都是有理论支持的，或者说每一个 X 和 Y 的关系是基于假设的。所以，这种计量分析跟一般的统计分析不一样。我希望大家先有想法，然后有数据或者方法、模型去支持验证你的想法，而不是反过来从数据中寻找结论，否则这会约束你的创造力。因为数据摆在那里，你能看到的结果和它背后隐藏的事实实际上不完全一样，有些结论需要思考和建构，并用数据来进行支持的。

第四，我觉得他跟地理所的同行们一样比较突出的一点，就是他们做研究、选题目时会想到出口，也就是思考到底是为谁来做研究，我觉得这点也很重要。当然可能大学老师会强调"我就出点 Paper，我就是创造点知识"。以前我也这么想，但现在觉得做政策研究也好，或者做其他研究也好，都是 Evidence-based policy research。也就是在扎实的实证研究基础上提建议、出方案或支撑相关规划，对于经济地理学研究非常重要。杨宇的研究对于我国能源安全相关政策的制定非常重要，他为之提供了地理学者的视角。实证分析、网络空间关系等内容，虽然不能替代经济学者或国际关系学者关于能源安全的研究，但至少有很大的额外贡献。

第五，杨宇对于能源研究或地缘能权变化的趋势进行了判断，我认为这个判断基本准确。将来的新能源实际上是分散式的，它的博弈关系肯定会发生变化。将来发达国家不可再生能源在能源消费中的占比肯定会下降，中国也是如此，必然使这种博弈关系发生改变。

杨宇研究员的研究很有特色、也很有创新性，展现了一个青年学者理论创新的魄力；而且研究很系统，从理论到数据分析，再到研究出口以及未来展望。我相信今天很多的同学或老师们也感受到了这一点。下面提几个方面的问题或建议。

首先，研究中有一个核心概念是地缘能权，并详细论述其包括资源控制、技术控制、贸易控制、资本控制等方面。这个框架应该是超越了原有研究。我认为这实际上是一种供给侧视角，市场权力也很重要。此外，还需要回答权力从哪里来？如技术权力从哪里来？资源权力是大自然给的，但资本权力、技术权力、贸易权力，这些从哪里来？杨宇刚才简单谈到这些权力是变化的，而且可以跨国转移，所以我认为市场权力很重要。从供给侧看石油资源虽然很复杂，背后有政治、经济、军事等各种因素作用，但它毕竟是商品，有供给也有需求，有时候需求的权力还比较大，如讨价还价。所以我希望这个框架可以首先分析权力从哪里来，权力怎么转移，背后到底是什么因素赋予了权力，也就是将需求角度的权力也考虑进去。

其次，杨宇用网络的方法对权力网络、运输网络、投资网络等做了非常好的实证分析。这里面有几个小问题。第一，目前理论框架包括贸易、资本、技术，但没有技术分析，以及这些要素之间相互关系的研究。资本和资源结合起来才能真正产生石油，或者资本、资源、技术真正结合起来才能产生权力。很多时候需要将这几个因素整合在一起分析，如没有深海挖掘石油技术海里就生产不出石油，我希望能看见这几个因素的组合研究，而且这个组合在不同地理位置形成的权力显然是不一样的。资本和技术与资源结合起来才能产生实实在在的地缘能权，而不是割裂地去看它们。而且不同组合再加上空间异质性应该会更有意思。第二，通过网络分析发现"中心—外围"现象，其实对于地理学者一点都不意外，为什么？从分析框架就能够演绎出来。既然有控制权，不同国家对控制权的掌握能力差异就会形成"轴—辐"结构或者"中心—外围"结构，这是必然的。网络中的市场权力如何体现？虽然贸易网络可能会有部分体现，但并没有突出市场权力在其中如何转移和体现。

再次，对于国家援助形式与能源投资成功关系的研究，我认为其中一些变量存在类似于"鸡生蛋、蛋生鸡"的关系。为什么呢？我们去一个国家进行援助或能源投资，一定是战略性的，而不是一定要今年获益，或是 5 年或 10 年后必然获益。如对非洲或其他国家的国际投资中，基本美国军队到哪儿，美国投资就到哪儿；或者日本的援助到的地方，其投资也会跟进，实际上其中有一定的规律。因为这种投资一定是战略性的。目前对于变量关系的研究，一般情况下它肯定会显示为正相关，杨宇这可能是反过来的关系体现，实际上有内生性，滞后一年的模型检验是不够的，这不能解决内生性的问题。

最后，杨宇前面谈到地缘很难完全用数据去分析，所以我认为将来可能还需要做一些定性分析，如与大公司或能源局做些访谈，印证所提出的理论和观点，一些决策不是仅仅用数据就能够反映出来。比如我们做企业研究可以假设企业是一个理性人，虽然它不是 100％ 理性的，而是有限理性的。但只要是理性的，其行为就可以预期。能源背后隐藏着很多因素是战略性的内容，涉及短期或长期的国家利益，这些因素的研究还需要辅助于比较高质量的定性探讨，才能真正作为地缘政治研究。

总之这项研究很有创造性，很系统，分析比较扎实，也有很多很好的数据分析。我的建议仅供参考，不一定对，但希望能帮助完善一下研究框架。

问题交流

主持人：贺老师的点评非常到位，他指出了杨宇老师报告里面非常精彩的地方，有理论也有模型，也提出应在定性研究方面需要再讲一些故事完善理论。东北大学的修春亮老师也留言说："临时学习并分享：当年国际政治领域中对于'陆权''海权'的翻译，现在看起来有些晦涩;通俗地理解,Power 这个词的主要含义是力量、能力、实力,Land power 或 Sea power 本意是陆上或海上(军事)力量,翻译成'陆权''海权'则为专门的术语。鉴于能源的重要性及其可作为博弈手段的属性,提出'能权'这一新概念是有意义的;对能源资源禀赋空间差异、生产空间格局、供需网络的分析,能源地理研究可以为国家提高能源安全能力做出地理学者的贡献。"现在请杨宇对贺老师的点评进行回应。

杨宇:特别感谢贺老师。我们现在正在对两个方面进行研究,第一个就是市场权力。"地缘能权"其实是我两三年前提出的想法。目前正在写一篇关于能源产业与市场权力的文章,研究市场对地缘能权的影响。第二个是技术权力,我们一直想做但目前还没能研究出来。能源公司的专利技术如何去影响到后续的一系列变化,可能从这个角度探索做一些研究。如果研究进展顺利,可能就能够阐述清楚这些不同权力如何组合,以及这些组合权又形成了什么样的合力,其中可能既有制衡,也有分散的。这样整个故事就更有意思一些了。

贺灿飞:技术权力可能还很重要。因为将来的石油可能都在海里,深海采油技术并不是每个国家或每个公司都拥有。巴西可能就比我们厉害,而且这个技术是牵引着资本网络的,它制约着资本权力。有钱但没技术也很难控制别人。

杨宇:是的。现在的研究有些部分还不成熟,还需要慢慢学习再补充。有机会的话可以去中石油、中石化、中海油等机构进行访谈,可能会帮助我更好地认识。

主任总结

首先感谢灿飞院长对我们今天论坛的支持。刚才灿飞院长已经做了非常精彩的点评,我就不再重复了。我给大家分享三点,与大家共勉。

第一点,作为一个学者要有对学科系统的前瞻性把握。杨宇研究员的特色就是把能源地理、能源经济还有学科的前沿有机地结合起来,我认为这值得我们学习;第二点是勤奋。杨宇研究员经常是工作到晚上 1 点钟以后才回家,这从他的学术成果已经充分地体现出来。我认为作为一个年轻学者他还是有前途的,这来自于他的勤奋。第三点,杨宇研究员的报告反映了他持之以恒的研究,利用大数据、经济学还有政治学的一系列理论方法构建框架,确定自己的学术方向。我认为杨宇报告的这三点值得我们每一位学者学习,包括我这种年长学者都是需要再努力的。

如何加快构建更加有效的区域
协调发展新机制

报告人：

　　周毅仁，高级经济师，国家信息中心学术委员会秘书长，区域发展研究院执行院长，综合管理部副主任。曾先后兼任全国经济地理研究会常务理事，中国地理学会经济地理专业委员会副主任，中国行为法学会国家与地方治理研究会理事等。曾在国家发展和改革委员会（原国家计委国土规划和地区经济司）地区经济司工作多年。

点评嘉宾：

　　孙久文，中国人民大学应用经济学院教授，博士生导师。兼任北京市人民政府顾问，全国经济地理研究会会长，中国区域科学协会理事长，北京市科学技术奖评审委员，北京市行政区划研究会常务理事，北京市西城区区政府顾问等。

主持人：马丽副研究员

主旨报告

　　关于区域协调发展，我们见证了国家区域经济学科以及区域经济工作从边缘到繁荣的这样一个阶段。这二三十年是区域经济实践工作以及区域经济领域研究工作蓬勃发展的一个时期。同时，区域协调发展从"九五"计划纳入国家国民经济和社会发展计划（规划）以来，到目前经历了五个"五年计划"①，已经整整二十五年。在看到取得巨大成绩的同时，也要认识到在区域协调发展领域还存在着很多突出的问题。区域协调发展主要的目标，特别是在缩小地区差距方面还存在着很大的问题。这也提醒我们，学术研究、学科发展与实际工作、实际目标还存在着一定差距。

　　在区域经济研究领域也存在着一些薄弱环节。我这些年来总的感觉是区域经济宏观领

---

　　① 此处时间是截止到 2020 年的"十三五"规划时期。

域的问题大家关心的少，而微观领域的问题大家的积极性较高。这可能有两个方面的原因：一方面宏观区域经济领域的问题，关心的部门少、研究的经费也少，所以说积极性受到影响；另一方面，宏观区域经济的很多问题可能都写入了中央国务院或者有关部门的文件里面，所以大家可能不敢去做太多的思考，或者也不愿意说太多。所以在宏观区域经济研究领域，我觉得研究相对薄弱。此外，在区域经济学科，宏观区域经济与微观区域经济，无论是从理念、目标还是具体手段，都存在一些差异。所以从学科建设的角度来看，还要充分地认识到二者的差异性。另外，区域经济学科毕竟还是属于社会科学领域，与社会发展、经济发展密切相关。但是我目前感觉，很多的研究机构往往还是用自然科学的思维方式和手段在研究这样一个带有非常强烈的社会科学特性的领域。所以很多研究成果的转化、实践运用、影响国家决策等方面还存在薄弱环节。

如何加快构建更加有效的区域协调发展新机制，这应该既是一个老生常谈的问题，但又是一个新话题。老生常谈是因为从"九五"计划开始，我们就已经围绕区域协调发展，来研究、思考区域发展领域的战略规划政策。也就是说，这个问题已经经历了几十年的过程。说它是一个新问题，是因为 2018 年年底中共中央国务院印发的《关于建立更加有效的区域协调发展新机制的意见》文件，又对这一问题提出了新要求。所以这既是一个区域经济领域老生常谈的问题，又是区域经济领域面临的一个新问题。今天我将围绕五大方面谈一些思考和想法。

首先，回顾一下中共中央国务院 2018 年印发的《关于建立更加有效的区域协调发展新机制的意见》的文件精神。这是 2018 年 11 月份中共中央国务院印发的。文件总共十个部分，除了第一部分总体要求、第十部分组织实施以外，实际上提出了扩建八大协调发展新机制。

在该文件的指导思想中提出了要"立足发挥各地区比较优势和缩小区域发展差距，围绕努力实现基本公共服务均等化、基础设施通达程度比较均衡、人民基本生活保障水平大体相当的目标，深化改革开放，坚决破除地区之间利益藩篱和政策壁垒，加快形成统筹有力、竞争有序、绿色协调、共享共赢的区域协调发展新机制，促进区域协调发展"。其中的"基础设施通达程度比较均衡"的提法比较新颖。指导思想还提出了协调发展的五大原则，如"市场主导与政府引导相结合"，就是强调如何在区域协调发展新机制当中发挥市场主导作用的问题；"中央统筹和地方负责相结合"主要是强调中央的顶层设计和地方的主体责任问题；"区别对待与公平竞争相结合"实际上是讲既要制定有差别化的区域政策，又要注重营造公平竞争的环境，防止制造政策洼地，防止出现地方保护主义；"继承完善与改革创新相结合"是一方面要继承已经有效的一些做法、制度，但又要结合新的情况新的问题创新一些政策和机制；"目标导向与问题导向相结合"即是要瞄准区域协调发展战略的目标要求来破解突出的问题，增强区域发展的协同性、联动性和整体性。总结而言这五大原则既有新意，也是过去区域协调发展经常关注的问题。

在总体目标方面，提出 2020 年要在区域战略统筹、基本公共服务均等化、区域政策调控、区域发展保障机制等方面取得突破，在一体化发展、区域合作、互助机制以及区域利益补偿机制方面等取得新进展。到 2035 年要求区域协调发展新机制在显著缩小地区差距和实现基本公共服务均等化、基础设施通达程度比较均衡、人民基本生活保障水平大体相当中发挥重要的作用。最后到本世纪中叶，区域协调新机制在完善区域治理体系、提升区域治理能力、实现全体人民共同富裕等方面更加的有效。

这个文件提出了建立区域协调发展的八大机制。第一个是区域战略统筹机制，提出要推动国家重大区域战略的融合发展，即以"一带一路"建设、京津冀协同发展、长江经济带发展、粤港澳大湾区等重大战略为引领，以西部、东北、中部、东部四大板块为基础，促进区域间相互融通补充；要建立以中心城市引领城市群发展，以城市群带动区域发展的新模式，推动区域板块之间的融合互动发展。另外谈到了统筹发达地区和欠发达地区的发展和陆海统筹问题，也就是将海洋经济也作为区域经济的一个主要领域，要加强海洋经济发展的顶层设计，完善规划体系和管理机制。第二个是健全市场一体化发展的机制，分为三大方面：促进城乡区域间要素自由流动、推动区域市场一体化的建设和完善区域交易平台和制度。第三个是深化区域合作机制，主要有区域之间的合作、主要流域上下游之间的合作、省际交界地区的合作及开展国际区域合作，推动构建互利共赢的国际区域合作新机制。第四个是互助机制，主要是发达地区与欠发达地区的合作机制，如深入实施东西部扶贫协作，推动向西藏、新疆和青海、四川、云南、甘肃四省藏区的对口支援，以及向三峡库区、丹江口库区、东北地区的对口协作。第五个是区际利益补偿机制，主要是生态补偿、粮食主产区与主销区之间的利益补偿，以及资源输出地与输入地之间的利益补偿机制。第六个是完善基本公共服务均等化机制，包括提升基本公共服务保障能力、提高基本公共服务统筹层次，以及推动城乡区域间基本公共服务的衔接问题。第七个是区域政策的调控机制。一方面要实现差别化的区域政策，考虑各个地区的不同特点，发挥地区的比较优势，提高财政、产业、土地、环保、人才等政策的精准性和有效性等；另一方面比较重要的是提出了建立区域均衡的财政转移支付制度的问题。我觉得这应引起区域经济界高度重视，这个问题是建立区域协调发展机制的一个核心的制度问题；第三方面就是健全区域政策与其他宏观调控政策联动的机制，其中包括区域政策与财政、货币、投资等政策的协调配合问题。第八个是健全区域发展的保障机制，主要包括规范区域规划的编制管理，强调了规划编制要有前期研究，要进行规范审批，以及评估、监督问题；建立区域发展监测评估预警机制，即围绕缩小地区发展差距、区域一体化、资源环境协调等重点领域建立区域协调发展评价指标体系，科学客观评价区域发展协调性问题;最后就是建立区域协调发展的法律法规体系。

该文件的内容、文字全面且深入,是一个非常重要且有意义的文件。但如果不能抓住核心问题,可能区域协调发展的问题依然得不到妥善解决。所以要理解这些新机制,必须要把握新机制里的核心问题。为此,需要对中国区域协调发展的概念与内涵进行回顾,分析判断已有的工作对于区域协调发展目标的实现和体制机制建设的影响和作用。

"九五"时期(1995—2000年),区域协调发展概念首次被写入国民经济和社会发展计划,标志着我国区域协调发展战略的起步。"九五"计划文本中还是按照东中西三大地带进行划分,但"九五"末期中央就提出了要实施西部大开发战略。也就是说,"九五"计划实际上是一个过渡阶段:一方面是协调发展战略的起步,一方面是地区类型划分转变的起步,也就是从三大地带的划分逐步向新的区域类型划分转变。

"九五"之前,我国实施的是以沿海发展战略为标志的非平衡发展战略,带动了国家整体实力的迅速提高,但也带来了地区差距迅速扩大这一不利方面。所以"九五"计划将协调发展的侧重点放在了缩小地区差距上,并单独成篇来谈促进区域协调发展。其内容一方面要引导地区经济协调发展,形成若干各具特色的经济区域;另一方面要按照统筹规划、因地制宜、发挥优势、分工合作、协调发展的原则,处理好全国经济发展与地区经济发展的关系等。

"九五"期间延续了"八五"的七大经济区域概念,提出区域经济布局要突破行政区划界线,形成七个跨省区的经济区域。实际上这七个经济区从1992年左右就陆续开始相关工作,先后制定了西南和华南部分省区、长江三角洲及沿江地区、环渤海、东南沿海、东北、中部五省以及西北地区等七大区域的区域规划。"九五"计划也提出了一系列区域协调发展政策,如要规范中央财政转移支付制度,逐步增加对中西部地区的财政支持。

"九五"末期,江泽民总书记在一些会议上谈到要不失时机地实施西部大开发战略。当时对西部大开发地区的范围有比较大的争议,如广西在三大地带划分里属于东部沿海地区,内蒙古在三大地带划分里属于中部地区,所以西部大开发地区的范围不是单纯的三大地带中的西部地区。此外,西部大开发的范围还包含了恩施土家族苗族自治州、湘西土家族苗族自治州、延边朝鲜族自治州这三个少数民族自治州。

"十五"计划(2001—2005年)突出的特点就是重点围绕西部大开发战略展开,加快中西部地区的发展,合理调整区域经济布局、促进地区经济协调发展、形成各具特色的区域经济。"十五"计划还提出了城镇化战略问题,要形成合理的城镇体系,有重点地发展小城镇,消除城镇化的体制机制和政策障碍等,并提出城镇化战略的一些主要任务和方向。

"十五"计划末期间,我们为"十一五"规划编制承担了中央财经领导小组的一个重大课题,研究如何统筹区域发展和完善区域政策。其中我们提出区域协调发展领域政策法律体系不健全,要重视区域经济协调发展的制度基础建设,防止微观领域法律法规制定优先于宏观领域问题,要优先研究制定区域协调发展领域的宏观法律法规。另外还提出了应遵循的五大基本原则问题。到现在为止,这五大原则问题依然值得关注和重视。这里面第一次强调了要充分的重视和运用政府的宏观调控手段来解决区域协调发展问题。因为"十五"末期正是从计划经济体制向市场经济体制转变的关键时期。当时经济社会发展各领域都侧重提发挥市场机制对资源配置的基础性作用,但对政府的宏观调控作用关注不足,很多人甚至认为政府宏观调控可有可无。这个报告强调区域差距缩小问题离开政府的宏观调控是没法妥善解决的。市场机制的作用是倾向于拉大地区差距,因此缩小地区差距就离不开政府的宏观调控。第二条原则就是强调因地制宜发挥地区比较优势;第三条原则是坚持把鼓励先进地区、着力提高发展中地区、帮助落后地区相结合,促进地区经济的协调健康发展。其中隐含着要关注地区的差距问题,而不仅仅是东中西之间的问题;第四条原则是要坚持实施可持续发展战略;第五条原则是要坚持以人为本,搞好统筹兼顾,把普遍提高和改善人民生活水平和质量,逐步缩小地区之间经济社会发展差距作为出发点和根本点。

"十一五"规划是区域协调发展的一个重要的阶段,也是我国首次将国民经济和社会发展"五年计划"改称"五年规划"形成了东、中、西和东北四大板块各有侧重的区域发展格局。也就是从 2000 年左右提出西部大开发战略,2003 年提出东北振兴战略,2006 年提出中部崛起战略,到"十一五"规划编制时已经形成了完整的东部率先发展、西部大开发、中部崛起、东北振兴四大板块各有侧重的区域协调发展战略格局。"十一五"规划还有一个重要内容就是首次提出了"推进形成主体功能区"的理念,这也与我们课题报告中提出的要根据各个地区的承载能力、比较优势,形成各具特色、各有分工的区域格局等理念吻合。

"十一五"期间也是我国区域规划从过去不太规范向开始试点到逐步推开的重要时期。"十一五"期间首先开展了两个重大区域规划的试点,即长江三角洲地区和京津冀都市圈这两个重要的跨省级行政区规划,对于区域规划的理论、概念、区域规划制度的规范形成都起了重要作用。2008 年国务院发布了《关于进一步推进长江三角洲地区改革开放和经济社会发展的指导意见》,而京津冀都市圈规划因种种原因没有能够按时印发,后来就逐步演变成现在的京津冀协同发展战略。

"十一五"规划提出了要实现城乡区域发展趋向协调、城乡区域间公共服务、人均收入和生活水平差距扩大化的趋势要得到遏制的目标。在第五篇中专门设置促进区域协调发展章节,提出要根据资源环境承载能力、发展基础和潜力,按照发挥比较优势、加强薄弱环节、享受均等化的基本公共服务的要求,来形成主体功能定位清晰、东中西良性互动、公共服务和人民生活水平差异趋向缩小的区域协调发展格局。这些要求都是围绕着区域协调发展提出来的。另外在第十九章提出要实施区域发展总体战略,坚持实施推进西部大开发、振兴东北等老工业基地、促进中部地区崛起、鼓励东部地区率先发展的总体战略。"十一五"期间还提出了健全区域协调互动机制的概念,要健全市场机制、合作机制、互助机制以及扶持机制。由此可见,区域协调的机制问题陆陆续续在五年规划中有所体现,并逐步完善和扩展。

"十一五"规划第一次提出要推进形成主体功能区,并按照主体功能区来实施分类管理的区域政策,包含了财政政策、投资政策、产业政策、土地政策、人口管理政策、绩效评价和政绩考核政策。这也是第一次从全面综合的角度提出如何实施分类管理的区域政策。"十一五"还就城镇化的发展形成了一些新的内容。

在"十一五"末期讨论"十二五"规划编制的时候,为了研究提出区域协调发展战略的新思路,我针对前三个"五年计划"区域协调发展存在的问题,提出了几点意见:我认为从发展理念的角度,四大板块的"率先、崛起、大开发、振兴"不同表述,很难体现区域之间的协调发展理念,且四大板块范围大、内部省市发展水平不同。也就是说,四大板块划分不代表着发展水平的划分,应对地区类型按照发展水平重新进行划分,要按照发展水平好中差,或者是发达、发展中、欠发达的标准来制定区域协调发展政策,如此才能解决区域差距缩小的问题。当时主管发展规划工作的徐宪平副主任认为这个意见很新颖、很有道理,应该好好研究。虽然"十二五"规划正式文件表述中没有按照设想的建议形成文字,但提出了要实施区域发展总体战略和主体功能区战略,把实施西部大开发战略放在区域发展总体战略的优先位置。也就是说四大板块有了侧重,要把西部大开发战略放在区域发展总体战略的优先位置。但是依然没能打破四大板块发展格局来研究区域协调发展战略。

"十二五"规划中把区域发展的问题点的比较具体,并提出要清醒地认识到我国发展中不平衡、不协调、不可持续的问题依然突出。此外,"十二五"规划还提出要建立健全规划的衔接协调机制。

"十三五"规划是我国进入到新时代编制的重要规划,"创新、协调、绿色、开放、共享"五大新发展理念下编制的第一个五年规划。在区域发展方面,提出了以区域发展总体战略为基础,以"一带一路"建设、京津冀协同发展、长江经济带发展为引领,形成沿海沿江沿线经济带为主的纵向横向经济轴带,塑造要素有序自由流动、主体功能约束有效、基本公共服务均等、资源环境可承载的区域协调发展新格局。提出要深入实施区域发展总体战略,实施西部开发、东北振兴、中部崛起和东部率先的区域发展总体战略。要创新区域发展政策,完善区域发展机制,促进区域协调、协同、共同发展,努力缩小地区发展差距。然后在与区域发展总体战略平行的章节,详细论述了推动京津冀协同发展、推进长江经济带发展、扶持特殊类型地区发展、拓展蓝色经济空间等内容,也就是把总体战略与几大重大区域战略放在了平行的位置上。

可以看到,从"九五"时期提出区域协调发展,到"十三五"已经 25 年了。在区域协调发展战略下,我国制定了若干区域战略、规划和政策性文件,是中央、国务院和其他有关部委出台文件最密集、涉及事项最多的领域,极大地促进了各地区的经济和社会发展,取得了显著的成就。但是也要看到,20多年过去了,区域协调发展领域问题依然突出,依然没有能够很好地解决协调发展提出来的一些核心目标,特别是缩小区域差距问题。一些数据可以说明。如胡焕庸线是胡焕庸老先生1935年提出来的,经过了80多年的演变,这条线依然未能撼动人口与经济活动分布的大格局;另一条重要的南北分界线,即中国地理学会第一任理事长张相文先生于1908年提出的秦岭—淮河南北分界线。改革开放前,南北方经济体量大体相当,有时甚至北方要超过南方。但现在形势已经发生重大改变。南方经济比重已经超过60%,北方的比重在不断下降,甚至已经低于40%。从收入分配格局也可以看出,高收入地区人均收入可能达到6万多元,低收入地方人均却仅有8千多元。在基本公共服务领域,我国与发达国家在医疗、教育、科技、文化、生活、行政等方面都有巨大差距。另外在反映地区差距、收入差距的基尼系数上,"九五"初期基尼系数为0.38,1997年降到了最低点0.371,之后一路直上,2019年达0.465。也就是说在区域协调发展总体战略的口号下,我们出台了那么多的规划政策战略,但是在战略实施二十多年后,区域差距不仅没有缩小反而扩大了。正如前段时间总理所说,我国约有6亿人的人均月收入是在1000元左右;今年按照绝对贫困标准我们还要解决近500万人脱贫;在生态环境等方面,依然还有不可持续的问题。因此,无论是实际工作还是科学研究,做区域经济工作的人都应该反思:为什么区域协调发展战略之下出台了大量文件、规划和政策,但并没有解决我们所追求的重要目标?

我认为现在依然存在着区域政策和管理体制不能完全适应区域协调发展总体战略要求的问题。表现在四个方面:一是现在还没有建立起科学的地区类型划分体系,没有实施区域协调发展战略的基础对象,无论是四大板块还是其他战略都不足以解决区域协调发展的缩小区域差距目标问题;二是现在的区域政策主要还是从发挥地区比较优势角度出发,很难起到协调区域发展关系的作用,也就是还在重点关注某个地区怎么样发展而没有把政策关注点放到如何缩小地区差距、解决协调发展问题上;三是区域经济管理部门权威性不足且分散,统筹协调作用有待加强;四是区域经济领域法制薄弱,无论是协调发展,还是区域规划等,基本上还处在无法可依状态。

围绕2018年中共中央国务院出台的这个政策文件提出的总体要求,研究提出下一步的工作。习近平总书记曾指出,协调发展注重的是解决发展不平衡问题。在经济发展水平落后的情况下,一段时间的主要任务是要跑得快,但跑了一定路程以后,就要注意调整关系,注重发展的整体效能。另外总书记还指出我国经济发展的蛋糕不断做大,但分配不公问题比较突出,收入差距、城乡区域基本公共服务水平差距较大。在共享改革发展成果上,无论是实际情况还是制度设计,都还有不完善的地方。总书记还提出要根据发展阶段变化和改革开放新形势,完善并创新区域政策,提高区域政策的精准性;要按照市场经济一般规律制定政策,不搞名目繁多的优惠政策;要促进统一市场形成,开展公平竞争。进一步处理好政府与市场的关系,实际上就是要处理好在资源配置中市场起决定性作用还是政府起决定性作用的问题。理论和实践都证明,市场配置资源是最有效率的形式。健全社会主义市场经济体制,必须遵循这条规律,着力解决市场体系不完善、政府干预过多和监管不到位问题。

总书记的这些指示精神都给区域协调发展指明了方向,我们应该深刻学习领会和贯彻落实。要深刻掌握区域协调发展战略的核心要求:因地制宜、发挥区域比较优势;缩小区域发展差距,实现基本公共服务均等化。但是我觉得这两条要求的解决手段是完全不一样的。因地制宜发挥比较优势,可以更多地利用市场机制,依靠各地方政府的积极性、主动性;而缩小地区差距实现基本公共服务均等化只有更多靠中央政府的宏观调控才能做到。所以今后在解决区域协调发展的问题上,中央政府的关注点要从因地制宜发挥比较优势领域转向缩小地区差距、实现基本公共服务均等化等领域。

当然现在还有很多的技术攻关要做。一是如何评价协调发展,要有一个评价的体系。另外还有一个对象问题,是按照四大板块还是按照其他划分类型结果才能很好地解决缩小地区差距的问题? 此外,政府要解决好放和管的问题。放,就是在因地制宜发挥比较优势方面要放,要依靠市场;在解决区域差距问题,实现基本公共服务均等化等方面,中央政府和各级地方政府要管好。所以在区域协调发展机制方面,我觉得要解决以下几个问题:

第一是规范区域发展水平评价体系。在区域类型划分上,建议要按照好、中、差或者发达、发展中、落后等类型来进行地区划分,要形成一个新的标准。

第二是加快调整和完善国家宏观区域政策。最主要是建立规范的财政转移支付制度。现在表现为中央专项转移支付的比例过重,一般性转移支付的比例过低,用于均衡性的财政转移支付的比例更低。还没有建立一个用于促进区域协调发展的专门资金。因此要在建立规范的财政转移支付制度方面做更深入的研究工作。当然该方面国内外都有一些可借鉴的经验,如欧盟已经建立了一个比较成熟的转移支付机制、管理机构的制度等。

第三要加快构建统一高效的区域发展管理机制。我不太赞同按照一些战略、规划来成立机构的做法。实际上应进行宏观统筹,构建一个高效的、综合性的区域管理机构。

另外要加强区域协调发展法律法规建设。法治建设方面建议要宏观法先行、微观法放后。区域立法工作涉及到方方面面,可能还有一个过程,这也需要无论是实际管理部门还是学术研究单位,都要共同认真开展研究工作并形成一定的舆论环境。

特邀专家点评

周毅仁同志在国家发改委做了多年的关于区域协调发展的实际工作,很多经验是我们一般不具备的。我从以下几个方面做一些点评。

第一，他提出当前区域经济学已经从边缘走向舞台的核心。这一点我十分认同也深有感触。1999 年西部大开发战略提出时全国区域经济的博士点只有四家。现在 20 年过去了，它已经从一个比较边缘的学科变成了舞台中心。

第二，报告中对区域经济协调发展的八个重点机制做了很详尽的解释。特别是从"九五"计划开始，到"十一五"规划、"十二五"规划、"十三五"规划以及即将面临的"十四五"规划做了很详尽的回顾。这些五年计划或规划，很多是他直接参与制定的，因此对规划和政策把握应该十分准确。特别是在解释区域协调发展新机制的形成过程时，将原因、来龙去脉、存在问题和后面进一步优化的途径讲得都比较清楚，并在区域协调发展的一些问题研究中，确实有很多独到见解。

第三，对于区域协调发展的一些原则问题，他所强调的一些重点也恰恰是我们现在研究中应该特别关注的要点。比如说如何运用宏观调控手段解决区域协调发展问题；如何通过正确的处理市场与政府的关系来解决区域协调的问题；如何处理先进地区、发展中地区与落后地区之间的关系；以及坚持以人为本、改善民生、基本公共服务的均等化等。这些问题将区域发展中的具体问题和区域协调发展原则很好地结合起来，也可以成为我们部分博士研究生研究的题目。

第四，他对当前区域协调发展中存在的问题有十分清醒的认识。我特别同意毅仁所讲的区域协调发展需要有一些具体的方法和数据来进行评价。当前区域发展差距问题还是十分严峻，基尼系数不断上升。特别是十九大之后对区域协调发展的关注比过去增加了很多。过去关注的要点是四大板块之间是不是协调、能不能发挥地区比较优势、能不能缩小地区发展差距？而现在的协调问题更加多元化了。如区域发展中的板块和中央现在提出的几个大的经济带战略之间能不能协调？怎么协调？还有城乡协调的问题。因此，协调发展所涵盖的内容更广了，实现难度也更大了。

最后，毅仁又提出了怎样实现协调发展的一些途径，包括要对现在的区域协调发展的水平有一个正确的、准确的评价体系。这确实很重要，只有知道协调发展到什么程度，才能讨论下一步如何发展；第二个途径是调整和完善国家的宏观政策，主要从顶层设计的高度来协调地区之间的关系；然后是如何完善管理体制。现有管理体制是否真正适合协调发展的要求？如国家发改委针对每一个大的国家战略设置了管理机构，但如果没有统筹协调机构，会不会出现各自为政的问题？最后还提到了完善区域协调发展的法规、法律体系等。

总体而言，虽然报告时间不长，但是毅仁把区域协调发展从产生到发展过程、存在问题以及未来工作重点都进行了完整、清晰的阐述，使我们对区域协调发展问题的认识有了新的提升。

问题交流

主持人：感谢孙老师的精彩点评。的确，区域协调发展作为我国区域经济学研究的老问题和核心问题，随着中国社会经济的发展需要在研究视角、内容和方法方面予以进一步调整和创新。

现在评论区已经有了一些问题，请周老师回答。第一个问题，中国沿海三大地区在区域协调发展战略里提法不一样，京津冀协同发展、长三角一体化发展、粤港澳大湾区建设。三个地区，分别是协同、一体化、建设，区别是什么？第二个问题，在过去几年京津冀虽然提出了协同，但实际情况是北京增速继续保持，天津增速已经开始下降，河北更是垫底，发展差距没有缩小反而更扩大了。未来几年您认为京津冀会经历什么样的协调发展过程？

周毅仁：京津冀、长三角、大湾区为什么使用不同的词，既有历史背景原因，也因为关注点不同。这三个地区是我们国家经济高度集聚、也是高度发达的三个典型地区。他们各有特点，但从发展水平、一体化程度而言长三角比较领先，其次是大湾区地区。京津冀无论从一体化发展角度还是从经济整体发展水平角度都还处在相对落后的地位。目前，长三角无论在经济发展水平、经济联系、人文联系等方面都已到达比较成熟的阶段，更需要解决一体化、各种要素无障碍跨区流动的问题。而且该地区城市化的水平较高，一些城市与城市之间已经基本连在一块，所以他们统筹一体化发展的条件与需求都相对成熟。

大湾区实际上有一定特殊性，它是在"一国两制"的体制下由不同的关税区形成的特殊区域。因此其瞄准的是如何加强内地与港澳之间的合作、如何充分利用港澳特别是香港比较成熟的市场化体制机制、法律环境，进一步打造面向世界的重要湾区和城市群。

京津冀为什么要提协同发展呢？因为京津冀之间差异很大。过去北京处于中心或者发展高地，无论经济还是人文、科研等都具备重要发展优势；天津作为最早对外开放的窗口，特别是2006年天津滨海新区加快开发开放后，有力地促进了天津的快速发展；但是河北无论从经济发展还是人文社会发展角度，都处在一个相对滞后的状态。所以如何充分利用北京的科技人文优势，疏解北京非首都功能，带动河北相对落后地区发展是京津冀的重点。也就是说京津冀还没有处在一体化发展的比较高端程度，重点还是协同发展和带动问题。因此，北京、天津、河北处于不同的发展层次和发展阶段，协调发展和协同发展应该是京津冀的主题。

三大区域尽管是我国最发达的城市群地区，但由于三个地区内部有各自不同的特点，他们的发展面临着不同的要求，发展目标和内容也不同。

未来京津冀协同发展会经历什么样的过程？现在京津冀协同发展主要还是如何发挥北

京、天津的优势来带动河北的协同发展，也就是说河北现在还是一个相对洼地，需要充分利用北京、天津的优势条件加快自己的发展。在体制制度方面，重点是促进三个地区加强合作、加强经济社会人员的交往等，以及如何带动河北培养经济增长极。此外，京津冀协同发展一个极其更要的内容是还要处理好北京非首都功能疏解的问题。这方面可能大家还有不同的认识，实现真正的疏解还有一定的困难。但是如果三个地区经济发展水平差距能够逐步缩小后，一体化发展包括各种资源的流动就会越来越强。所以这是一个从初步到高级的发展阶段问题。

主持人：请问"一带一路"战略与我国区域协调发展是什么关系？

周毅仁：应该是"一带一路"倡议，即如何处理好"一带一路"倡议与扩大对外开放，充分做好国际国内相互联系的问题。"一带一路"倡议刚提出来时，国内面临产能过剩问题，而周边特别是沿着"一带一路"的国家很多还是欠发达地区，我们很多优势产业、行业在这些沿线沿路国家具有进一步发展的潜能或发挥作用的余地。对于中国而言，一方面要发挥国际大国作用，面临着如何在国际上有所作为的压力；另外作为人口大国也有很多资源需求在外，需要加强和国际上相关国家的合作联系。因此，我认为"一带一路"倡议既有促进国内相关地区的发展，又是加强国际交往促进对外开放的重要手段和途径。这不是简单的口号或概念，而是和中国自己的经济社会发展以及要发挥国际大国的责任等密切关联。当然"一带一路"倡议的实施还需实事求是，分阶段逐步推进；同时要做好风险防控和投资的可行性论证等。

主持人：有同学问协调和协同的区别是什么？他们是否存在尺度差异？

周毅仁：协调协同有相似也有不同的地方。协调发展更多是强调如何缩小地区发展差距、解决基本公共服务均等化，发展水平的差异等。协调发展本身也还有发展的问题，需要在因地制宜、发挥优势的基础上解决发展结果的差异问题。协同可能更多是体制制度方面的安排，也就是要按照市场一体化促进资源要素的跨区域自由流动，在很多的动作、制度方面要保持一定的协同性。协同更关注制度安排的彼此联系和配合。

主持人：在全国层面、在城市群层面是不是协调主要面临的问题是不一样的，机制也是不一样的？

周毅仁：空间尺度是一个重要的判断标准。协调、协同发展既可以是小区域的，也可以是大区域的，如京津冀、长三角本身区域里也有协调协同发展问题，全国更大尺度或者更小尺度都可能有协调协同发展问题。空间尺度是难易程度的一个重要的衡量标准。

主持人：东北地理所张平宇所长请问东北越来越落后、越来越不协调，请周院长谈谈东北如何振兴？

周毅仁：这是一个很复杂的问题。从 2003 年研究制定振兴东北战略，到现在也已经过去了十几年,东北始终是国家区域政策、区域战略关注的一个重点地区。但也看到现在东北问题确实比较严重,如贵州 GDP 已经超过黑龙江。东北问题还是一个很深层次的问题。很多人分析东北可能过去计划经济的痕迹太重,国营企业、国有企业比重过大;在转型过程中可能也错过了一些很好的机会,没有把握现在产业形势,如智能制造、数字经济等。所以东北问题的解决一方面需要体制机制创新,大力发展民营经济;另一个是思想观念问题,东北可能计划经济痕迹太重,包括管理人员、个体,都含有严重的计划经济的思维,不敢干、不敢闯;此外还有社会信用问题等。但东北还是有基础的,如果体制机制、思想观念、人的观念能跟上,我想东北问题还是能够得到解决。

主持人: 如何有效解决区域协调发展过程中,政府管理一管就死、一放就乱的问题?

周毅仁: 这个问题确实是经常遇到的问题。区域经济是一个综合性问题,一方面要因地制宜发挥各地区的比较优势,使每个地区找到适合其发展的道路;我们国家幅员辽阔,各个地区资源、社会、人文条件差异很大,因地制宜、发挥优势的结果肯定有好与差之分,这是无法避免的,不可能要求西藏、贵州等地方与上海、北京、广州有一样的发展模式、一样的发展程度。因此,区域协调发展就需要解决地区差距问题。我认为着眼点一是基本公共服务均等化问题;二是人的收入水平问题。要设置一个基本线,如城市有最低生活保障一样,保证大家都同等地享受基本公共服务保障,把差距控制在一定的范围之内。区域发展的这两个方面解决的手段是不一样的。因地制宜发挥优势更多地要靠地方的主动性、积极性,靠市场机制。解决区域差距问题更多地要靠国家的宏观调控,国家要采取一定的比较强硬的措施,如通过均衡的转移支付来解决差异问题。

主持人: 区域协调政策上更需要精准的设计,不同的问题也应采取不同的政策手段。接下来中国科学院大学的学生提问,您如何来看待各省内区域协调发展中出现的问题? 如江苏的苏南苏北经济差异很大、产业结构也不同。

周毅仁: 这是区域经济的特点。区域是一个可大可小的概念。如果把全球当成一个考察的对象,那每个国家都是一个区域,若干个国家的组成也可能是一个区域;如果把全国当成一个考察对象,各省市可能就是一个区域。按省一级的单元来考察的话,每一个单元内部都会有差异。差异产生的原因可能有地理的、人文的、自然的。差异是客观的,差异是永远存在的。但是,无论尺度大小都有一个共同的问题,省内的差异也同样要考虑,如何把差异控制在一定的范围之内,解决办法应该是大同小异,理论上没有什么差别。

主持人: 区域差异是必然存在的,中央政府更为关注如省与省之间的大区域间的发展差距问题,而省内差距则由省级政府部门关注解决比较好。

周毅仁: 国家肯定是重点先解决省区之间的差异。各个区域单元都有自己的主要责任、次要责任,有层级的去解决。当然这要涉及到区域类型划分的标准。如果能按发展水平把区域单元进行准确的划分,可能解决协调发展的单元范围就会缩小。但是也不能绝对说省区之间的差距是中央政府的责任,而省内差距中央就一点责任没有。例如现在进行脱贫攻坚、解决国家级贫困县,实际上不一定按照省级单元进行。但是各级政府肯定是在不同层次地解决差异问题当中承担着不同的责任、起着不同的作用。

主持人:对,这就是落实各方责任。接下来有老师请您谈一下青海这种区位比较偏,生态环境又比较脆弱的地区,如何做好协调发展?

周毅仁:针对特殊区域,特别是西部一些特殊省区的发展问题,区域协调发展实际上有两大核心任务,一方面就是青海因地制宜发挥优势。无论哪一个省区、哪一个地区,都有因地制宜发挥优势的问题。根据其自身发展条件、发展阶段,寻找合适的发展道路。但是另一方面,可能由于区位和自然条件,发展的结果肯定有障碍或不好的地方,会和发达地区形成差异,那就要按照差异问题的解决办法,缩小地区差距。

西部地区过去有一个问题,就是商品经济的意识不强。因此,要逐步树立市场经济、商品经济意识,挖掘地区的特色产品,用商品经济的意识培养品牌、培养产业,促进地区的经济发展。

主任总结

首先感谢毅仁给我们做了一个非常精彩的报告。他把中国近 25 年来的区域协调发展进行了梳理,也对未来的研究提出了指导意见,比如说类型划分、产业体系、法律体系的建设等提出了一些明确的需求,这为我们未来的科研、思考和论文都指明了一个非常好的方向。

我们团队以前也做过一些区域发展政策跟法律的前期研究,总体来看中国在区域发展体系建设方面在大国中相对较好,但也存在一些问题。相信我们在未来的发展当中,体系会越来越完善,使大家生活在一个共赢共享共乐的发展环境当中。

刚才孙老师提的学科建设和研究重点,还是强调一下,希望大家思考并努力,推动学科的理论体系建设,提高解决实际问题的能力,为国家的区域协调发展贡献力量。现在国家区域发展大的战略和政策设计背后都有强大的科研团队做支撑,过去经济地理学科做了一定贡献。未来我们还应该在学科建设上继续面向国民经济的主战场投入力量,为国家的繁荣富强和一系列区域协调发展战略的深化落实贡献智慧。最后再次感谢毅仁院长接受专业委员会的邀请,给我们做了一个精彩的报告,谢谢!

创新地理学研究与展望

召集人：

曾刚，华东师范大学终身教授，博士生导师。现任华东师范大学城市发展研究院院长，兼任教育部人文社科重点研究基地中国现代城市研究中心主任，上海市高校智库——上海城市发展协同创新中心主任，上海市社科创新基地长三角区域一体化研究中心主任。其团队长期致力于企业网络与产业集群、产学研一体化与区域创新、生态文明与区域发展模式方面的相关研究。

报告人：

滕堂伟，华东师范大学城市与区域科学学院教授、副院长，区域经济学和人文地理学专业博士生导师，国土开发与区域经济研究所所长，上海市人民政府决策咨询基地长三角区域一体化研究中心副主任。从事创新网络、产业集群、区域经济发展研究。

司月芳，华东师范大学经济地理系主任，联合国亚太经济与社会理事会科技与创新咨询顾问。从事外直接投资、创新网络和区域发展研究。

曹贤忠，上海高校重点上海城市发展协同创新中心副主任华东师范大学城市发展研究院副教授，硕士生导师。从事创新地理学、创新网络与区域发展方面的研究工作。

点评嘉宾：

汪涛，南京师范大学地理科学学院教授，博士生导师。长期从事创新经济地理学、高新技术产业和区域创新方面的研究。

主持人：王姣娥研究员

曾刚：创新、创新网络、创新地理是国内外越来越多经济地理学人关注的"热词"。从人类经济活动发展过程来看，早期在经济活动区位因子选择时，企业比较重视资本、土地、矿产资源空间分布的影响，而现在则比较重视技术水平、制度、文化环境的影响。不仅企业如此，当今城市的国际竞争力和全球影响力也在很大程度上取决于其自身的科创条件及其在全球创新网络系统中所处的地位。

　　华东师范大学人文—经济地理学研究团队十分重视创新地理学的研究。在国内外先贤、同仁的关怀支持下,华东师范大学荣幸成为国内与北京大学、中山大学并列、拥有人文地理学国家重点学科的三所高校之一。从研究重点看,华东师范大学人文—经济地理学科主要包含经济地理学、城市地理学、区域地理学三大方向。从学科带头人来看,华东师范大学经济地理学方向早期有程潞先生、杨万钟先生。我本人从事创新地理研究工作超过 30 年,近期也有越来越多的学者加入创新地理研究团队行列,我校从事创新地理研究的人文地理学者超过 10 人,而且团队还呈现不断壮大之势。今天向各位报告的三位创新地理学者就是我校的年轻才俊,他们在创新地理学方面已经取得了一定的研究成果。

主旨报告

滕堂伟:创新地理研究范式思辨

　　我的报告主要包括三个方面内容:

　　第一,研究创新地理首先要认识创新的本质是什么,它和经济地理学的关系是什么。创新的本质是知识组合的过程,这在很大程度上已成为学术共识。对于这个问题的研究我认为要从两个角度展开,一是知识本身的属性是什么? 经济地理学领域对于知识的划分,最早是经典的显性和隐性的划分,再有就是解析型、合成型和符号型三类知识划分。不同类型知识的空间流动规律或者机理不同。近几年,诸多学者主要从技术多样性或者知识多样化、专业性角度对创新进行研究,尤其是演化经济地理领域。就知识本身而言,基于知识属性首先要考察它在哪里分布的问题。它流向哪里,或者说在哪些空间里进行流动? 由此知识分布和扩散流动问题就成为创新地理研究的关键视角之一。在该视角下主要的理论是邻近性理论和多维邻近性问题。多维邻近性是基于地理的邻近性或者空间邻近性,以及其他多种类型的邻近性问题。这些不同邻近性相互之间的关系,它们在知识流动和知识组合中的作用问题,以及空间溢出的效应及其尺度,就构成了创新地理的典型研究范畴。

　　从知识的属性和知识的空间分布角度来看,有两个不同视角。一是创新主体视角,从创新主体、集群、创新系统、创新网络、创新生态展开。二是区域视角,从区位、空间格局、过程与机理展开研究。由于知识组合产生的创新本身带有或然性、外部性或者收益递增、垄断竞争问题,这就和新古典主义假定的完全竞争不一样,由此对于经济活动的空间或者创新产生的空间结果、空间格局会产生重大的影响,这就构成了创新地理研究的核心命题。创新在很大程度上重塑了经济地理,涉及到流动与均衡、垄断与锁定等一些相关问题。

　　第二,梳理一下创新经济地理学领域的三类研究范式。第一类是区位和空间关系研究范式。该范式首先关注创新区位的形成。相关研究的着眼点是不一样的,如创新企业的选址问题,就存在着空间认识的不确定性。Scott 和 Storper(1987)提出来的区位机遇之窗以及后来的改进,强调创新企业或新兴产业在区位选择上具有高度的不确定性和创新区位与空间的自主生产性。当然这种分析是基于创新禀赋或者说区位禀赋大致相当,或者差别不是很大的情况下存在的。该范式揭示了创新活动存在的地理高度集中的现象,强调创新的世界是钉子状的,这个钉子状的世界在全球尺度、国家尺度、地方尺度都是存在的。有一些研究显示了地理位置的重要性,或者说在创新领域,地理区位决定着创新的命运。这当然是从企业的角度而言。还有学者研究了创新区域,研究创新如何驱动区域发展。Storper 于1997 年提出的"三位一体"论,从技术、组织、地域来进行研究。Bathelt 和 Gluckler 在 2003年、2011 年开展的关系经济地理研究,把创新引入到区域发展,构建了组织、演化、创新、互动四个基本的分析维度,强调区域发展具有情境性、或然性和路径依赖性,这增加了从地理和空间规律进行研究的挑战。另外,Foray 于 2007 年提出了地方禀赋加外部知识的智慧专业化理论,成为欧盟 2020 战略的核心。基于相关理论,我们也进行了一些研究,如上海人工智能企业的空间分布。在城市尺度,这些企业的区位选择,或者是创新的区位也是有很大的区别。所以我们分析了上海作为中国乃至全球人工智能产业发展代表性城市,它的人工智能企业分布具有高度的集中性。再进一步分析影响其区位分布的因子有哪些? 研究发现,智力的资源禀赋、创新创业政策、财政、交通便捷、经济发达程度、创业环境、产业支撑等是最主要的影响因子。

关于创新区位和空间关系研究范式下的创新空间关系问题,经典的 JTH 实验(Jaffe, Trajtenberg, Henderson, 1993)发现了知识溢出的本地化现象;本地化知识流动只发生在少数几个地区(特别是硅谷);并非所有地区都能产生知识溢出的外部性效应,特定技术也不必然产生知识溢出。外部性需要能支持知识在区域内流动的更宽泛的社会制度(Saxenian, 1994)。再有就是创新空间存在相对的锁定效应,也就是说从知识复杂性这个角度来探讨它的地域差异,只有少数区域具备可以随时生产复杂新技术的能力。知识的空间联系也有类型的分异性,比如说不同类型知识的空间联系是不一样的,所以不能泛泛而论。复杂知识不易移动,低复杂性、常规化的知识更容易在空间上移动。我们对上海张江示范区进行的实证研究发现,在高新区,本地化的创新或者知识溢出目前尚不明显。尤其是基于注册在园区但经营在园区之外的企业和既注册又运营在园区内的企业对比分析表明,这两类企业在专利产出方面没有什么差别。在园区内的企业,甚至在新产品的表现各方面更差。也就是说,创新区的营造不是那么容易的。

我们对长三角城市群不同类型创新水平的空间分异进行了分析。现有的研究一般都是以专利作为创新空间分析。我们把它进一步做了分类,把发明专利和应用型专利再作区分,发现长三角这两类专利在全国的比重以及增长速度上都很好,但是空间分异非常明显。从变异系数、基尼系数和集中度指数三个指标做了刻画,可以看到应用型专利产出的空间集聚或者空间差异相对小一些。在时态上发明专利空间变化呈现点状分布,应用型专利的空间分布相对具有片状的特征。从这个角度而言,可能从创新的能级上,其空间格局和机理是不一样的。进一步进行空间相关分析,发现两类创新的空间相关性存在着显著差异:发明专利产生的空间关联性比较弱,应用型专利空间的关联性相对较强。进一步分析动态的态势也反映出:长三角城市群发明专利产生能力具有较强的稳定性,空间的锁定性相对较强;应用型专利的空间锁定性相对更容易打破,城市的联动作用相对明显。

此外,我们还对长江经济带科技创新与绿色发展耦合协调及其空间关联进行了探析。通过分析长江经济带 108 个地级以上城市科技创新与绿色发展耦合性水平的时空分布格局以及空间关联性的演变,发现科技创新与绿色发展的协调性存在集群化现象,"下游>中游>上游"的梯度化空间分异特征显著,并形成了低度协调、中度协调、良好协调和优质协调四个趋同俱乐部。俱乐部现象比较明显而且具有较强的稳定性,在任何一个时期区域内城市保持原有类型可能性至少为 69%。从类型转移来看,它的协调度转移大多发生在相邻等级之间,低度协调俱乐部向上转移的概率仅仅是 6%。所以路径依赖自我增强的锁定效应非常明显。我提出空间溢出存在"螃蟹效应"和"大树效应"。低度协调的城市与低度协调、中度协调、良好协调城市相邻的话,它向上转移的概率大概是 0.05、0.14、0.36,可见协调度越高的城市对于低协调城市有着递增的正向作用。但当城市自身协调良好的时候,与低度协调、中度协调、良好协调城市相邻,向上转移的概率是 0、0.10 和 0.11,向下转移的概率是0.21、0.08、0.07。就是说,如果周围都是低协调度的话,该城市很难去突破。

那么,如何去突破呢? 如果邻近较高水平协调度城市的话,相对可能是更容易一些。这是非常有意思的空间规律,也是第一个范式。第二个范式是创新网络的研究。创新网络研究的缘起是基于经济社会学对新古典经济学市场与等级组织二分法的质疑,认为企业根据复杂的社会和人际网络可以降低交易成本(Granovetter,1985;Gulati,1995)。网络是除了市场、企业外治理的第三种方式,便于知识和诀窍这种非正式交易弥补市场失灵;能够以快速和松散的方式将主体联系起来,即使相互之间不存在正式交易型的联系;也可以促进信任和互惠,实现稳定而高质量的关系(Powell,1990)。

网络优势在创新过程中尤为突出。Pavitt(1984)、Freeman(1987)、Von Hippel(1988)、Lundvall(1988)等研究发现创新存在多个且往往相互联系的源头。创新是社会化过程,是主体间互动、联盟、合作的结网过程(Freeman,1991);20 世纪 90 年代的共识在于:创新的轨迹存在于组织间的关系网络之中(Powell et al.,1996)。在这种情况下,从 90 年代以来创新地理在创新网络研究方面,主要围绕着创新结网的动机及条件和效应做了研究。

第一种类型就是网络正式化的程度。一开始学术界强调人际关系和非正式的联系,到现在多关注正式联系,因为正式联系长时段的数据可以获取。但是正式网络在实践中与非正式网络共存,所以两者需要同时进行研究。经济地理学者主要聚焦于集体学习的研究(Capello,1999;Lawson and Lorenz,1999;Capello and Faggian,2005);主体间正式和非正式知识网络的性质和特点比较及其各自的模式(Allen et al.,2007)。这也是创新地理领域研究的重点。我们近期研究发现,这种正式和非正式联系的建立和解除的动态过程具有多维地理空间属性。

第二种就是创新主体的类型、网络主体的类型分析,有研究发明家、学者、管理者、技术人员等个体形成的组织间/或组织内(非正式)网络(Darby,1996;Saxenian and Hsu,2001;Lissoni,2008);有研究企业间创新网络、不同类型创新机构间创新网络(Owen-Smith and Powell,2004;Giuliani and Arza,2009)的。目前很多创新网络研究是基于不同类型的创新机构间的合作。

第三个比较有影响的分析领域,就是创新网络的研究方法或者分析方法。第一种是定性的,基于过程的案例研究法,主要探索这种关系、联系形成的动机、性质以及关系为什么与如何持续的问题。第二种是结构主义的社会网络、复杂网络的分析。目前来看第二种方法占主流,在创新主体研究里越来越细化、也越来越深入。我们可以从特定的主体入手来分析政府在里边起到了什么作用,政府是不是引致了独特的研发网络,或者说它是否引发了区域间的知识流动等一些研究。

第四个研究的流派就是创新网络空间尺度的分析。目前已形成了一些有影响力的成果:从地方集群内部到集群外部联系,如技术社区(Saxenian and Hsu,2001;Saxenian,2006);集群的全球价值链嵌入(Schmitz,2004;Pietrobelli and Rabellotti,2007);技术守门员(Giuliani and Bell,2005;Giuliani,2011);本地交流-外部通道(Bathelt,2005;Maskell et al.,2006);全球集群网络(Bathelt,2014;Ekaterina Turkina,Ari Van Assche,Raja Kali,2016);以及不同空间尺度创新网络的研究等,在这方面我们团队也做了一系列的探索。总体来讲,经济地理学领域对于创新网络的研究,形成了很有影响的观点:即对于创新尤其是创新主体来讲,重要的不是绝对区位的问题,而是是否位于正确的网络之中,这也是Boschma等人于2017年提出的,并引发了比较大的学术影响。当然我们通过创新网络的知识图谱分析,也可以给国外、国内创新网络研究的知识图谱做一个简单比较。但是相对来讲,共同性还是非常明显的。

第三,案例实证分析。在这面我们研究社团化的中国高校知识合作网络,主要从合作论文角度来进行。该研究对于中国高校双一流建设或者高校建设、学科建设有比较大的政策指向性。或者说俱乐部化、集团化的发展,促进相关的或者社团内部高校之间的科学研究的合作交流、人才培养的合作交流具有一定优势。另一个研究是长江经济带集成电路产业的创新网络,也就是不同类型创新主体之间的创新网络问题。通过对比分析发现,到 2017 年网络发生非常明显的变化。发现长江经济带内部的创新合作和交流互动相对还是比较少。当然在这两年,创新网络在发生快速的重构,这也是我们下一步会展开的相关研究。这种重构对中国集成电路产业或者半导体战略性产业的发展到底有什么样的影响,或者绩效到底怎么样,需要进一步的关注。

第三种创新发展研究的范式就是创新地理的研究传记法。有三个核心命题:知识在何处产生、跨越行政边界或者国家边界的知识空间性问题、来自不同区域/部门构成的社会网络是什么样? 具体有两个研究方法,第一个就是创新知识中心视角,从微观切入来揭示创新过程中跨越时间、空间、个体的地域知识动态,分析区域内部知识如何与多区域/部门的外部知识联系及其时间演化;第二个就是揭露知识生产的时空路径,还有社会网络开放性探索、行动者网络、嵌入理论分析,这与基于过程的新经济地理分析是一致的。

在这个方面我们团队也做了一些研究,近期做了一个河南生物科技公司的案例。该公司成立于 2017 年 2 月,主要从事食用菌的生产和开发。前身是一个四川企业家到河南投资矿产。关于它的发展,我们通过创新传记方法做了一个初步的研究,揭示它的知识流动、创新流动的时空路径。比起基于面上数据的网络分析,这种研究能更清晰、更深入地揭示它是如何产生的。这里边我们发现有两个关键主体,企业家和政府官员。这个企业家本身知识水平不高,但他真正发挥了企业家的本质功能——创新或者说起到知识组合的作用。他的前身是开矿的,不懂食用菌的生产和开发,但他有资本,在县长的动员下进行探索。所以我们发现关键主体就是企业家和政府官员。第二个就是区域效应,通过知识流动产生了对外的空间组织结构塑造,也促进了内部知识扩散效应的发生。首先没有技术怎么办? 卢氏县菌类种植有条件,有企业,也有传统。它的技术来自于和上海农科院、四川农科院的合作,用的就是香菇的菌种,和四川农科院羊肚菌的菌种,这些知识是存在的。所以这个企业家通过各种途径去找这些研究机构或者里面的专家,亲自登门拜访。一开始还不接待,经过很多的努力,说服了对方,进行技术合作或者专利转让。在这个基础上,他们与上海农科院等使用成立了自己的研究院,在现有菌种的基础上进一步结合本地的条件进行深度的开发。在整个过程中我们看到了知识怎么从外部转移到这个地方,然后它们相互之间如何进一步的组合。2020 年 2 月份,该企业与江南大学合作从事食品深加工,与南京农业大学的一位教授、上海农科院合作生产生物有机肥。因此我们可以看到企业家在知识流动、知识组合中的作用,在一定程度上刻画这个具体的创新所体现出来的创新地理。这种模式是不是中国版的、乡土型的,或者是草根型的智慧专业化战略。该企业也直接带动了当地诸多农户、企业从事食用菌种植,形成集群化发展态势。欧盟现在正在进行的创新战略,就是边缘地区或者落后地区如何去获得知识,怎么去实现创新驱动发展。我觉得这是非常有意思的一个案例。

第四，研究结论与展望。从过程看，实际上目前存在三种研究范式融合的现象，尤其是技术—地理双模网络的分析。在创新传记法里面，也有社会网络分析，所以范式融合或者说交叉研究是一个主流的态势。

创新地理的研究，需要重视以下几个问题：一是创新区位论问题。经济地理教科书中经典的就是农业区位、工业区位、市场区位，这些都是基于特定时代背景提出的。其中假定的孤立国位于均质平原上，但即使在同样的自然地理前提下，由于人为因素也就是距离或者市场层次的不同，农业生产方式和农业配置方式会有什么样的空间变化；工业区位论是基于劳动力和原材料因子来进行刻画；市场或者说中心地原理是基于服务的送达、中心地功能的角度去探讨的。那么在创新时代，创新地理在这方面还是有很大的空间去做。我们在新的时代背景下，能否抽象演绎出类似的区位模型，或者和前面的经典区位模型相匹配的一个区位模型。这里边有两个假设，一是在某种情况下创新要素均衡布局（但实际上我们存在于一个钉子状的世界），另一个就是创新要素空间高度分异。假设非常重要。我想从学科、理论发展的角度而言，这方面有很多研究工作要做。

二是不同类型的创新，创新地理和创新地理规律。创新太复杂，不同类型的创新要区别对待，渐进式、破坏式、构筑式或者激进式的都不一样。

三是创新地理研究中，或者创新的地理规律里关键主体的能动作用。我们在这个案例里可以看到企业家的作用很大。很多研究都是基于发明家或者研发人员，企业家似乎在其中缺位。但企业家本质的功能在于构造创新，也就是知识的组合。是不是下一步的研究里面要高度重视企业家？在中国情景下，政府、政府官员、政策的作用也很大。因此要延续前面创新主体的研究，并进一步细化。

四是空间尺度性问题。目前我们面临很多的挑战，中美科技脱钩或者全球化的新态势等等。当前还有一个新的态势就是创新链和制造链关系再造，或者说两者融合。20世纪90年代全球化的时候是生产外包，现在生产和创新开始在空间上邻近或者耦合。这种情况下创新经济地理的研究、创新的空间尺度性问题，或者说知识流动、知识组合的空间尺度性如何进一步去探索？

五是空间治理问题。做地理研究，区域禀赋作为创新中的重要问题怎样去体现？再一个就是区域创新的治理体系，尤其是关键主体，在中国的制度体系下政府的作用如何？或者中国的创新治理体系是不是有其独特优势？或者说当前中国面临的创新驱动发展的国际环境是否和治理体系的竞争有关系？是否体现了我们的竞争力和竞争优势？

六是要走进真实的创新世界，尤其是要揭示中国特色的人文因素对创新要素流动、创新活动空间过程的影响。这也是很多的研究中和企业、政府交流的时候，往往觉得不解渴，可能一个很重要的原因就是我们对真实世界的创新过程缺乏进一步深入把握。

这是我在教学和研究中的一点初步的思考,欢迎大家批评指正,谢谢!

主持人:谢谢滕老师的精彩报告。刚刚滕教授其实给我们讲了一个地理学家如何来研究创新的命题。简单来说,我的理解就是滕教授讲述了地理学家研究创新,主要从三个方面进行:第一是创新行为或者创新活动在空间上的分布。即区位问题、在空间上是否存在一定差异性及其背后的原因。第二是创新网络。因为创新不是一个独立的行为,研究的是创新网络之间的关联关系,包括创新网络在空间上的结构、组织,及其对经济地理空间结构的重塑作用。现在创新确实成为我国经济发展转型非常重要的驱动力,不仅是在沿海发达地区,也包括在中西部相对欠发达地区也是非常重要的。我最欣赏的是第三部分,就是创新地理研究的传记法。因为企业已经成为创新非常重要的主体,从企业微观视角来研究企业的创新路径,尤其是与地理空间、发达地区技术网络的联系来研究对企业如何产生影响,对我们非常有启发。感谢滕教授精彩的报告。

司月芳:中资企业离岸研发的理论与实践

刚才滕老师高屋建瓴地讲述了创新地理学的研究范式、研究方法和未来研究方向。诚如滕老师所言,创新地理的研究涉及到全球、跨区域、区域/地方等多个空间尺度,本人主要是侧重全球尺度的研究。今天我主要汇报中资企业离岸研发的理论进展、离岸研发实证研究和未来研究展望三部分。

在中资企业离岸研发的理论进展部分,主要介绍离岸研发的定义、研究意义,以及地理学者与管理学者关于离岸研发研究的异同。离岸研发的定义有广义和狭义之分。狭义的离岸研发研究关注跨国公司的海外研发中心(R&D中心)建立,侧重研究的是跨国公司R&D中心的空间布局、功能和影响因素等,是企业地理研究的重要组成部分。广义的离岸研发研究不仅关注跨国公司的组织架构,更关注创新的活动,即跨国公司在海外进行的创新活动。创新活动不仅可以通过建立海外R&D,还可以通过跨国并购、建立国际技术联盟等形式来实现。所以广义离岸研发侧重的是研发行为的研究。它是企业进行开放式创新的高级形式,也是企业继贸易国际化、生产国际化之后国际扩展的高级形式。

中资企业离岸研发研究具有重要的理论价值和实践意义。以往离岸研发研究主要关注西方跨国公司的海外R&D中心及其构成的全球创新网络。西方跨国公司的海外R&D中心在全球范围内呈"钉"状分布,形成了以美、日、欧为中心的核心区域,以中国台湾、韩国等为代表的先进区位,以及以中国大陆、印度等形成的追赶区位。近二十年来,不仅是西方跨国公司建立海外R&D中心,中资企业也将对外投资和创新提升两个战略合并在一起,推动了中国离岸研发的快速发展。如今,中国成为全球第一大海外专利申请国,对于我国创新驱动发展战略的实施具有重要的推动作用。因此,探索中资企业为什么进行离岸研发,在哪里进行离岸研发，与跨国公司的离岸研发行为有什么差异，对区域发展有什么影响，对于中资企业获得海外领先创新资源，助力中国创新能力提升具有重要的意义。

地理学者对中资企业离岸研发的研究具有独特的视角。管理学者多关注中资企业离岸R&D中心的动因、影响因素、区域选择、进入模式和创新绩效等。作为地理学者，我们更加关注中资企业离岸研发的地理特征，即中资企业离岸研发行为的空间格局和作用机制。在空间格局上，我们试图理解中资企业离岸研发的区位选择是强化了还是弱化了现有的全球创新网络。从作用机理上，我们主要从东道国、东道国—母国和母国三个空间尺度展开。对美国、德国等东道国的研究主要是探讨中资企业如何融入当地的区域创新系统；在东道国—母国尺度，主要关注两国之间技术通道的知识流动方向和组织模式，以及与发达国家跨国公司的异同；在母国尺度，主要关注中资企业离岸研发是提升了还是降低了区域的创新能力，即企业行为对区域经济发展的影响。

本人自 2009 年开始对中资企业离岸研发的不同空间尺度作用机理进行了系统的探讨。研究方法和滕教授介绍的一样，主要是多种研究数据和研究方法的互相印证（Triangulation）。接下来汇报一下主要研究内容和结论。

第一，从国家和城市层面研究企业离岸研发的空间布局和影响因素。在国家层面，主要研究中资企业离岸研发是否强化/弱化现有的全球创新网络。跨国公司海外 R&D 中心的数据很难获得，主要是提取中资企业专利申请中海外发明人的数据来构建中资企业离岸研发的空间布局图。研究发现，中资企业离岸研发主要集中在美国、欧洲和日本，与现有的全球创新网络的空间布局非常类似。之后，通过回归方法分析中资企业离岸研发国别分布的影响因素。研究发现东道国在全球创新网络中的地位越核心，中资企业越容易在该国从事离岸研发行为；东道国离中国越近，中资企业越容易在该国从事离岸研发行为；此外，两国的知识通道性也有一个正向的影响。

在城市层面，主要以上海企业为案例，分析中资企业离岸研发行为的空间分布和影响因素。城市层面的结果是更加清晰的。首先，从全球创新中心的阶层来看，中资企业更容易在全球卓越中心和先进区位里从事离岸研发活动，打通追赶区位、先进区位和全球卓越区位之间的通道；其次，比较城市在全球创新网络中的位置和它本身的区域创新系统能力，就会发现知识转化型区域和知识生产型区域是中资企业离岸研发行为比较倾向的区位；最后，目标城市内中资企业或者其他国家企业的研发活动集聚均对中国企业建立海外 R&D 中心有非常好的正向推动作用。由此可见，中资企业离岸研发强化了现有的全球创新网络。中资企业更表现出追随者的行为特征，这可能是因为中资企业建立海外 R&D 中心是为了实现自身创新能力的提升，而不是为了实现建立适应当地市场的产品造成的。这也是中资企业和现有跨国公司离岸研发的巨大差异。

第二,通过投资动因、进入模式和知识流动等方面来剖析中资企业离岸研发的作用机理。这部分的研究回答了为什么(Why)和如何(How)的问题,所以采用基于企业问卷和访谈的定性研究方法。在投资动因上,中资企业从事离岸研发是跟踪先进技术,这和之前的区位分析结论是一致的;在进入模式上,并没有一边倒地通过绿地投资实现,而是和研发外包、建立海外研发机构、跨国并购和跨国技术联盟等多种模式平分秋色,甚至有多种进入模式的组合。这体现中资企业离岸研发既注重效率,又注重风险控制。

除了大量企业的问卷和访谈调查,本人还做了基于华为调研的案例研究。研究发现,华为研发是三位一体的空间组织模式,其中深圳是它的母国区域,位于深圳的研发总部是知识的管理者和知识的协调者;欧洲是东道国区域,是欧研所和欧洲的一些大学和科研机构,组织形式是深圳总部每年发布要监测的技术,并把任务发放到全球的各个 R&D 中心,各个 R&D 中心负责追踪当地最领先的大学和科研机构,通过建立项目组,实现不同组织之间的知识交流。中资企业海外 R&D 中心融入当地创新网络主要通过两种方式实现:一是雇佣当地高素质的人才;二是通过与当地大学和科研机构的校企合作来实现技术的吸收。华为和发达国家跨国公司在组织模式上有巨大的差异:一,中资企业更加重视雇佣当地的人才,更加重视融入当地的创新网络,特别是希望能通过在当地从事研发行为加入当地的标准化组织;二,发达国家跨国公司注重的是长期的合作,而华为更注重短期的合作;三,发达国家跨国公司校企合作采用比较开放的组织模式,而华为有明确的考核要求,比如说一到两年内,必须要完成几项专利的申请,同时它并不是柔性化的组织,重视监控。这就是中资企业离岸研发与发达国家跨国公司离岸研发的差异。

第三,研究中资企业离岸研发的区域发展,试图解决两个问题:一,中资企业离岸研发一方面能吸收海外的知识,但另一方面会增加对创新知识管理的要求,因此要研究离岸研发与企业创新是否存在倒"U"形关系;二,前期研究发现中资企业离岸研发实现了知识的创造,但知识的商业化则是在母国内发生的。在这种情况下,它是否能促进母国以及母公司所在城市的创新发展? 以及海外 R&D 中心和国内 R&D 中心之间研发能力高低、组织模式的转化等。

目前,国内关于中资企业离岸研发的研究尚处于起步阶段,有很多研究问题需要探索。例如,在空间布局与区位因素方面,随着中国对"一带一路"国家的投资,中资企业离岸研发是否能够实现发达国家、中国和其他发展中国家之间新的知识通道? 在作用机理方面,中资企业是如何组织全球的 R&D 中心,其演化轨迹如何? 中资企业与印度、巴西等其他发展中国家的跨国公司又有什么异同? 在区域影响方面,母公司所在的城市会成为全球创新网络中的知识转化型区域、知识消费型区域、知识生产型区域,还是知识忽视型区域?

主持人:谢谢司老师的报告。滕教授的报告系统性和引领性非常强,而司老师的报告新颖性和前沿性非常突出。"一带一路"倡议提出以来,尤其是在 2013 年之后,中国对外投资日益增多,司老师研究中国企业离岸研发行为,在理论上和对我国的创新发展实践均具有重要意义。再次谢谢司老师的报告。

曹贤忠:企业创新网络空间尺度界定与影响因素

报告主要分为五部分:问题提出、概念界定、方法与数据、实证分析和结论展望。

第一,问题提出。经济地理学对于创新的研究,最初重点关注企业技术创新自身的能力,而现在更加关注不同创新主体之间的合作。通过分析 1990 年以来国内外经济地理学者对创新研究的文献,发现创新网络的结构、空间尺度、创新绩效、网络演化、邻近性等成为关注的热点。企业创新网络是以企业为核心主导,联合高校、研究机构、行业协会、中介服务机构、政府以及其他组织进行技术研发形成合作关系的综合。也就是说,本研究提到的网络结构、空间尺度都是关于创新关系的解析。虽然创新网络受到经济地理学者高度关注,但实际上相比较国外学者,国内在创新网络研究方面还有很多不足,还需加强相关研究。

通过对已有研究梳理发现,关于创新网络研究主要存在两个比较大的争议焦点:一是企业创新网络的空间尺度如何界定?哪一个空间尺度更加有利于提升企业创新绩效?区域创新网络研究者认为,区域创新发展更依赖本地的资源,全球创新网络或者全球生产网络的研究者更强调全球资源对区域创新发展的影响。实际上,还有一些学者,将全球—地方相联结的网络看得比较重要,他们认为区域创新的发展和区域增长是全球与地方互动平衡的结果。这也是本研究拟解决的第一个研究问题。二是企业创新网络的影响因子与作用机理。当前研究关于企业创新网络的影响因子尚不明确,尤其是对因子影响创新网络的路径缺乏探讨。虽然多维邻近性近年来受到了众多学者的推崇,如 Boschma 指出邻近性包括地理邻近性、组织邻近性、制度邻近性、认知邻近性、社会邻近性。基于这一分析框架,国内学者普遍采用地理邻近、制度邻近、认知邻近,还有的学者近来将研究重点转向不同邻近性对创新网络影响的替代或互补作用。然而,多维邻近性在运用过程中存在着一定局限性,特别是需要明晰创新主体是什么以及创新主体所在的地理位置,才能够测算创新主体之间的邻近性,难以对企业自身属性等进行测度。本研究根据已有研究文献,围绕企业自身属性和区位特征总结归纳企业创新网络的可能影响因子,发现企业发展阶段、企业规模、中介服务能力、政府干预、创新区位、行业地位、所有制类型等七大因子对于创新网络的影响路径。

第二,概念界定。一是关于创新网络空间尺度界定。从区域创新系统等理论出发,可以把创新网络空间尺度划分为省域/市域尺度、国家尺度、全球尺度、全球—地方尺度,地方包含了国家和省域/市域。假定国家 A 和国家 B 存在创新合作,在国家 A 内有四个不同的企业,如企业 1 更多与国家 A 内本省域/市域的创新主体进行联系,形成的创新网络为省域/

市域创新网络;企业 2 不仅与国家 A 内的创新主体进行联系,同时还与国家 B 内的创新主体有创新联系,形成的创新网络为全球—地方创新网络;企业 3 更多与国家 A 内非本省域/市域的创新主体进行联系,形成的创新网络为国家创新网络;企业 4 更多与国家 B 内的创新主体进行联系,形成的创新网络为全球创新网络。二是关于高新技术产业的界定。科技部对高技术产业进行了明确的界定,结合上海发展实际,依据上海市科委认定的高技术企业办法,将高新技术产业限定为从事技术开发、技术服务的研发投入强度不低于 5％的制造业,或服务业。根据这一概念界定,本研究选择的上海高新技术产业类型主要包括生物医药、电子信息、新材料、装备制造四类。其中,生物医药和电子信息为知识驱动或技术驱动型的产业,新材料和装备制造为技术平台和标准拉动型的产业,这一分类有助于对高新技术产业内部的产业进行系统的解构。

第三,方法与数据。本研究主要运用了两个研究方法:一是结构方程模型方法。该方法主要克服了传统的多元回归模型不能同时处理多变量的弊端,用来探讨具有多个因变量的情况下,不同的影响因素对因变量的影响大小和路径。本研究主要用于测度创新网络形成的七个因子对创新结网的影响大小和路径。二是数据包络分析方法,本研究将不同创新网络中的企业,根据区位划归到不同的空间尺度上,并对企业创新网络创新效率进行评价。研究所用的基础数据来自于上海市科委高科技企业数据库里面的问卷调查数据,基于总体数据库,筛选出符合本研究高新技术企业认定标准的数据。同时结合中国国家知识产权局、上海市产业创新联盟数据库以及中国国际工业博览会问卷调查数据,与基础数据中的问卷调查数据进行匹配,筛选出符合研究需要的数据。最终,从筛选出的 3000 多份问卷中,进一步筛选出来四大类高新技术产业,共计有 2350 家分布在上海市不同的区,其中浦东新区的张江高科技园区和闵行区的紫竹高新区占比较高。

第四,实证分析。一是企业创新结网的空间尺度界定。关于企业创新结网的尺度,在问卷调研过程当中设置的题项"主要技术创新合作伙伴所在区域(列出前三)"。根据所列出前三位的企业分布的区域,然后设定在不同空间尺度内,就是全球、地方(国家、省域)、全球—地方。当前研究更多采用了联合发明专利和合作发表的论文等来刻画企业创新网络,本研究采用了国家知识产权局联合发明专利、上海产业联盟的数据来进行测度。研究发现,本土企业实际上是上海高新科技产业创新网络核心的主体,近 60％的企业以申请专利的方式来开展创新活动,其中 34％的企业与其他机构开展联合专利的申请。也就是说,发明专利从某种意义上只能代表创新网络一部分的特征。从网络拓扑分析可以发现,上海市高新技术企业专利创新网络呈现出核心—边缘的结构特征,但在联盟创新网络中呈现出分散化或多中心的结构特征。从资金投入和人员投入两个角度设定创新网络投入指标体系,从专利的产出、高新技术产品、高新技术的服务三个方面设定创新网络产出指标体系,分别代表创新的产出、经济的产出和价值的产出。通过构建创新网络投入—产出评价指标体系,进一步分析不同空间尺度创新网络的创新效率,研究发现国家尺度上的创新网络绩效是最高的,其次是全球—地方创新网络、市域/省域的创新网络、全球创新网络。具体分析来看,虽然国家创新网络创新绩效最高,但是研发人员投入和高新技术产品的销售,特别是专利或者科技成果的转化收入方面仍存在较大不足,阻碍了企业创新网络创新效率的进一步提升,未来还可以通过加大对科技研发人员的投入以及科技成果转化的力度等方式进一步提升国家创新网络的创新效率。而全球—地方、省域/市域、全球创新网络,由于规模报酬递增或递减的不同,以及研发人员投入和资金投入的不足,导致创新网络创新效率偏低。此外,根据研发人员和研发资金投入的差异,将不同空间尺度创新网络的创新绩效归纳到不同的类型,可以发现在研发资金和研发人员投入都比较高的区域,四个空间尺度上的创新网络创新绩效均达到了相对优良的水平;在研发资金和研究人员投入都比较低的区域,全球和全球—地方尺度的企业创新网络创新效率相对比较高,国家和省域/市域创新网络创新效率相对较低。总体而言,国家尺度创新网络效率最高,这对于企业在全球合作伙伴以及未来不同类型的区域如何调整研发资金和研发人员的投入比重,具有一定的借鉴价值。

二是企业创新结网的影响因素实证分析。通过对已有研究梳理,将学者常用于分析创新网络的影响因素进行总结归纳,然后通过问卷调查的形式调研了 300 余家中国国际工业博览会典型企业。问卷调查结果显示,约有 70% 的企业选择了政府政策、地理区位、企业规模、企业发展阶段、企业知名度、中介服务能力以及企业所有制类型等因素,他们认为这几个因素是影响企业创新结网的最为重要的因子。同时,本研究作出理论假设,假定在创新结网过程中七个影响因子都具有正向促进作用。关于影响因子与创新结网变量设置方面,创新结网在已有研究中多采纳了联合发明专利单一指标,但实际上专利由于知识产权保护以及大部分专利不能公开等原因,导致结果可能会有失偏颇。因此本研究重点考虑了三个方面的因素:专利的创新结网、产业联盟的结网、产业链上下游的创新结网。其他几个因素,分别采用了一些可测度的指标对影响因子进行多维度刻画。主要是采用李克特量表 0~5 进行分别编码,按照影响幅度的大小给予它一个不同的赋值。借助于 Amos 软件,分析发现不同的影响因素在不同空间尺度上的影响路径存在着极大的差异性,如在省域/市域、国家的范围内,政府干预对企业规模、创新结网都具有一定的负向干扰作用。分析变量间直接和间接的路径发现:一是企业发展阶段、企业规模和企业影响力是企业创新网络形成的主要影响因子,且为正向促进作用。具体而言,企业人均工业总产值的水平、主营业务收入等变量发挥了比较大的作用。政府干预在全球和全球—地方创新网络中具有负向阻碍作用,特别是在全球—地方创新网络中的负向影响更大。二是所有制类型对创新结网的影响总体上比较小。外资和港澳台企业在全球、全球—地方创新网络构建过程中发挥了重要作用。在国家、市域范围内,私营企业发挥了创新结网的枢纽作用。三是空间区位和中介服务对创新结网均表现为较小的正向促进作用,特别是所在区域的工业发展水平以及企业为其他企业提供服务的能力起到了非常重要的关键作用。

三是企业创新网络影响因素的机制实证分析。根据影响路径,可以绘制出企业创新网络影响因素的作用机制图。一般企业在选取创新合作伙伴时,首先会考虑创新合作伙伴发展是否成熟、规模和企业影响力大小,会优先选择发展比较成熟、规模较大、行业影响力比较显著的企业开展技术创新合作。进而会考虑创新合作伙伴的中介服务能力大小以及空间区位是否优越。不同空间尺度创新主体结网在此产生分异:对于全球创新网络而言,企业更愿意选择那些政府干预程度小的外资或港澳台企业进行合作;对于国家创新网络而言,企业更愿意选择政府干预比较大的私营全资企业进行合作;对于省域/市域创新网络而言,企业更愿意选择政府干预较大的私营独资企业进行合作;对于全球—地方创新网络而言,企业更愿意选择政府干预较小的外资或港澳台全资企业进行合作。也就是说,企业如果愿意与本国范围外的企业进行合作,更多还是根据政府干预以及是否独资和私营等因素进行判断和选择。

第五,结论与展望。主要形成以下研究结论:一是上海基本形成以企业为主导,以国内合作为支撑的高新技术产业创新网络,不论是在发明专利创新网络,还是在联盟网络、产业链上下游联系网络中,企业都发挥了非常重要的核心作用。如在发明专利网络中,企业占网络主体的83.71%,大学占8.6%,科研机构占6.75%,行业协会以及其他类型机构或组织仅占0.93%;在联盟网络中企业占60%以上,大学占15%,科研机构占18%,行业协会占2.9%,其他主体占4.1%。从空间尺度上来看,上海高新技术产业创新网络呈现出以上海、北京、广州、重庆为核心的菱形结构,在上海市内主要以浦东新区和闵行区为主,在海外以中国台湾、日本以及美国、加拿大等国家或地区为主。联盟网络的地方化特征比较明显,创新主体全部位于上海市内以及长三角范围内。此外,本研究还揭示了另外一个有意思的现象,通过分析上海高新技术产业上下游产业链的联系,发现上海市整体的外向度并不是特别高,这与传统的认知存在一定偏差。2350家样本企业,约90%企业的供应商来自于国内,而且82.09%企业的客户也来自于国内。二是企业与国家空间尺度内创新主体结网的创新效果最好,尤其是以上海、北京、广州、重庆为核心,这几个城市发挥着关键节点和枢纽的作用,对于企业以后未来寻求更佳的合作伙伴具有一定指导意义。三是企业发展阶段、企业规模、行业地位对上海高新技术企业创新结网具有正向促进作用。特别是企业劳动生产率、主营业务收入以及占行业总收入比重等变量的作用较大,而区域制度安排、空间区位条件、企业所有制类型以及企业对其他创新主体的桥接能力等因子对创新结网的影响相对较小。

展望未来,关于企业创新网络的研究,建议重点关注以下三个方面:一是关于创新网络与区域增长的关系。网络可看作区域增长的一个要素,企业通过网络获取有用的知识,并将知识转化成为新产品,进而促进区域增长。当前研究大多聚焦创新网络与区域增长的理论进行探讨,实证案例比较少。最核心的一个原因就是因为网络自身结构容易去刻画,而网络总体纳入到区域增长模型进行科学量化相对较难。有些学者尝试对网络的网络资本和社会资本进行测度,但在不同空间尺度,两类资本交互作用时很难进行测度。二是关于网络结构刻画的数据选取。大量文章都在论述创新网络主体结构、空间结构,而关于创新网络结构模式类型及绩效评价研究较为缺乏。从产业到区域、到城市、全球尺度上,不同尺度上的创新网络结构都存在很大差异。借助多元数据和企业访谈数据对创新网络结构进行准确的测度,并借助于问卷调查和企业访谈数据分析网络结构特征背后的原因,可能是未来应重点关注的方向之一。三是进一步理清创新网络的影响因素。本研究从企业属性和区位特征两个方面,探讨了企业创新合作伙伴选择过程中受到哪些因素的影响及路径,在未来的研究中,可以将多维邻近性的分析框架与企业属性、区位特征等综合起来,全方位地刻画网络形成和演化的特征,进而综合分析企业创新网络形成与演化的影响路径和机制。谢谢大家。

主持人:谢谢曹老师。曹老师的报告从企业创新的视角来进行研究。其中有地理学尤其是经济地理学常关注的一个词"尺度"。经济地理学中,大家一般关注的核心词汇除了区位、差异、地方,非常重要的一个词就是尺度。他研究的空间尺度和我们以往理解的还不太一样。我们以往理解的是从什么样的空间尺度来研究企业创新网络,而他是从另外一个视角来研究企业创新嵌入到不同空间尺度的网络中,如本地的区域创新网络,或者国家尺度、全球尺度的空间网络中,研究嵌入到哪种尺度的网络中更有利于企业的创新,并且讲述了不同空间尺度的企业创新网络的影响因素和机理。研究具有非常强的创新性,也给了我很多的启发。再次感谢曹教授的精彩报告。

特邀专家点评

这是一场思想的盛宴,我抛砖引玉,按照顺序来谈谈感受。

在滕老师的报告中,第一,回答了到底什么是创新经济地理学。因为我们在做研究的时候,经常会说知识是什么,创新是什么,其实情报学、社会学、管理学一直在做。现在我们就看到,从地理学角度如何去看创新的发生、发展、机理。滕老师提到的 4W 现象。What,是什么,知识是什么,创新是什么,这些我们都可以借鉴情报学、管理学、社会学的研究。还有 Where 和 When,这两个是地理学的。Where 是区位在哪里,When 是什么样的时间,也就是时空。但还有一个创新经济地理学一定要回答的就是 How,它的机理到底是什么样的。滕老师阐述了如何从创新经济地理学角度看其研究范式,给我们构建了一个分析框架。

第二,创新网络研究方法的创新。滕老师提到的创新地理研究传记法是非常棒的一点,这是经济地理人最核心部分。传记法会涉及到关键主体。怎么去把控它,本地的创新氛围、创新的环境不断发生变化,如何构建一个框架来形容这个变化,是当前研究迫切需要回答的问题,这也是滕老师报告中最有意思的点。当前关于创新的研究大多专注于大城市,也就是知识生产和转移转化的重要节点,而中小城市以及众多经济不发达的边缘城市创新如何发展是值得探讨的议题。如果说创新是钉子型的,那么创新总效率应该是下降的,资源汇聚到钉子型的地方,其他地方全部是吸引的作用。基于这一情况,迫切需要对创新地理研究的传记法进行设定,推动创新研究尤其是关于创新区位论的研究。

第三,关于不同知识的地理规律以及创新链和产业链的空间关系。脱钩成为当前的热词,但实际上脱钩之后创新链、产业链已经发生重大变化,创新链该如何组织以及空间组织关系都需要重新进行思考。华东师范大学曾刚教授领衔的研究团队作为创新经济地理研究的重镇,可以在该研究领域树立一个研究标杆。

第四,关于创新的空间。王缉慈老师最早提出了"创新的空间",是基于本地还是全球空间尺度,这可能与知识的复杂性密切相关。尽管说知识在传播的过程中存在着零和、正和的关系,如果不涉及到保密问题,知识传播的获益应是正和。例如我向外传播知识,在别人接收到信息的同时,我个人也会受益。但是,如果将知识转化为商品,知识传播给别人之后就形成了竞争者,这样的知识需要进行保护,从而提升自身的核心竞争力。当知识被限制向外进行传播时,需要这些知识的创新主体主动联合进行合作创新。对于技术比较低级的企业或者区域而言,知识学习的目的在于提升自身技术水平,尤其是通过不断提高学习能力获取更多的知识,知识的复杂性也会相应地提升,其他跟进的企业或区域也会不停学习、更新知识。总体而言,滕老师的研究从理论到实践,尤其是对上海市高新区、长三角以及长江经济带进行了大量实证案例研究,是非常精彩的报告。

司老师的报告,主要以中资企业离岸研发为研究主题。特别有意思,也契合了一些跨国公司的发展演变升级过程,如联合利华,像发达国家到中国的研发公司。早些时候设立的研发公司和现在环境是不一样的,现在我们是学习者,是以学习为主要目的,所以作为相对弱一点的学习者的理论,可能与作为先进者,甚至市场的开拓者的理论肯定是不一样的。从这个角度出发,司老师的报告以发展中国家到发达国家的离岸研发为切入点,角度非常新颖。此外,现在关于研发问题不仅涉及技术自身,还涉及到制度文化等方面,司老师的研究数据获取难度大也非常具有研究价值,结合了技术、制度、文化三位一体来研究离岸研发问题,是非常重要的研究方向。

曹老师的报告中,他首先就提出两个争议。第一,哪个空间尺度更有利于企业创新;第二,企业创新结网受到哪些因素的影响。曹老师的研究特别有现实意义。如果在外面遇到突发情况,或者是长期的遏制情况下,企业自身怎么进行重构? 这种重构可能也是政府非常关心的问题,政府想进行干预,结果发现越行越远。曹老师的研究则指出,对于有些空间尺度上的创新网络,政府干预的作用较小甚至还有副作用。通过研究我们也可以看到,当企业通过全球—地方互动进入到全球网络里,相互连接的创新主体越来越多,也就是创新网络的安全韧性越来越高。即使某个节点断了,对总体创新网络的影响也不会太大。但是如果区域仅仅依赖网络中某个或几个重要节点时,网络的韧性则会降低,容易阻碍技术创新。基于这一情况,政府该如何干预是当前迫切需要探讨的议题。曹老师报告的最大贡献就是深入剖析了创新网络,而且对于创新网络构建数据的来源多元化非常科学。此外,曹老师的报告中还提到了社会资本和网络资本的问题。实际上创新网络中两类资本的链接契合非常重要,社会资本代表的是本地,而网络资本代表的是非本地,特别是网络资本的概念及分析框架有助于分析处于边缘区域的创新主体如何参与创新网络,如浙江德清小镇就是运用了这一思维建设,取得了较好的成效。这就是我对三个报告的认识,与大家共同探讨,不当之处敬请批评指正,谢谢。

问题交流

主持人:谢谢汪老师的精彩点评。现在有一些提问。第一,关于创新要素的研究,更多的是聚焦在资金政策等方面,怎么能让更多人引起对地理要素的重视? 如何能够吸引外国公司或者人才在中国进行创业或者建立研发机构? 跨国分公司,跨地区公司如何进行创新地理布局?

滕堂伟:第一,创新要素。地理学的角度主要还是关注地方或者区域本身创新的禀赋或者基础,一定要重视地理学讲的地方化资产。不同的地区不能照搬所谓成功的创新模式、创新路径。我们的研究初步解释发现每个地区都有自己的创新故事和路径。这个故事和路径,受地方的企业、类型影响,比如有些地方民营企业比较多,有些地方国有企业比较多;还有所有制、地方大小等影响,这些都是本地化,或者本地资源禀赋问题。在创新研究中进行创新模式设计或政策设计时,一定要因地制宜,充分基于这些来进行政策的设置。

第二,吸引人才。实际上我国很多地方往往都说要融入全球或者和国际接轨,这些制度在营商环境、办事效率、服务质量方面来讲应该是接轨的,但很多地方在实践过程中忽略了一个问题:充分发挥本地的优势。不能在国际化或者与国际现代化接轨过程中忽略本地独特的优势,如独特的地方文化、风俗等,这些往往对国际人才的吸引力较强。但是,由于这些地方也处于经济发展的边缘位置,如何营造创新创业的环境对于吸引国际人才尤为重要。

第三,跨国分公司、跨地区公司如何进行创新地理布局的问题。在创新实践中,一般有几种模式：一种是追随型，主要追随大客户在哪里，公司也会就近布局；另一种是市场型，主要市场在哪里就布局在哪里。针对市场的研究机构或分支机构就要在这里进行就近布局，优势条件在于能够结合本地需求或者本地特色进行快速的本地化研发。当然也会存在知识传播的问题，如一些隐性的知识，如果不在这里设立分支机构效率可能就会降低；第三种是区位型，哪里适合投资就布局在哪里。交通、人才、原材料等传统区位因子将会产生巨大作用，对企业的经营非常有利，能够实现成本的最小化，或者利润的最大化；可能还会有第四种，竞争同行的绑定效应。地方发生了垄断竞争或者寡头垄断，这个行业里面就这几个寡头，企业竞争对手到哪里去，企业也会相应布局到那里。这几种类型在实践中较为普遍，而完全基于陌生市场来进行拓展、开疆拓土式的分支机构设置，在实践中越来越少。

主持人：不同单位的创新模式应该不一样，那么在报告里面展示的创新主体主要有哪些类型？

滕堂伟：关于创新研究的文献很多，然而不同文献中关于创新主体的界定存在着较大差异，或者主体的层次不一样。例如以企业为主体，以城市为主体，以产业集群为主体，或是以产业为主体。当然，不同创新主体的创新模式不一样，比如报告里面提到的农业科技企业，它的创新模式很明显就是充分利用全国在相关菌种研发方面最有实力的科学家和研究机构，通过建立关系获得发明专利授权或者独家授权，或者与技术专家进行研发合作，联合进行科技成果转移转化等。这类创新模式是外部吸收型，慢慢在外部吸收的基础上，通过成立合作研究院进而形成以自我为主导的创新。这个企业原先从事矿产资源开发，相当于乡镇企业。企业家只拥有中学教育水平，但是他对食用菌种植感兴趣，所以他通过各种办法去查这领域哪些机构、哪些科学家比较有影响，他就上门去联系沟通合作，进而成立了一家研究院。研究院的研发经理，是上海农科院菌农所的所长，还有两个常驻的研发人员在河南卢氏县的研究院。所以它充分利用卢氏县本地的资源禀赋和外部的知识来进行发展，发展到一定技术以后进行自主研发。这种自主研发也是一种合作的或是开放式的模式。对于另外一类企业，如国有企业，资历很强大、资产也比较强，那可能是以自我为中心，然后在一些关键的或者在少数的知识领域里和外部开展合作的方式。从合作模式上来看，应该是网络式或者合作互动式。因此，知识类型、知识点不同、主体自身不具备的知识不同，创新的组织模式也就不同。

曾刚：企业是创新的主体。然而从我国区域发展实践来看，企业创新活力受到政府管治的重要影响。体制机制比较灵活的区域和城市，企业的创新活力较强，集聚的创新企业较多，区域创新投入产出效率较高。创新生态环境特别是政府制度环境对我国创新主体的发展壮大、空间集聚具有决定性影响。

主持人：文化是否会对创新路径模式产生影响，如何分析这种可能的影响呢？

滕堂伟:这个问题非常好。第一,新区域主义研究或者欧洲的学者特别重视文化与制度在区域创新或者创新模式里边的作用,尤其是注重互惠互利。他们认为文化促进了非交易型相互依赖关系的诞生。网络最重要的优势在于非交易型的,通过网络增加诚信,所以这也是文化的角度。第二,从区域角度而言,创新、多元化或者包容性问题体现在文化上就是区域的开放性或者包容性,可能对区域创新路径和模式会产生非常具体的影响。

总体来看,一个地方的文化可以从不同的角度去理解。但是如果从符号、价值观、习俗、传统这些角度去理解文化的话,它最主要的就是影响着地方的主体或者创新主体的行为模式和它的行为路径,行为模式不一样,产生的结果会不一样。比如很多国有企业的文化相对而言可能比较封闭,还有更强调资产的安全性,创新的风险降低,以及国有资产流失等。它是不是一种文化呢?它是一种制度的设置,从文化的角度来讲也是一种独特的文化。这种文化就非常深刻的影响着国有企业的负责人以及研发团队对外合作的行为模式、合作路径。

此外,从多维邻近性的角度来看,很多情况下地理邻近之所以起作用实际上是在于文化邻近、认知邻近。地缘相近、相接所以文化相融。长三角一体化非常重要的就是文化认同,相互之间便于开展合作交流。

主持人:地理区位与距离对于知识扩散的影响方式和作用路径?

滕堂伟:第一,从基于合作论文、专利等角度来看,这与熊彼特提到的创新不一样。从创新上游的角度,也就是科技创新、知识创新的角度,现有研究往往是结合地方化和邻近性,发现距离确实在起作用,存在距离衰减规律。如果从企业视角看,企业在技术层面,尤其是产品创新方面,很多案例表明距离不是问题。因为对于企业家来讲,获得知识的距离不像工业时代的产品运输运费问题,跨越距离的障碍就是通行成本。通行成本对企业而言,在创新的投入中占的比例非常之小。所以,获取知识的距离不是问题,关键是你要知道你想不想找到相关知识,也就是说有没有创新的意愿、知识组合的意愿。

第二,能不能找到所想要的知识,知道创新和知识在哪里,这是一个问题。知道了以后,就可以跨越距离去建立联系。卢氏县的案例就表明企业知道上海在菌类、菌种方面是全国最好的,企业就直接去建立联系,经过很多的努力也要建立一种联系。很明显,距离不是问题。从熊彼特的创新上讲距离,我觉得也是创新地理研究中如何进一步去针对不同的创新类型或什么样的创新来讨论。

主持人:创新网络呈现俱乐部特征,是否意味着落后或者边缘地区的创新很难进行?落后或者边缘地区创新的驱动因素和作用机制是什么?就报告中提到的金字塔、钉子状的创新网络结构,对于落后地区创新是否可以进行,以及其背后的驱动因素和作用机制是什么?

滕堂伟:这个问题非常好。在科技创新领域的确存在着"创新的区域"这一宿命问题。很多地方其实就是边缘的、很难去接触到创新。但是对于企业创新、或者说应用型创新而言,边缘地区有很多的机会。欧盟的智慧专业化战略就是通过发挥本地区域禀赋或者地方化的资产优势,和外部的知识联系起来促进边缘区域的发展。从这个角度进一步研究卢氏县的案例。它是由矿山企业转化而来,卢氏县本身有好的菌类种植资源和历史传统,现在发展才两三年时间,就已有几个亿的规模、带动了几万农户进行种植。可以设想一下,如果他能进一步成功持续地创新驱动发展,卢氏县可能会成为中国乃至世界上非常重要的菌类研发生产、一直到深加工的产业中心和创新中心或者创新高地。因此,对于边缘地区,基于自身禀赋和外部知识导入的创新和驱动发展模式非常重要。关于创新,一方面创新要素、创新知识的流动相对比较便利,虽然有摩擦,但是如果真的想创新,需要关键的主体——企业家发挥特别好的作用,再加上政府行为主体的配合,边缘地区会有很多的机会。我们认为这就是对创新地理高度动态性或者不断地颠覆,时间演化非常剧烈。

司月芳:这个问题和我的研究较为相关,我也试图回答一下。基于创新的区域划分有两类。一类就是提问者说的核心区域、边缘区域和落后区域的分工。在这种分工下,区域是不变的,而区域内部的企业、大学、科研机构等行为者是可以跨区域行动的。比如说华为对于发达国家城市的投资,就是一种落后区域企业创新能力提升的具体体现;而华为的知识回流,对落后地区本身就是知识的输入。另外一种分类则是根据区域在全球创新网络中的地位和区域创新能力来划分,包括知识转化型区域(区域本身创新系统能力强且在全球创新网络中的位置好)、知识消费型区域(区域本身创新系统能力弱但在全球创新网络中的位置好)、知识生产型区域(区域本身创新系统能力强且在全球创新网络中的位置好)和知识忽视型区域(区域本身创新系统能力弱且在全球创新网络中的位置差)。对知识生产型区域,要鼓励这些区域的公司和大学科研机构实现和外界的对接和合作,来提高知识的区位开放度,以缓解它的地区知识锁定问题。对知识消费型区域,要鼓励区域创新投入,增强区域创新吸收能力。

边缘地区实现创新能力提升有两个途径,一是通过投入大量的资金和劳动力,来提升本身区域创新系统的能力;二是鼓励所在区域的企业和科研院所与外界进行合作,或者鼓励外界的跨国公司来对本地区进行投资,提升本地区的网络连接度。

主持人:好的,谢谢司老师。我想可以归纳为两点,第一是可以通过区域自我的创新突破,包括资金和技术的投入以及创新制度环境的营造;第二是通过与创新资源相互对接和联系来进行突破。下一个问题:创新地理反思中说到人文要素的重要性,那如何在创新地理研究中实现人文主义的研究呢?比如说文化氛围、城市容纳对于创意创新企业布局的影响。

滕堂伟:第一,现在的地理研究很多都是借鉴其他学科的概念,如人文因素、文化氛围、城市容纳等。当前一个非常重要的研究动态就是对于多样性的研究,比如人文的、移民的角度,或者企业员工的多样性问题。多样性包括教育的多样性、种族、文化、移民出生地的多样性。从企业层面来研究多样性和企业创新、绩效创新的关系。第二，城市本身的多样性，也就是说从不同角度的多样性或从单一维度或者综合维度来研究多样性对于城市创新，或对于企业创新能力、创新绩效的影响。英国一些学者，如牛津大学的学者这两年在做这样的研究。国内也有很多的学者，包括我们团队的很多老师也在做多样化的研究，这很明显是人文要素视角。第三，经济地理有一个很重要的概念就是制度厚度。制度厚度和区域创新系统、区域创新模式的关系。不同制度厚度的模式和路径也是不一样的。包括刚才曹贤忠老师报告里面也提到的政府支持、所有制等都是衡量组织多样化、主体多样化的因素，都可以放到制度厚度理论里去研究。

人文因素是比较重要的。但对于我国，包容性问题更为重要。比较上海、北京、深圳不同城市的城市文化，上海就是商海、魔都，这种文化和深圳的创新创业或者草根、特区城市、移民城市有很大的不同，这些都属于人文要素的作用。很多研究都忽略了人文要素或城市禀赋的不同，而简单地进行类比，可能得出的结论存疑。我觉得很多排名或者排行榜都应该辩证地去理解。

主持人：我在做高铁创新效应研究中提到了隐性知识的概念，可能大家都会存在这样一个疑惑，在互联网技术高度发达的今天，信息交流方式更加多样和便捷化，我们可以通过网络等其他途径来进行交流。那么这种信息传播途径的加快发展是否还需要继续支持传统传播的途径？是否还需要加快铁路的客运速度或者增加线路次数来实现？高铁是否对知识传播产生一定的影响？在信息与互联网技术高度发达的今天，是不是大家可能不用见面，然后知识就可以传播过去了？

滕堂伟：今天晚上我们的论坛实际上也是信息传播的一种途径，很明显互联网便利了我们知识的传播。但就高铁而言，企业的技术开发过程、工艺开发过程或者生产线的调试过程往往都是一个产业链，双方之间要进行非常密切、频繁的沟通，甚至需要常驻工程师。那么高铁在这方面非常明显地重塑了中国很多产业的创新地理。产业类型不一样，知识的类型不一样。举个例子，偶然的机会我坐高铁认识了从武汉到上海出差的一个团队，都是年轻人，他们要去特斯拉讨论某个零部件调配的问题，与之讨论整个车型、技术参数、工业软件的相互匹配问题。面对面的交流肯定是必须的，所以他们就来上海了。高铁很明显对于航空运输有非常强的替代效应，所以在长三角很多产业、很多企业设立分支机构的过程中，区位指向也比较明显，研究表明是否开通高铁对设立研发机构或者分支机构有显著影响。我们团队做的一个研究就是高铁对长三角创新一体化或者创新网络的重构的问题。互联网技术也好、高铁技术也好，对于创新地理的影响是和产业类型相关的。产业不同，影响也明显不同，不能泛泛地一概而论。曹贤忠老师提到了知识的类型或者借鉴三类知识的划分，汪涛老师也提到了知识复杂性问题，知识越复杂可能越需要面对面的交流。

主持人：下面这个问题是提给司老师的。由于中资企业运营模式较为固定，特别是传统服务行业，如果电信没有创立离岸研究的先河，而且创新模式过于细碎没有全局观。那么在当地的创新网络模式，可能思维比较单一，企业创新出现趋同化。这种情况下，请问如何有效地开展创新？

司月芳：从事离岸研发的中资企业中，电信企业占了很大的比例。华为、中兴、OPPO、vivo都是电信企业。这些电信企业主要是通过离岸研发和大学、科研机构合作来实现技术创新。服务业的创新和制造业的创新有所不同。从广义的定义上看，创新包括生产新产品、开发新市场、采用新的生产资料和新的生产模式等多种形式。服务业企业可以通过组织模式的创新或者是新市场的开拓来实现创新。

主持人：下面有四个问题与曹老师相关。第一，关于变量的权重问题，模型里面的效应怎么归并？第二，在国家实施创新追赶战略以后，各级政府专利资源的相应政策和量化指标导致专利指标的问题，如何来衡量？因为专利的数量可能不能完全代表专利的质量，尤其是有政策奖励机制或者类似政策背景下。第三，上海高新技术企业的外向度不高的原因是什么？能否解释一下？第四，调研的时候发现，企业最高端的、高精尖的技术是不愿意拿出来共享的，认为它是商业秘密，不用于申请专利。所谓的创新合作联盟在长三角具体存在哪些行业领域？G60科技走廊、科创走廊等政府搭建的创新合作平台或者政策到底对创新合作和区域发展起到多大的作用，如何来度量呢？

曹贤忠：谢谢提问的老师或者同学。我把这些问题归纳一下。首先，关于专利的问题。实际上现在专利质量更多地用于研究之中，但是更多是对网络的结构进行分析，联合发明专利被更为广泛地采用。如果能对专利的引用、复杂的转移网络等进行深入刻画，对于推动创新网络相关研究至关重要。

第二，关于外向度的问题。实际上外向度并不是我今天讲的重点。其实在研究过程中发现了与我们固有认识比较相悖的现象，80％企业的产业链，如客户、供应商上下游的联系主要分布在国内。关于长三角的创新联盟，主体是上海的高技术产业创新联盟，是以上海的企业、高校、研究机构、行业协会等为核心，少部分的创新主体分布在长三角的其他核心城市。联盟的领域范围比较广，涉及到一些核心的技术如生物医药、新能源、节能技术、资源与环境技术、航空航天等，我们只是从中挑选匹配了生物医药、电子信息、新材料和装备制造这四类高新技术产业联盟进行研究。

第三，关于G60科创走廊提供的政策或框架及合作平台到底对区域发展的作用测度问题，我认为这是一个比较难的问题。当前我们能做的是从合作平台上看它产生了多少专利或者是孵化了多少企业，以及产生多少价值？在数据的获取上面可能有一定的难度，但是可以从这几个方面进行切入。

关于模型的问题,我们采用的是相对成熟的结构方程模型来进行测度。选择结构方程模型的主要原因是因变量有三个,而且有一些指标不好用纯粹的数值进行测度,而是采用了李克特量表进行编码化,对其影响进行刻度。结果效应包括直接、间接效应,主要研究不同因素对创新结网的影响路径是直接影响,还是间接影响,通过把不同的影响因素进行汇总和归并就可以得到它的效应。对于结果检验的指标,目前用得比较多的是拟合优度指数,还有残差均方根、AIC、BCC 等等,这些工作通过 Amos 软件完全可以实现。

主持人:下面还有几个问题。第一个问题:何为创新主体? 创新地理的研究究竟是以城市还是以产业集群为核心? 二者存在哪些不足? 第二个问题:合作专利申请数据并不能反映创新主体之间相互合作关系的全部,采用这些数据来研究创新网络存在着明显不足,还有哪些数据可以用来做创新网络研究? 专利转移数据、专利引用数据是不是更好一些? 采用不同的数据对创新网络研究结论有哪些影响? 能否将多源数据集成起来做综合性研究? 第三个问题:哪些因子对区域、城市创新的贡献最大? 是企业,还是政府? 什么样的政府财政政策才能促进地方创新?

曾刚:我来针对刚才三个问题谈谈看法。第一,创新主体。在我国,政府官员、学术界对创新在区域经济发展中的地位和作用给予了充分肯定。发达地区为了保持自己的领先地位,甚至为了超越经济实力更强的地区,大多确立了创新驱动发展之路。不少政府官员声称,离开了创新、不重视创新,一个区域就不可能有美好的发展前景。国内越来越多的人文地理学者开始加入到创新地理研究队伍之中,经济地理学者、城市地理学者所占比重较大,创新地理研究成果较多。北京大学王缉慈教授等经济地理学者,从研究新产业区开始逐渐过渡到研究产业集群,最终关注创新空间、创新网络,分析供应链、产业链、创新链、价值链之间耦合关系,研究创新生态环境与创新经济活动之间的相互关系;中国科学院地理科学与资源研究所方创琳研究员等一批城市地理学者,则将创新网络引入到都市区、城市群、城市网络研究之中,深入分析了创新网络、生产网络、城市网络之间的相关联系,发表了系列研究成果。然而,从总体上看,国内迄今为止的人文地理学者偏重于创新的外部性、对区域发展影响的定量分析。实际上,企业是创新的主体,而地理学者对企业这个创新主体的形成与发展过程关注不多。我们不应该将创新型企业简单地用企业群体—产业集群来代替,不应该将创新型企业简单地用企业空间载体—城市来代替,不应该将企业当做"黑箱"来处理,而应该深入分析创新型企业内部运营及其与其它企业、机构、组织、制度、环境之间的耦合与解耦关系过程与机理。

第二,创新数据。创新是一个新生事物,传统统计方式及其所获取的数据并不能完全满足学术界对创新地理研究的需要,创新数据的短缺在很大程度上制约了创新地理研究成果的质量和水平。需要说明的是,我国专利制度创建于 1980 年代初期,主要吸收了德国专利制度建设的经验,具有浓厚的德国印迹。我国专利、合作专利的申报、审批、发布方式方法符合国际规范,专利、合作专利数据具备国际可比性,可信度高。同时,从1985年开始,我国政府部门没有间断地发布了较为完整的专利数据,这也是很多学者利用专利数据开展创新网络研究的重要原因之一,具有一定的合理性。当然,仅仅依靠官方发布的专利数据是不够的,人文地理学者应该充分利用现代技术提供的新机遇,充分利用夜间灯光遥感数据、交通客流数据、手机数据以及企业普查数据、合作论文数据、专利与技术交易数据、专题调研数据等多源数据,进一步丰富、完善创新地理数据库建设,为创新网络时空演化特征、作用机理的定量分析提供可靠的数据支撑。

第三,创新动力因子。国内外区域实践表明,创新是有条件、有"门槛"的。落后地区创新资源紧缺,高校与科研院所少、研发资金不足、制度建设滞后,总体上处在不利的地位。很多人认为,区域创新需要大量的资金投入,没有充足的资金无法实现高效的区域创新。实际上,创新资金来源是多样的。美国创新资本主要来自高度市场化的风险资本,风投公司有力地推动了众多中小型科技企业的诞生与成长;德国创新资本主要来自企业或创业者自有资金以及合伙资金,这些民间资本极大地降低了中小企业创新风险,有力地支撑了德国中小型科技企业群体的强势地位。而我国很多地区,特别是中部、西部、北部地区,研发资金主要来自于政府财政支持,能够"集中精力办大事",但也存在创新资金使用效率不高的问题。从总体来看,应该从我国疆域辽阔、内部区域差异巨大的现实出发,因地制宜,不搞"一刀切"。在南部、东部地区,政府创新资金应该占区域创新所需资金的小部分(占比最好控制在10%以下),主要用于前瞻性技术开发的引导与配套,企业创新资金问题应该主要由企业自筹或通过市场来解决。而中西部、东北地区创新资金来源,则应该通过政府、企业、市场(银行信贷)各占1/3的比例来筹集。

另外,关于国内创新经济地理学的发展。国内创新地理研究越来越"热",研究人员越来越多,有关创新地理论文发表数、专著出版数快速攀升,呈现欣欣向荣之势。然而,从整体上看,刻画创新地理现象的成果多,研究创新经济地理学的成果少。基于个人经验和感悟,涉及政策建议的成果多,基于多元回归模型、结构方程等定量计算方法分析、涉及创新网络特征精准刻画的成果多,但对创新现象背后的时空演化规律、基本原理进行深入、系统研究的成果少。国内创新地理学方兴未艾,前途光明,道路曲折,为年轻学子攀登创新地理学新高峰提供了巨大的个人发展空间。

华东师范大学开展创新地理研究的时间较长。1990年代,主要开展技术空间扩散路径与机理分析;2000年开始主要开展产业集群、地方企业创新网络、技术社区的形成与演化研究;2010年开始主要开展产业集群网络、区域创新生态系统、区域创新共同体解析、解构研究。目前,华东师范大学创新地理研究呈现三角形结构(创新三角):北美与国际著名经济地理学家、加拿大多伦多大学 Bathelt 教授合作开展产业集群网络研究,西欧与国际知名经济地理学者、德国汉诺威大学 Ingo Liefner 教授合作开展全球—地方多层级、多主体的创新网络研究;东亚则是以华东师范大学内部合作为主,主要开展区域创新生态系统、区域创新共同体建构研究。

创新地理学是研究创新活动空间特征、时空过程、内部作用机理、调控方式与路径的科学。从未来发展趋势来看,下面一些问题值得深入研究:区域创新"门槛",不同类型产业创新网络比较;新基建、区块链与区域创新系统建设;实体空间、虚拟网络交流、竞合关系与企业创新网络发展;创新飞地、企业特质与企业创新网络之间的互动耦合关系;全球—地方创新网络系统结构与治理;创新空间网络、区域创新系统生命周期;创新网络的区域环境社会效应;创新地理学原理与经济地理学原理之异同,等等。创新地理学发展的新问题解决呼唤有志青年学子的关注和参与!

主任总结

简单总结下。第一,我们国家发展到现在比任何时候都需要创新,也比任何时候都热衷于创新,在此背景下所有学科都在关注创新,视角也不同。地理学更应该关注创新。曾刚老师的团队在这个领域做了很多杰出的工作,今天的分享对于我们是非常好的学习机会。再次感谢你们,也感谢汪涛教授。

第二,我们在做实际工作时搞创新都说是"政产学研用",谈能力。今天滕教授给我们解析了不同主体相互之间的关系,尤其是企业在创新中所起的作用。但是我觉得创新从产业链的角度也需要是一条链,"政产学研用"都是有用的。司教授得出的结论也值得警醒,我们所有的中资企业大部分都是追随企业,所以在全球化过程中提出了新命题,如果我国要保持领先就必须在创新上继续努力,就涉及到企业、政府还有科研人员等的协同。曹教授在上海的研究用 3000 多份的问卷进行定量定性分析,然后提出创新结网的概念,体现了非常好的地理学特色。这三位的报告从不同的视角都体现了经济地理学研究的前沿性、创新性以及技术方法的应用。

第三方面就是司教授讲的华为案例。我 2011 年作为国家开发银行专家第一次接触华为是在南非。当时他们给我讲了很多东西,我没听懂也没有在意。今天听了华为创新网络的案例,可以思考一下为什么美国抓住华为不放,是为了创新资源吗?还是为了市场?我觉得都不是,而是因为华为在全球化的过程当中创造了一个继承东方文化和西方发达优势,进而实现社会共赢的创新网络模式。华为在全球化、创新网络的经验值得总结。

最后关于未来创新的发展。政治经济学有"经济基础决定上层建筑",那是否上层建筑还要引导经济基础,引导经济的发展? 目前全球网络,尤其是西方主导的创新网络对我们戴着有色眼镜,有一种固化的模式。他们的创新网络可能有其优势,但是中国的创新网络也可以是在学习人类文明成果基础上创造的上层建筑模式,或是集成人类发展模式的创新网络。我觉得可以从空间尺度、国家尺度来分析创新网络,也可以从制度视角、管理学视角来分析。希望创新能成为我们国家再创文明辉煌的动力之一,也希望后辈们在从事科研的过程当中以创新为己任,做出我们应有的贡献。

中国农业产业集群发展的理论与实践

报告人：

李二玲，河南大学地理与环境学院教授，博士生导师，兼任中国地理学会经济地理专业委员会副主任。河南省省级特聘教授，河南省宣传思想文化战线"四个一批"人才，河南省优秀青年社科专家，河南省师德先进个人，河南省教育厅学术技术带头人，河南省教育厅高校科技创新团队"农业资源开发与可持续利用"牵头人，河南省区域经济研究中心主任。主要从事产业集聚与区域创新发展研究。

点评嘉宾：

罗静，华中师范大学城市与环境科学学院教授，博士生导师，地理过程分析与模拟湖北省重点实验室主任。中国地理学会常务理事、副秘书长，湖北省委决策支持顾问，湖北省地理学会理事长，武汉市人民政府咨询委员。

主持人：马丽副研究员

主旨报告

报告主要分四个方面：第一是基于多年对多个典型农业产业集群的调查提出研究问题；第二是农业产业集群理论探讨；第三是国内外农业产业集群发展的实践介绍；第四是中国农业产业集群研究应关注的问题。

首先讲两个故事，一是兰考县民族乐器产业的崛起。兰考是全国有名的贫困县，黄河九曲十八弯最后一道弯在兰考，造成黄河在兰考多次决口，形成大面积的沙土盐碱地。50多年前焦裕禄书记带领当地群众种植泡桐抵抗盐碱和风沙，现在泡桐已经成材，并成为很多木材加工企业的原材料。有一次兰考县堌阳镇李新庄一位姓代的人，发现上海民族乐器厂的人来兰考购买桐木板，才知道它可用于制作乐器。民族乐器厂的人告诉他，兰考泡桐由于受土壤、气候的影响，木质疏松度适中，透气、透音性强，并且不易变形，被称为"会呼吸的木材"，是制作古筝、琵琶等乐器音板的最佳材料。他就想：我能不能做呢？他也想利用本地的桐木板进行乐器加工,于是在 1985 年高薪聘请上海乐器厂的十几位技师创办了兰考县第一家民族乐器厂。2000 年时,上海牡丹厂在兰考建设分厂,派来 12 位师傅驻厂指导乐器制作。两家工厂的建立都运用师傅带徒弟的模式,把制琴技艺传给本地人,本地人学成之后纷纷自己单独办厂,由此促进乐器产业在这个村乃至这一地区的集聚,形成了众多乐器加工的专业村。

2008 年北京奥运会开幕式上的古筝表演掀起了学习民族乐器的高潮,买民族乐器的人越来越多,供不应求。大量零部件生产厂商纷纷从原厂裂变、衍生出来,如音板厂、琴弦厂等。如此一来,兰考县民族乐器加工企业和相关配套企业增加到 180 多家,运输队服务机构有 10 来家。同时对原材料桐木的大量需求促使堌阳镇建设了一座 4000 多亩的泡桐种植森林公园,改善了本地的生态环境。2016 年,堌阳镇又建立了民族乐器工业园区,将规模较大的企业和机构搬迁到园区,更大规模的搬迁到县城的产业集聚区,使该产业形成了县、乡、村三级的空间等级体系结构。

依托乐器产业,堌阳镇打造了当地的音乐小镇,开办音乐学校,并结合我国古代的文化音符宫、商、角、徵、羽,对房屋和街道进行改造。不仅古香古色,拥有强烈的民族特色,还提升了乡村的文化品位。目前兰考县可生产的民族乐器品种达到 100 多种,年产值超过 20 亿元,销售到北京、上海等城市,并对外出口。同时,兰考县依托当地特色资源,从泡桐种植到木材加工到乐器生产,再到特色小镇的建设,实现了一、二、三产业融合和产城融合发展。

第二个故事关于山东寿光。寿光是中国著名的蔬菜之乡,蔬菜种植历史悠久,明清时韭菜就是朝廷贡品,本地农户有丰富的种菜经验。寿光蔬菜产业源于 1989 年冬天,三元朱村书记王乐义买到了几斤顶花带刺的新鲜黄瓜。他想:寒冬腊月怎么能有这种反季节的蔬菜,我能不能去种植呢? 所以他就去辽宁学习大棚种植技术,回来以后反复实验、大胆改革,建成了深冬也不需加温的冬暖式蔬菜大棚,并带动了 17 户农户参与种植。此后这 17 个农户实现了企业化转变,形成新的种植企业。1996 年,他又带领群众成功试验了新一代高标准大棚,集滴灌、电动卷帘、钢架支撑、微机控制等于一体。技术创新使王乐义建立了第一家卷帘厂,塑造了乐义的商标。之后大棚建造技术在实践中不断地被创新,逐渐趋于成熟。这一技术引起了周围农户的纷纷效仿,带来很多实际效益。由此,从事大棚种植的农户就地集聚衍生,形成了农业设施的专业村,从一开始的 17 个大棚发展到 1990 年的 5000 个,再到 1995 年的 20 万个左右。专业村到 1995 年已经有了 58 个,然后发展为 199 个,之后整合后有所减少。

专业村形成之后,村与村之间形成了明显的产业分工。比如有专门种胡萝卜、韭菜的,周围村庄也都出现一户带一村、一村带一镇的局面。种植规模逐渐扩大,一些相关的公司和机构也纷纷成立,如农药、种子、化肥、农膜等生产资料企业。现在寿光市蔬菜农业企业已达到 400 多家,产业规模的扩大也得到当地政府的大力支持。1998 年,由政府出面组建了大型的企业集团——山东寿光蔬菜集团有限公司。该公司集良种繁育、生产、种植、交易、管理、加工、配送、生物工程、深加工等一体,有研发中心和检测中心,成为了本地的技术创新源,并像一个创新的放射器和孵化器,衍生出本地很多企业化的农户。

2000 年寿光第一届蔬菜博览会的成功举办打开了寿光对外交流的窗口,迄今为止该博览会已成功举办了 20 届。世界性大型农业公司纷纷在寿光设立分支机构,把最高端、最前沿的高新技术拿到寿光进行实验,使得寿光的技术始终处于世界前沿,成立了专业的蔬菜交易市场和电子交易市场,并和其他大学、科研机构开展合作。

政府行为也使当地创新体系相对完善,并产生了很多技术创新、组织创新、产品创新等。针对蔬菜种植的土壤肥力问题,当地人实施了譬如"沃土工程""绿色植保工程"等技术创新工程,并和农科院蔬菜花卉研究所共建研发中心,使得当地的创新层出不穷。目前已成为全国较为著名的绿色农业产业集群,三品一标农产品达到 550 余个。在空间整合方面,政府为提高土地利用效率和产业创新效率,建设了现代农业产业园、生态农业走廊以及现代农业高新技术集成示范区,实现了产城融合和就地城镇化。

由此可以看出,寿光市蔬菜产业依托当地种植传统,在组织、技术、产品、制度和空间五大创新协同下形成农业产业集群,逐步走向成熟,并向标准化、智能化、绿色化、品牌化演进,成为中国现代农业科技的乡村创新极。国内其他地区,如河南兰考、遵义枫香镇都曾去该地学习取经并在其基础上进一步创新。

这两个故事只是农业产业集群中发展较好的典型例子,也有很多农区在全球城市化快速推进的背景下出现了衰退。为此,中科院地理资源所的刘彦随研究员在《自然》(Nature)上发表文章呼吁要重视推进乡村振兴,避免"乡村病"的出现。但乡村振兴,产业兴旺是基础。中国作为一个农业大国,农业发展的土地、资金、技术瓶颈问题日益凸显,尤其是农户土地规模小、经营分散、组织化程度低、劳动力素质不高、生产效率低下、科技含量少等。如何加快农业创新,突破发展瓶颈,是国家亟待解决的重点和难点问题。事实上,国内外的相关理论和实践研究表明,产业集群是一种新型的产业组织方式,是实现乡村振兴、破解三农发展困境的有力抓手。而农业产业集群能够有效地把农户纳入现代产业体系,从而提高农民收入,提高就业,促进一、二、三产业联动发展,进而像一根线一样把与乡村振兴相关的如带动农民就地城镇化、产城融合、建设特色小镇和田园综合体、城乡融合等内容串联起来。所以我们提出,解决当前三农问题的办法是要培育农业产业集群。

事实上,一些国际机构包括联合国粮农组织都在呼吁发展中国家要把培育农业产业集群作为振兴乡村和融入全球价值链的重要战略。2018 年两会期间,习近平总书记两次讲到要总结推广寿光模式来助力乡村振兴,引起了全国范围的大讨论。那么,寿光模式的本质到底是什么？我们根据10多年对寿光蔬菜产业集群的跟踪调查，提出寿光模式的本质特征就是形成了农业产业集群，并保持了持续的创新发展。

在2019年的中央"一号文件"中，中央农村工作会议也屡屡提到要建设现代农业产业园，其理论基础也是农业产业集群理论。2020年3月，农业农村部、财政部决定组织建设优势特色农业产业集群。2020年6月出台的《全国乡村产业发展规划》中都是按照创建农业产业集群的步骤进行，这表明我们以及众多学者们的多年呼吁已上升为国家战略。如何建设农业产业集群是目前各级政府都感到困惑又急需解决的难题。为此，必须挖掘农业产业集群形成和发展的规律，运用规律来指导实践。

第二个问题，农业产业集群理论规律的探讨。首先是内涵与特征。农业产业集群是在产业集群理论基础上发展起来的，是产业集群理论在农业领域的延伸和应用。最初一些国外学者用农业集群案例来研究产业集群，强调加工环节；后来联合国粮农组织在研究了美洲、亚洲、非洲高附加值农业集群之后，把以农业为基础的集群称为农业集群，并逐步统一到农业产业集群的概念上。结合国内外研究，定义农业产业集群是以生产和加工农产品为对象的企业，包括企业化的经营农户、家庭农场，以及相关的支撑服务企业和机构，如农业流通企业、服务销售企业、原材料、设备供应商、研发中心、大学、培训机构等，在一定地区的地理集中和紧密关联。

农业产业集群是目前中国强调的农业区域专业化、规模化、集约化发展的高级阶段。农业产业集群也具有产业集群的本质特征，即地理邻近性和产业关联性。与制造业和服务业相比，我认为它更具有地域根植性和地理标志性。从产业范围看，包括农产品种植养殖业、农产品加工业，以及产前产后的相关服务业，是一、二、三产业融合发展的空间载体。由此可见，农业产业集群里的产业链更长，更加依赖自然资源和能人带动，也更加强调政府的推动，同时依赖农户对技术创新的采纳和参与，即把农户纳入到现代产业体系当中。这是农业产业集群区域效应的重要内容。中国农业产业集群具有独特性，主要是因为其强调了农户的企业化转变和一、二、三产业的融合，强调了创新技术的推广采纳和农户的广泛参与，因而更加接近产业集群的本质内涵。近年来我国实行了一系列有利于农业产业化的土地和户籍制度，为培育产业集群、构建农业创新体系提供了制度保障。

其次，我们通过对河南、山东等案例的研究，提出中国农业产业集群形成和演化的四阶段模型，总结其形成和演化的规律。中国农业产业集群形成和创新发展首先从农业产业集聚开始，并经由专业村到产业集群，再向乡村创新极这个方向演化。我们从宏观层面进行了理论分析，并以山东寿光、河南兰考和鄢陵等案例对该过程和机理予以解释，发现在农区建设和培育农业产业集群，最终可以形成乡村创新极，并带来乡村的重构和产城融合，促进城乡融合发展。

第一阶段是农业产业集聚阶段。发展中国家传统农户天然集聚在一个乡村社区内,承包的土地具有地理邻近性,所以一旦某一个有企业家精神的先导农户产生了生产和经营某种农产品的创新想法并成功示范,就会很快无障碍地在社区内传播扩散,被周围农户模仿采纳。传统农户采纳了先导农户的创新技术后便延伸为生产同类产品的专业农户,进而孵化为具有企业经营性质的专业大户、家庭农场,或是衍生出生产服务的专业户,也孕育出农民合作社、专业协会,甚至农业企业等新型经营主体,由此实现农户的企业化演变,并在空间上形成具有规模经济的农业产业集聚。这个阶段的专业化程度并不一定很高,产业组织的密度也不大,许多传统农户并未参与进来。

第二阶段,先导农户发现了本地发展某一产业的市场商机以后,就会不断地试错、纠正,并成功示范带动本村或者邻村农户生产相似的农产品。集聚规模不断扩大,组织密度也不断提高,导致本村大部分农户从事同一种,或者多种相互关联的生产或服务活动,从而形成专业村。这是农业产业集聚在空间上的具体表现,其空间集聚程度和专业化程度都比上一阶段更高一些,享有专业化经济。这种纯集聚性的专业村和专业镇是下一个阶段农业产业集群形成的雏形和初级阶段。

第三阶段是农业产业集群阶段。集群等于"集聚＋网络",经过农户的企业化,衍生出不同类型、不同功能和在不同产业链环节上的企业使集聚点增加,同时规模经济、分工经济的存在使得农民沿着农业全产业链各个环节错位发展,去寻找创业空间,或是沿着全产业链的一体化发展,从而实现了农户在一、二、三产业各环节的企业化演变。上述过程促进了专业村规模的扩大和专业村之间的分工,而专业村内部各个企业之间和不同类型机构间的分工网络和创新网络形成了线。点的集聚加网络形成了集群的基本骨架。在集群理论中,规模经济、分工经济和网络联系可以引发集群的自增强机制。自增强机制与衍生机制共同催生了产业集群的形成。在中国特殊制度文化背景下,农业的空间集聚和区域的专业化是农业产业集群形成的背景条件。

第四阶段是创新极阶段。创新是农业产业集群可持续发展的原动力,但创新是一项系统工程,某个环节的创新必须有其他环节的配合创新才能有效发挥作用。所以我们提出,只有农业产业集群内部形成完善的农业创新体系,才能向创新型集群转变,最终成为乡村创新极。可以说创新极内部的创新活动比较频繁,创新质量较高,创新氛围也较浓厚。所以具有完善的农业创新体系是创新极的一个典型的特征,也是创新极形成的标志。

在对演化阶段的理论思考之外,我们对每一阶段也做了一些具体的研究和理论思考,从宏观和微观,在全国和河南不同尺度上对农业产业集聚进行研究,发现目前农业地理集聚和专业化格局已经形成。同时,也采用一些方法鉴别出培育农业产业集群的潜力区位,并基于演化经济地理学理论对这种农业地理集聚格局演变的机制进行了探讨。

农户企业化是农业产业集群和创新体系形成的第一步。其实农户企业化演变在国外并不显著,但在中国却很突出。通过对农户的企业化演变过程和演变机制进行探究,将企业化演变过程分成四个阶段,发现农户所具有的内生能力、外部契约关系以及企业家精神是决定农户组织能否向企业演变的主要机制。

专业村的研究。通过对河南17个专业村的调查和研究,发现创建创新网络是专业村向集群升级的必备步骤。如对河南省柘城县辣椒种植专业村的技术扩散过程进行详细调查和研究后发现,专业村内外特色技术的空间扩散廊道是产业网络形成的基础。在创建网络方面,可以通过培育网络中介,创建水平网络、垂直网络和机构网络进行。通过比较鄢陵和寿光两个集群创新网络的结构过程,挖掘集群创新网络形成的驱动机制,从知识流动和知识采纳的视角来探讨创新网络的演替,提出大力培育在全球网络处于结构洞位置的企业是集群创新的关键。

农业创新体系的形成标志着农业集群走向成熟,也是集群向创新极迈进的一个关键标志,因此我们对农业创新体系进行了系统研究。针对如何构建农业创新体系,提出农业创新体系"三要素"结构模型,包括创新主体、创新网络和创新环境,并构建"五位一体"的协同创新框架,即包括组织创新、技术创新、制度创新、空间创新和产品创新,突出了新型农业经营主体的培育和农业技术的推广和应用,即要建立新型的农业经营体系和技术推广体系。通过探讨农业创新体系的构建原理和运行规律,提出农业创新体系中的各个创新主体通过知识网络和创新环境实现五大创新内容上的协同创新是构建农业创新体系的关键突破点。

运用黄河流域农业文明的演进历程及其内在机理来验证刚才构建的农业创新体系理论框架,并基于此构建了农业创新体系绩效评价的指标体系。对两个集群案例的农业创新体系绩效对比发现,混成组织(政府、企业和中介机构共同组成)以及"官、产、学、研、用"创新网络的存在对于创新体系绩效非常重要。如山东寿光成立的很多中心,包括孵化器和园区等,都属于这种混成组织。我们也针对当地情况对组织创新经营体系和推广体系构建的技术提出了一些对策建议。

从集群向创新极演进是通过构建本地农业创新体系来完成的。知识增长和知识流动可以提高企业的内生能力和外部契约关系,利用演化经济地理和创新地理的思路就能很好地解释集群形成和可持续发展的内在机制。在两个集群案例中,农业集群如何在企业衍生和集群自增强机制作用下,通过构建农业创新体系形成乡村创新极。如兰考县徐场村就是当地创新的一个发射器,承担了乡村创新极的作用。

对国内外农业产业集群发展的现状和实践做一个简单总结。由于目前还未以集群为单位进行统计,只能从文献或相关政府网站、机构网站获取信息。通过分析发现国际农业产业集群研究较少,也没有形成一些标志性研究团队。在关键词热点上,2010年以前比较零散,之后才出现了集群分析、农业系统等,还包括模型、创新等。基于外文文献梳理的研究产业领域看,多集中在原材料,如粮食产业、种植业、特色种植和畜牧业等;加工行业并不很多,主要是食品、奶制品、乳制品等加工行业,且对葡萄酒行业的研究较多。很多国际研究产业集群的著名专家都是以葡萄酒产业集群为例来进行研究的。发达国家农业产业集群已成为典型的农业发展方式,典型如美国的加州葡萄酒产业集群、荷兰的花卉产业集群、比利时的养鸡、丹麦的养猪等产业集群。其中美国加州的葡萄酒产业集群就是波特教授提出产业集群概念所采用的经典案例。对发展中国家而言,农业产业集群可以作为减贫和乡村振兴的抓手。发展中国家较为典型的农业产业集群主要有哥伦比亚的鲜切花集群、尼加拉瓜的咖啡集群、泰国的农业集群和巴西的农业产业集群。

利用中国知网(CNKI)的数据可以看出,国内研究农业产业集群的团队不多。从关键词看,有农业产业集群和农业产业化集群,但我认为已基本统一到农业产业集群上。农业产业化集群是因为河南省 2012 年出台政策要建设农业产业化集群。从行业分布看,我国粮食产业集群不是很多,但目前国家正要大力发展粮食经济和粮食产业化,所以粮食产业集群有待加强。此外还有一些特色种植业,如东南沿海的茶叶集群,牧区的内蒙古肉羊产业等畜牧业产业集群。其实我国已在促进农业产业集聚发展,如 2017 年、2018 年、2019 年,农业农村部等八部委公示创建中国特色农产品优势区和农业产业集群,表明国家已将农业产业集群的培育和创建落地。2020 年 7 月 16 日出台印发的《全国乡村产业发展规划》也提出,未来 5 年要促进乡村产业集群成链,鼓励向优势区域、重点专业村经济倾斜,并推进技术创新促进产业升级。这个规划的内容就是中国农业产业集群的实践成果。

对农业产业集群理论进行思考之外,我们团队还把理论成果运用于国家重大战略实践当中,如思考农业产业集群如何与乡村振兴、精准扶贫、城乡融合发展、黄河流域生态保护与高质量发展等重大战略对接并发挥作用。首先提出了乡村振兴的集群模式。比如传统农区可以依托当地的资源优势,抓住发展特色产业的机遇,利用衍生机制和集群的自增强机制,就地城镇化形成特色小镇,进而形成产城融合,这可以作为传统农区实现乡村振兴和精准扶贫的集群模式。对标乡村振兴五大要求我们进行了乡村振兴的作用机理研究,并按照专业化、组织厚度和多样化,立足国际农区发展理论和争论基础,总结提出了中国中部传统平原农区乡村振兴的五大模式和实现路径,即产业集聚模式、专业村模式、产业集群模式、创新极模式和精明专业化模式。其次是农业产业集群在精准扶贫或减贫中的作用。主要聚焦脱贫农户怎样在逆境冲击下不返贫,即如何生成可持续的生计弹性。这个弹性是巩固现有脱贫成效的关键。以国家首批脱贫摘帽县——兰考县的脱贫农户为研究对象,从资源接近能力、学习能力和自组织能力三个决定因素构建生计弹性生成的理论框架,并从动态绩效角度分析其生成机制,发现能融入本地专业村产业或集群产业的农户生计弹性较高,最容易稳定脱贫。

　　第三是农业产业集群与城乡融合，主要从集群、空间集聚和产业网络制度阐释了集群＝集聚＋网络、进而促进就地域镇化的机理，即产业集聚引起规模扩大，会引起加工业和服务业的就地兴起，即就地城镇化。产业网络衍生可分为横向衍生、纵向衍生和旁侧衍生，其衍生出同种类型的企业、互补企业和服务机构，即实现了产业链的延伸，通过空间融合、产业融合和要素融合等全要素的流动就可以实现城乡融合。我们主要从相互作用机制和农业集群案例来进行分析。第四是农业产业集群与县域经济转型发展，主要以鄢陵的花木产业集群为例。以需要理论和激励理论为基础，考察了不同层面参与主体的不同需要，以此为切入点来探讨典型区域县域经济转型发展的激励政策体系和机理体系。第五是对农村可持续转型发展进行探讨。如从宏观上对农业集聚的环境效应进行分析，发现环境效应具有门槛特征。从微观层面研究农户行为怎样对土壤的重金属污染产生影响，发现耕地细碎化程度对耕地土壤重金属污染具有正向影响。即细碎化程度越高，农田土壤重金属污染水平也越高。这一发现反映了土地适度规模经营的重要性。

　　针对上述一系列对接实践的研究，我们认为中国农业产业集聚尚存在以下几个问题。第一，我国目前真正推广的具有优势特色的农产品优势区，形成集聚的数量尚少，规模也较小。目前一村一品的专业村较多，但能升级成农业集群的较少，网络化水平不高；第二是产业链短，二、三产业发展不足，资源约束限制了产业链条在垂直方向的延伸。农产品加工业和农业总产值的比例仅为 2.3∶1，远低于发达国家 3.5∶1 的水平，农产品加工转化率为 67.5%，比发达国家低了近 18 个百分点；第三，传统农业居多，高附加值、高质量产品的农业集群较少。现在国家在推进农业供给侧改革，表明供给和需要尚不匹配，如高质量产品买不到，有机农业、有机产品还比较少见；第四是农户与农业企业的技术水平较低，由集聚创新形成创新极的较少；第五，品牌效应有待提升。建设这些优势农产品区域，创建农业产业集群，最终需要塑造本地品牌。

　　基于上述研究和问题提出培育对策。第一，要依托本地的资源优势，抓住一切机遇播下集群种子，确定本地的产业发展方向；第二，要吸引和扶持先导企业进入，即大力引进创新链的源头企业，创建本地产业环境和创新环境比优惠政策更加重要，一定要引入龙头企业，尤其是农业的大型龙头企业，并加速关键技术的本地传播，使其多衍生出一些实际参与本地产业的农户，切实培育新型农业经营主体；第三，要创建本地产业网络；最后要营造本地创新环境。农业创新体系包括创新主体、创新网络和创新环境，要营建本地的创新环境，才能更多地培育创新型主体，创建本地创新网络和全球—本地创新网络，形成完善的农业创新体系。

　　最后是我国农业产业集群研究应该注意的问题。首先土地、资本、技术、人才等资源要素对农业产业集群发展有很大的约束。现在很多地方已经没有农业集群进步发展所必需的农业和建设用地了，目前最大的任务是如何提高土地利用效率，集约整合利用土地。同时国家也出台了农村土地的三块地改革以及三权分置方案,促进土地流转,扩大规模经营,实行了一系列制度创新去改善土地约束条件。在资本方面,如兰考县的普惠金融针对小农户制定了一些政策以方便他们贷款。在技术方面,很多高端技术农户接受不了,知识差距较大。因此目前许多农村都在开展实用技术培训,通过培训提高农户的技术水平。人才是很多地方最头疼的问题。现在农村留下来的多是留守老人、儿童和妇女,青壮年多在外打工。如何促进外地务工人员和大学生回乡创业,促进外地资本到乡村创业是很重要的问题;第二是农户企业化的问题,即如何让传统农户转化为现代化的家庭农场,如何让合作社真正发挥作用,让集体经济组织在农业产业集群中发挥作用,有效配置农村土地资源和经济社会资源;第三是创新体系构建的问题,包括新型农业经营主体的培育、创新网络的构建、创新环境的营建,以及网络结构、尺度的演化机理问题;第四是农业产业集群的绿色化转型与可持续发展问题;最后是中国特色的农业产业集群理论如何构建的问题。以克鲁格曼为代表的新经济地理学者提出的收益递增模型中都将农业视作规模收益不变。事实上农业也是一种规模收益递增的行业,如何构建模型和模拟非常关键。不同类型主体和机构具有异质性。现在的新经济地理学试图把企业和机构的异质性纳入到模型当中,那如何把不同类型、不同规模、不同性质的企业和机构的异质性纳入到模型,然后进行理论构建还需要探讨。

我们现在的研究还很肤浅,理论的探讨一直在路上。敬请各位专家、老师批评指正,谢谢大家。

特邀专家点评

李二玲教授做了非常精彩的报告,我从几个方面进行评价。第一,选题的现实意义非常重大。十九大以后国家提出乡村振兴,第一位就是产业兴旺。但产业兴旺也要分层次,基础是农户经济,但要想获得更快、更大的发展,还需要通过产业集群和产业化龙头企业的发展带动整个产业的兴旺。李二玲教授以农业产业集群为研究对象,从理论、实践和政策建议方面做了非常清晰的梳理,对未来我们应该重点关注的问题也做了非常全面的分析。这个选题值得经济地理学界的同仁继续更加深入的研究。

第二,我觉得报告理论脉络清晰,集群创新特色鲜明。我原来也看过一些集群方面的理论,最早讲集群可能源于天文学,如星座就是一种集群;后来军事上也用到集群概念,如诸葛亮摆兵布阵打胜仗是集群;现代战争的坦克集群和火炮集群等;现在把集群理论应用到经济领域,特别是运用到农业经济领域,具有很强的创新价值。以前波特的影响较多,更多关注于硅谷电子信息产业集群,以及汽车制造、机械制造等产业集群,但对农业产业集群和其属性研究并不多。李教授的报告综合了演化经济地理学、农村经济学、社会网络分析理论,对中国产业集群的特点和发展的四个阶段,以及终极是一种集群化创新极做了很好的分析。

第三,报告根植性很强,接地气,对地方农村经济的发展具有非常重要的参考价值。我有一个学生是企业家,在做宜昌的茶旅和小镇文化融合,他听了后很受启发,说对未来工作有非常重要的借鉴意义。报告中讲到兰考民族乐器、山东寿光的蔬菜基地以及鄢陵的花木集群等案例,对中国的农业产业集群做了很好的分析。这些案例和政策分析对我们今后的农业产业发展有重要指导意义。

第四,报告具有国际视野,展示了中国农业产业集群、农业产业发展和世界农业发展接轨的非常重要的成果。现在经常说中国在世界经济中原来是跟跑,后为并跑,再到领跑,目前中国可能在这方面已经有了一定创新。最近几年我在泰国北部等地参观了一些产业集群,他们在农业产业集群交易方面做了很多工作,并建立了一个农业产业集群产品集中交易的平台。日本和美国等也有一些有启示的案例。这些案例对中国农业产业集群和世界接轨具有非常重要的意义。

借此机会我也想提两个方面的想法,未来中国农业产业集群理论研究和实践发展中有几个问题仍需关注。第一是后疫情时期农业产业集群如何可持续发展,这次疫情湖北最严重,对农业产业集群的负面效应也非常明显。如潜江小龙虾,包括潜江周边以及河南省潢川、信阳等地,本来产量很大,但因为疫情影响销路不畅,出现了增产不增收等后续发展的问题。因此需要在集群风险应对方面做一些研究。第二是目前在中美贸易战,特别是科技脱钩、经济脱钩的背景下,农业产业集群如何发展。实际上我国有一些产业集群依赖于出口,如湖北小龙虾出口占比非常高,宜昌蜜桔也大量做成罐头出口到西方发达国家。在今后经济脱钩、逆全球化的背景之下,上述产业会不会受到这方面的影响,也需从集群产业链的角度进行分析。第三是如何在实践方面继续创新,并通过集成的方式把农业产业集群的一些新实践、新发展在理论上进行解读。湖北很多农业产业集群在实践发展中颇具多元化、个性化和特色化,但在理论方面并未完全跟进。在这方面地理学界的同仁需要更努力地去做更多的研究。

问题交流

主持人:感谢李教授的报告和罗院长的点评,促进我国农业的高质量发展是实现全面建设小康的重要手段和内容。目前评论区已经有一些问题。福建师范大学任传堂老师提问:李老师您好,我有意向进行农业产业集群与农业迅速扩散关系的研究,但具体想法还不是很清晰,大致感觉农业产业集群和农业技术扩散紧密关联,农业产业集群实际上是农业技术扩散的过程。目前对农业扩散的研究较多,主要以西北大学李同昇教授为代表,而农业产业集群主要以李小建教授为代表,不知道您对农业产业集群和农业技术扩散的关系有什么看法?能否发表相关意见或给点启发?另外,看您调查寿光和鄢陵花木发表了很多篇论文,请您分享一下调研经验。

李二玲:感谢罗老师的点评和鼓励,也非常感谢任老师的提问。这问题很好,首先我认同农业产业集群和农业技术扩散有很紧密的关联。农业技术的扩散是农业产业集群形成和发展的基础和关键要素。农业技术扩散中,技术从哪来,怎么扩散,农户怎么采纳才能使技术得到传播。其实在创新研究中,知识分为法典知识和隐含知识,法典知识往往来源于研发部门正式的创新。在研究中发现,现在研发部门的创新有时与农户对创新的需求是脱节的,这时如何达成技术扩散呢?也就是从匹配来讲,如何让它不脱节?所以想让农业技术很好地扩散,首先要让农业创新和农户需求对接。对于隐含知识,农业其实是一个隐含知识非常丰富的产业。老农家农业种植、嫁接和栽剪等实践技术非常强,但这种创新很多被忽略了。因此,我认为农业产业集群的形成可以是先导农户有了一个技术之后,很快速地通过地理邻近性传播到周围的农户,这也是一个技术扩散的过程。

我调查的案例并不多,但主要是针对几个案例不断地跟踪调查,有的一年去一次,有的隔年去一次,与当地如寿光、潍坊科技学院的老师和地方政府部门建立了很好的联系,通过跟踪调查深入地一对一、面对面交流来获取机制方面的信息。其实农户调查比企业调查相对容易,因为农户很尊重科研人员,聊天时候很容易打开话匣子,深入地说一些东西。所以调研时,我们对农户基本都是一对一、面对面地交流,没有采取发放问卷的形式。针对技术扩散问题,因为要研究创新和创新网络,就追踪了创新技术和知识怎么流动、从何处产生、从何处扩散、从何处流走,通道如何建立,技术网络、合作网络和衍生网络之间是怎样的关系。虽然农村调查相对容易,但也是一个非常辛苦和有技巧的事情,我们也在不断积累调研技巧,其中最重要的是要跟踪调查,要与农户建立信任感才能获取真实想法。

主持人:关于农业科技创新,您刚才也讲农业的知识扩散促进了集群形成。但对未来而言,农业科技创新在产业集群中还会发挥怎样的作用?另外,所谓的科技创新只是在农业方面吗?毕竟农业产业集群把一、二、三产融合在一起,从农业生产、产品种植到农产品的加工,再到最后的销售服务都融合在一起,这里的科技创新不仅是农业部分的科技创新吧?

李二玲:农业科技创新在农业产业集群中发挥着巨大作用。没有创新,集群不可以持续发展。现在研究农业的绿色化转型,农业的绿色技术是最关心的一个话题。农业绿色技术包含内容很多,如配方、病虫害和污染修复等。绿色技术包含很多层面,所以也有很多创新。刚才提到突破性的创新主要还是由研发机构和大学等正式研发部门创造出来,可以说是整个农业产业集群的创新来源或知识来源。产业集群领域有"技术守门人"的概念,如何把外边的技术通过技术守门人输入到农业产业集群里,让技术在集群内部扩散,再让本地的农户采纳是我关注的一个问题。绿色技术对于农户来说是一个非常高大上且难以直接转化成个人知识的技术，如何把这种高大上的绿色技术通过技术集成转换成农户可接受、可直接采纳的技术知识，也是一个非常关键的问题。至于一、二、三产业的技术，以绿色农业为例，其实是农业产业链的绿色化之后才能最后得到绿色农产品。现在国际上一些研究还在关注有机农业是否可持续的问题。因为有机农业不上化肥和农药的话，产量受到影响。也有一些学者从经济成本、环境成本、经济和环境收益的角度探讨有机农业究竟是否可持续，或者应占有多大比例。有机是从土壤到种子都不能打药，从加工、冷链销售到最后的废物重新利用整个链条的绿色化才能叫绿色。所以刚才提到农业的科技技术只是技术创新的一部分内容。

主持人：王姣娥老师提问：农业产业集群或集聚是否有一个适合的空间尺度？空间尺度越小是否专业化程度越高，越容易形成产业集群，还是反之？因为专业化会产生规模效应。另外多样化会形成较好的抗风险能力，所以专业化和多样化的空间尺度界限如何来考虑？

李二玲：这个问题非常好，也是我不断地在关注和思考的一个问题。首先关于空间尺度，我们选择的案例是在县域尺度，即我们认为农业产业集群的空间范围多在县域内，这也和2019年中央"一号文件"中尽可能把产业链留在县域的提法相一致。《全国乡村产业发展规划》也体现了很好的空间尺度性，即空间层次性。如提到一村一品，专业村的产村融合，到农业产业强镇的产镇融合，到一县一业，然后建设现代农业园区，再到省域尺度把集群做成链条（产业链集群），最终实现全国层面的农业集群体系。所以从专业村做一村一品，做专业镇，做农业强镇，也是乡村振兴推出的重要内容。我不建议一县一业，而是一县要少业，也就是说2个、3个、4个，小而全啥都做不好。建议挑选一个比较适合本地发展的特色产业做大做强，按集群的理念培育农业产业集群，先做出品牌来。集群有自增强机制和创新机制，不创新就活不了，企业主体每天都在思考怎样超过竞争对手。所以，在专业化的长期技术学习和思考下，肯定是熟能生巧、干中学习，能达到越来越高端的技术。现在很多农户企业家都是农户演变过来的，整天思考创新，拆解和解读别人的技术，把行业的秘密拆开并加以模仿。今后中国农业必然是大宗农业和精细化农业并存，大宗农业指的是粮食机械化经营、规模经营以降低成本。如现在很多进口大豆到岸价格比国内成本价都低，本地无从做起。而国内粮食三量齐增，库存、进口、产量都增，为什么呢？因为很多产品生产成本太高。结构方面，国家在产品结构供需脱节之后及时提出进行农业供给侧改革，是非常好的举措。精细化指的是发展工匠型农业，进行精细化管理，如通过花卉的栽培和裁剪把手工审美文化融进去，才能提高附加价值，同时也能吸纳农业剩余劳动力。现在城市产业还吸纳不了这么多剩余劳动力，就需要通过农村就地城镇化吸纳农业剩余劳动力。农业精细化发展也是吸引就业的源头之一。

第二，专业化程度多大为好？我认为要适度规模经营。制度经济学中企业规模的确定，根据科斯定理取决于在企业外部组织交易和在企业内部组织安排生产的成本比较。如果从外边进货成本低则就外包或贸易,内部生产成本低则就内部生产,两者达到平衡时边界就定下了。农业产业集群也一样,如果规模再扩大,一旦生产能力和管理能力跟不上,管理规模越大导致成本越来越高,就会促进功能分化;如果能力强再加上机械化,空间范围会更大一些。我认为这是一个适度规模经营的问题。

刚才也提到规模扩大会产生专业化,我的硕士论文曾探讨过这个问题。规模经济和专业化经济其实既冲突又互相转化。规模高了形成规模经济后,管理成本必然上升。但规模扩大才能产生专业化,只有规模扩大了,农业农药公司、种子公司等企业才能迈过门槛成立,才能使得专业化更细化。但专业化高了或细分太多势必增加交易成本,所以内部规模扩大引起的协调成本和外部交易成本如何平衡和匹配,就如科斯定理一样是决定规模大小的关键。

主持人:也就是说实际上在集群演化的过程中专业化与规模化在不断演化,可能在某个阶段会逐渐地分化出很多专业部门,但到了一定规模后地方产业集群形成的网络无法控制专业化部门时,就可能会进行企业兼并或者集群的分化。

李二玲:是的。细分的行业或新产业部门成立后,一开始规模肯定很小,但是逐渐在干中学的过程中会扩大规模,没有扩大的可能被兼并,这样就形成了龙头企业、中企业、小企业并存的企业规模结构体系。我认为这个结构正是农业产业集群的一个合理结构,并形成县、镇、乡、村这样一个有序的空间等级体系。"县域少业"也是在资源有限的情况下要做大做强,由于存在资源约束,肯定不能大面积撒网,做到有所为有所不为。我觉得与这个问题是相互契合的。

主持人:好的,谢谢李老师。下一个问题:根据分享,您研究产业集群有 20 多年,那么您认为农业产业集群发展的最终归宿是什么,是创新、可持续还是其他?

李二玲:其实农业产业集群乃至产业集群是一个产业,甚至区域经济发展的基础,乡村振兴五大方面都可以说是产业兴旺带来的。所以想让产业不衰退或者区域不萧条,产业是一定要创新且可持续地发展。有很多专业村昙花一现,逐渐消失了。不能跟进市场、不能及时对产品进行创新、原来的创新不再流行而又没有更好的产品接上等都是其消失的原因。我认为农业产业集群最终一定要创新可持续或者可持续创新才能有好的归宿。

主持人:您在研究农业产业集群中发现农业、工业、商业产业集群的本质性区别是什么?

李二玲:现在国家一直在提倡要用工业化的思路去发展农业,也就是一、二、三产业融合发展,而农业产业集群恰巧就是一、二、三产业融合的产物和载体,包含了种植业、加工业和服务业。农业又是一个很庞大的产业,所以相对而言农业比工业或制造业产业集群产业链更长。当然,现在的制造业集群也去追溯原材料和生产性服务业。这就是集群的本质——

拥有很多产业链。很多产业链形成了集群内部网络或者集群外部网络。而服务业集群不一样，它是以服务业为主，如广告专业村等文化创意产业形成的集群。当然，每一个集群有本质内容，区别只是在于发展阶段不同。农业产业集群可能一开始加工业非常少，基本上是种植业集聚。只有每个农户变成农业企业，尽管各自都是独立的利益单元，但之间又有很多合作网络譬如创新网络，就形成了集群。现在处于农业集聚阶段和专业村阶段的网络相对较少。集群不同发展阶段侧重点不同，表现方式和特征也不同。如国际上的葡萄酒产业集群很多都侧重于加工业，即葡萄酒酿酒企业而非葡萄种植企业。我认为这与发展阶段有关。

主持人：国科大的学生提问，集群主要包括空间集聚和产业网络，网络成分具体是怎么构成的？包括哪些内容？农村产业集群与周边城市的关系是什么，如何来看待这种关系？

李二玲：刚才说集群等于集聚加网络，其中集聚就是企业、农户、机构等经营主体的集聚，即点的集聚。而网络是指点之间的联系。根据联系内容可以界定为不同的网络，如衍生网络、咨询网络等，但一定是行为主体之间的网络。所以具体成分是不同的点和联系网络。产业集群的几大行为主体，如农户、企业、科研机构、大学、行业协会等中介机构、技术中心、标准制定中心和政府等都是网络中的行为主体，他们之间的紧密联系共同围绕着一个产业，有共同目的和共同任务，形成了一个紧密的网络。此外还有农村产业经济与周边城市的联系网络，但不只是农村与城市的联系。迈克尔·波特教授界定集群没有提空间边界，其原因之一是以欧洲国家层面为案例，集群边界是由他们之间联系来决定的，也就是说联系到哪集群的边界就到哪。正是因为空间范围的不确定造成有很长一段时间产业集群的概念混乱。所以目前研究中我们界定农村产业集群网络首先是本地产业网络，其次是本地和外部的网络。我们去看"守门人"是谁，谁是比较关键的节点。如果和外边的城市有联系，则要分析联系走到哪一步，或其如何与全球价值链和生产网络对接。我们没有单独研究国外网络，而是以研究对象为核心研究其向外发射出来的网络。

主持人：北师大姚飞老师提问：第一，农业产业集群现在都是在县域层面上，形成一县一品，那么乡村创新极与县域层面上农业产业集群的空间载体是什么关系，是否就是创新空间的概念。第二是您提出农业产业集群的可持续发展，未来对于农业产业集群的弹性和韧性的研究应该关注哪些方面？应该抵抗自然约束性还是提高本身产品的价值链？

李二玲：好，谢谢姚飞。我当时给乡村创新极的定义是：比周围地区有更密集和更频繁的创新，并能带动周围地区产生模仿和创新，集聚更大范围创新资源的集聚性强的创新性区域。为什么如此界定呢？我认为像增长极一样，创新在空间上是不平衡的。创新往往更多地集聚在刚才两个案例提到的创新源和创新池中，这个地方如发射器一样带动周围农户去模仿和创新，形成一个创新极。如果整个县域形成了很好的创新氛围，也就形成了一种创新文化，那么空间里的主体都会积极创新并开发新的路径，县域也可以形成一个乡村创新极。

如果说在县域层面形成了创新的核心外围结构,那么其核心很有可能就是一个创新极。如兰考徐场村是最集聚的地方,也是创新来源最多的地方,它就是当地的一个创新极,并没有形成全县的模式。

关于可持续发展弹性。集群弹性我没有专门研究过。弹性即外来冲击下如何反弹,如何把冲击的负面效应降到最低,同时以更大的力量反弹回去。外来冲击主要如农业自然灾害、新冠疫情以及中美贸易冲突等突发事件。针对集群,我个人认为目前区域化趋势在加强,也就是从全球化的角度来看,区域化的趋势更强,本地要构建全产业链才能更有弹性地应对这种突发事件,才不会使价值链和供应链中断,才能提高抵抗市场风险的能力。习总书记到河南考察时讲到发展粮食产业的时候,提到"三链同构",即产业链、供应链和价值链。其实"三链同构"不只可以用在粮食产业集群上,所有的集群都可以用,是一个能应对外部冲击提高抵抗风险能力的策略。

主持人:谢谢李老师。2020 年的新冠疫情对产业链产生显著影响,产业链越长、越复杂,产业集群的稳定性和韧性会越强。如潜江小龙虾卖不出去,就可以加工成小龙虾半成品出售。产品一旦多样,产业集群活力也会更强。接下来两个问题,问的实际上是两类主体:一类是知识密集型主体,比如农业科技研发经营人等,另一类是农村合作社,也就是金融主体。这两类主体如何嵌入到农业产业集群的创新网络,或在网络中发挥了怎样的作用,如何来促进产业集群的形成和升级?

李二玲:好,这也是很好的问题。知识密集型的服务业其实是产、学、研的结合。像刚才说到的创新极等,很多知识密集型企业,或者研发机构都在当地设分支机构,如李同昇老师研究的杨凌农业高新技术园区,里边有很多专家。目前好的农业产业集群都嵌入了知识密集型服务业,否则创新很受限制。产、学、研结合是非常重要的。一个地方产业发展好了,金融机构自然找上门来。由于农业的资本是逐利的,也会很深地嵌入到创新网络当中。另外像一些政策,比如兰考的普惠金融对农户、小农户办理贷款优惠,这一块也有政府参与。又如现在的绿色金融投入到绿色农业也是对环境保护的　个回应。这种政策性导向和个体逐利,使得知识密集型的服务业深深嵌入到农业产业集群的创新网络当中,并且发挥了很重要的作用。正如之前所讲,企业做大了,金融部门就过去了。企业要扩大再生产,集群的很多公共基础设施,尤其是知识型的基础设施,都会采用各种合作模式来促进集群升级。

主持人:如何看待人口城镇化与农村产业集群之间的关系,一些新城区建设采取房产福利方式使农民离开土地进入城市,农民都到城市了,农村产业集群如何发展?

李二玲:这也是个非常好的问题。刚才提到我国农业一定是大宗农业和精细化农业并存。除了就地城镇化,也有一部分人口因为房产福利进了新城,另一部分人去从事高附加值的农业。我觉得以后农村人口会经历一个重构过程,即剩余劳动力越来越少且都会找到自己的生态位。所以人口城镇化和农村产业集群化正好是乡村重构的一个过程。现在很多人在城市找到了工作,剩下正好有小部分种植能手通过土地流转承包,才能扩大规模和规模化经营。正是由于工匠型农业的存在,才能吸引当地人去从事高附加值农业。同时农民富裕才会追求文化生活等城市化的生活方式,就地城镇化去建一些城市性的基础设施,提高本地城市化水平。所以农业产业集群能带来工业化和城市化,这都是集群的区域效应延伸出来的,二者并不矛盾。正好中国现在是一个重构的时期,很多研究话题都非常有意思,中国也提供了很好的实验场和研究素材。

主持人: 这就是您刚才所提到农业产业集群促进了农村城乡融合,一部分人口进入城镇,然后出现城乡融合。接下来是王姣娥老师的问题:快速交通网络的构建对农业产业集群构建会有什么样的影响? 是否有具体案例?

李二玲: 目前还没有发现有专门从快速交通视角来研究农业产业集群的,这也是一个很好的话题。快速交通缩短了时空距离,那么农业产业集群的很多产品包括生鲜产品,恰恰需要这种时空压缩效应。所以我认为快速交通对农业产业集群的形成起促进作用,它扩大了农产品的市场范围。需求规模扩大,必然带来生产规模扩大,生产规模扩大就促进了专业化的细化,并促进产业集群的发展和构建。

主持人: 交通网络建设相当于便利了产业集群的联系通道和联系速度。

李二玲: 是的。

主持人: 接下来有两个问题。第一个是相对于中国这样的发展中国家,培育农业产业集群的目标有哪些? 是不是也有经济、民生、战略、生态资源等目标? 最核心的是通过集群来解决哪些问题? 第二,创新的作用是什么? 因为集群主要通过区位优势和网络联系,而农业受自然条件影响较大,农业产业集群的创新主要在哪些方面? 是对农业的创新,还是对集群的创新,可能需要更明确地定义一下。

李二玲: 我觉得培育农业产业集群其实是多目标的,农业具有多功能性,所以目标其实也很多。农业以前是以生产为主要目标的,叫生产主义农业。当时英国很多学者还存在很多争论。后生产主义指的是农业具有多功能性,不单单是生产功能,还有生态功能、休闲功能和环境目标等。产业集群的经济目标就更不用说了,乡村振兴五大要求都能满足,如提高农民收入,产业兴旺后一系列的区域效应都显示出来。农业本身还有生态功能,此外培育农业产业集群能产生城市化和生产效应,也就是致富效应,从而乡村振兴的生态目标、生产目标和致富目标都能实现。我认为构建农业产业集群最主要的还是产业兴旺,要解决农业如何现代化发展的问题。

创新在扮演什么角色? 如果没有创新,农业产业集群也会昙花一现。不光是农业产业集群,所有产业集群如果离开创新就不可持续。现在流行的产品也是有生命周期的,当产品到生命周期末端的时候,如果没有新的产品取而代之,这个产业就衰落了。农业产业集群的创新既包括来自实验室农业技术的创新,还包括农户种植出的农产品创新、集群中的组织创新、制度创新和管理创新等等。

主持人:这正好和方远平老师的问题结合起来了。对工业产品而言,工业可以标准化,所以它是有产品周期的,但是对农业来说不一定。因为很多具有地理标志意义的农产品会形成标志性的农产品集群,农业品牌如山西的沁州黄就一直好,好了一千年,这个产品就不会有周期。这种农业产品周期的创新不是在农产品本身,更多是在后续包装或后续的商业服务方面。另外结合方老师的问题,对于具有地理标志意义、历史悠久比较长的农产品来说,这些地方的农业集群建构、历史文化积累、社会资本的作用是怎样,您是否考虑过?

李二玲:这个我没有做过深入的研究,但寿光正是因为有蔬菜种植的历史,它所流传下来的农业技术在本地有很深的祖传原因。当时问卷中问到技术来源,很多人答祖传,所以我觉得这种文化是植根于农业产业集群形成过程当中的。刚才您提到当地因为有某种特殊的资源而形成了地理标志性的农产品,这也是农业产业集群更具有地域根植性、更加依赖自然资源的原因。地区的光热水土条件组合都能形成地方特色,这是别的地方无法复制的。但现在也可以进行创新。如果该地方形成品牌,那集群里的行为主体就会整天挖空心思去创新。创新也会体现在包装方面,比如花卉栽剪、造型、修剪、嫁接等,或以农业长期积累的经验去创造一些新的品种。只要是依托地方水土资源的产品肯定还具有原来农产品的特征,但又增加了它的可观赏性和附加价值。所以我觉得还是有创新的空间。

主持人:您是否关注过不同形成机制的农业产业集群,比如外资驱动型和本地演化形成集群的不同,由此延伸出创新网络的差异。

李二玲:这也是非常好的问题。其实与产业集群一样,内地很多都是自发形成的草根模式,当然也有政府推动型的,如现在国家在大力创建的优势特色农业产业集群。现在很多名词与集群网络很契合,如创建产业化联合体其实就是龙头企业＋农户,＋合作社等,是一个产业链条,多个产业化联合体就形成了多个产业链条和网络。刚才提到外资拉动型,譬如韦素琼老师一直研究的台资在福建形成的茶产业集群。我个人认为和制造业集群网络类似,即外资企业如果不能融入到本地网络当中,那其实就是本地产业的一个飞地,相当于松脚型企业;如果发展不好的话,对当地的影响是负面的。所以承接外资需要努力让外资企业融入到产业链当中,这样才会对本地区域经济的发展有正向推动作用。

主持人:谢谢。最后一个问题:农业品牌是否出现品牌空心化? 产业集群是不是跟农业品牌有关?

李二玲:这个问题我认为是存在的。正如刚才所述,一开始本地资源和自然条件能形成本地特色和一些本地品牌,但在后期发展演化过程中,如果产品做得不够好、创新跟不上或达不到一个品牌应有的水平,有可能会形成空心化。不知道我对空心化理解的对不对,其实品牌本身是无形资产,那么本地怎样充分利用品牌或把品牌做大做强,而不是一个空头支票或无形资产,肯定要花费很大的力气或努力朝这个目标发展。我想到一个案例,就是兰考南马庄生产的大米,以前有一个北师大的老师在兰考挂职,把兰考大米拿到北京去卖,形成品牌。南马庄大米其实已经形成品牌了,但后期因为黄河水资源短缺使得当地大米供不应求,出现了产业萎缩。对一个乡镇来说,去保护品牌的可持续性非常重要。

主持人:是的。产业集群对品牌维护、甚至发扬光大能起到很重要的作用。如果没有后续生产,只是前期农业种植而缺乏后期销售和技术创新,品牌很快就会萎缩。

主任总结

感谢李二玲教授和罗静教授。首先,今天从李教授的报告中有三点体会值得学习:第一是长期跟踪一类地理现象可以总结出一系列的规律,由此确定自己的学术方向;第二是持续地对研究地点进行考察;第三是用理论来解释实践。这些在研究层面上值得我们学习。

其次,李教授提了很多好的概念值得深入研究,也与现实情况有机结合。每年国家都会发布关于农业农村问题的"中央一号文件",表明国家对三农问题的关注,很多学者也在研究乡村振兴的集群模式。虽然从全国看工业化和城镇化是主导模式,但中国毕竟是一个农业大国,有很多历史悠久的农业模式和农业技术。新时期我们要用科学的眼光看待乡村振兴的动力和农村产业重构与产业类型的选择,并对之以经济学、效率、社会可持续发展与人类关系加以解释,是非常有意义的。此外乡村振兴的集群模式还涉及到未来产业重构,其中的可持续性也非常有意义,值得大家研究。

然后,在思考"五化"过程中,尤其是新型城镇化和工业化作为主导方式的前提下,如何挖掘我国农村与农业的可持续性模式、质量和机制是非常重要的。支撑保障国家粮食安全和社会稳定的黄淮海平原地区,是我们永远不能放弃的科研基地,需要科学总结一些成功的经验和模式。

最后,随着国家生活水平的提高和城镇化推进,居民社会结构和空间结构调整逐步趋于稳定时,农村的再重构是值得研究的话题。一是形态上的重构,二是可持续的动力。如果农村没有人了,再高大上的东西也不可持续。能吸引人的,一是环境,二是产业上要有动力,这非常值得从国家需求和科学探索层面进行研究。希望年轻人即使生活在城市也要关注农村和农业的发展,这关系到我国的可持续发展。

空间经济学框架与区域经济学

报告人：

安虎森，东北师范大学特聘教授，博士生导师。曾在美国匹兹堡大学、日本一桥大学学习。主要研究方向为空间经济学、区域经济学。目前为全国经济地理研究会副理事长，中国区域科学协会副理事长，环渤海研究会副理事长，国家马克思主义理论研究和建设工程首席专家。

点评嘉宾：

石敏俊，浙江大学求是特聘教授，博士生导师。浙江大学雄安发展中心主任，浙江大学城市发展与管理系主任，中国区域科学协会副理事长，中国区域科学协会区域可持续发展专业委员会主任，中国自然资源学会常务理事，资源经济研究专业委员会主任，中国投入产出学会常务理事，全国经济地理研究会常务理事，中国环境科学学会环境经济学分会副主任。

主持人：马丽副研究员

主旨报告

各位老师，各位同学们，今天主要谈六个方面的内容。第一个简单介绍一下空间经济学的分支学科，其主要研究内容，如空间经济学基本均衡等。第二个问题重点讨论导致区际不平衡的主要的作用力问题。第三个是如何解释区际差距的问题，此部分主要围绕两个区域进行讨论。第四是在多区域框架下解释区际差距的问题。第五是总结，从总体上如何对区域差异的基本解释问题，第六是交通运输业对区域经济的影响问题。

首先，空间经济学的主要分支学科。空间经济学研究主要研究财富和人口的空间分布不均衡现象，主要任务是揭示经济活动空间集聚和空间分散的经济基础或者经济机理。一般来讲，空间经济学就是把区位，交通运输和土地融入到经济学当中，这是区别于主流经济学其他学科的主要特点，它主要解释如下问题：为什么经济活动空间分布不均衡？运输成本的持续下降，是否意味着距离和区位对经济活动的影响逐渐消失了？为什么在许多国家都存在区际差异？为什么厂商会选择劳动力和土地价格都较高的区位？以区域交通运输建设为中心的基础设施建设，是否有利于提高区域的公平？城市为什么存在且为什么存在规模和专业化方面的差异？为什么大城市劳动力的工资水平和居住成本都比小城市高？城市当中劳动力是不是按技能分类的？公路收费能否解决交通拥堵的问题，它是解决交通拥堵的合理措施吗？空间经济学必须要对这些问题给予回答，或者是至少要解释一下其基本原理。

空间经济学可以分成三个分支学科：区域经济学、城市经济学和交通运输经济学。区域经济学主要关注商品和生产要素的区际转移，主要是从规模效益递增和不完全竞争的角度，对商品和生产要素的区际转移进行分析。市场价格不能反映出个人决策的社会影响。一些厂商进入某一个市场或从某一个市场退出，都是单个厂商的决策，但对市场价格有很大影响，但市场价格常常没有反映出这些个人决策的社会影响。因此，必须通过赋予某种外部性来反映价格的变化，因此货币外部性在区域经济学中显得非常重要。货币外部性来源于贸易活动，它通过计算收益变动很容易进行量化，因而可以用货币形式来进行度量，因而也称之为货币外部性。在研究区域经济问题时，这种货币外部性主要来源于投入产出联系、劳动力技能提升、技术进步。但是到目前为止，区域经济学仍然忽略了土地要素。所以区域经济学一般被认为是不包含土地的空间经济学。区域经济学所关注的商品主要是可贸易的商品，仍保留传统贸易理论一些框架。正因为如此，藤田、克鲁格曼等学者把国际贸易也放入到空间经济学范畴。

城市经济学主要关注城市形成、城市空间结构和城市社会结构问题。土地利用是城市运营的关键，城市经济学是有关土地利用的空间经济学。有关厂商区位、居住区位选择与土地租金之间关系研究，成了城市经济学研究的主轴。城市经济学主要关注通过市场规模效应和知识溢出效应而显示技术外部性。技术外部性是由企业间邻近性所导致的一种外部性，不同于货币外部性，技术外部性难进行量化和模型化。它主要源于共享、匹配、学习的聚集经济。城市专业化部门和城市规模不同，城市居民收入水平和维持城市现有规模所需成本也就不同，因而就出现不同的城市体系，也就是形成不同的城市群。

交通运输经济学同时涉及到区域经济学和城市经济学，但是有区别的。从区域角度考虑，交通运输经济主要研究国际区际商品的运输以及乘客运输问题；从城市角度考虑，则主要研究各种交通运输方式的通勤问题。

现在转入区域经济学，首先讨论一下导致区域不平衡的作用力。区域经济学，主要研究商品和各种生产要素的区际转移问题，这直接影响区域经济发展和人们的福利水平。而运输成本或者是贸易成本的变化又直接影响生产要素和消费者的区位选择。如果不同区域的生产函数都相同，在新古典经济学框架（规模收益不变和完全竞争框架）内，资本将从资本丰富且而回报率较低的区域转移到资本稀缺而回报率较高区域。当消费品价格在各个地区都相同时,资本和劳动力的边际生产率以及均衡时的劳动力工资水平和资本回报率在各个地区都相同,此时区际实现了资本劳动比的均等化。然而,现实离这种柏拉图式的理想世界还很远。为了解决这些问题,克鲁格曼提出了核心边缘模型。

讨论导致区际不平衡的作用力时,首先要考虑本地市场效应。本地市场效应是克鲁格曼核心边缘模型中是最重要的效应。核心边缘模型包括三种效应:本地市场效应,生活成本效应和市场拥挤效应。前两者是促使要素向一个地区集中的集聚力,后一种则是使要素相对扩散的分散力。首先讨论市场规模比较大的区域的吸引力。假设有 A、B 两个区域以及包含 K 单位资本和 L 单位劳动力的经济体。每个劳动力都拥有一单位劳动力和 K/L 单位的资本,劳动力在区域之间不能转移,区域 A 的人口份额为 θ;资本在区域之间可以转移,而投资在区域 A 的基本份额 λ 是内生决定的;劳动力市场完善,且是一个本地化的市场。

在这种情况下,厂商的区际分布受到两种作用力的影响:聚集力主要来源于厂商尽可能接近市场的行为,因为厂商可以享受规模经济并节省运输成本;分散力主要来源于厂商尽可能远离竞争对手的行为。这种空间接近,给空间经济学带来了新的均衡条件,因为此时的基本均衡变为邻近性与竞争性之间的均衡。资本所有者通过投资影响某区域的区内竞争强度,这使得市场准入容易或者更难一些,进而影响厂商的利润水平。资本所有者的投资决策,以及他们的收入水平又影响需求的空间分布,这又影响到厂商区位。如果两个区域的资本收益率相等,那么资本转移处于均衡状态。当资本转移处于均衡状态时,市场规模较大区域拥有较大的产业份额,因为市场规模较大区域的消费者规模较大,因而需求规模也较大。这种市场规模较大区域的大批量生产,又可以降低单位产出的生产成本。市场规模较大的区域,因其市场规模优势,吸引了大量的厂商,初始的市场规模优势进一步得到加强,资本从资本稀缺区域转移到资本丰富的地区,这种效应称为本地市场效应(HME)。

其次,区际运输成本如何影响本地市场效应? 当区际运输成本下降时,许多厂商将选择市场规模比较大的区域,因为运输成本下降有利于市场规模较大区域向市场规模较小区域输出更多产品。运输成本下降同时减弱了规模较小区域厂商竞争强度较低的优势。这两种影响导致更多厂商聚集在市场规模较大区域,这意味着规模较小区域成了有利于规模较大区域经济发展的非工业化区域。因此本地市场效应可能对区域交通政策带来意想不到的潜在影响,即新的交通基础设施的建设将降低双向的运输成本,这有利于厂商离开市场规模较小区域向市场规模较大的地区转移。

可以说本地市场效应解释了市场规模较大区域吸引厂商的原因,但这种效应未能解释某些市场规模为什么比其他市场规模大的原因。这个问题可以从两个角度去解释,一是劳动力从一个地区转移到另一个地区,导致了一些区域的市场规模比其他区域的市场规模大,第二,每个区域内部的经济结构本身决定了区域能够承担多少厂商的问题。如果内部结构决定无法承载更多的厂商,那么尽管发生了有利于该区域的变化,但也无法扩大它的市场规模。

接着讨论一下核心边缘结构。在核心边缘模型中,劳动力可以在区域间自由转移而资本不能转移。资本转移和劳动力转移的结果是不一样的。资本转移和劳动力转移的结果是不一样的。劳动力在其居住地方从事生产活动和消费活动,因此劳动力的区际转移导致了生产和消费的区际转移,这改变了劳动力迁出区和迁入区的劳动力和产品市场的相对规模。如果一个区域市场规模比较大,且劳动力可以转移,那么根据本地市场效应,该区域能够承载较大份额的厂商,会提高该区域的名义工资水平,这是市场接近效应。一个地区的市场规模较大,就意味着该地区的厂商份额较大,该地区生产的商品种类比较多。市场规模较小,意味着厂商数量较少,本地生产的产品种类就较少。我们假设消费者是多样化偏好的,在满足消费者需求的前提下,市场规模较大地区的本地生产产品种类多,从外地输入的产品类别就较少。反过来,市场规模较小的地区,本地生产的产品种类就较少,从外地输入的商品种类就较多。每种商品输入都要支付运输成本,因此输入的商品越多,支付的运输成本越高,产品的价格就越来越高。因此,本地市场规模较大、本地生产产品种类较多的地区,相对于市场规模较小的地区而言,价格水平较低,实际收入水平较高,这就是生活成本效应。由此,地区的实际收入水平较高就吸引更多的工业劳动力向该区域集聚,市场接近效应和生活成本效应相结合就形成了一个循环累积过程,促使厂商和工业劳动力聚集在某一区域形成核心区,另一个区就成了边缘区。

在此过程中,交通运输起什么作用? 一方面如果运输成本很高,那么区际商品运输相当困难,这强化了分散力,将出现经济活动的分散化趋势。这种情况下,厂商更多地关注本地市场而很少关注外部的市场。为什么? 尽管外地市场需求很大,但运输成本很大,运输多少损失多少。所以这种情况他们只能更多地关注本地市场。另一方面,如果运输成本很低,那么厂商将聚集在核心区,因为市场规模较大区域的商品需求量很大,同时也可以向市场规模较小的区域提供商品,通过这种方式,厂商可以享受规模收益递增带来的好处。

从核心边缘模型中可以得出一个很重要的结论:如果劳动力是可以转移的,且运输成本足够低,制造业部门将集聚在某一个地区,否则将均匀分布在两个区域。核心边缘模型也给我们重要的启示,在规模收益递增情况下,如果降低运输成本,一些地区通过扩大自身市场规模的方式,可以建立起自身的比较优势。这是一个很重要的结论,它涉及到如何扩大自身市场规模的问题。市场规模一般而言取决于劳动力,人口越多消费就越多;第二个是人均收入水平,这是决定的因素;第三个就是更加丰富的基础设施投资。如果这三者得到满足,就可以扩大一个地区的市场规模。一旦它可以扩大自身的市场规模,自然就能建立自身的比较优势。

但是核心边缘模型也存在一些缺陷。首先,核心边缘模型阐述了产业集聚的基本原理,但没有预测出产业聚集在何处的问题。当运输成本很低时,制造业部门将聚集在区域 A 还是在区域 B? 处理这些问题的基本方法是赋予某一区域比较优势。例如,区域 A 的人口数量足够多,自然而然输出就较多从而形成比较优势。此时不管运输成本如何,就存在唯一的一种均衡,即所有的厂商都集中在区域 A。这就揭示了市场如何向具有比较优势的地区倾斜的基本原理。尽管一些地区的规模优势较弱,但核心边缘模型告诉我们,如果滚雪球效应开始发挥作用,这些地区也可以成为核心区。但对这种情况而言,历史而不是比较优势成了在不同均衡中选择某种均衡的重要因素,也就是此时地理和历史之间复杂的相互作用决定了经济活动的区位。其次该模型中从分散到集聚的过程是突发性以及不连续过程,这是劳动力同质性假设以及劳动力对实际工资变化的同质性反应假设导致的结果。如果我们意识到个人对人口转移的非货币属性采取不同的态度,也就是非传统的同质性假设仅是异质性假设,那这种集聚过程将会得到减缓。此外,劳动力对原地的依赖性也是一种很大的分散力。当市场充分整合使得实际工资差距低于"乡愁"导致的效用损失时,聚集过程将翻转过来产生分散过程。这种情况下,市场一体化先促进发散,后促进收敛,也就是此时区域经济按照"钟状"的空间发展曲线发展。这说明劳动力异质性假设和同质性假设将导致完全相反的结果。最后,核心边缘模型对于福利的分析尽管很简单,但是它所传达的是含糊不清的信息。由于市场是不完全竞争市场(是垄断竞争市场),因此此时的均衡并不是最优的,低效率的市场结构不能告诉我们厂商和人口在规模较大地区集聚是过度的集聚还是集聚不足的问题。也就是说市场一体化通过经济活动区际重新配置,既提高了福利水平也损失了福利水平。

除本地市场效应和核心边缘模型以外,是否还有其他模型可以解释区际差异? 当然有,首先是投入产出联系。核心边缘模型的缺陷之一是忽略了中间投入品的重要性。消费品需求不能完全解释厂商的高端销售额,消费品需求对厂商销售额的影响远不如中间投入品的需求影响人。因此进行区位决策时,中间投入品生产厂商关注的是最终消费品产地,最终消费品生产商也常常关注中间投入品生产商的区位。比如东部地区一些厂商向中西部地区转移时首先考虑的是当地能不能得到零部件配套的问题。如果当地不能配套,他需要从东部地区运进中间投入品,组装以后又运回东部地区。因此,如果在中西部地区当地无法解决零部件配套问题,厂商是不会转移到中西部地区的。因此,最终消费品生产厂商不仅关注自己当地生产环境,而且更多关注中间投入品厂商的区位。这意味着,最终产品生产部门将聚集在中间投入品生产部门聚集的地区。反之亦然。如果最终产品生产部门大量集聚在某一区域,则该区域对于中间投入品的需求就增加,会吸引大量的中间投入品生产商;而且该区域又以较低的价格供应中间投入品,这又吸引了最终商品生产厂家大量向该区域聚集,由此形成了循环累积因果链。此时的产业集聚可以用中间投入品的需求来解释,这与克鲁格曼模型中的劳动力转移完全不同。

对中间投入品生产赋予如此重要的作用,是区别于核心边缘模型的最突出特点。但如果劳动力不能流动,聚集在某一区域的厂商将提高该地区的工资水平,这就导致两种作用力:一方面核心区的高收入扩大了核心区最终需求,又强化了聚集力。但注意这主要是收入水平提高而不是人口规模扩大导致的;另一方面,核心区高收入水平又导致新的分散力,也就是很高的劳动成本成为一种分散力。有些厂商支付不起很高的工资水平,雇佣不了这些劳动力,不得不转移到其他区域。因此,随着运输成本的下降,经济活动先集聚后分散。

还可以从劳动力技能技术解释区域差异。在核心边缘模型中,农业劳动力不具有在制造业部门就业的技能,因为农业劳动力是不能转移的。当对无法转移的个体进行人力资本投资时,一种类似于核心边缘模型中的机制发挥作用。为揭示该机制如何运作,先考虑一下制造业部门利用资本和熟练劳动力来进行生产的情形。假设资本可以转移而劳动力不能转移。如果一些厂商转移到新的区位,则居住在该区位的非技能劳动力将产生要接受高技能培训的意愿,也增加了接受高技能培训的机会,因此技能劳动力数量增多,进而吸引更多的厂商进入。技能劳动力收入水平提升,又促使最终消费需求的上升。因此该区域越来越多的吸引了制造业企业,反过来又促使新的迁入厂商雇佣更多的当地技能劳动力。再则,即使所有劳动力不能流动而留在原地,但循环累积因果关系仍持续着滚雪球效应,它促使所涉及的厂商和技能劳动力逐渐集聚。也就是说,经培训后的劳动力在部门间的流动取代了劳动力的空间流动。这种结论给出了存在空间非均衡性的主要原因,即人力资本非均衡分布导致经济活动空间的聚集。

从制造业技术进步这个角度也可以对区际差异进行解释。如果假定劳动力不能完全自由流动,那么劳动力转移成本将成为一个重要的分散力发挥作用。这种情况下,制造业部门技术进步,降低了两个地区的劳动力需求。假设某一个地区的规模比另一个地区的规模较大,此时制造业部门的技术进步通过提高劳动生产率,扩大了该区域的产出水平,这将提高劳动力的工资水平并降低当地现有产品的价格,进一步增强了规模较大区域的吸引力。当生产率水平提升到足够高以至区际效用差异大于劳动力转移成本时,劳动力开始转移到规模较大区域。因此,技术进步趋向于扩大两个区域之间的差距,进而进一步激励劳动力从规模较小区域迁移到规模比较大的地区。也就是说,制造业技术进步导致经济活动的空间集聚。

刚才主要解释了两个区域的问题,多区域的情况如何解释?首先我们设想一个跑道经济。假设工业劳动力和厂商等距离分布在圆周上的 N 个区域,且农业劳动力在圆周上均匀分布;任意两个区域之间的运输成本随着区域在圆周上的相对位置而发生变化。

初始,运输成本足够高以至制造业在 N 个区域上均匀分布,且相当稳定均衡。随着运输成本的下降,将出现劳动力和厂商聚集在 N 个间隔区域的现象。运输成本持续下降时,将出现一个分叉现象,其中制造业区域的数量减少了一半,且每一对相邻的制造业区域间的间隔在每一次分叉后都成倍增加,直到制造业部门全部聚集在一个区域为止。因此,核心边缘模型所描述的聚集过程,在圆形空间当中的一些区域仍然是有效的。但要注意的是,完全聚集(完全分散)只有在运输成本很低(或很高)的情况下发生。在这两种极端情况之间,空间经济模式是丰富多彩的,可能有很多类型。可能制造业相对聚集在少量的区域,或者相对集中在比较多的区域,也就是说出现完全聚集和完全分散两种极端情况。同样重要的是,在聚集过程当中,一些区域一旦开始市场一体化了,就开始衰落。比如,N-1 到 N-2 两个区域,如果运输成本下降,两个区域就开始一体化了。如果是 N-1 处产业向 N-2 处集中,那么 N-1 衰落而 N-2 得到了发展。相反,其他一些区域在开始衰落之前通过大量调整运输成本,吸引了大量的厂商和劳动力。也就是说,一些区域可能先受益于运输成本的下降,然后失去厂商和人口。也就是说跑道经济除了完全聚集或者是完全分散两种情况以外,还有很多经济模式与空间分布模式。这和前面的两区域情况完全不一样。

我们也可以采取连续区位方法来进行讨论。前边讨论的内容基本上都是离散空间。如果把区域看成是由连续区位所组成的,连续区位就是有很多个区位。直线是最简单的同质空间,在这个空间当中可能显示出专业化和聚集化的空间模式。罗西·汉斯伯格是第一个采取了多区位研究方法的学者。他假设:中间投入品的生产商和最终消费品的生产商,在完全竞争、规模收益不变和技术溢出遵循指数衰减率条件下进行生产。生产最终消费品的厂商需要中间投入品厂商的产品,中间投入品生产厂商也消费最终消费品,且还要购买劳动力和土地;劳动力在区域间和部门间自由流动,厂商需要土地,但消费者不需要土地。这样,分散力将主要来自于最终消费生产厂商和中间投资品生产厂商间的土地竞争。

这个时候,如果是运输成本很高,就没有贸易,故此时每一个地区都是包含两种部门的自给自足的经济体,一个是中间投入品生产部门,另一个是最终消费品生产部门;如果运输中间投入品的成本下降,许多区域开始参与到区际贸易中,区域的专业化程度将得到加强。如果中间投入品的运输成本很低,那么中间投入品生产厂商在接近最终产品生产商处进行生产时的利润水平很低。为什么?因为存在厂商之间的竞争,主要是这两种产品生产厂商之间对于土地的竞争。如果他们不在同一个地区进行生产,肯定就提高了彼此的专业化程度,此时每一个厂商都从外部性当中获益,也就是货币外部性;如果运输成本趋于零,最终产品的生产部门或者是中间投入品生产部门高度聚集在一个地区。这就说明运输成本的降低提高了专业化程度和产业的分散化程度。

这个结论与前面克鲁格曼的结论是完全相反的。克鲁格曼的结论是运输成本下降先促进了产业的集聚和专业化,后导致产业的分散。导致相反结论的主要原因在厂商之间对于土地的竞争,这是一个强大的分散力。克鲁格曼模型中没有考虑到厂商间对于土地竞争,而正好就使罗西-汉斯伯格把土地因素纳入进来,因此得出完全相反的结论。

对上述结果简单总结一下,从区域经济学角度看,循环累积因果链是区域差异的主要驱动因素。但是区域经济学又忽略了经济活动空间集聚通常以城市的形式出现的事实,也就忽略了经济活动空间集聚产生的各种成本。如果对这些成本进行解释,则可能对于核心边缘模型的结论有重大的影响。如果分散力来自于所对住房的竞争而不是不可转移的农业劳动力,那么降低运输成本将促进经济活动的空间分散而不是空间集聚。这就意味着,住房竞争抑制了集聚过程,与克鲁格曼的结论是完全相反的。

这两种结论的区别很容易理解:如果劳动力转移到规模较大区域,该区域的房价上涨,加强了分散力;但是低运输成本又促进了贸易。因此当运输成本下降时,这两种作用力促使经济活动空间分散。另一方面,比较低的运输成本还带来了与城市相关的消费者的各种拥堵成本。因此运输成本的下降不会使人们集聚在同一个城市或地区。所以理解好区内和区际将发生何种情况是理解区域问题的关键。总之可以得出一个稳健的结论降低运输成本先促进了经济活动空间集聚,然后促进经济活动空间分散。在这个过程当中,交通运输对区域经济有哪些影响?

空间经济学对于交通运输感兴趣,主要有两个方面的原因。一是交通运输部门以何种方式影响区域经济? 在交通运输部门发生的事情是否都会对区域经济产生重大影响? 二是新的交通基础设施建设促进了区域经济增长,还是区域经济的快速发展促使了该区域基础设施的建设?

对于厂商而言最主要的是物流成本,物流成本包括了仓储成本和运输成本两种。尽管运输成本受到很大关注,但目前服务贸易占世界出口的 1/3,国内服务贸易可能占更大的份额。服务贸易需要不同的运输方式和通信渠道,它可以以电子方式交货,包括在大型分公司机构之间提供的服务。基于第二个问题,目前一般认为新的运输基础设施建设是对欠发达地区或者落后的一次重大的援助措施,因此它常常包含着重大的政策性含义。当前我国的交通基础设施建设就是促进落后地区和欠发达地区经济发展的重要措施。

应从何种角度去分析交通运输成本? 传统意义上,交通运输经济学的经济性主要包括三种:一是运输方式的经济,根据市场结构、技术特性选择不同运输方式或者是不同运输方式的组合,即多式联运的问题;二是密度经济,运费率随着运输量的增加而下降;三是距离经济,运费率随着距离的增加而下降。

从空间经济学角度分析时,一般都是从冰山交易成本角度,而不是交通运输成本的经济性角度去进行分析。为什么呢? 首先,尽管国内贸易超过国际贸易,但是国内运输成本一般都假定是 0,区际运输成本和国际运输成本不相同,劳动力和资本在国内流动性也大于国际流动性,因为很多劳动力在国际上不能自由流动。尽管运输成本下降幅度相同,但不同区域厂商和劳动力对此反应是不相同的。其次,冰山运输成本与传统的空间定价理论相完全不同。传统的空间定价理论中,为扩张市场范围可允许免收运输费用,但不能把地方运输成本全部转嫁给消费者。然而在冰山运输成本假设下,厂商的运输费用是免费的。这是因为冰山交易成本情况下,运输成本是用损失的部分来计算(因为冰山交易成本,就是假设从北极拉一大块冰到赤道附近的一个国家,如沙特。从北极拉多少个单位的冰到沙特要变成一单位冰? 即[toll-1]乘上一个冰山体积就是损失的部分)。这个损失的部分可以看成是运输成本,厂商不用直接支付产品的运输费用。这些损失部分都是以新区位上的产品价格来表示。其实这些损失部分最终都转嫁到了消费者身上。所以常说,采取冰山交易成本就可以消除套利机会的存在。再次,如果视运费率为外生变量,交通运输部门就是一个黑箱;但如果视运费率为内生变量,交通运输部门就内生的影响了经济活动区位,而厂商区位也影响了厂商贸易量,这反过来又影响了运费成本。也就是说,交通部门的行为取决于厂商和劳动力空间分布。最后,边际运输成本随着距离的增加而增加,因此把某一距离范围内的行程划分成相互连接的几个子区间,则运输成本是比较低的,这就等于不存在距离经济。总之,如果单位运输成本由区域经济结构内生决定,那么从冰山贸易成本角度去分析是比较合适的。

交通运输基础设施是否促进区域经济发展? 交通基础设施建设可以促进经济活动转移到落后地区,但不会导致总体经济的增长效应。交通运输基础设施建设对区域经济的增长产生重大的影响,但并不是所有的交通基础设施都能产生这种影响,那些类似于普惠型的基础设施建设不会影响厂商的决策。简而言之,提供有效的交通基础设施有利于区域经济增长,但它并不是许多决策者所推崇的区域经济发展的灵丹妙药。

特邀专家点评

安老师的讲座内容非常丰富,信息量很大,消化起来也不容易。我简单谈一点自己的体会,主要有三点。第一点就是如何认识空间问题,或者如何认识区域经济差异? 我们一般将其分为三个维度:一个是 First nature,就是强调先天性的因素,比如自然资源,自然地理,港口等先天性的、稳定不变的因素。这部分往往是我们过去地理学、经济地理学关注且研究较多的内容。第二个维度是 Second nature,主要是讲后天的经济系统内部产生的作用力,如今天安老师讲到的集聚的力量和分散的力量,这些作用力都是内生的。First nature 往往是一些外生的变量,相对稳定且不随经济系统的变化而变化。第三个维度如技术差异,制度和文化等因素。今天安老师的空间经济学内容,更多强调从 Second nature 也就是从经济系统内生作用力角度来解释区域经济的现象和规律。而经济地理学可能过去比较多的是侧重从 First nature 的要素去解释现象。二者存在分析视角上的差异。

第二点安老师讲到区域之间的关系，无论是两个区域还是多区域，区域经济学其实都是在区域之间相互作用、相互联系的框架下进行分析，研究空间经济的演化。区域经济联系就是产业的联系、投入产出的这种关联。有商品贸易、要素流动等，包括劳动、资本、技术等。从产业联系的角度，如把产业链在空间上形成的网络关系称之为产业链空间网络，其既是对空间演化发生作用的因素，同时也是空间演化的结果。安老师今天主要介绍了理论，从分析工具来讲可以用区域间投入产出分析方法来对产业的联系、产业链空间网络以及商品贸易进行刻画分析。通过区域间投入产出分析，可以对区域之间的联系对于区域经济演化的作用进行实证分析，并且在投入产出分析的基础上，还延伸或演化出多区域 CGE 模型的模拟。

第三点关于异质性的分析。过去关注的相对较少，但空间经济学现在已经开始注重异质性分析。有要素异质性，如劳动力的技能，技术的异质性、企业生产率的异质性等等，他们会对空间演化理论模型的结果带来不同的影响。除要素异质性以外，可能还需要关注像制度、文化等异质性。

问题交流

主持人：谢谢石老师的精彩点评。石老师从三个方面讲述了空间经济学的特点。首先是空间经济学与经济地理学的区别，使我们这些经济地理学者明白了二者视角上的差异。另外阐述了区域之间的关系以及异质性问题。我认为由这个异质性问题也可以看出经济地理学和空间经济学的区别。空间经济学更主要还是经济学的思维模式，从建立一个最抽象的模型开始进行分析一些现象，慢慢地再把其他的要素引入。而经济地理学一开始就因为地理学强调综合，所以把所有的要素都考虑进去，再考虑这些因素相互作用而导致的区域差异。这是两个学科的差异点所在，一个是抽象的而另一个是非常具体的。

接下来是问题和交流。首先是西北师范大学的冯涛老师问，空间经济学未来的研究和发展趋势是什么？空间经济学和经济地理学是否有统一的可能？

安虎森：我 2020 年翻译并在《开发研究》上刊登了一篇文章，题目是《我们从空间经济学会什么》，主要是国外一些学者的判断。今后的空间经济学研究趋势恐怕是城市和区域经济学研究的融合。现在这个趋势已经开始出现，刚才石教授谈的时候也提出过这些问题。我曾经提到，空间经济学把区位、交通运输和土地纳入到经济中时，城市和区域就开始融合发展。普林斯顿大学的罗西-汉斯伯格在做空间研究时也不是单纯的研究区域，而是把城市和区域融合在一起研究。石敏俊教授提出的空间异质性问题，肯定也要纳入到这个框架中来。

主持人：好的，现在新经济地理学也开始注重基础假设和模型，是不是将来有可能经济地理学也会与区域经济学、城市经济学走向融合呢？

安虎森：新经济地理学翻译成地理经济学可能更好一些。现在我正在翻译意大利卡特罗的《区域经济学》第二版。克鲁格曼提出了新经济地理，其实与地理没关系，只是把地理当成空间来看待。它是经济学中从微观模型扩展到中观的一个分析内容，与地理的关系不是很大。

主持人：直播上罗大佑的老师提问，经济问题的分析，现在主要还是在新古典框架下分析，基本是二次工业革命以后的实体产品平衡问题。在涉及到新兴产业和新基建的时候，我们能否继续应用空间经济学的相关理论？

安虎森：我判断新古典的框架是可以的。现在许多区域经济学、空间经济学、城市经济学，如亨德森的研究框架基本上都是新古典的，规模收益不变，或者完全竞争框架。但克鲁格曼研究新经济地理是一个规模递增和垄断竞争框架。所以研究的角度、工具要取决于所研究的问题。

过去新古典框架一般认为，资本在规模收益递减的情况下，资本丰富的地区的边际收益远远低于欠发达地区资本积累很小的地区所带来的收益，由此资本从发达地区往欠发达地区转移。其实现实规模收益不是这么回事。许多情况是资本从欠发达地区往发达地区转移。要解释这个现象就必须抛弃传统的新古典框架，建立一个规模收益递增和垄断经济框架才能解释清楚。

主持人：新疆师范大学地理系的毕建豪老师向您请教经济学的区域经济和地理学的区域经济，最根本区别是什么？

安虎森：我对这个问题没有真正研究过，可能二者的研究视角、出发点或角度不一样。地理学的区域经济学可能多考虑资源禀赋、First nature 的差异，而经济学的区域经济学把两个区域看作是同质的，多关注 Second nature 的因素。我认为地理学更关注地区之间的本质差异，而经济学更关注经济机理的差异。

主持人：金凤君老师提问目前国家在搞新基建，新基建对空间经济会有什么影响，这个也和交通一样吗？

安虎森：是的。新基建总体来说就是交通基础设施建设，对于一个地区经济肯定带来正向的影响，但是也会先促进要素的集聚，然后再促进分散。如高铁最初也是促进了要素的集聚，之后慢慢向全国其他地区扩散，效应也在逐步扩散，但先集聚是存在的。

主持人：我觉得这有点像 2000 年左右研究互联网发展、交通运输技术的进步会导致地理的死亡，当时就提出来 End of geography，但是事实上并没有证明这一点。距离没有消失，反而是区域差距越来越大了。到了后期可能整体经济财富积累到一定水平的时候，会开始溢出。

安虎森:对,这需要一段时间的发展和演化。到目前为止我们不能完全肯定说已经处于溢出状态。现在还有很多情况下依然处于一个集聚状态。

主持人:有人理解经济地理学更侧重于系统观与异质性的问题,您怎么理解异质主体对空间经济的差异行为?

安虎森:是的,地理学强调各个地区的特殊性、差异性,从这个角度地理学也应该强调异质性问题。地理学和经济学对于某个共同的区域经济问题时,恐怕区别在几个方面:第一是地理学可能更多地强调资源禀赋的问题。第二是异质性的问题。这个异质性也许是从地理学中来的,但不确定。

石敏俊:我补充几句。过去的研究中 First nature、Second nature 是分开来研究的,结合起来的研究比较少。我觉得这也是我们今后应该加强的地方。比如如何从 Second nature 演化的规律里加入 First nature 的影响。

主任总结

感谢安老师、石教授以及各位老师同学们!区域经济学和经济地理学可能视角不一样,背景也不一样,但要通过学科融合,这个学科才能向前发展。今天的形式就是融合。理论上应该是相互借鉴、相互学习。今天的报告使我对区际差异、区域联系,还有交通在空间经济中的作用有了新的理解。石教授的第一、第二、第三点的总结非常好。我认为无论是经济地理或是区域经济研究,大家关注的问题相同但切入视角不同。再次感谢大家,期望我们多多创造机会共同把学科基础打牢,同时针对一些新的情况创造一些新的理论。谢谢!

面向人文—经济地理学的空间多尺度统计建模方法前沿

报告人：

董冠鹏，河南大学黄河文明与可持续发展研究中心教授，空间数据科学与流域计算实验室主任，英国布里斯托大学(University of Bristol)人文地理学博士，曾就职于英国利物浦大学地理与规划学院讲师(终身教职)。《地理科学》编委，中国地理学会地理模型与地理信息分析专业委员会委员。2016年度英国经济与社会科学研究理事会(ESRC)国家方法研究中心"Jon Rasbash Prize"获得者。主要研究领域包括时空多尺度统计模型开发及统计软件开发等定量方法研究，以及经济地理与区域发展等应用研究。

点评嘉宾：

贺灿飞，北京大学城市与环境学院院长，长江学者特聘教授(2016)，博士生导师。中国地理学会副理事长，中国地理学会经济地理专业委员会委员，国家自然科学基金杰出青年基金获得者。

主持人：马丽副研究员

主旨报告

非常荣幸能和大家交流空间多尺度的统计模型方法及其在软件中的实现。我是从人文—经济地理学的核心研究话题出发，寻找一些关键的科学问题，然后用数学方法、编程以及新数据来深入研究，期待能够给传统的或者经典的人文—经济地理学研究提供一个新的视角或者新的解决方案，以更好地服务人文地理学的研究。

首先是空间多尺度统计模型开发的理论框架。地理学者关注人地关系地域系统，在该系统中，人和自然相互影响、反馈并在空间上形成一定的区域空间结构，也就是地理单元在一定区域内的组织是有一定的秩序和空间结构的。这个空间结构有一定的特征、功能、效率以及时空演化特征。在给定的一个空间结构中，其具有特定的边界效应、尺度效应和空间相互作用。我自己的核心工作是围绕着如何对地理学或地理数据的边界效应、尺度效应以及空间相互作用进行更好地刻画与模拟。主要侧重综合系统的估计与模拟，也就是对这三种效应同时进行系统综合估计，以提高估计结果的准确性。概括一下，就是进行空间多尺度融合的统计模型、方法开发以及统计软件平台的开发。

从实践角度而言，人文—经济地理的一个重要出口就是辅助社会、政府决策。这就需要我们应用合理的方法、合理的数据得出一些合理的结果。只有在合理分析的基础之上才能得出合理正确的结论，从而提出有效的政策建议，否则的话会有相反的效果。而好的或者比较正确、科学的政策结论是在我们非常严格地对地学数据进行严格统计分析基础之上才能得到的。

地理数据，一个比较概括的说法叫 Geo-data，地学数据。我的理解就是广义的空间数据，或者广义的地理数据。只要是具有地理信息的，或者是可以用其他手段得到地理信息、地理坐标的数据，都可以认为是地理数据或地学数据。主要包括传统的人口普查数据、经济数据、健康数据，还有统计年鉴数据；在环境领域有一些数据逐渐被应用到人文—经济地理学研究中，如遥感数据、卫星数据等典型的地学数据；还包括一些新型数据，如现在用得较多的社交媒体、手机数据、GPS 轨迹数据等。这些数据都有非常明确的地理坐标或者地理信息，是明显的地学数据。当然现在很难找到一个不含地理信息的数据，这也带来了机遇和挑战。挑战是什么？我们逐渐在用一些非常复杂的、非结构化的地学数据，特别是一些新型数据，如社交媒体数据等，给数据统计建模带来一定的难处。而机遇是什么？地理学者们可以运用自己的知识开发一些新的方法对数据进行更好地建模，对经典的统计和数据方法科学提升。

汇总一下，无论是传统的地理数据或者是新型的地理数据，都具有三个基本的特征：空间特征、时间特征以及尺度特征，相应地会带来空间效应、时间效应以及尺度效应。如果对这三种效应同时进行系统建模，空间多尺度统计模型就是一个工具。在此背景下，我将着重介绍一下空间多尺度统计模型方法。其包含两个方面：一个是合适的 HSAR 模型或具体的空间多尺度统计模型方法。这个模型能够对地理数据的空间效应、尺度效应以及边界效应同时进行系统建模。我们在全局的空间多尺度统计模型的基础上进行了开发，提出了自适应的空间多尺度统计模型。第二个内容是把时间进一步加入到建模框架下，针对刚才提到的新型数据，如轨迹数据等进行建模。目前轨迹数据在人文—经济地理学中的研究多是描述性分析，如聚类或可视化分析等，缺乏一个比较严格的统计建模。而空间多尺度统计模型可以对这些新型数据进行一个比较好的建模。

地理数据有两个基本特征：空间特征和多尺度结构。对于统计建模而言，空间特征最主要的表现是空间单元之间的联系，也就是我们常见的空间联系效应，或者是空间自相关效应和空间依赖效应。多尺度结构可能是地理学经常忽视的一个问题,即地理数据的多层嵌套结构,会产生的尺度效应。尺度效应有一方面大家非常熟悉,就是空间分析中的经典问题——可变空间单元问题,其会对统计建模产生一定的影响。所以对于地理数据进行统计建模就是要解决地理数据的空间效应以及尺度效应,具体一点就是把这两种效应放在一个综合模型中对二者进行模拟、估计,从而得出相对准确的统计推断结果和政策建议。

在以往研究中,地理学、空间分析、GIS、空间统计等领域对空间结构研究较多。由于地理邻近性或者常说的地理学第一定律存在,地理数据在空间上的分布会导致地理空间单元之间的相互联系。而这种相互联系跟地理空间单元之间的距离相关,距离越近,联系越强。我们常认为这个效应在地理邻近性或者空间结构等经典问题下是空间自相关效应或是空间依赖性。反映到公式上就是数据属性在空间上不是独立的,而是相互影响的或者说是有一定联系的。解决这个问题的方法,人文地理学者们会采用空间统计模型,或称为空间计量模型。这个模型的特色就是直接对地理数据的空间自相关性效应建模,但核心缺点是忽略了地理数据的多尺度结构,或者是层级结构、嵌套结构,也就是说忽略了地理数据存在的尺度效应。这会给模型构建或给参数估计带来一定问题。

同理,对于地理数据的多尺度结构,如两层数据结构,有小尺度空间单元和大尺度的空间单元,例如,小尺度单元是县或市,大尺度单元是市或省。对于新型数据来说,尺度概念是非常灵活的。如城市地理研究中可以把大的空间尺度代表社区,小尺度单元就可以是个人。此外也可不限于两个尺度,还可以有三个尺度,如县、市、省;个人、小区、城市;也还可以是更多尺度。在多尺度或多层数据结构下会有尺度效应。尺度效应在空间分析或者人文—经济地理学中主要体现为三个方面:第一个是地理背景效应,简单说就是大尺度的特征是否影响、如何影响小尺度的行为以及结果;第二个是地理要素之间关系的尺度差异。如研究经济发展和环境污染之间的关系在小尺度可以得出来一个结果,在大尺度也可以得出来一个结果,但这两个结果往往是不同的,这就造成了一定的困难,即经济发展、环境污染到底是什么样的关系? 这就是一个典型的尺度效应,当然这也跟社会学中的生态谬误等概念相关;第三个方面就是空间特征的尺度差异。同样研究一个变量或地理要素,在不同尺度上研究他们的空间格局特征是不同的。如经济发展在县和市两个尺度的结构特征不同,他们的集聚程度、全局空间自相关指数具有显著差异,这些都可以归结于尺度效应。对于尺度效应或者多层地理数据进行建模,经典的方法为多层统计模型。多层统计模型的核心特色就是同时对数据的不同尺度建模,在很大程度上就能避免尺度效应的发生,从而会得到一些更为准确的估计结果。当然其缺点也是非常明显的,特别是对于地理学者来说,它忽略了各个尺度上要素之间的空间关系。或者说多层统计模型认为各个尺度上的空间单元是相互独立的。显然,这是一个不能被地理学者接受的假设,因为刚才已经讨论过基于地理衰减效应或基于地理关系的空间自相关效应或空间溢出效应,所以直接用多层统计模型对地理数据建模显然是不合适的,因为其忽略了各个尺度上的空间自相关效应。

小结一下,就是对于地理空间数据,以往的研究或方法提供了一定的选项,如经典的空间统计模型、时空统计模型以及多层统计模型,但是这类模型只能刻画地理数据的某一种效应或者某一种结构,而忽略或不能对另外一种结构或效应建模。尺度效应和空间效应不是相互独立的,只考虑一种效应会导致模型估计结果的不准确。因此,我们提出了空间多尺度统计模型,其核心是将经典的空间计量模型或空间统计模型与多层统计模型进行融合。这样既考虑地理数据的空间结构带来的空间效应,也考虑数据的多尺度结构带来的尺度效应,由此的统计推断也是比较准确的。

举个例子增加一下直观上的认识。如北京市的土地出让数据是很典型的两个尺度的地理数据。每一宗出让的地块的空间位置可以用它的 X、Y 坐标表示。同时,不同地块又属于不同的街道。这样数据就是两个尺度,一个尺度是地块,另外一个尺度是街道。那数据中的空间效应、尺度效应是什么? 经常做法是把两个尺度分开去看。地块尺度上研究房价是不是存在空间相关,或者空间联系和空间效应;街道尺度上研究是否存在着房价的空间效应或者是空间自相关效应。所用的手段就是大家都比较熟悉的全局空间自相关统计量、莫兰指数等。通过计算发现,无论是地块尺度还是街道尺度,都存在非常显著的空间自相关效应。按照传统的思路,很多情况下就选择了空间计量模型、空间统计模型对数据进行建模,然后得到一些结论。这个是一贯的、经典的思路。

尺度效应表现在哪? 对这个数据而言,就是同一个街道内,地价之间、地块价格或者住房价格之间的联系是多大。有一个简单的统计量叫做 VPC,就是方差分解系数,其实就是看房价在街道间的差异和街道内的差异的比值是多大。值越大说明同一个街道内部住房价格越相似,尺度效应就越大。如果尺度效应越大,或者说地理背景效应越大,住房价格数据就存在显著的空间自相关效应或者显著的空间溢出效应。

空间多尺度模型的设定。原则上是对每个尺度进行建模,在每个尺度上加入空间自相关效应。问题是如何在每一个尺度上加入空间自相关效应,或者空间依赖效应? 我们的做法是在每个尺度上采用空间计量模型或者是空间统计模型,把每个尺度上的空间效应加入到模型中,达到了空间多尺度统计模型。这个模型有一些复杂性,如果用传统的最大似然法进行估计,会面临两个问题:一是比较复杂,二是计算量稍微比较大。所以我们选用在贝叶斯蒙特卡洛模拟框架下对模型进行估计。算法不再赘述,可以参考 2015 年的 *Geographical Analysis*、2016 年的 *Annals of the American Association of Geographers* 的文章,附录里面给出了比较详细的模型估算算法的推导过程。感兴趣的话可以去看一下。程序也都在文章里边,感兴趣可以下载下来应用自己的数据估算一下、实验一下。

对于前面城市住房市场的案例,我们提取了一些住房尺度的变量,也提取了一些社区尺度,或者街道尺度的变量。通过比较空间多尺度模型估计的结果和经典的空间计量模型,或者经典的多尺度统计模型的估计结果发现,在社区尺度或者是街道尺度的变量,传统的空间计量模型、空间统计模型给出来的估计量误差是非常大的,统计推断显著不同。但是理论上来说,因为这个模型能够更多地控制住地理数据,因此可能包含的真实效应更多,而且还可以通过模型估计每个街道的平均价格,不管是地价还是房价。而这个通过空间统计模型是不能观测到的。相当于通过这个模型可以把一些不能观测到的,或者不能用变量测度的量估计出来,并用地图表示空间分布。这个是比较有意思的一个收获。

模型越复杂越好吗? 这不是我们开发一个新模型的理念,不是把简单的事情搞得越来越复杂。但是为什么要这样去做,其实最主要的原因是想更真实地去对地理现象,或者说是地理要素的过程进行建模。因为地理要素过程本来可能是非常复杂的,所以需要一个比较真实的模型对地理要素进行建模。一个直接的好处就是模型估计结果更可信。当然我们做了很多的蒙特卡洛模拟去进行验证。我们开发了一个软件包叫 HSAR,它基于 R 开源软件平台。大家可以去安装。前一段时间我们做了一些更新,把最近的几个模型、新的模拟方法也加进去了。有一次我无意中看了一下,HSAR 下载量、下载次数,和 R 一个非常经典的时空统计软件包 CARBayesST 的下载量做了一个简单的比较。因为我们这个软件包 2016 年才有,它是之前就有的,中间有一定的差距但在逐渐减少。国际知名的空间计量学家、空间统计学家,以及 R 软件的核心开发专家 Roger Bivand 教授有一篇文章,专门对空间多尺度模型以及 HSAR 进行了验证。他用了现实的数据,以及蒙特卡洛模拟这个数据,验证了空间多尺度模型以及 HSAR 模型。结论就是针对地理数据的多层结构以及空间结构的建模,空间多尺度统计模型是一个比较有效的手段。

第二个部分,我们前几年做了一个反思,就是对空间、地理、地理空间效应怎么进行更为合理的建模? 过去在空间分析、空间统计领域对地理空间效应建模,往往是基于地理学第一定律的假设,即在距离越近,关系越强的基础上进行模型开发。但在实际中,有时候两个地区挨着,但很多属性,如经济发展状况、环境污染状况确实有显著的差异。这是为什么? 我们就反思,以往对地理或者对空间效应的建模是否合理? 这也是自适应空间多尺度模型产生的一个背景。以往的空间效应建模其实关注的是全局的空间自相关效应。如石家庄市健康状况分布有很明显的空间连续性,无论做不做空间自相关检验,结果肯定是相关的,肯定能得到一个非常显著的莫兰指数。接下来是不是就可以运用经典的或者传统的空间统计模型对数据进行建模?

但是这样经典的方法,忽略了什么? 忽略了对局部突变效应或者边界效应的建模。也就是对全局的空间效应、全局的平滑性的确是进行了建模,但是没有对可能存在的、局部的突变或者边界效应进行建模。这个问题导致了我们对地理要素之间关系估算的不准确性，以及统计推断的不准确性。除了健康的例子，很多社会过程、自然地理过程，往往存在全局的平滑效应的同时，也存在着局部的边界效应，或者突变效应。

梳理一下可用的统计模型就会发现，我们缺乏一个能够对这两种效应同时建模的方法。当然这也是我们做模型开发的一个初衷或者背景。解决策略就是在之前开发的空间多尺度统计模型基础之上，进一步对地理单元之间的联系，也就是用空间权重矩阵表示的地理单元之间的联系进行估算，通过估算识别突变和边界效应发生的地理位置。这样就做到同时对全局空间自相关效应，以及局部的边界效应和地理数据的尺度效应进行建模。

我们列举了空间多尺度统计模型和自适应空间多尺度统计模型的一些关键的差异，其实只有一点就是在空间多尺度统计模型中，默认的是基于地理邻近性的空间权重矩阵，是一个外生的量。但是在自适应空间多尺度统计模型里，我们把空间权重矩阵中所有元素视为未知参数。我们基于数据去学习地理单元之间的联系到底是什么？运用一些方程来估计空间权重矩阵，而不把它当成是一个外生的。估计权重矩阵需要一些新的方法。理论上，空间权重矩阵是 N×N 的，这就意味着模型的参数其实比数据还多，肯定是估计不出来的。我们提出来一个迭代的算法。这个算法本质上分成两步：就是根据空间权重矩阵去迭代其他模型参数，回过头来在得到的参数基础上去迭代，去估算空间权重矩阵，直到这个过程收敛。具体的细节可参看 2020 年发表在 *Annals of the American Association of Geographers* 上的文章，其中附录里给出的模型算法，以及迭代算法到底是怎么样一个过程，模型计算的程序也都在文章里。

我们做了一个蒙特卡洛模拟实验去比较自适应空间多尺度统计模型和以往模型的优劣，比较的主要对象是我们之前开发的空间多尺度统计模型。有两点发现：第一点是这个模型相较于其他的算法能够比较准确的识别突变效应发生的空间位置。我们做了 500 次的蒙特卡洛模拟，准确率是 96.1%。第二点是相比于之前的空间多尺度统计模型，对地理效应、地理背景效应的估计，准确率提高了 40%左右，也就是说偏差率减少了 40%。

基于这个模型做了两个案例研究。第一个是基于英国政府公开的住房交易海量数据做了利物浦市的社区质量研究。数据也是两个尺度，第一个是住房，第二个尺度是社区。社区定义就比较宽泛了，可以是城市，也可以是县、乡镇。通过模型估计出来利物浦市的社区质量和空间分异，并用模型识别出边界。可以看到，边界的位置也正是社区质量发生变化比较大的一些点。通过与利物浦市政府合作，将模型估计结果与他们交流，这些官员很快就认出来其中一些主要的边界是什么街道或是什么公园，表明模型估计出来的结果与他们的主观认识是非常吻合的。第二个案例是环境健康的研究。我们研究个人的健康状况，地理背景效应、地理街道或者社区经济、社会、环境质量会不会对个人健康产生影响？影响尺度有多大？我们以石家庄为案例,结合人口普查以及各种城市、产业、环境等大数据,提取了如贫困集中度、产业、气候变化因子以及污染等变量。最后发现石家庄市的个人健康的边界也是非常明显的,健康与贫困集中程度、产业的结构以及空气污染有显著关系。

现在我们对空间效应和尺度效应同时进行了刻画,但还缺乏什么？时间效应。我们的核心想法是把时间当成一个连续的变量,然后构建一个时间权重矩阵,去反映时间上的连续性以及时间上的动态关系。有了这个思路,就可以用已有的空间多尺度统计模型框架对时间动态渲染进行刻画,当然也能同时刻画刚才所说的空间效应以及多尺度效应。这个建模的过程,就是把时间变成连续化,生成一个时间权重矩阵去表达时间上的动态关系,然后进一步加入空间效应以及尺度效应。模型估算大家感兴趣的话可以看我们 2018 年 IJGIS 上的一篇文章。程序都是公开的,大家可以去尝试着应用一下。

这个案例是北京的,结合了居民的轨迹数据以及活动日志数据,再结合城市的环境数据,做了一个数据集。感兴趣的研究问题就是实时动态地理环境会不会影响到居民进行活动时的心情、满意度等。通过分析模型结构化的参数,重点是分析活动实时的地理环境,比如说土地利用、城市功能会不会影响进行活动的心情以及活动得到的一些效用、满意度。然后我们得到的结果是实时地理环境会影响个人进行活动时的一些特征。

最后回到面向人文—经济地理学研究的地理数据建模。我想强调的是,在做人文—经济地理研究时,很多情况下我们不单单关心格局时空演变,可能更关心地理要素之间的关系以及未来的预测和模拟。为此,我们需要相对准确地刻画地理要素之间的关系。因此,需要对地理数据的空间效应以及尺度效应同时进行一个系统建模与模拟。我们也是最近将空间多尺度统计模型应用于人文—经济地理学的研究,以后的研究方向将主要集中在以下两个方面：

第一个方面是基于模型以及多源融合的高时空精度数据去刻画中国区域经济差异的多尺度特征以及时空动态特征,希望可以更为准确地、科学地刻画中国区域经济差异,研究其时空动态特征和尺度特征。在理清这个之后,就可以对中国区域经济未来的状况进行一个模拟。

第二个方面就是开发一个具有用户交互界面的时空统计分析平台。初衷或出发点是：现在在时空统计领域有很多前沿的方法,但如果应用就需要有一定的编程技术才能调动,这在一定程度上分散了人文—经济地理学者的精力。我们可能更关注理论视角和科学问题,如果能够提供这样一个软件平台,不但包含经典的时空统计模型,也同时能将前沿的一些统计模型方法纳入进来,这样可能会对人文—经济地理学的研究起到一定的作用。各位老师,我的汇报到此结束,非常感谢。

特邀专家点评

今天董教授做了一个比较系统的报告。我觉得他的 PPT 讲述逻辑很清楚。首先从现有模型的缺点出发,补充或者是完善了现有的模型,最后用一些案例来展示。其实让我印象深刻的是他除了建构那些模型,还搞了一些软件开发平台。我觉得这个很重要,可以便利于其他人的应用。

董教授的文章在 AAAG 等杂志上发表,表明他还是得到了同行的认可。他的研究实际上是建了一套模型,考虑了空间数据的尺度效应、空间效应、边界效应,最后也简单说了一下时间效应。这几个效应对于地理学都是很重要的。实际上,至少过去十几二十年,区域科学或空间经济学中,空间计量是非常重要的。传统上一般的经济学者,如传统的区域经济学者研究区域增长或者其他相关研究,都是假定空间和空间之间相互独立的,然后在此基础上进行模型建构和变量辨识。如果将空间相关性、空间相互依赖性考虑在内,显然能够增加模型的解释力。董老师的研究又将尺度效应考虑进去,显然是更进一步了。因为地理现象从不同的尺度看,其格局特征是不一样的,如刚才他所展示的房价分布。其实对我而言更重要的是一个地理现象的尺度效应体现在它的机制上是不一样的。比如房价,从街区尺度上来看房价的主导因素和从镇尺度、市区尺度看是不一样的,也就是说尺度因素对某些问题显然是很重要的。

另外一个很重要的贡献是边界效应。因为确实空间数据很多时候的变化,尤其经济地理的数据,或者人口、社会相关的数据,不像自然地理的数据很多时候是连续的,如等高线、等温线,降雨等值线是连续的。经济地理、城市地理、社会地理中很多现象实际上是非连续的,很多时候会存在突变。也就是说单元和单元之间的变化是很大的,有些可能是第一要素即 First nature 决定,有些可能是人为决定的。这个时候如果在模型中能把边界效应考虑进去,我觉得对某些现象来说是一个很重要的贡献。

最后一个贡献是考虑了时间效应。其实经济学者的时间序列的分析模型很成熟,一阶、二阶、三阶、N 阶的模型都很成熟。实际上时间效应相对简单,但空间效应就比较复杂了,它是多维的、高维的。这个模型还同时把时间和空间考虑进去,实际上更难。在空间计量中 Spatial panel data 一直很难解决。也就是说,董老师把空间效应、边界效应、尺度效应、时间效应等等一系列的效应融入到他的模型体系里中,我个人觉得在方法上是有贡献的。

第二部分我想谈一下我个人对于模型的一些想法,可能也是提出来和董教授做一个交流。第一,董教授现在的工作基本上是比较强调方法。但是我觉得如果你想在人文—经济地理学领域成为一个学科带头人的话,我认为重要的是在使用模型之前,要看看科学问题是否在经济地理学、人文地理学很重要？什么样的问题需要将空间效应、尺度效应、时间效应放进去？选择技术是要考虑机会成本的。所以我认为你把这些效应都考虑进去，模型复杂很多。但是对某些现象有没有价值还是需要琢磨一下，就是你对这个现象的解释或解释背后的机理，是否有额外的贡献。我认为一个做模型的人需要考虑这些问题：你要告诉大家，什么样的问题需要考虑空间效应，什么样的问题需要考虑尺度效应，什么样的问题需要考虑边界效应。尺度效应对某些问题来说很重要。如产业集聚，很小尺度的时候集聚机制是信息溢出；比较大尺度的时候产业集聚机制是市场规模。解释大尺度产业集聚的模型变量和小尺度上建模的变量是不能用一套的。如果只是把尺度放入模型，但用的是一套变量的话，这实际上是不合适的。所以我的意思是：提出一个重要的问题，先把机制搞清楚，最好是能够推导出变量之间的关系，再辅助于空间效应、尺度效应。实际上我希望是能在模型之前先有一个理论的探讨。

第二，技术可以很复杂，也可以很简单。我经常阅读经济学者的文章，他们在内生性上花了很多的工夫，可以说现在在国际上的期刊不解决内生性是不可能发表文章的。其实国内的《经济研究》《中国工业经济》《管理世界》等期刊，不解决内生性也是不可能发表文章的。他们花了太多的工夫在技术上，而忘了故事、忘了实际和理论上 X 和 Y 的关系。其实很多时候社会经济现象一定是 Y 和 X 相互关联的。内生性有时候对某些问题很重要，但对某些问题我认为实际上没有必要花那么大工夫。如哈佛大学的 Edward Glaeser 教授，他的模型没有那些花里胡哨的内生性处理，但是他会讲故事找问题，会找 X 和 Y 然后讲出一个让你很有兴趣的问题。

我们怎么来选择技术？显然一个人可以选不同的技术。对我来说就要有个权衡：选这么复杂的技术能获得多少额外的东西？能够发现一个别人没发现的变量的重要性，还是能够揭示别人没有揭示的东西？还是能够挑战现有的理论或是能够补充现有的理论等等。我想要先问这个问题再去选择一定难度的技术。所以第二点就是选什么样的技术，什么情况下选择什么样的技术，大家还是需要琢磨一下。不是说越复杂就越好，要针对不同的问题选择不同的技术、选择不同的模型。

第三，关于数据。以前有小数据，现在有大数据，其实数据特别多。但是很多时候，如果只有数据不知道现象，就会被数据欺骗。比如说最近很多人在研究新冠的空间格局、死亡率的空间格局等。首先这些文章因为很着急出来，所以利用既有数据进行模拟。但是武汉后来对数据进行调整，如果拿前面的确诊率、死亡率数据进行模拟有意义吗？我不知道。而且不同国家、不同地区，对于确诊率、死亡率等定义都不太一样。所以对于数据一定要了解其产生过程，了解数据背后的机理，然后知其然才能知其所以然。数据一定要搞清楚，而不是拿来就用。而且很多的数据尺度越小误差可能会越大。所以我们得脑袋里有根弦，当结果不如预期的时候,当发现好像一个了不起的、不一样的结果时,首先想想我的数据是否是准确的,处理方法是否科学准确。

最后我想说说政策建议。我建议学者们尽量谨慎地去做政策建议。政策建议真的不能只基于数据挖掘、数据分析。我认为真正成熟的政策建议,是要在知其然,进而知其所以然基础上的政策建议。比如说产业集聚,在小尺度上是因为大家在一起,面对面交流方便,信息技术方便;大尺度上是因为这个地方好,市场规模大,所以有规模效应等等。只有把这个东西搞清楚了,再去给不同层级的政府提政策建议,这样的建议才有针对性。政策很多时候是多方博弈的结果,而模型可能是一个理想化的结果。理想化的结果和多方博弈的结果,如何匹配和博弈,实际上还是不容易的。所以政策建议一定要谨慎。

问题交流

主持人:谢谢贺院长。我觉得董教授的确在技术上有很大的突破,把尺度效应、边界效应、时间效应能够用模型来解决。但是模型的适用性、应用范围是不是考虑过?请董教授针对贺院长的点评进行回应。

董冠鹏:非常感谢贺老师,贺老师说得非常全面。我感觉问题意识、技术选择、数据与政策建议,贺老师点得非常准,每一点都点到软肋上。问题意识的确是非常重要,现在我们苦恼的地方就是找一个很好的现实或理论问题去解决,找了之后也不知道合适不合适?我们想去做区域差异,看从一些新的视角能不能有一些新的发现。

技术选择方面非常赞同贺老师的观点,不是说模型越复杂越好,是要看研究的问题是否存在这些复杂的效应。如果存在的话可以尝试或比较一下。贺老师提到复杂的模型能不能Trade-off,就是能不能提供一些新的东西,我感觉其实可以尝试一下。有些复杂的模型不是纯粹的复杂,而可能考虑到更多的、真实的问题,或者是贺老师所说的一些机制方面的内容。比如说我们可以把机制,如产业集聚、区域差异的机制因素加到模型里面,去做一些检验,可能会有一些新的发现。如贺老师所说,在一些不太合理的模型里有些因素可能变得不显著。但如果考虑到了这些机制或问题的特殊性之后,变量还是显著的或者在不同尺度上是不一样的,那我感觉还是有一定的参考价值。当然,这不是决定性的,只是有一定的辅助参考价值。

数据方面,贺老师说的也非常对。一定要了解数据,根据研究问题得出来的结论必须得谨慎,要做非常多的稳健性分析。要尽可能的排除由于数据的不稳定性或者采集误差等对模型估计结果的影响。政策建议方面,我们认为首先要确保估计结果准确,在合理的结论之上结合相关材料、文献才能去思考政策建议。如果前期的研究结果不是很准确就做政策建议,风险会比较大。

主持人:感谢董老师的回应。现在聊天区已经有问题。首先地理所金凤君老师提问这个模型能用于模拟和预测吗?

董冠鹏:可以。其实在模拟预测时最主要是参数,如果把参数估计出来就可以做一些模拟。当然前提必须知道是什么样的模拟或去模拟什么。

主持人:也就是说您这个模型实际上是相当于把不同尺度的因素,或者不同尺度和不同空间的因素,因素和因素之间的关系和参数预测出来,再把这个参数用于后面的预测,只要一个变量可知,就可以根据参数模拟出另外一个变量?

董冠鹏:可以这样理解。其实最主要的贺老师已经点到了,因为我们这个模型是同时对数据的不同尺度进行建模,所以能模拟出来不同尺度变量之间的关系到底是什么样子的,有多大差异。并且也能识别出来不同尺度起决定性作用的变量是什么? 有了这样的参数之后,如果给系统一个外部冲击,就可以知道冲击怎么在不同尺度上进行传播,在同一尺度不同空间单元之间怎么传播。这个是可以刻画出来的。

主持人:好的。接下来国科大一个学生提问,您之前讲到的空间多尺度模型是否可以理解成为两个不同尺度下,分别对研究区域做两次地理加权回归? 如果是的话,后续分析中对两个独立的回归方向怎么分析?

董冠鹏:这个问题非常好。其实我们正好是针对这种缺陷进行改进,提出了空间多尺度统计模型。即不是把两个尺度的数据分别或者割裂开来建模分析,而是把两个尺度或者不同的尺度放到一个模型里面同时进行估算,这样得到的结果更准确。

主持人:这样就相当于把不同空间尺度的数据都放在一起来进行建模,有没有可能有些变量的作用被强化? 有可能它在小尺度起作用,在大尺度也起作用。导致这个因素的参数直接就会比原来要大很多,过度的强化了某些因素的作用?

董冠鹏:真实情况下可能会是这样。可能有的在小尺度上起作用,大尺度上也起作用,但是两个尺度上起的作用不相同。现在做尺度交互效应分析,小尺度上要素分布或时间演化集聚起来会对大尺度有一个作用。这个在生态学理论里是有的,但在人文—经济地理方面,特别是经济扩散领域,理论上可能提得不是特别多,但我感觉应该是有的。

主持人:但是这种交叉强化可能会把某一个尺度上非常重要因素的作用给弱化了。如县级尺度和省级尺度都有一个因素,它两个都有作用。但在县级尺度上有另外一个很重要的因素,但因为两个尺度混在一起后,这个重要因素的作用就弱化了,但它在县级尺度是非常重要的,新模型把信息给刷掉了。

董冠鹏:对,其实这个情况在做模拟的时候也遇到过。在省级尺度上有两个变量,一个是一般的,另外一个非常重要。在另外尺度上,也是两个变量,一个大一个小。但进行建模时，如果真实情况真的是一个大一个小，在某一个尺度上很强，这个模型其实是能够比较准确的 Cover 出来的。还有一个情况，直接看一个尺度，如省级尺度变量影响非常大，但真实情况，可能不是这样。真实情况可能因为你忽略了它在下一个尺度上影响，所以得出来一个错误的结果，或者不太合适的结果。它表现在省级尺度上影响非常大，其实它不是这样子，它可能在市级影响很大，在省级影响很小，但是因为忽略了它在城市尺度上的影响，所以表现出来在省级尺度上影响很大。就是因为忽略了一个东西，把别的作用当成自己的。

主持人：这就表明我们在选择模型的时候要考虑这个问题本身，它适合用于混合尺度还是适合单尺度？首先对问题要有一个清醒的认识，然后才能选择一个适合的模型。

董冠鹏：对。这个与贺老师说的一样，就是首先理解机制，知道变量到底在哪个尺度上可能起作用。然后通过不同的模型进行测算。当然可以从统计上比较，但最主要的还是要按照理论从机制方面做模型设定。因为模型其实只是一个方法或工具，具体怎么去建模还是要看我们的想法、直观感受以及理论和机制上的预测。

主持人：接下来是来自中科院沈阳生态所的肖骁老师，他想请教您云学习迭代算法的权重矩阵和基于地理邻近性的空间权重矩阵相比，在人文—经济地理分析中，主要的优势在哪里，应用的时候应该注意什么？

董冠鹏：我们提出来迭代其实是一个算法，最主要的区别是在以前的研究中，不管是模型或者应用研究，往往假定地理单元之间的联系，不管是基于距离或者基于货流、客流这些经济距离，假定它是外生的，是可以根据其他变量提取出来以衡量地理单元之间的联系。但是在自适应模型中，是从数据中学习，即是从一系列 X 里面去学习地理单元之间的联系到底是什么样子。比如说很近的两个单元，按照通常方法提取空间权重矩阵的话，它俩之间的联系应该是很紧密的，因为距离很近。但是事实上他们这两个单元的属性，不管是 Y 还是 X，有个显著的差异，那这个差异就可以在迭代算法被捕捉到，进一步会估算这两个地理单元之间的联系，可能其实是没有联系的或者是联系非常小的。本质上讲，经典的方法或者之前的方法是外生假设基于距离的，现在是基于距离用迭代算法对权重矩阵进行估计，然后识别边界效应进而识别相邻单元的显著差异。

主持人：有点感觉像试错或者试验方法，拿模型去试。因为我对这个云学习迭代算法完全不了解，不知道肖老师是否满意？如果您觉得还有什么问题，可以继续提问。

董冠鹏：对。肖老师感兴趣的话可以看一下代码，这个就比较清晰了。其实迭代算法是非常 Intuitive 的，只不过计算量上比较难一点而已，但思路很直接。

主持人：接下来国科大同学提问，请问您对于量化空间分区、异质性的相关问题有什么看法？可能需要您举个例子，说明一下什么是空间分区、异质性的问题。

董冠鹏：这个应该是地理资源所王劲峰老师的区位统计量和地理探测器。空间效应本质上就是地理学第一定律。王劲峰老师说地理学第二定律是空间异质性,或者是空间分区的规律。如一个研究区域肯定是有内部相对均质的一些地方,然后相当于分成大区,或者叫做 Stratified 的分层。当然这个分层和数据结构或者多层结构有一定的类比性。例如,对于社会经济属性而言,省际之间的差异往往要比省内差异大一点。如就全国经济格局而言,省际之间的差异可能要比省内差异要大。这样对全国来说,每个省就是一个分区,这个分区里边是相对均质的。同比一个省或市里边,县就类似于均质的。当然王老师的分区更多说的是环境要素的区内差异要小于区间差异。这有一定的相似性,但在尺度方面要灵活一点。

王姣娥:董教授我想问一下,你的多尺度空间建模是在什么样的情况下可以考虑? 其实与贺老师提的问题有点类似,这个方法确实很好,但是在人文与经济地理学中应用的时候,我们可能更多地从问题出发,如何来判断尺度。如北京市的地价分布,可能不管是点的、斑块状的还是说街道尺度,尺度可能还没有那么明显。我想另一个因素是因为在人文地理学中,在大的尺度中行政因素的作用一般非常大。如我们在研究地方经济发展时,地级市尺度和省市尺度,行政力量通常会对地方经济发展起着非常重要的作用。又如高速铁路、高速公路,同样的规模里程放在不同的地级市或者不同省,其对经济发展的影响是非常不一样的。我想这种从小尺度到大尺度转换时,行政的作用很大。我想知道在这个模型中能不能体现出来,或者如何能识别出来? 这是第一个问题。

第二个问题是在边界线的研究中,也一样和行政有一定关系。就是说边界效应中,行政边界和地理边界在模型中要考虑的话是否会有一些差异性。地理的边界我指的是自然地理单元。尤其到大尺度,行政因素或者地理边界的作用之间会有一些差异性。

董冠鹏:谢谢王老师,这两个问题非常好。第一个问题您说的行政尺度或者行政因素。我的感觉是非常适合的。因为我们可能对这样一个话题感兴趣:在哪个尺度上政府的因素会起作用? 是在省还是市的尺度? 以及在不同尺度上起到的作用是否相同? 如果是这个话题的话,空间多尺度统计模型应该是非常合适的,因为它能够给出不管是政府的政策变量或是政府其他的一些特征,能识别出在哪一个尺度上起到显著作用,以及在不同尺度上作用的差异。如高铁、高速建设是在省域起作用、市域起作用还是在县域起作用,这个可以给出来,并且给出不同尺度作用的差异。

王姣娥:我可能会考虑的是这个差异的结果是由于它尺度大小的问题造成的还是行政因素的作用?

董冠鹏:对于这个问题我感觉是不是需要把政府政策量化。如果不量化就比较难了。当然政府的作用可能比较难以量化,但可以试一下。我们一般是每个尺度上分开分析,如高铁,不管是县、市、省,先分开做,然后进一步把不同尺度或者不同尺度的政府可能起到的作用放到一起去分析,然后比较模型的结果。可能不会直接回答你的问题,但可能会有一些建议。从理论上看,如果在不同尺度结果不一样,就有可能是因为政府或者行政的原因。

王姣娥:好的,我回头再向您请教。您再回答第二个问题,行政边界和地理边界是哪个模型都可以考虑进去的,还是我们可以主观划定并放在模型中的,还是自动生成的,或原来固有的这个边界。

董冠鹏:边界与尺度是可以灵活理解的。尺度可以是行政单元的层级,也可以在分析新型数据时把人看作是一个尺度,或每个人每天的活动也是一个尺度。对于边界的识别,您这个问题特别重要,特别是识别出来的边界,无论是行政边界还是地理边界,或是社会文化边界,都可以进一步去验证,识别边界是由于行政因素导致的,还是地理因素,还是社会经济文化因素导致的呢? 当然也有可能这个边界可能是政府、自然、人文、经济,可能是多重的边界。

主持人:河北工业大学的王老师提问,城市群的地理边界适合用多层复杂网络来建模吗(以城市为节点)?

董冠鹏:可以。因为城市群和里边的城市很明显是两个尺度。城市群包括若干个城市,是嵌套于城市群之中。城市群和城市群之间不管是有网络关系还是地理关系,可以用这个模型。

主持人:好的。东北地理所张平宇所长评论说,地理问题的模型化研究一直是极具挑战性的问题,一方面是地理问题本身有复杂性、综合性、开放性和动态性,所以钱学森认为研究地理问题比研究导弹要复杂多了,主要的原因是地理问题不能重复,也不能控制,现象是可以重复的。地理现象是比较复杂的,你要用一个模型来进行分析或是验证的话,它肯定是有局限性的。

董冠鹏:张老师说得非常对,因为建模这个领域有一句非常经典的话:没有正确的模型,只有有用的模型。

主持人:南大地理学院的王老师问,当考虑不同尺度时,尺度是连续的吗? 比如社区、城市、县、市、省。当以尺度为研究对象的时候,能否跨尺度?

董冠鹏:可以。就像贺老师之前说的,要根据地理研究话题来确定尺度。如现在有很多尺度数据,如社区、城市、县、市、省,有些尺度可能就是没有影响,有些可能是有。因此不需要一级一级尺度都做,而是要根据自己研究的问题确定。当然有时候很多情况是根据自己的数据不断地尝试。

主持人:所以核心还是要先把科学问题想清楚,在哪个空间尺度上对这个因素产生作用,然后再选用数据进行说明。

董冠鹏:因为技术其实就是一个工具,就是对理论或假设的验证。当然有时候可以通过一些技术发现一些东西,但是正常的思路还是要先对科学问题、机制有一定的理解,然后再用数据、方法、技术去验证，而不是相反的拿数据去发现，如 Data prevenient，或者是算法 Prevenient，我不是特别赞成这个思路。

张平宇：冠鹏刚才的报告我是似懂非懂，但是我还是学习了一下。实际上我们地理学的发展从 20 世纪 60 年代西方计量革命、数量革命之后，有一段时间就有些相对弱化了。现在我觉得随着一些技术、方法、手段的发展，特别是对于问题研究的深入，也需要技术深入和科学性。我认为地理学问题的研究，定量模型和理论研究都是非常重要的。大约是几年前，香港大学的林初昇教授就讲过，你玩文字和玩模型其实都是非常不容易，哪个玩好都非常难，都极难。我是想说什么，从研究科学问题，培养学生的科研素质角度，也需要进行定量化的模型方法培训。当然了，更主要的目的我们不是为了玩模型，我觉得还是需要用数量模型来解决一些实际的问题。

所以刚才贺院长的评价，有些我是有同感的。由于地理问题的复杂性，地理学的模型化和定量化研究依然是学科发展的需要。尽管这条路很难，但是我相信将会走得越来越好，研究得越来越好。从这点来说，我相信董教授的研究很有特色。结合城市的研究，或者结合其他方面的研究，我相信会看到一些非常精彩的成果。但是这个问题又确实特别复杂，我记得钱学森写过一篇文章，关于地理科学中复杂的、开放的地域系统时，他就谈到了地理学数量化、模型化。他认识到地理学的复杂性。大家都知道，钱学森先生是系统工程和模型研究的一流专家。但是他都能意识到地理问题综合性、复杂性、开放性，所以我觉得这确实给模型化的地理研究带来相当大的挑战。

但是我还是坚信，而且我也是支持，这个方向还需要更多的人，特别是青年人掌握一些先进的模型方法。现在的一些计算机模型、大数据等方法对于我们深刻认识地理学的一些微观机制和机理有其独到之处。但是我们也要避免没有模型就不能发表文章的弊病。模型不是万能的。如果不能把地理问题的本质认识清楚，还限于数据的获取，模型的构建未必那么准确。

董冠鹏：谢谢张老师！我们任重道远。

主任总结

首先感谢董冠鹏教授的精彩报告和贺灿飞院长的经典评论和思考。我认为贺院长的评论与建议不仅对于董教授是个启示，对于年轻人搞计量或计量分析也是忠告。再次感谢你们二位。

我认为董教授的研究工作非常有意义。认识这个世界，大家不能老是拍脑袋，得越来越精准化。精准化就需用一种规范的语言，或者是大家都认可的一种范式。这个范式我认为就是模型,而且这个模型是基于科学基础建立起来的,不是拍脑袋建起来的;这些模型有大量的数据支撑,并从数据里面得出想要的结论。我觉得信息化给我们提供了条件,学科的发展也需要这个东西。我也呼吁年轻人在朴实性的计量方法或者平台建设上多做工作。这是我的第一点启示。

第二点启示,董教授提出他还建了一个开放性的平台供大家使用。我觉得这是一个很好的方向,就是让大家集思广益来做这些工作。我在哈佛进修的时候,哈佛大学就有一个开放性的平台,大家都往上贡献力量,解决问题的视角、方法、手段、工具也越来越多,对认识问题的精准性、更多视角的判断提供了一个基础。我认为这个开放性的平台很好。我建议如果可能的话可以建个网络,让大家把有兴趣的东西都再扩展集成起来,作为咱们人文—经济地理未来发展的一个分析性的平台。

第三点,我再重复一下刚才贺老师的观点。模型只是我们分析问题的一个工具,它背后的逻辑基础、理论基础在实际应用或解决问题时,一定要搞清楚。我们和数学家不同,地理学的数据有明显的空间指向,有明确的社会经济含义,且这个含义在空间上还有其属性。所以在模型应用时,与纯做统计分析、或技术开发的最大差异在于我们要用这个模型解决实际问题。再有现在大数据时期,数据很多,需要有选择、有目的地的认识这些数据,不能把数据一概地拿来使用。

最后再次感谢董冠鹏教授、贺灿飞院长以及各位!

第三部分
新时期的区域发展

"一带一路"建设案例研究

报告人：

刘卫东，中国科学院地理科学与资源研究所研究员、副所长，博士生导师。曾任中国地理学会经济地理专业委员会主任、国际区域研究协会中国分会理事长。现任中国地理学会"一带一路"分会主任。长期从事经济地理、区域可持续发展、经济全球化与"一带一路"等研究。

刘慧，中国科学院地理科学与资源研究所研究员，博士生导师。长期从事区域可持续发展研究。

王姣娥，中国科学院地理科学与资源研究所研究员，博士生导师，经济地理与区域发展研究室主任，中科院区域可持续发展分析与模拟重点实验室副主任。中国地理学会经济地理专业委员会副主任、国际区域研究协会中国分会副理事长。主要从事交通地理与区域发展、大数据与城市交通、"一带一路"基础设施研究。

刘志高，中国科学院地理科学与资源研究所副研究员，硕士生导师。兼任国际区域研究协会中国分会常务理事、中国地理学会经济地理专业委员会委员。主要从事创新系统与产业集群、境外合作园区研究。

宋涛，中国科学院地理科学与资源研究所副研究员，硕士生导师。主要从事经济地理、跨境经济合作、政治地理、区域规划等研究。

陈伟，中国科学院地理科学与资源研究所助理研究员，主要从事经济地理、城市与区域发展方面的研究工作。

主持人：马丽副研究员

金凤君：经济地理学的发展始终与社会需求紧密联系在一起，以任务带学科，一直是学科发展的基本路径，也就是说，社会需求是我们学科发展的基本动力之一。"一带一路"倡议于 2013 年提出，为各个学科的发展都提供了机会，有些学科把握住了机会，有些学科则成了旁观者。非常高兴的是，刘卫东研究员率领的研究团队在"一带一路"研究方面把握住了机会,为国家发展贡献了我们学科的智慧,也取得了一定的成果。他们从实践入手,逐步向理论升华,并取得了丰硕成果。很高兴他们今天能与我们分享近期的研究成果。

主旨报告

刘卫东:基于制度与文化视角的"一带一路"建设模式研究

尊敬的各位同事、各位同学,非常感谢经济地理专业委员会创新的会议模式。这次我希望带着团队的部分成员就"一带一路"建设案例研究与大家做一个广泛的交流,也听取大家对我们研究的意见和建议。"一带一路"倡议提出以来,我们团队已经参与研究近7年了。这期间我们做了很多战略研究和规划研究,大家可能对于我们研究的理解往往觉得是很宏观、很战略性的,但是实际上从前年开始我们已经深入到一个个具体案例的研究了。

最近我们刚好完成了一系列案例研究的文章,希望在此与大家做交流。关于"一带一路"研究我们做过一次集中发表,2015年在《地理科学进展》上刊发了一个专辑。这实际上是当时我们最早参与"一带一路"研究产出的一些成果。时隔五年,我们又一次在《地理学报》(2020年第6期)上组织了专栏:"一带一路"建设案例研究。实际上总的研究案例比这个专辑要多,但是由于审稿原因等,目前只有七篇文章刊发。在此也非常感谢《地理学报》和《地理科学进展》编辑部对我们学术研究的支持。早期《地理科学进展》专辑共刊发了十篇文章,截至2020年6月5日,专辑的引用次数已经达到2237次。在所有"一带一路"研究文章里,这些文章的引用是非常高的。此外,我们也出版了几本专著,包括《"一带一路"战略研究》《"一带一路"引领包容性全球化》(中英文版)《"一带一路"建设进展第三方评估报告》《共建绿色丝绸之路》(中英文版),都是相对较为宏观的研究。从前年开始,我们团队在全球20个国家选了23个项目进行深入的案例研究。大部分案例研究采用了中外结合的模式,由我们和当地国家的合作伙伴共同进行。

下面介绍我对"一带一路"建设案例的总体认识。"一带一路"建设实施这么多年,我们听说了很多项目。在新闻报道、学术文章乃至于政府的工作总结里,都提到了很多"一带一路"建设的旗舰项目等。这些项目到底怎么样,它到底发生了什么,能从中总结出什么样的理论知识,以供以后的"一带一路"建设借鉴,这是我们现在面临的重要命题。最近,我一直在思考一个研究议题——基于制度文化视角的"一带一路"建设模式。在2019年大连召开的经济地理专业委员会学术年会上,我提到了"重温制度文化转向"这个议题,当时也提到怎样从制度文化角度研究"一带一路",但没有系统的想法。经过一年多不断的反思,我这次有了初步的认识,下面给各位介绍一下,请大家批评指正。

"一带一路"建设进展非常快,到今年年初,全球138个国家与中国签署了合作协议。另外有 30 个国际组织也签署了合作协议。总体进展良好,但是有很多项目也存在问题。其中重要的体现就是中国的企业"走出去"缺乏经验。中国的企业在最近十年、二十年才开始走出去,有的甚至刚刚准备走出去,不像西方国家的很多企业,他们已经"走出去"摸爬滚打了上百年,至少几十年。我们发现,这种"走出去"的经验不足、项目失败或者不理想,很大程度上是由于他们不太重视中外之间制度和文化上的差异,他们想把中国的很多事情直接搬到国外去做,所以容易出现问题。现在国家提倡推动"一带一路"建设向高质量发展转变,对企业在外边如何做好项目提出了新的要求,同时也为学术界提出了新的命题。

到目前为止,基于案例研究的论文极少或者说几乎见不到,或者是非常粗浅的研究。这也是我们下决心、花大力气在中国科学院专项的支持下做案例深入研究的原因。《地理学报》专栏的论文就是聚焦于制度和文化因素,对"一带一路"建设进行深入的分析,并总结出理论知识为未来的建设提供指导。

讲到制度和文化转向,先简单回顾一下"二战"之后经济地理学的几个转向。这里是非常粗略、有点冒险的总结,因为 20 世纪 90 年代以来的转向太多了。当然前面比较公认的是从 20 世纪 50 年代开始流行的计量革命,当时是战后繁荣期,福特主义大规模生产,全社会对于"科学主义"的推崇,催生了所有学科都追求计量革命,包括社会学也一样。计量地理因此成为经济地理学科发展的主流,计量地理强调静态均衡和理性预期,忽视了社会经济制度的塑造作用,所以它流行了 15 年到 20 年左右,20 世纪 60 年代末就开始慢慢退出主流了。

20 世纪 70 年代开始,由于资本主义经济危机蔓延,很多传统的制造业中心慢慢衰退,失业率居高不下,还有滞胀的问题,结构改革的诉求,从而催生了马克思主义政治经济学成为经济地理学科主要的思想来源。戴维·哈维就是这个学派主要的人物。在政治经济学派里,非常强调社会结构的决定性作用,包括阶级关系、权力关系、个体能动性等等。

20 世纪 90 年代之后,随着经济全球化和信息技术的快速发展,经济地理学研究发生了制度和文化转向,关注社会经济结构和个体能动性及其两者之间的相互作用关系。当时的制度和文化转向有三个背景。第一,新的国际劳动分工。即发达国家的产业逐渐转移到发展中国家去,经济过程中的主体涉及越来越多的国家,而不是少数国家。所以很多经济活动分布在不同的社会、政治、制度文化之中。第二,新自由主义的影响。国家功能开始向下分权(如给国际机构),国家不再管理很多事务。分权的结果就形成了多尺度的治理机制。也就是说一件事情可能会同时受到国际机构、国家和地方的影响,从而涉及国际、国家和地方制度。在这种情况下,制度和文化的融合就非常重要了。第三,随着跨国公司全球扩张带来的影响,全球生产网络与区域发展的融合离不开与当地制度和文化的相互作用,所以早期 GPN 研究方法里强调嵌入,这里嵌入不仅仅是供应链,也有制度和文化。以上三个背景强调了制度和文化的影响。

目前,制度和文化差异已成为中国企业在全球发展中面临的重要问题。制度当然包括了很多不同的概念,有正式的制度也有一些理性的、默认的惯例和规范等非正式的制度,所以要把制度理解为广泛的内容,包括文化在内。制度与文化的转向,强调的是当时的历史环境及与当地的关系。实际上,Embeddedness 引入经济地理学研究的时候,才给我们打开了一片新的天地,然后让我们能够从更多的视角来观察所研究的对象,也就是经济活动。

新区域主义对于劳动力市场制度厚度的研究,全球生产网络对于"嵌入"和战略耦合研究等都非常重视制度和文化因素,演化经济地理学则强调制度对区域发展路径的影响。关于制度和文化转向的发展趋势强调以下几点:第一,关注多尺度的尺度间相互作用。全球、国家、地方等不同尺度之间也是相互影响的。第二,制度和经济活动是共同演化的。不是说制度决定经济,或者经济决定制度,这两者是相互演化的。第三,多个主体对制度演化都有作用,需要关注不同制度之间的相互作用。中国企业到国外去,中国文化和当地文化的交互作用,包括中国形成的一些制度转移到当地会产生影响。后面王姣娥研究员讲的蒙内铁路案例里会看到相关内容。

中国经济地理学与制度和文化密切相关。经济地理学研究是沿着"以任务带学科"的道路在发展,其中研究对象容易受到制度和文化因素影响。例如 20 世纪 90 年代大量研究乡镇企业是什么原因?因为在特殊的治理结构下,国家需要搞乡镇企业发展,才带出这样的研究。改革开放以来,经济地理学的研究与我们国家的制度改革密切相关,如宏观层面包括规划、战略、空间治理等制度,对于经济空间演化是非常重要的,作用也非常大。

西方地理学的制度文化转向,往往更加微观一些,可以理解为中观尺度。这与我们理解国家尺度的研究有关系,但又不完全一样。当然,海外学者对于中国制度的研究,包括温州模式、苏南模式等,也都充斥着制度和文化因素。中国经济地理学对于制度因素的讨论,主要服务于国内社会经济发展的需要,它难以直接应用到海外建设之中。所以,这两年我们的团队一直在学习如何借鉴西方经济地理学的研究结果,在中国经济地理学的发展基础之上开展"一带一路"建设模式的研究,有待于我们自己不断努力,也有待于与西方学者开展比较案例的研究。

既然要研究"一带一路"建设,首先要了解什么是"一带一路"建设项目,这一点非常非常重要。如果不界定清楚项目,我们没法去研究。有两点需要先解释一下。第一点,我们过去经常会讲古丝绸之路沿线 64 国的概念,现在很多的统计数据,包括发表的文章,都是讲沿线 64 国的概念。我在很多文章和书里讲到,当年制定"一带一路"战略规划的时候,我们的目标合作国家就是古丝绸之路沿线的国家,这些国家是最有可能在丝绸之路文化渊源下与我国开展合作。当然大家现在要清楚,我们已经和 138 个国家签署了共建"一带一路"合作协议,超过了联合国成员国的 2/3。到现在为止,我们倾向于命名 64 国叫古丝绸之路沿线国家,把与中国签署合作文件的国家称为"一带一路"沿线国家。希望大家今后使用这两个概念的时候也能够注意,这是关于研究范畴的问题。

第二点,"一带一路"建设项目如何认定。中国政府包括领导小组办公室,从来没有正式认定过"一带一路"项目。现在大家说的"一带一路"项目都是很多企业自己给自己戴的帽子或者媒体给它戴的,或者有的时候为了宣传需要戴的帽子。这就需要进一步甄别了。广义的角度,在共建"一带一路"沿线国家发生的与中国相关的投资项目、贷款项目或其他国际合作项目都可以叫作"一带一路"项目。狭义的角度,我个人认为,因为"一带一路"的特点就是政府间的合作,只有在政府间框架下,通过政府间的合作培育出来的项目,或者是被纳入到政府间合作的项目,它们更有资格被叫做"一带一路"项目。那我们主要关注的还是"一带一路"狭义的项目。

下面简单介绍一下沿线国家的情况。经济地理学者最习惯研究的其实是 OFDI,就是对外直接投资。需要说明的是,下面介绍的很多统计数据是 64 国数据,而讲的项目则不局限于 64 国。中国在沿线国家的 OFDI 存量是 1730 亿美元,其中大概一半是 2013 年之前就存在了;2013 年以来中国在沿线国家的直接投资,在 800~900 亿美元的水平,总量占全国对外直接投资的比重不到 10%,存量也不到 10%。

但是,中国的金融机构在"一带一路"沿线国家的贷款余额是 3500 亿美元,是 OFDI 存量的一倍以上。其中,我们国家贷给自己的企业,到"一带一路"国家去投资的也计算在贷款余额里边。根据估算,中国的 OFDI 里有 1/3 是贷给中国企业,而在贷款余额里可能有几百亿美元是以 OFDI 形式呈现的;另外就是贷给股权机构或当地项目。亚洲投资银行和丝路基金在"一带一路"沿线贷款余额里只占 2.3% 和 3.2%,非常少;其他投资主要来源于:中国进出口银行,占 40%;国家开发银行 1100 亿美元,占 31.5%;四大国有银行 800 亿美元,占 23%。由于没有官方任何数据,这只是估算。在"一带一路"沿线国家一方面我们有 OFDI,另外一方面我们对它们有贷款。

从 20 世纪 50 年代以来,海外投资就是经济地理学研究的传统领域。在"一带一路"建设项目里,从额度上来讲海外投资项目实际上是少量的。那么,更多的是什么? EPC 项目,就是海外总承包,即我们的企业对外承包工程,建完了以后交给对方,这是最常见的,以前也都是这样的。但随着"一带一路"建设以来,我们建设的很多大项目,比如说铁路、港口、机场等,建完以后当地国家缺少能力运营,或者暂时不能运营,则我们的企业就需要签订合约帮它运营一段时间,同时培训运营人才,所以就变成了 EPC+O,即总承包+短期运营的模式。如蒙内铁路、亚吉铁路都属于这种模式。

另外一种形式是 EPC+F,我们企业到海外去承包项目,但一些发展中国家由于没有投资来源,就希望能够向其他国家进行借款,这时候我们很多企业就会在拿到项目的同时承诺,帮助他们寻找融资渠道。这里融资的渠道很复杂,以前都以为是找到进出口银行,借双优贷款、优惠的买方贷款或政府间优惠贷款等等。实际上,一般双优贷款只占小部分,同时会融合商业贷款或开发性金融贷款。具体表现为,中国企业承包了类似工程并回到中国来找融资渠道,所以就变成了EPC+F。过去几年里大量的项目属于这种模式,我国大量的对外贷款也都是这种模式。但是由于国际上有些批评,现在这种项目越来越困难,我国企业也相对比较谨慎了。实际上大家读文章应该知道,很多发展中国家的债务不是由我们造成的,主体还是由发达国家过去给它的历史性债务。由于EPC+F越来越少,现在很多企业在做EPC的时候自己也会参与一部分投资,所以就从EPC跨越到投资领域来,变成了BOT模式或PPP模式。两个模式是有区别的。PPP模式有政府介入也承担一部分风险。BOT模式则完全是你建设、你运营,最后移交当地,建设和运营期的亏损跟当地都没有关系。另外就是对外直接投资项目,这是"一带一路"建设里边最多的项目,主要以私营企业投资制造业领域居多。我们对"一带一路"项目划分的两大维度是:是不是完全自主经营,主要的投融资结构是什么。

BOT和PPP模式大量集中在长期性公共服务领域,如正在建设中的中老铁路即采用PPP模式。中老铁路以中国铁路总公司(中国国家铁路集团有限公司)、中国投资有限责任公司、云南投资公司和老挝铁路公司合资成立的中老铁路公司为业主,获得老挝交通部50年的特许经营权,从中国金融机构贷款60%(本金占另外40%)进行建设和运营。其中老挝铁路占30%,中方三家共占70%。建设资金从哪里来? 其中,四方合作成立的中老铁路公司投资40%,剩下的60%从中国进出口银行和其他金融机构贷款。这是中国铁路"走出去"第一次尝试这种建设模式,有可能开创"一带一路"建设投融资模式的新道路。"一带一路"建设中,巴基斯坦卡洛特水电站项目就是典型的BOT项目,由三峡南亚有限公司投资建设,其投资20%,剩下80%的贷款来自中国进出口银行、世界银行的国际金融公司、国家开发银行和丝路基金。三峡南亚公司的投资又由丝路基金出资15%、三峡国际公司出资70%、IFC国际金融公司出资15%构成。BOT项目不需要东道国承担任何债务负担,投资公司跟巴基斯坦方面谈好电价,发电若干年后把项目归还东道国。

下面分析建设项目对制度和文化的敏感性。是不是所有项目都会对制度和文化敏感呢? 或者其敏感程度如何? 这是值得我们思考的问题,也是调研了许多"一带一路"建设项目所得到的经验。尽管制度和文化因素对于"一带一路"建设项目都有影响,但是不同类型的项目,其影响程度存在差异。我们研究的贡献就在于寻找其影响差异的规律。

关于中国企业对外直接投资的研究有很多,但大部分都是企业的FDI项目,不涉及融资项目和混合项目。如果中国只是提供融资,这就与经济地理学毫无关系,是属于金融学研究范畴。但若是建设项目完工后我们不得不去帮着运营,设置EPC+I项目或PPP项目或

BOT 项目,这个项目就必须考虑制度和文化的因素了。

经过这两三年的调研与总结,我总结出这样的规律。具体看两个指标:一个指标我借用了熊彼特的"破坏性创造"思想,提出了技术或者项目的"破坏性程度"指标。所谓破坏性不是真的破坏,是指一个项目或技术应用对于当地原有的市场平衡或社会经济结构的冲击。如一条铁路的开通对当地运输市场的结构具有重大破坏性,打破原有的平衡,给卡车运输行业会带来巨大影响。其他的项目也可能有这种现象;另一个指标就是项目或技术的地域嵌入深度和广度。所谓广度是指项目占用的土地面积很大,涉及到国土范围广,如一条铁路要穿越几百千米的范围,同时要占到沿线两三百米的范围;所谓深度是指项目对当地地理环境的影响和改造程度,如很多矿业项目虽然面积不大,只有几平方千米至十几平方千米,但是它会改造当地的地理环境;还有就是使用当地劳动力的规模,如雇佣当地几万人或者几千人,对当地产生巨大的社会影响。如富士康在中国郑州建有可吸纳二十万人就业的工厂,这类项目对地方的影响就是深度嵌入的。

根据项目和技术的破坏性程度和地域嵌入广度和深度两个指标,我们把"一带一路"建设项目分为四大类。第一类叫做变革性项目,其破坏性和地域嵌入程度都很高,对地方社会经济系统产生巨大的影响甚至是变革。如现代化的铁路、现代的通讯项目,这类项目在当地一旦建成以后会给地方发展带来变革,如消费习惯、运输结构等。这类项目我们很容易自认为对地方经济发展是好的,但是对当地很多从业者而言,可能认为对他们自身发展影响巨大。对于这类项目,我们就不得不注意制度文化所带来的冲击。第二类是支撑性项目,比变革性项目的嵌入程度和破坏性要小一些,如水电站或火电站等项目;第三类是一般性项目,主要是制造业,这类项目的破坏性较低,一般不会给当地的社会经济系统带来较大冲击。当然如果雇佣的劳动力特别多,嵌入程度较高,就需要注意了;第四类是海外经贸合作园区项目。这类项目地域嵌入程度居中。当然园区之间差异较大,有的园区优惠条件多,也会对当地形成冲击。如当年的苏州新加坡工业园,对当地发展还是有冲击的。这类冲击较大的项目就要注意制度与文化。这就是我今天要讲的核心内容,除介绍不同类型的"一带一路"建设项目之外,最主要是总结不同类型项目对制度与文化的敏感性差异。

下面王姣娥会介绍蒙内铁路项目案例;关于海外园区项目,刘志高、宋涛和陈伟会分别介绍中白、罗勇和柬埔寨西港特区,从中可以看到尺度转换、尺度间协同,以及文化差异最小的投资花园等也是非常重要的。刘慧会对 TCL 在波兰工厂的项目进行介绍。中欧班列的开通给它带来了新的机遇,所以 TCL 工厂项目形成了过去在汽车工业及很多产业里都有的"即时生产"(just-in-time)模式,在中欧班列运营的准时制度下,变成流动性的"即时生产"(just-in-time)项目。企业库存在哪呢? 库存都在班列上面。

最后总结一下,开展"一带一路"建设案例研究,总结经验和模式,是学术界的当务之急,也是推动"一带一路"建设向高质量发展的重要保障。我们总结了基于 EPC、特许经营和企业直接投资三种类型项目,强调项目和技术的"破坏性",地域嵌入程度,从而把建设项目划分为变革性、支撑性、一般性和合作园区四大类,主要是希望能够识别出项目对制度与文化的敏感性。当然上述研究的理论框架还是初步的,有待于更多的案例研究进一步的发展和完善。我一直强调,在此也呼吁各位学术同人与同学们,从制度和文化的视角开展"一带一路"建设研究,将为经济地理学者打开一扇新的大门,也是我们对国际学术界有贡献的重要领域。到目前为止,中国的地理学家对于世界的研究相对偏少、偏于宏观,主要集中在国别层面或贸易层面等。我们现在真的迫切需要做对于国家而言重要的事情,对于学术界而言重要的事,做好每一个案例研究,总结出理论知识,然后用于指导未来的实践工作。

刘慧:中欧班列对企业生产组织方式的影响——以 TCL 波兰工厂为例

谈到中欧班列对企业生产组织方式的影响,先介绍一下什么是企业生产组织方式。企业生产组织方式最早来源于经济学,指与企业一切生产活动相关的组织过程。经济地理学侧重点是研究各类企业生产组织方式实现的空间形式与空间影响。

经济地理学研究企业生产组织方式可以丰富企业区位论的研究,同时有助于促进经济地理以及城市地理的理论深化。关于企业生产组织方式,通过总结发现在不同的历史阶段,随着技术改革、交通运输方式的进步以及市场需求的变化,企业生产方式发生了变化,从最初的工厂手工制,到工厂制,到大规模生产为主的福特制,再到即时生产的丰田制,以及到现在互联网支撑下的温特制。实际上企业生产方式不是一成不变的。交通方式的变化、市场变化等对企业生产组织方式会产生很大的影响。

中欧班列指中国开往丝绸之路沿线国家的快速货运班列,最大的特点是"五定":定点、定线、定时、定车次、定价。中欧班列于 2011 年开通,目前常态化运营的中欧班列线路已达到了 75 条。2012 年中欧班列只有一条线路,到 2018 年 6 月已经织成了一张网,有东、中、西三条通道,形成了网络结构。2019 年,国内已有 24 个城市开通了抵达欧洲 16 个国家 31 个城市的 75 条线路。特别值得一提的是,2020 年由于疫情的影响,国际经济增长低迷,许多国家经济都出现了负增长,包括我们国家第一季度经济也出现了负增长,外贸更是受到很大影响。然而,中欧班列无论是开行班列数还是发送货物的总量都实现了超过 10% 的正增长,分为 15% 和 18%,呈现逆势增长态势。

中欧班列作为丝绸之路经济带重要的运输合作平台,为亚欧大陆跨境货物运输提供了新的渠道,从前面介绍的企业生产组织方式的演变过程可以看到,交通等基础设施条件一旦发生变化,会为企业生产组织方式的改变创造条件,中欧班列作为重要的运输合作平台,为企业生产组织方式的变革提供了可能,这种可能性又是什么呢? 我们需要回答两个问题。

一个问题是中欧班列对沿线企业的生产组织方式会产生什么样的影响？它又是如何影响企业的生产组织方式？这是从理论上要回答的问题。第二个问题要回答在中欧班列的作用下，是否形成了一种新型的生产组织方式？为了回答这两个问题，我们以 TCL 波兰工厂为例进行案例的深度剖析和理论的高度凝练。

TCL 波兰工厂是 TCL 于 2004 年在波兰设厂建设。TCL 的国际化战略使其在南美洲巴西、中美洲的墨西哥、欧洲以及东南亚等地区布局工厂。TCL 波兰工厂是中国企业在波兰投资的最大一家工厂。为什么选 TCL 作为案例研究呢？TCL 波兰工厂于 2004 年建设，中欧班列开通之前，TCL 采用海洋运输的方式将零部件从中国运送到欧洲港口，再通过陆路运输抵达 TCL 工厂。在 2016 年之后随着中欧班列的开通，TCL 开始采用中欧班列来运输零部件。这就为中欧班列开通前后对比分析 TCL 波兰工厂生产组织方式的变化提供了条件和基础。同时，TCL 波兰工厂位于波兰的日拉尔多夫市，距离华沙只有 50 千米。TCL 设厂的最重要目的就是要开拓欧洲的市场，TCL 波兰工厂可以在三天之内到达西欧大部分地区。2016 年以前 TCL 工厂采用的一种"刚性大规模生产方式"，原材料是从中国总部以及中国的其他供应商通过海运运输到波兰。海运时间长、不确定性大，因此只能把一部分电子部件用于组装，另一部分零部件必须仓储保存起来，组装以后的产品也必须有一部分在仓库储存起来以满足市场需求。因此这是一种刚性的规模生产，实际上和福特的大规模生产有点接近。

2016 年，TCL 采用中欧班列运输原材料后，中欧班列对 TCL 波兰工厂生产组织方式的影响路径有三种：直接影响、间接影响和最终影响。直接影响就是中欧班列的开通使得 TCL 工厂的时间成本降低，运输距离和运输时间的缩短，使得运输周期和供应链时长缩短；间接影响则是原材料准时化的运输使得零部件实现了零库存。原来存放零部件的仓库变成了新的生产线，生产线增加提高了 TCL 的市场响应度，因为不同生产线有多条流水线进行柔性生产，可以满足多种市场需求；最终影响则是生产多样化提高了 TCL 的市场竞争力。

中欧班列通过哪些渠道影响了 TCL 波兰工厂的生产组织方式？在中欧班列的影响下，TCL 波兰工厂的生产组织方式变成了全球流动的即时生产。全球流动的即时生产模式与刚性大规模生产方式的最大区别在于运输方式。原来通过海运运输虽然成本低，但时间长、时效性无法得到保障，需要储备对应的库存；而中欧班列铁路运输具有准时、速度快的特点，因此不再需要库存。中欧班列运输的零部件直接到达生产线上组装，实现准时加工即时生产，产品直接投向市场，也促成了成品的零库存。

全球流动的即时生产实际上是吸收了丰田组织方式的精髓，即是以中欧班列的跨国即时运输为载体，以丰田制的"地方流动的即时生产"为核心实现生产组织。从理论上来讲，全球流动的即时生产包含三层内涵：①以市场需求为主导的快速反向拉动式的信息流动；②基于中欧班列准时、快速的跨国原材料运输流动;③基于中欧班列准时快速原材料运输带来的内部准时组装的生产流动。进一步对比现有组织方式和原有方式的区别,发现重点是运输方式的区别。中欧班列取代了海运,供应链大幅度缩短,从海运 38 天到中欧班列的 22 天;同时实现了零库存,中欧班列相当于移动的仓库,实现了零库存、准时化、精益化的生产,提高了产品的质量、多样化和市场响应能力。

TCL 波兰工厂只是一个案例。通过该案例分析,可以得到几条重要结论。第一,中欧班列通过缩短供应链时长实现"零库存",提升市场响应能力,对 TCL 波兰工厂的生产组织方式产生了重要的影响;第二,在中欧班列准时化运输的基本保障下,TCL 波兰工厂摒弃传统的以"刚性大规模生产"为主的福特制生产组织方式,吸收丰田制生产组织方式的精髓,组织了我们称为"全球流动的即时生产"的新型生产组织方式,其中中欧班列充当了零部件"移动仓储"的作用。

全球流动的即时生产和丰田制生产组织方式有什么区别?这就是得到的第三个结论。与传统的生产组织方式相比,全球流动的即时生产:①避免了原有生产方式对原材料运输时效的影响;②通过中欧班列准时化的运输带来了零库存效益,准时化和精益化生产避免了原有的刚性生产和浪费现象;③中欧班列间接带来了产品的零缺陷和市场效益的提升,避免了原有产品质量欠佳和市场响应程度较弱的问题。与丰田制"即时生产"组织方式相比,全球流动的"即时生产"实现了"即时生产"系统在区域尺度上的跃升。丰田制是地方的"即时生产",为了实现即时组装,零部件厂商多布局在核心企业周边,需要相关零部件时,周边厂商能够马上提供。而 TCL 波兰工厂的全球流动的"即时生产",中欧班列是流动仓库;通过远距离零部件厂商布局和准时、快速的中欧班列运输方式也能实现即时生产。这种即时生产是全球尺度的。同时,TCL 波兰工厂属于制造业项目,项目对文化和制度不是很敏感。但是 TCL 波兰工厂由于生产组织方式的变革,也会受到制度文化的影响。波兰是苏联时期的社会主义国家,其制度和文化与中国有很多相似之处,且波兰拥有良好的教育,高素质的研发人员也为 TCL 生产组织方式的跃升或者新型生产组织方式的形成提供了重要保障。

当然,中欧班列自身还存在一些问题。近年来,中欧班列本身发展很快,市场参与和各方的准备不是很足,特别是外方的准备、沿线国家口岸换装能力和时间成为中欧班列运输中的一大制约点,并且中欧班列欧洲目的站容量逐渐趋于饱和;还有运输成本问题,现有班列运输依赖于地方政府补贴,未来何去何从也尚未可知。因此这些问题会对沿线企业的生产组织方式产生一些负面影响。在未来的研究中我认为也应该研究中欧班列组织的问题对企业生产组织方式可能产生的影响,才能深入挖掘中欧班列对企业生产组织方式的影响机理。谢谢大家。

王姣娥：制度与文化对嵌入式技术海外转移的影响——以蒙内铁路为例

制度与文化差异已经成为企业出去投资或者企业"走出去"关注的重点，也是"一带一路"建设向高质量发展转变必须要考虑的一个重要因素。我重点研究了技术转移对制度与文化的依赖性，并以蒙内铁路为例。

以往技术转移主要通过外商投资或贸易等形式进行。已有的学术研究也已指出技术转移不是一个单一的过程，是技术转移、东道国企业和国家的认同、技术吸收和传播等多个过程的复合体。在铁路技术转移中，尤其是运营技术转移的一个关键因素就是吸收和传播。跨国技术转移会受到双方技术差距的影响，即技术对当地的突破性或变革性；第二个关键因素是东道国的政治、制度和文化，尤其是技术转移方和技术引进方的差异，且这种差异越来越成为影响转移成功与否的关键。

境外铁路建设项目不是现在才有的，在以往的殖民时期就出现了。如英国在非洲建设的铁路，日本在我国东北建设的铁路。但是当时的铁路建设属于项目强制式嵌入，和现在我国在境外的基础设施建设项目不一样。现代化的铁路线路属于典型变革性项目，投资大、周期长、社会经济影响大、技术性强，而且会对当地的生产方式以及运输结构产生很大的影响，对当地居民、政府、土地利用、工业园区布局等也会产生广泛影响。

现代铁路项目建设过程中的技术转移和其他技术转移存在较大差异。其他都是通过FDI或者贸易直接进行的技术转移。铁路作为一种变革性项目，资金来源和以往民营企业及小企业走出去的投资来源不一样，是由政府进行借贷的投资模式。因此利益的主体由跨国企业变成了东道国政府，由此产生多方博弈的关系，包括东道国政府、铁路建设方、运营方还有当地地方政府、原来的运输主体（如卡车司机）、当地的部落等。在该过程中，技术转移的模式发生了巨大变化，也与当地的制度和文化密切相关。与此同时，"一带一路"沿线国家，如非洲的一些国家，其政治、文化以及整个生态环境非常多元化，相关制度建设非常薄弱，监管体系相对缺失。而铁路建设和运营技术需要相对较完善的安全法规、法律保障、运营监管制度以及运营模式等。这些在中国都有非常成熟且完整的制度体系，但在非洲国家进行铁路建设和运营过程中却会遇到很大挑战。

通过对蒙内铁路案例分析，我们发现，技术转移从以往单一的技术转移转变到技术和制度、文化的复合体培育和发展。以往传统的技术转移主要是通用型技术、可复制性强，不管是有形的还是无形的知识，都可以通过"干中学"来实现。当然，这仅是针对技术本身而言。此外技术转移成效还取决于三个主要因素：技术的发展状态、引进方的能力和输出方的战略。

铁路建设技术属于一种嵌入式的技术转移。该提法是应对前面变革性项目提出来的，也就是说技术转移本身并不是最开始建设和运营项目本身要达成的目标。技术是随着变革性项目的建设以及运营的过程产生的从技术输出方到技术引进国演化的过程,其中的技术包括铁路建设技术、运营技术。整个过程中,为了培养技术在东道国生长的土壤环境,除了改良技术本身使得技术实现属地化管理之外,还必须重构适合技术生存的东道国制度和文化的土壤。

铁路技术在中国的发展需依赖中国的制度和文化,如铁路半军事化的管理模式、严格的安全法规(中国有铁路警察)、土地公有制以及非常完善的铁路运营和管理制度。但是在非洲国家,这些方面基本上都是缺失的。因此在境外铁路项目建设和运营过程中,在技术转移的同时,还必须把我国一些相应的铁路管理模式和东道国自身的制度、文化以及生态等结合起来,才能保证项目的成功。

整体而言,海外技术转移成功取决于两个关键因素。第一个关键因素是技术对制度和文化的依赖度。如私营企业和民营企业投资的小项目对制度和文化的依赖度相对比较低,那么技术转移比较容易成功。另一个关键因素是制度差异和文化差异,主要指技术输出国和技术引进国之间的差异。铁路技术其实在很多国家是具有自然垄断属性的行业,因为其属于准公共性的服务产品,因此它的运营技术必须植入技术引进国特定的制度和文化的土壤中。在这里技术转移难度就取决于技术的突变性,以及技术对制度和文化的依赖度。其实,铁路技术对制度和文化的依赖度非常大,中国和"一带一路"沿线国家的制度和文化差异相对而言也非常大,这就使得整个技术转移具有较大难度。

下面介绍一下蒙内铁路为什么能取得成功。蒙内铁路位于东非肯尼亚境内。非洲国家现有大部分铁路都是原来殖民时期以及后期 1960 年到现在建设的,非洲南部以及东部地区大部分铁路是窄轨,只在北非有一部分标轨铁路。肯尼亚境内蒙内铁路采用中国的技术标准,标准轨道,全长 472.25 多千米,投资规模高达 38 亿美元。铁路建设最终采用标准是单轨内燃机,时速 120 千米/小时。大家在网上查找"蒙内铁路"可能看到的都是这样一段描述性文字,但这些标准制定的背后,是建设过程中中国企业、当地政府、中方设计单位以及当地民众根据实地调研、地方需博弈之后的最终结果,并非地方当初期待的标准。

蒙内铁路起终点位于肯尼亚最大的两个城市,首都内罗毕和重要的港口城市蒙巴萨。这两个城市相当于中国的北京和上海。肯尼亚人口约 5000 万,是全球经济增长率较高的国家之一。随着肯尼亚经济的发展,港口货物吞吐量不断增长,内罗毕蒙巴萨既有的窄轨铁路运输能力受到限制,沿线的 A109 公路也远远不能满足蒙巴萨港口日益增长的货物运输。因此,为了促进区域经济的发展,同时也解决港口货物运输问题,肯尼亚迫切需要建设一条现代化的铁路。

首先介绍一下蒙内铁路的建设过程。这条铁路建设时间漫长,历时 8 年。2009 年中国路桥和肯尼亚铁路公司签署谅解备忘录,但项目融资 2012 年以后才开始。中间过程艰难,2014 年正式开工建设,2016 年铁路正线贯通,2017 年开始正式运营,肯尼亚总统为第一位乘客。

蒙内铁路的投融资结构 90% 来自中国进出口银行,采用了"优买商贷"模式。肯尼亚政府财政资金约占 10%,并借鉴中国经验,肯尼亚政府设立铁路基金法来进行偿还。蒙内铁路项目的参与方包括肯尼亚政府、项目业主(肯尼亚铁路公司)、咨询联合体、总承包商(中国路桥)和运营商。其中肯尼亚政府主要负责土地的拆迁和补偿安置工作,以及制定保障铁路建设和运营的系列法律法规,包括港口和铁路联合运输的担保协议;项目业主肯尼亚的铁路公司主要负责运营和维护;咨询联合体由中国和肯尼亚当地的一些机构组成;肯尼亚铁路总承包商原定是 EPC 项目,由中国路桥负责。项目建设初期,中国路桥仅考虑作为 EPC 项目负责整个项目工程的勘察、设计、采购、施工、试运行等过程,但之后发现当地并不具备铁路运营能力,因此后面又改成了 EPC+O(运营)模式。中国路桥成立了负责运营的公司,从澳大利亚的一家公司购买了运营资质。但澳大利亚公司的运营技术和管理经验并不适宜蒙内铁路,所以中国路桥在国内重新组建了适应"中国技术标准"的铁路运营团队,并应邀采用"5+5"的模式,承担一定时期的运营责任。其中,前 5 年由中国路桥负责运营,并在运营过程中培养肯尼亚的相关技术人员,以"实现对当地的技术转移",5 年后由肯尼亚接管。

在蒙内铁路这一技术制度文化复合体中,铁路技术如何转移成功?首先在制度层面,不管是土地的公有制还是私有制或者肯尼亚当地的部落制度,包括肯尼亚的高层内阁(肯尼亚有两个不同的政党)都对铁路技术转移有影响,但是推动铁路最终建设运营成功的关键因素是中肯政府双方高层的高度关注。这能够帮助肯尼亚迅速制定和完善铁路生产、运营的相关制度和法规。蒙内铁路是肯尼亚最大的基础设施投资项目。虽然对中国而言,400 多千米长的铁路建设和运营并不算太大的投资项目,但这对当地是一个世纪工程。由于双方高层的高度重视,尤其是肯尼亚政府的重视,肯尼亚通过了一系列的铁路生产安全法、运营法规以及基金法来保障铁路的顺利建设和运营。最为关键的是,在运营过程中,肯尼亚铁路局通过了港口与铁路的货运担保协议、降低运输费率以及返程货物在内罗毕清关等一系列政策,才使得一些货物顺利地从公路运输系统转移到铁路运输系统。正如前面所言,铁路属于典型的变革性项目,必然对当地的运输结构产生重大影响,尤其对当地的卡车运输团体产生巨大影响。这个过程如果单靠企业解决是非常困难的,必须有政府的介入。另外非常重要的是,肯尼亚总统肯雅塔在 2017 年,也就是蒙内铁路正式开通当年连任成功。肯尼亚存在两个不同的政党,肯雅塔的连任成功有助于保障铁路的运营制度和政策的稳定性与连续性。在"一带一路"沿线国家,如果总统或者一把手更换,会对一些投资项目的后续运营以及法律法规的制定产生非常大的影响,并带来极大的不确定性。

第二是文化层面，具体包括三个方面。一是铁路文化。国内铁路实行半军事化管理，以安全和高效为理念，即下级基本上是绝对服从于上级命令。肯尼亚以农耕文化和游牧文化为主，当地的民众很难接受工业文明的理念。这种文化的冲突使得企业在肯尼亚必须将原有的农耕文化以及游牧文化与工业文化或者铁路文化很好地结合。这方面中国路桥做得比较好。二是社会文化。当地处于一个多元的文化环境，伊斯兰文化还有西方文化影响较大，而且媒体非常自由，中方企业在肯尼亚一旦有破坏生态环境或者与民众发生冲突等行为，地方媒体会把负面影响扩大化。当地的文化和价值观与中国的儒家文化差异也非常大。为此，中国路桥加强正能量的宣传和教育，并组织小学生进行免费的铁路体验公益活动，使得当地的民众从小学生开始能接触到现代的铁路文化，并逐渐接受铁路技术。三是生态文化，关键是进行环境和野生动物的保护。蒙内铁路经过全球著名的察沃国家公园，如何保障长颈鹿、大象等动物的迁徙，如何执行当地严格的环保标准同时高规格保障铁路的安全运营，都非常关键。为什么呢？因为如果要使铁路沿线没有任何的平交道口的话，需要增加建设成本。在38亿美元投资总额的限制下，为保证铁路安全运营并达到环保标准，必须采用涵洞、无平交道口的立交通道来保证野生动物迁徙。为此蒙内铁路设置了多个野生动物通道，以保障动物自由迁徙。

第三是技术层面。首先，什么样的标准是最符合、最适宜当地的标准？我们在国内可能更多建设的都是双线、电气化铁路或铁路客运专线。其实在蒙内铁路设计前期，就铁路的建设标准是采用内燃机还是电气化、单线还是双线产生了很多争议，也就是技术标准"属地化"问题。当地政府更多地希望能建设高标准的铁路，但由于受到投资规模限制，铁路速度不能非常快；如果建设电气化铁路，对电力充足保障和平稳性有非常严格的要求。肯尼亚的电力资源不像我国能够得到充足的保障；蒙内铁路虽然设计的是单线，但是预留了双线和电气化标准。在肯尼亚发展现状背景下，客货混跑的单线基本上能够满足其社会经济发展需求。因此，综合考虑投资规模和社会经济发展的实际需求，最终采用了单线、内燃机标准。其次是管理模式"属地化"。铁路运营员工，包括基层的服务人员以及培训人员，肯中员工比例高达15∶1。这是经营属地化，此外还有人员管理属地化、待遇属地化等。第三是产业链条"属地化"，也就是协助当地进行钢材和水泥生产的升级改造，带动当地部分产业的发展。

最后进行总结。在制度和文化差异下，技术转移的约束包括国家制度层面，技术层面如铁路建设技术、运营技术，以及文化层面如社会文化、铁路文化以及生态文化等方面的约束。要强调一点的是，铁路属于典型的变革性项目，需要根植于特定的制度和文化土壤中，而"一带一路"沿线国家的制度建设相对薄弱，与中国的文化差异也较大，当它们不具备对应的运输技术与能力时，如果只是简单地把中国标准移植到国外，会给企业和项目建设带来非常大的挑战。蒙内铁路之所以能够成功，正因为它采用了技术—制度—文化复合体的发展模式，这可能也是我国其他境外铁路建设项目值得借鉴的地方。谢谢大家！

刘志高：中国境外政府间合作园区多尺度耦合建设机制——以中白工业园为例

境外合作园区有三大类型，一是政府间合作园区；二是作为私人投资，跨国公司直接投资的园区；还有一种是公私合营的园区。今天我的报告将聚焦在第一类，也就是政府间合作园区。这类园区具有以下特点：①合作规格比较高，承载着两个国家一定的战略目标和战略契合。②投资规模和经济带动效应比较大。也就是说，这类项目会带来一定的变革性，不仅是带动地方经济发展，促进两国贸易，同时会对当地国家的制度、文化等方面带来一定的影响，所以这类园区倍受关注。

对于政府间合作园区的研究，我主要想回答以下几个学术界缺乏深度探讨的问题：这类园区建设主要涉及哪些主体？每个主体具有一定的利益诉求，那么需要通过什么样的机制协调来实现他们的目标？哪些主体是关键，哪些机制是关键？本报告将通过中白工业园的案例研究勾画出理论分析框架，并提供一个案例来检验观点。

海外园区是开发区的一种形式。广义而言，开发区有各种各样的类型。全球有 5400 多个开发区，分布在 140 多个国家，近一半分布在东亚国家，其中又主要集中在中国。新加坡最早开始探索在海外建立政府间的合作园区。20 世纪 80 年代末、90 年代初，新加坡为了应对本国的水土资源紧张、腹地小的发展窘境，在印度尼西亚、马来西亚建立海外园区，后来又在越南、泰国以及中国大陆等陆续建设园区。如中国—新加坡苏州工业园区，是在中新两国政府合作框架之下推进的项目。在这个项目建设过程中，我们从新加坡学习到了很多园区开发建设经验。

中国已经逐步从园区的学习者，转变为利用这种模式推动国家与国家之间经贸、文化合作的推动者。中国已在"一带一路"沿线的 46 个国家建立了 113 个合作园区，其中部分为商务部批准的国家级园区。国内外对海外政府园区的研究主要集中在新加坡的案例。理论假设主要是认为新加坡等发达国家是政策的主要输出者，但这难以回答中国为什么在国外建立了这么多园区。此外，尽管有学者开始认识到园区之间包括两国政府间的合作，实际上是两国互相学习的过程。如中新苏州工业园的案例中，新加坡的园区也必须适应中国的国情。但国际上的研究仍主要集中在东南亚地区，该地区与中国的文化接近，都属于儒家文化圈。然而中国的政府间合作园区涉及地域较广，如天津开发区承建的园区在埃及苏伊士运河，本研究案例的中白工业园在白俄罗斯，还有我们曾调研过的红豆园区是在柬埔寨。这些园区面临的地域环境更加复杂。如何去理解这些现象，如何提出比较普遍的海外园区理论？仍亟须研究。

政府间合作园区的规模较大，往往具有重塑当地乃至东道国发展环境的重要作用。因此,我的基本观点是:政府间合作园区的建设过程本质上是多尺度、多要素间战略利益耦合的过程。如果说 GPN 研究主要讨论的是企业与企业之间的利益和资源耦合,那么政府间合作园区涉及的要素可能比 GPN 讨论的要素要更多一些,也更复杂一些。

首先是地方政府的介入。地方政府首先要获得经营效益,包括社会效益。其次,跨国公司要获得市场或者战略性的资源。此外还涉及国家与国家之间的利益协调。在这个过程中有三个层面的协调机制,第一是国家之间的合作框架与协调机制;第二是管委会,它既是代表当地政府管理园区,同时它也向上反映园区的意愿,去向两国游说以获得各种各样的政策;第三是园区开发公司,主要负责园区的开发和运营。

但是需要看到的是,园区各方利益实现的前提是园区嵌入到全球贸易和市场网络中。这就要求我们不仅仅关注园区自身的建设,还需要关注园区如何嵌入到更大尺度的网络中,如何融入资源的供给、广大的消费市场,以及其他制造业集群,比如中国或者欧洲的市场。这就需要园区必须与对外基础设施、贸易网络进行连接。在中白工业园的案例中会看到,它需要与中欧班列、周围的港口进行连接。同时也需要与中国国内以及当地的园区,还有更大范围的各种各样政策之间的软连接。因此园区或者管委会需要做大量的工作使园区嵌入到全球网络。其中的关键在于更大尺度的融合和互联互通,其在很大程度上取决两国政府的合作意愿、调动资源的能力,以及园区的战略执行者——园区的开发公司,必须具有动用全球和跨国公司的能力和网络。这点非常重要。

中白工业园是 2010 年时任国家副主席的习近平总书记与白俄罗斯的卢卡申科总统共同发起。白俄罗斯建设园区的初衷是学习中新苏州工业园区的成功经验,来推动白俄罗斯的市场化改革。现在该园区内已经有六十家企业,因为白俄罗斯机械工业比较发达,故投产项目多集中在电子信息产业。中白工业园和中国国内园区最重要的区别就是从一开始就对项目选择比较挑剔,要求产业必须限制在环境友好型的目录清单中,这是卢卡申科总统一直强调的。白俄罗斯是森林覆盖面积比较大的国家,对产业环境污染绝不容忍。

当时为什么会成立中白工业园呢?白俄罗斯的经济发展在中东欧国家里情况尚好,尤其优于乌克兰。但其也面临各种各样的问题,其中最大问题是过于依赖俄罗斯,如对俄罗斯石油等资源的高度依赖。同时,白俄罗斯在市场化改革的推动下也陆续设立了六个园区,但总体来说不太成功。因此,白俄罗斯试图在俄罗斯之外引进一些经济伙伴来推动经济合作和经济发展,如中国、印度等。这是中白工业园项目建设的背景。

在 2010 年到 2013 年的建设过程中,中白工业园慢慢建立了三级管理体制。这种高位推动的政府间合作园区有利于战略利益的契合。白俄罗斯总统到现在为止共发布了两个版本的总统令,指明园区的发展方向,并且给予各种各样的优惠政策。中方则积极地参与了总统令的制定,尤其是第二版。中白工业园是两个国家元首签订的合作项目,因此双方都动用了很多力量来推进园区的建设。2015 年之前,主要是搭建制度框架。该阶段中方参与单位主要是中工国际,因为其在白俄罗斯有一些工作基础,但又缺乏园区运营所需的强大网络。从 2015 年开始,招商局集团开始介入。招商局是央企,拥有强大的全球网络和应用能力。在国内,招商局曾成功开发了深圳蛇口开发区,也参与建设了福建漳州开发区,有着丰富的园区开发和运营经验。此外招商局涵盖了金融物流、园区运营、全球港口等领域,为园区开发提供了很好的模式。

招商局介入之后,中白工业园的理念完全发生了转变,注重从全球网络来定位和发展。2015 年,招商局开始建设园区的综合物流体系,包括建立中白商贸物流园区,把物流园区和生产型园区很好地衔接起来,通过中欧班列嵌入到全球网络形成贸易大循环。更有意思的是,园区引进了德国杜伊斯堡港务集团,虽然占股不多,但有利于园区的国际招商。因为杜伊斯堡是中欧班列重要的欧洲目的地,引进杜伊斯堡港务集团能把中白工业园的网络更好地嵌入到全球网络中。此外,招商局还与波罗的海的两个港口进行合作。招商是园区发展的重要环节。中白工业园是两个国家的元首级项目,园区也很好地利用了这种机制进行国有企业的招商。同时,招商局起源于深圳,能通过带动国内的国有企业和民营企业入园形成集聚效应,现在已有六十家企业入驻园区。与此同时,园区也加强了文化建设,金融企业等也开始进入。

中白工业园的案例说明,在园区建设中,多主体战略利益的实现是根本前提和基础。政府间合作园区往往会有一个政府框架,但这不能直接保证利益的实现。合理的园区开发公司股权结构以及开发公司战略合作伙伴的全球化运营能力是园区发展的关键,而且必须要保证相互利益的共同实现。另一个结论是:在全球化时代,园区必须在更大范围内实现互联互通,并嵌入到全球生产网络才能实现发展成功。当然,中白工业园只是政府间合作园区的一个案例,相关研究需要进一步比较。同时,需要关注园区发展与资源的供给地、消费市场和其他基础设施项目的互动。这是我们后续需要努力的方向。

宋涛:合作伙伴关系视角下的海外园区政策移动性研究——以泰中罗勇工业园为例

我今天讲的案例是泰中罗勇工业园。整体上,“一带一路”的海外产业园区已经成为了“一带一路”“五通”,尤其是贸易畅通的重要国际合作平台。中国在“一带一路”沿线地区的海外园区有 82 家,入园企业 4542 家。每年纳入商务部统计的境外经贸合作区有 20 家,其中东南亚有 7 家,泰中罗勇工业园就是其中非常重要的境外经贸合作区,即海外园区。

这个报告中有几个学术概念,首先是“政策移动性”。政策移动性是在新自由主义全球化的背景下,区域或者城市的决策者为了促进本地的发展而向全球所谓“最佳实践”进行学习所产生的概念。所谓最佳实践包括了智慧城市、可持续发展、人才移民、健康政策、节事活动等等，目前也成为政治地理和经济地理比较热的研究概念。目前政策移动性的大多数研究都是基于新自由主义全球化背景，较少有对"一带一路"背景下的政策移动性的研究。同时，在西方语境下，政策移动性往往假设在全球有最好的实践，而不是与当地发展相结合的最适合的实践。另外，更多的政策移动性研究是从 Global North，就是发达国家视角来看待一些发展的实践，而对于发展中国家的研究较少。我们认为政策移动性是逐渐适应于当地复杂多尺度权力关系和不断变化的意识形态路线过程，且并非发达国家所独有。

特殊经济区可以说是中国经济改革开放最重要的经济承载空间。但是特殊经济区并非中国所独有，最早可以追溯到古代希腊的提洛岛以及之后的汉萨同盟。现代意义上的特殊经济区出现在爱尔兰的香农机场、美国、东亚的出口加工区、新加坡工业园，以及中国的经济特区等等，特殊经济区经历了一系列的演变。在演变过程中特殊经济区演化出了几种类型，包括自由制造区、在东亚比较典型的出口加工区以及自由服务区。此外，跨境及域外特殊经济区也成为近年来研究的热点。对于特殊经济区的研究，美国的陈向明老师有一句总结，"中国是经济特区发展的全球领导者，拥有数量最多、类型最多的经济特区，它们在总体上是成功的"。对于海外园区而言，这种特殊经济区的发展并非是简单地复制中国经济改革开放的成功模式，即海外园区并不是简简单单中国模式的一个海外版。

海外园区可以被视为"一带一路"经济空间的载体，需要从国内外宏观环境变化、东道国—母国的制度差异、中央—地方关系等关键角色的驱动来揭示这种特殊空间的复杂机理与内在逻辑。所以，"一带一路"的海外园区本质上是一种跨区域的政策移动性问题。我们引入了合作伙伴的概念，也就是"Partnership"。之前提到的 PPP 模式当中，Public-Private-Partnership 是经济管制研究领域经典的概念，强调公共或者私人组织的友好合作或同盟关系。在罗小龙和沈建法的一篇论文中将区域间的 Partnership 划分成了几种类型，包括等级制；自发的，也就是自下而上；混合式的合作伙伴关系。应用到海外园区中，我理解的中白工业园可能是一种自上而下的政府间合作推动的海外园区；中老的磨憨磨丁经济合作区则更多是由云南的企业推动建设的一种自下而上的海外园区；而泰中罗勇工业园区则是结合了自上而下和自下而上两种关系所形成的一种合作伙伴。

这种合作伙伴视角下的政策移动性可以被解读为差异化的宏观经济环境制度、文化背景塑造了差异化的制度环境。政府部门、居民以及 NGO 等众多的关键政策参与者是政策移动性非常重要的决策扮演者。正如"一带一路"倡议的"共商、共建、共享"原则，充分保障驻在国各方平等"伙伴地"参与海外园区建设，应该是其可持续发展的核心要素。

泰中罗勇工业园于 2005 年在泰国的罗勇府建设，规划面积 12 平方千米，目前一、二期的 4 平方千米已经全部开发完成，正在建设第三期。罗勇工业园位于泰国重要的经济增长空间——东部经济走廊（EEC），距离泰国首都曼谷以及廉差邦的深水港都非常近，现在已经形成了比较好的产业集聚效应,目前约有 140 多家中国企业入驻。

在企业层面的战略合作伙伴,首先民营企业已经成为"一带一路"的领军企业。在本案例中,起源于浙江的华立集团最早是杭州的乡镇企业,后通过企业转型逐渐国际化,在泰国占有了一定的电表生产市场后推进了泰中罗勇工业园的建设。华立集团在罗勇工业园的泰方合作企业是安美德(Amata)集团。安美德是东南亚非常著名的工业地产企业,其工业地产在泰国占比达到 40% 左右,可以说是泰国最大的工业地产商。华立集团和安美德集团的强强联合构筑了企业层面的 Partnership,具体的载体就是泰中罗勇工业园的开发有限公司,其中泰方占股 30%,中方占股 70%。中方主要负责面向中国企业的招商和提供基本的服务,泰方则负责产业园区中基础设施的建设。

Partnership 合作伙伴关系不仅仅在企业层面,同时也是在中泰全面战略下形成的合作伙伴关系。中泰建交于 1971 年,2012 年中泰两国成为全面战略合作伙伴。早在 2003 年,中国就提出要在泰国建设海外园区;2005 年,中泰共同签署谅解备忘录后,华立集团与安美德集团相互合作建立了泰中罗勇工业园。中泰全面战略合作关系下形成了非常良好的政策移动性,成功孵化了特殊经济空间等一系列相关政策。比如,泰中罗勇工业园享受了泰国 EEC 中最优惠的 BOI 三区的政策,在税收方面是八免五减半政策。而目前中国西部很多地区的政策也仅是三免两减半。同时,在外汇、成本还有雇员、土地方面都形成了最佳的特殊经济空间的政策环境。

各级政府的合作伙伴也催化了泰中罗勇工业园政策的孵化。比如在罗勇工业园中浙江元素非常多。首先,它是由浙江企业领衔,目前入园企业中有 30%~40% 都来源于浙江。浙江省也与罗勇府形成了非常良好的合作关系,浙江省大量的代表团纷纷来参观华立集团,从而推动了罗勇工业园的建设。泰中罗勇工业园已成为海外园区的旗舰项目。华立企业也在全球进行类似模式的推广,提出了"三大三小"海外园区发展战略。华立在北美与墨西哥知名企业也进行了合作,其实也是借鉴了泰中罗勇工业园发展的模式,罗勇工业园的员工成为了海外园区政策移动性的重要传播者。

泰中罗勇工业园为什么能成功呢? 首先,泰国拥有良好的制度环境,如外商对于工业用地可以完全控股。其次,泰国最大的供应商安美德集团的入驻,华立集团所带来的中国资源,非常良好地结合形成了泰中罗勇工业园政策的集合,即 Policy assemblage。在理论方面,我们重点探讨了复杂的国外和国内权力关系所形成的嵌入性网络,可以说跨境政策形成演化是一个嵌入到当地发展、社会建构的过程,而不是简单的复制和学习全球最佳实践的过程。本报告对于政策移动性理论的贡献在于国家政府、龙头企业、合作企业以及地方政府等关键参与者的合作伙伴关系对园区的发展起到关键性作用。

陈伟:论海外园区在中国企业对外投资中的作用——以柬埔寨西哈努克港经济特区为例

我主要从五个方面进行汇报。首先是对外投资与海外园区建设。改革开放以来,中国经济高速增长、经济体量不断增大,尤其进入 21 世纪以后,中国开始实施"走出去"战略,从以前的限制逐渐向放松管制转变,再到鼓励企业"走出去"进行对外投资。2013 年,"一带一路"倡议提出以来,中国企业"走出去"的步伐不断加快。2015 年,中国对外投资规模首次超过了直接吸引外资的规模,这是一个重要的拐点。截至 2018 年年底,中国对外投资存量达到了 1.98 万亿美元,分布在全球的 188 个国家和地区。伴随着中国企业大规模的对外投资,中国企业所面临的国际环境和风险也在不断加剧,尤其是由于中国和东道国普遍存在的政治体制、发展阶段、文化习俗、法律法规等方面的差异,导致企业对外投资行为常常面临"水土不服"的现象。

在这样的背景下,海外园区成为了中国企业走向全球、拓展海外市场的重要选择和功能平台。截至 2018 年年底,中国企业在"一带一路"沿线国家建立了 82 家境外经贸合作区,累计投资超过了 364 亿美元,在合作区内投资的比重超过 40%。这也印证了刚才提到的"海外园区成为当前中国企业对外投资的重要形式"。虽然海外园区在不断地建设,但实际上海外园区的理论研究远滞后于实践需求。总体上,当前海外研究多聚焦于海外园区的经济功能,而其制度文化功能平台的研究仍有待进一步深化。因此,本研究主要是基于制度和文化视角,以柬埔寨西哈努克港经济特区为案例,试图从理论层面总结海外园区的运行机制和建设模式,揭示海外园区在中国企业对外投资中的作用。

第二部分是文献回顾和理论框架。关于对外直接投资的理论主要有垄断优势理论、产品周期理论、市场内部化理论和国际生产折衷理论等。20 世纪 90 年代以来,受制度经济学的影响,对于对外投资中制度和文化因素影响的研究开始增多。与此同时,尽管中国对外投资规模在不断增大,但中国对外投资企业体量偏小、应对能力不足,所以海外园区是我们对外投资的重要形式。中国海外园区发展历程大概有三个重要的时间节点,一个是 20 世纪90 年代以后,中国一些企业开始自发探索海外园区建设模式,比如福建华侨实业等等;2005年底,随着中国"走出去"战略提出,中国商务部提出建立境外经贸合作区的举措,并伴随着政策资金等支持,我们认为进入了一个政府间共同推动的阶段;2013 年"一带一路"倡议的提出,极大地推动了海外园区建设的步伐。在全球层面,当前海外园区研究多关注于海外园区的类型、建设模式、对于东道国的经济带动效应、社会影响等方面的研究比较少。本研究主要是试图去填补海外园区在制度和文化功能平台方面的研究空白。

第三部分是理论分析框架。作为政治实体,国家是特定群体在空间上的集合,具有明显的排他性。不同国家在政治体制、发展阶段、文化习俗等方面存在差异性,导致了单一企业海外投资往往面临"水土不服"的现象。由于这种制度文化的差异性,企业对外直接投资通常不能简单地复制国内的成功发展经验,而应该充分地根植于东道国的制度和文化土壤中。

我们试图刻画海外园区在企业对外投资中的作用。相较于单一企业的投资行为,我们认为海外园区一方面试图复制和移植国内园区成功的发展经验,在东道国创造母国企业所熟悉的制度文化环境,因此它是利用制度文化相似性来克服制度文化差异性的过程。另一方面,海外园区充分发挥了功能平台的作用,帮助母国企业更好地克服由于跨国投资所面临的东道国制度和文化差异性。因此,我们认为,当前海外园区建设模式已经成为中国企业"走出去"、开展经贸合作的新平台,是帮助投资者更快适应东道国投资环境,加快企业成长成熟的"花园",我们将其称之为"投资花园",英文的名称为"Investor Garden"。它主要体现在以下四个维度,一是政策协调机制,二是投资软硬环境,三是信息与资源共享,四是集聚经济。这四个维度共同支撑了海外园区模式在对外投资体系中的独特作用,促进了海外园区真正成为中国企业"走出去"的"投资花园"。

本研究采用质性分析方法,数据和资料主要来源于研究团队多年积累的资料、素材等,论文的很多想法也是源于长期的调研、座谈。我们于 2018 年底去柬埔寨考察,并对西哈努克港经济特区和一些企业进行了实地调研访谈。

第四部分是西港特区的案例分析。柬埔寨位于中南半岛南部,人口 1600 万,人口结构非常年轻。经济自由度很高,如果用十个字来概括,就是"外汇无管制,美元全流通"。这个国家享受到欧美很多的优惠政策,还有额外的关税减免等。同时,"一带一路"倡议与柬埔寨的"四角战略"高度契合。目前,中国成为柬埔寨的第一大投资来源国,这种状态已经持续很多年了。

西港特区的建设背景和发展现状。西港特区的建设过程可以概括为:初期探索、寻找建设主体、正式开工建设、早期开发运营等发展阶段,现在进入了加快发展的阶段。2006 年,中国商务部提出建立境外经贸合作区,在无锡市政府的鼓励下,三家企业联合开发建设西港特区。但由于三家企业难以形成合力,在无锡市政府和江苏省的推动下,无锡市的红豆集团正式接管了园区,此后西港特区进入快速发展的阶段。

西港特区规划面积 11.13 平方千米,首期 5.28 平方千米,其建设目标是打造成为国际性的综合工业园区。西港特区离西哈努克国际港 12 千米,距离西港国际机场 3 千米,同时紧邻 4 号国道。园区的地理位置比较好,海陆空运输条件便利。当前也引入了中国、欧美和东南亚等地区的企业,主要产业是纺织服装、箱包皮具、五金机械、木业制品等。园区累计创造了 29000 个就业岗位,对西哈努克省的经济贡献超过了 50%。毫无疑问,西港特区已经成为了中柬两国开展经贸合作的一个样板园区。

第五部分,主要从政策协调机制、打造优良投资环境、促进信息资源共享、释放集聚经济效应四个维度,以西港特区为案例对海外园区的建设模式进行剖析。第一,西港特区实际上是多主体间战略耦合的一个产物,由中柬两国政府顶层设计、政府部门进行战略对接、无锡市政府提供政策等支持、红豆集团进行具体的承接建设、柬埔寨政府参与(柬埔寨政府有15%的股权)的多主体间战略耦合的产物。西港特区自建设以来,已经成为了中柬两国开展经贸合作的一个重点项目,柬埔寨领导人洪森首相一直称西港特区为自己的"亲儿子"。在两国政府都高度重视的情况下,西港特区的先天条件非常优越,成为第一个签订双边政府协定并确定法律地位、建立副部级的协调委员会促进机制的园区。在这样的背景下,柬埔寨给予西港特区很多的税收优惠、关税优惠等。

第二,打造优良的投资环境。柬埔寨的基础设施比较差,西港特区的建设实际上是从一片不毛之地、原始森林开始。西港特区借鉴了国内园区的方式,建立了完善的基础设施和配套设施、实现了"五通一平",建立了标准化的厂房、水厂、电厂,保证水电的供应。今年年底,热电厂也开始投入使用。另外一方面,西港特区打造了"一站式"的服务体系。企业入驻园区,从投资申请到登记注册,报关、商检、核发原厂地证明等所有行政审批的手续都可以在园区内直接完成,不需要与政府去打交道。这是单一企业投资所不可比拟的政策和制度的环境。同时,园区也提供了很多劳工的招聘、人力资源、员工培训等。江苏漫修律师事务所为园区企业提供金融和法律方面的服务,包括行业交流等。

第三,促进信息与资源共享。西港特区为了促进信息和资源共享,专门成立了一个协调中心,为企业搭建平台。通过定期的座谈会、茶话会,经常联合当地政府和有关机构举办法律咨询会、税收政策解读会、劳工法咨询会等,这些措施帮助在西港特区内的企业彼此分享信息和经验,互帮互助,能够更快地融入当地,从而提高企业效率。

第四,释放集聚经济效应。海外园区是企业在空间上的集聚,具有产业集群的属性,从而发挥集聚经济效应,通过规模化的生产,帮助企业形成"抱团出海"的投资模式,更好地应对复杂多变的外在环境。西港特区一期的入驻企业主要为纺织服装、木业、五金机械等,西港管委会在二期开发的时候,也试图在产业链条上进行拓展。比如西港特区的木地板行业,初期形成了木地板产业,后期引进了刀具、活性炭等上下游产业,带动产业链条的互动发展模式。然后,这种园的品牌效应也会吸引更多的企业入驻,是一种正向的循环。

最后简单总结,本研究的主要目标是揭示海外园区在中国对外投资中的作用。论文首次提出了"投资花园"的概念,试图在一定程度上丰富海外园区建设模式的理论认知。但也需要说明,海外园区的建设模式实际上有其内在的独特性,并不是说每一个在海外的园区都能真正成为"投资花园",需要因地制宜地推进海外园区的建设。我们的研究也是希望能够发现、创造新的知识,从而利用这些知识去创造和维护好更多行之有效的"投资花园",更好地帮助中国的企业走出去,更好地促进中国和东道国的合作共赢。未来,仍需进一步加强关于海外园区的基础性研究,努力探索包容性的海外园区发展模式。

问题交流

主持人:现在进入问题交流环节。据统计截至 2019 年国家开发银行和中国进出口银行在"一带一路"沿线 64 国的能源领域累计投资 900 亿美元,可见能源领域是非常重要的;但与此同时,煤炭油气领域的投融资项目也受到了很多批评,在均衡中国产能输出和绿色转型方面,"一带一路"有没有一些新的倡议内容,或者正在推进的内容,包括一旦推进绿色转型如何避免中国已经投产的能源项目变成搁置资产。

刘卫东:我们刚才讲了五个故事,这五个故事从不同角度都讲到了制度和文化对海外项目的影响。刚才的问题,我想从几个方面来回答吧。第一,这种项目的风险确实存在,也可以归结到我们的嵌入性或者是破坏性项目类型中。据我们了解,这 900 亿美元大致差不多占中国对沿线国家贷款余额的 1/4 到 1/5 左右。但是这 900 亿美元不都是中国企业的直接投资,有很大部分是国外政府的借款项目。有 EPC 项目、PPP/BOT 项目,也有直接投资项目。所以各类项目的风险是不一样的。

第二,中国在海外投资确实有一部分贷款是火电或者是发达国家认为不怎么清洁的能源项目。这需要从两个方面看。①确实应该为全球的碳排放负起责任来。②也要考虑到"一带一路"建设的基本原则是共商共建共享,如果东道国确实需要这样低成本的能源,而我们坚持不投不贷,那与西方国家没有什么区别。所以,我们一方面确实应该注意碳排放的问题,同时也要考虑当地的需求。这是辩证的事情,如果我们只是坚持道德制高点,以高标准要求为了减少碳排放而限制低成本能源的发展,那很多发展中国家就不要再发展了。同时,我们也看到另外一方面,中国也在积极推动清洁能源的发展,包括投资沿线国家的很多水电、风电、光伏等能源项目。900 亿美元的能源项目里有相当一部分也是水电和风电光伏项目。我们不能完全按照西方国家所讲的那样,一个火电项目都不能投。西方的很多批评认为,中国一个火电项目都不应该给沿线国家去贷款或者去投资,这完全是霸权主义的说法。当然在有可能、有条件发展清洁能源的地方,我们要大力推广清洁能源的发展,这是毫无疑问的。不能说绝对的不行或者绝对的行,要因地制宜地去做这件事情。

对于很多传统的经济地理学者而言,听了今天的五个故事,可能会觉得这是经济地理学研究吗?如果按照传统经济地理研究范式来看的话,确实有差异;但从西方过去五十年发展经验来看,当一个国家要走向全球的时候,就不得不重视制度和文化的差异,而这种差异性就是典型的地理学问题。如果我们还不能做这种研究的话,就没有办法去帮助和指导企业在海外顺利发展,或者能取得高质量的成果。所以,我觉得这代表了新的时代、新的方向,也代表着经济地理学未来的发展。如果要为国家做重大贡献,对这种现象的研究应该更加的深入、更加的持续、更加的扩大规模。

主持人:中科院地理所的康蕾老师提问,她说宋涛老师的报告让我想起了去年在中亚乌兹别克斯坦鹏盛工业区的调研经历,它是浙商自下而上的运营,请问您觉得中国的乡土文化,比如商会文化、草根文化等对园区共建有什么作用,与您的政策移动性视角是否有结合或者拓展的可能?

宋涛:好的。康老师说的这一点确实是未来园区下一步深入研究的点,中山大学梁育填老师也有相关研究。发现所谓的关系,包括乡土文化、华人文化圈对于海外产业园区尤其是在东南亚地区的发展具有积极作用。

主持人:来自中铁集团工作人员的提问,园区发展靠政府,国外的规划政策会随着当地政府变化而改变,请问刘老师有没有遇到政府机构换了然后园区就办不下去的情况?

刘卫东:这种现象在某些地方可能会存在。一届政府换了以后,可能很多已经承诺的政策变了,但这不是国外规划靠不住的问题。尽管我们强调的是海外园区要靠政府间的合作,但是总体上还是应该强调市场原则,如果双方都觉着市场上需要,那么未来不管政府变不变,项目都可以持续下去。所以这和我们在海外投资项目时太看重与当地政府去打交道有关系。很多情况下,几个尺度都要考虑到,既要与中央政府打交道,同时和地方还有与当地社区打交道,这样成功概率才最高。这几个案例里都强调了多尺度的关系,如果只重视中央政府的尺度肯定是政府一换就靠不住了,光靠一个尺度在今天可能风险是比较高的。如果多尺度嵌入进去或者多尺度的相互作用,即使有时候中央政府即使想改也要考虑到其他因素的影响,它可能改的程度也不是很大。我们很多项目绝对不能够只靠与中央政府达成共识,然后不管其他尺度的事情,这是关键。在海外的投资项目里面,包括很多融资项目里面,它是需要多尺度考虑的事情,不能放到一个尺度上思考。

主持人:谢谢刘老师。鹏盛工业园规划不是当地政府做的,规划是中资公司做的,运营是私企做的,所以一个项目要运营下去不能只靠政府,还要靠两边的企业。如果企业一直运行下去,两边企业合作比较好的话,即使政府变换,园区还是可以持续下去,这是一个多主体多层次耦合的过程。

下一个问题来自北师大博士研究生蔡同学,在做"一带一路"沿线案例研究时,研究范围是用古丝绸之路的64国还是用现在签订协议的100多个国家比较好。

刘卫东:这是一个关键中的关键,我们最近也在和有关部门探讨这个事情,未来怎么规范"一带一路"研究范围的问题。实际上我们应该承认事实,已经签订"一带一路"合作协议的国家有138个,所以当研究项目案例的时候,分布在这138个国家的建设案例,都应该是、也都可以作为研究对象。

统计数据则比较麻烦，有的时候你想用统计数据，但是官方没有统计，目前作为过渡期，古丝绸之路沿线地区的概念也要使用。官方有相关数据我们就使用。几年以后，当有规范的"一带一路"建设统计数据的时候，我们就可以过渡到138国的范畴。我们现在采取的策略就是涉及统计数据时，按照政府统计的范围；进行案例研究时，只要分布在138个国家里有典型性的项目都可以去研究，比如说埃塞俄比亚和肯尼亚其实都不在64国里，但是它的项目很有代表性意义，我们也去研究。所以，非洲、拉丁美洲的很多其他项目都可以去研究。"一带一路"建设发展非常快，变化也非常快，我相信再过一两年的时间它就可以稳定下来，我们就可以解决这个矛盾了。

主任总结

首先再次感谢刘卫东研究员带领的团队中的五位学者给大家带来的非常精彩的系列报告，尤其是案例的分析都很有价值，再次感谢。总结一下，我觉得经济地理学的案例研究方法很好。今天的报告注重了与地方的社会因素结合，非常好，但是没有考虑到市场还有区位的分析，如果再有这方面的内容分析就更好了。关于园区的分析，我认为是提供了很好很详细的数据，以及发展过程和影响因素的分析，但从理论上讲，人类社会发展到现在，这些园区的发展是不是全球工业化演进的最合理的空间模式，还需值得思考。另外，园区的案例分析如果和新加坡、日本推动的园区进行经验、模式的比较探索就更好了。

关于制度与文化的研究，我认为要视项目推进方式的不同而有所差异。目前中国对外项目的推进主要有三种方式：一个是当地比较积极，中方也积极的；一种是当地不积极，而中国是为了开拓市场非要去做的；还有一种是两者结合的。这三种情况中，制度和技术的嵌入、遇到的障碍、运作的机制和面临的问题可能都不太一样，但最终还是要回归到项目是否促进当地经济的发展，以及地方有没有需求。有需求它才能发展起来，包括市场经济发展，如果没有的话，项目推进起来风险就比较大一些。

最后，还是表示再次感谢！希望在"一带一路"的研究当中，刘卫东研究员的团队再多多地为国家做贡献，也对经济地理学的研究再做更好的工作。

新时代中国自由贸易试验区发展与规划

报告人：

孟广文，天津师范大学教授、人文地理学科带头人，欧洲文明研究博士生导师。中国地理学会经济地理专业委员会委员，联合国工业组织、贸发组织、非盟与亚洲开发银行咨询专家。主要从事人文—经济地理、空间规划和德国人文地理的研究，近几年在自由贸易区理论和实践、实证规划方面做了大量的工作。

欧阳东，南京大学建筑与城市规划学院博士研究生，华蓝设计（集团）有限公司副总经理，教授级高级工程师。

杨晓娟，陕西省城乡规划设计与研究院高级规划师，技术咨询中心副主任。主要从事城乡规划和国土空间规划工作。

魏正波，中国城市规划设计研究院深圳分院规划四所副所长、海岸带中心主任，高级城市规划师。主要从事城市规划设计、国土空间规划、战略规划、自贸区、海岸带等相关研究。

胡浩，华东师范大学城市发展研究院副研究员，硕士生导师，主要从事城市地理、城乡规划与园区发展等方面的研究。

矫雪梅，中国城市和小城镇改革发展中心规划院城乡所副所长，高级城市规划师/国家注册城乡规划师。长期从事区域发展规划、国土空间规划、详细规划等研究。

点评嘉宾：

罗小龙，南京大学建筑与城市规划学院教授、博导、副院长。中国地理学会经济地理专业委员会委员、城市规划学会理事、青工委副主任，主要研究领域是城乡规划与区域一体化、国土空间规划和城市区域治理。

陈林，广东省"珠江学者"特聘教授，暨南大学教授、博导，产业经济研究院副院长，低碳与可持续发展研究院副院长，主要从事低碳经济与国企改革等方面的研究。

主持人：马丽副研究员

主持人：近年来，自由贸易区在全球大量涌现，已成为大国开展战略合作与国际竞争的重要手段。为响应全球化发展新趋势，顺应中国深化改革和扩大开放新态势，党中央和国务院于 2013 年做出建立上海自由贸易试验区（后统一简称"自贸试验区"）的重大决策，并不断扩容和扩大范围。到 2019 年中国已经陆续批复建立了 18 个自贸试验区，形成了东西南北中协调、陆海统筹的开放态势，并逐步成为引领中国经济转型和制度创新、挖掘新时代全球化新红利、积极参与全球治理的试验载体与战略平台，形成了中国新一轮的全面开放格局。但是这 18 个自贸试验区位于不同的省份，这些省份的发展条件、区位条件、发展基础都各有差异。如何依托所在省份和城市的产业基础，合理地确定自贸试验区的发展定位、空间范围和主导产业，并进行自贸试验区内部的功能空间划分，就需要产业地理学家和规划专家携手进行合作。

应对自贸试验区这个中国经济地理学的新生事物，感谢天津师范大学孟广文教授和东南大学赵四东博士的协助，我们联合《规划师》杂志社和天津师范大学地理与环境科学学院，一起举办了"新时代中国自由贸易试验区的发展与规划研讨会"，邀请了产业经济与城市规划界的六位精英来给我们做学术报告。他们这些报告将会从空间生产与集成、流动空间与场所空间、空间与功能协同等理论视角分析沿海、内陆、沿边、海外中国自贸试验区的规划策略与规划方法。这些报告我认为对于我们经济地理学者来说是一个非常好的学习机会。

主旨报告

孟广文：中国境外空间自贸区空间规划策略研究

非常高兴经济地理专业委员会提供这个平台，和大家分享我们关于自贸试验区发展与规划的专题研究成果。自由贸易试验区、自由贸易港的规划建设作为中国重大战略需求之一，有很多的研究视角，如经济学、法律、地理等，规划领域启动相对较晚。应对自贸试验区建设过程中的巨大需求，以国家重大战略需求为导向，集结了地理学、规划学的诸多才俊学者，我们在《规划师》杂志的组织、协调与指导下完成这个专题，今天有幸向大家汇报一下我们的研究成果。

首先是自由贸易区（简称"自贸区"）的科学内涵。我从 1990 年起开始研究自由港，到 2000 年发现与之相关的中英文名词有 66 个，目前为止又创造了自由贸易试验区、自由贸易港和海外园区等名词。因此目前对于这种特殊类型区至少有 80 个相关名词。如果没一个好的科学概念来概括它，就无法分门别类地深入研究，因此我认为首先应对自由贸易试验区的含义与类型进行准确定义。我认为一个比较好的概念就是自由经济区。

联合国贸发会议的《2019 年世界投资报告》的主题就称为"经济特区（Special Economic Zones）"。因为中国的经济特区发展得特别好，将这个名词作为一个综合概念来涵盖所有类型的特殊产业园区,也是合理的。但考虑到经济特区和深圳的密切联系,我个人认为还是自由经济区比较合适。这个概念能够涵盖所有自由与特殊的产业园区。自由经济区的共性是什么呢? 自由经济区是一个通过享受财政与行政自由而实现经济与政治目标的政策工具;而且这种自由受物理性和技术性隔离,被严格限定在一个特定地理范围内享受着特殊的优惠政策,只允许进行经济活动。区分不同类型的自由经济区的要素主要是在不同自由度基础上的产业类别与区位差异。

自由经济区根据产业类别可划分为贸易型、加工制造型、服务型、科技型和综合型。自由贸易区是以贸易与相关服务业为主,以减免关税为特征的自由经济区。因此,自由贸易区属于贸易型自由经济区。依据空间范围的大小和贸易主体多少,自由贸易区可以划分为境内自贸区和跨国自贸区。根据自由度、功能、空间范围的大小,境内自贸区可以进一步划分为自由城、自由市、自由港、自贸区、保税区、保税仓库等。根据区位,自由经济区可以划分为境内、跨边境、跨国自由经济区。海外园区属于跨国自由经济区。海外园区根据产业类别又可以划分为自贸区、工业园、经贸合作区、经济特区等。我们今天主要讨论贸易型自由经济区(自由贸易区)和海外自由经济区(海外园区)。

自由经济区空间发展脉络最早源于古罗马的德罗斯,然后是中世纪城邦国家,后来是汉萨同盟。随着英国殖民主义扩张到美洲,"二战"以后自由港复兴,加勒比地区出现了保税天堂,以及南美洲、东亚、中国、东欧、东南亚的各类型自由经济区。也就是说最早的自由经济区起源于欧洲,繁盛于欧洲和美洲,而黄金时代则是在"二战"后的亚洲,尤其是中国。现在中国就出现了保税区、自由贸易试验区、中国境外自由经济区和中国自由贸易港等多种形式。

自由经济区的演化模式。可总结划分为七代:第一代是贸易型的自由经济区,第二代、第三代是制造业自由经济区和服务型自由经济区;1980 年代以来的第四代、第五代就是科技型和综合型,1990 年以来第六代是跨边境自由经济区,第七代就是以欧盟为代表的跨国区域经济一体化。在不同的演化阶段,会出现更多的经济体一体化、更多的综合功能、更多的高科技导向、更多的综合产业部门、更大规模的企业、更多的区位和产业导向相结合的优惠政策、法律法规,以及更多的跨国际自由经济区以及自由经济区和特别行政区的结合(如香港),还有更多类型和灵活的区位和更大空间尺度等等。

贸易型自由经济区的演化模式一般是自由城、自由市向自由港、自由贸易区、保税区演化。汉堡自由港代表了世界自由经济区的演化模式,其从自由城、自由港发展到自贸区,最后到现在的普通港区。就一个具体国家而言,会逆向演化,从保税区到自由贸易区、自由港、自由城等。中国就是一个逆向演化的案例。

自由经济区的理论基础。自由经济区是区域经济一体化的初级阶段,只要世界区域经济一体化没有实现,那么永远有自由贸易区存在的必要性和可能性。其理论涉及政治地理学主权分级管理理论、自由主义的空间选择自由化理论,以及目前使用的尺度地理、制度空间化、地缘效应、流空间理论、经典的对外直接投资、传统的自由贸易理论、绝对相对成本和效益、资源禀赋学说、HO 模型、关税同盟理论的贸易转移贸易创造等。但总体而言,现有的自由经济区研究缺少统一的理论体系,未来需要通过案例归纳或者理论集成融合演绎,构建一个统一的普适性理论体系。

第二部分,中国自贸试验区与中国境外自贸区的异同。从 1990 年开始,我们团队主要是从地理学向经济学和规划学视角学习,做了相关的案例研究和理论归纳总结。目前通过商务部审核的境外园区有 20 个,如中白工业园等。国内自由经济区和海外园区有相同之处,也有一些差异。共同点在于他们的开发动力都是促进出口创汇来实现工业化;战略目标是通过改革开放实现制度创新和转型发展;开发模式均是以园区的形式实现滚动开发。同时还有很多不同点。在规划视角上,一个是增量空间规划,另一个是存量空间规划;在管理模式上一个是跨国合作管理,另一个是国内属地管理;在战略价值方面,一个是中国方案的复制输出,另一个是中国方案的优化提升;而在投资主体上,一个是中企走出去,另一个是外企引进来。而根据我们多年跟踪调研和实地案例考察,最大不同点是盈利模式不同。

第三部分,中国境外自贸区发展态势和规划特点。选择三个综合型的贸易型海外园区案例进行分析,分别是尼日利亚的莱基自贸区,巴基斯坦瓜达尔港自贸区和吉布提自贸区。除了莱基之外,瓜达尔港和吉布提我都实际考察过。我们发现基本上三个园区的主导产业都是以商贸物流为基础,形成综合型产业结构;土地使用期限都是 99 年,开发模式都是综合型。总体上都编制了总体和控制性详细规划,规划模式基本都采用招商集团前港、中园、后区三区一体的开发模式。由于在海外,管理方式采取中方和东道国共同管理,投资主体一般是中国的央企和国有企业。

第四部分是中国境外自贸区规划策略建构。首先以流空间理论为基础,将中国自由境外自贸区视为全球性的功能空间。流空间包括一个要素,一个载体和一个节点。所以根据这个理论,境外自贸区的规划策略就应丰富流要素、畅通流载体、升格流节点。流要素作为境外自贸区发展的动能源泉,重点是整合物质流和非物质流。吉布提国际自贸区、莱基自贸区和瓜达尔自贸区都是尽量吸引各种物质和非物质流的集聚,来促进当地的活力与发展。流载体就是流空间运行过程中的各种通路或路径,即互联互通基础设施建设,包括铁路、各种通道建设以及电信网络、航空网等,使流要素畅通无阻。流节点就是在流要素中要实现集中有效,成为一个集聚与扩散的平台与中心,促进自贸区成为区域性或全球性网络和经济贸易网络的中心。升格流节点就是要实现各种类型的生态网络。

除了流空间之外还有场所空间,也就是地方性物理连接。首先是营造场所化空间,也就是构建前港—中区—后城的模式形塑三生空间格局；其次是适配场域化功能，就是依据"先导—优势—配套"产业模式，培育功能生态圈与产业集群；第三是供给场景化服务，坚持"员工—企业—居民"多层次参与者需求导向。三生格局最典型的案例是招商集团前港—中区—后城的发展模式，以及在吉布提、瓜达尔的具体应用；适配场域化功能产业一般是有先导的物流、商贸、会展，优势产业是加工、房地产业，配套是城市服务，使员工能够有更好的生活环境以及一站式服务，融入东道国的社会。

中国境外自贸区是全球化过程流动空间在东道国特定区域与场所空间共轭的产物，其科学规划、健康发展必须实现流场平衡——实现场所空间全球化与流动地方化的互嵌共生，并推动中国境外自贸区在全球空间体系中的战略地位与层次格局沿"区域性—国际性—全球性"空间尺度演进。

欧阳东：制度空间化与空间制度化：边境型自由贸易试验区规划实践与思考

截止到 2020 年，中国已有 18 个自贸试验区，在地理类型上可以分为沿海型、内陆型和边境型。学者们对前两种类型研究较多，但对于边境型的研究相对较少。该类型自贸试验区主要包括广西崇左片区，云南红河、德宏片区，黑龙江黑河、绥芬河片区。制度创新是自贸试验区的灵魂，边境型自贸试验区是典型的制度空间。基于此我们尝试用经济学和制度变迁理论来探讨边境型自贸试验区规划的编制和空间生产问题。

首先是经济地理和城市规划的"制度转向"。2005 年吕拉昌等学者就提出了经济地理和城市规划出现了"制度转向"，制度对区域经济发展的影响与作用、制度作用下空间重构与演化动态、制度驱动空间治理机制等研究受到学界重视。同时，制度厚实和制度空间对城市与区域发展模式、动力机制、空间景观等也产生了深刻的影响。郁建兴等学者就提出了制度化的问题，包括了规制型的制度化、契约型制度化和建构型制度化。中国特色制度体系与制度环境也决定了制度是驱动空间重构的重要因素，制度转型背景下我国将制度供给建立在"试验性"的空间策略基础上，形成了主题各异的差异化制度空间序列。自贸试验区以制度创新为核心，制度空间建构是其关键表征，包括了制度创新、制度认同以及制度效率，决定着区域的空间重构与功能重组。

空间生产方面，包括亨利·列斐伏尔、戴卫·哈维、福柯提出的空间生产理论，主要是从资本空间化到空间资本化，从"权利空间化"到"权力关系再生产"，形成了一个资本—空间—权力的空间生产理论体系。社会空间视角下的制度具有权力的属性，是社会关系的一种，也可以看作一种特殊资本。然而在既有的空间生产理论体系中，制度多与文化等要素一起被视为资本、权力和社会关系的背景或环境。制度创新作为自贸试验区的关键安排，让制度在自贸试验区发展与演化过程中从幕后走向前台，可以说是不可忽视的关键变量。

　　第二部分是制度空间化与空间制度化。首先是制度逻辑的空间生产。制度包括政治制度和非政治的制度，如习俗、行为准则等，因此制度与权力以及社会关系存在区别。制度通过直接界定空间行为的边界、内容或者间接通过资本、物质等要素形塑空间，其过程称之为制度空间化。空间也兼具有自然与社会属性。制度是社会的关键因素，特定的空间也会诱发或激发特定的制度，人们通过判定空间的显在价值或潜在价值，从空间综合价值最大化角度出发，制定对应的社会经济、政治、法律、文化、教育等制度。这种基于空间特定性而诱致的制度安排与制度变迁过程，就称为空间制度化。

　　制度和空间的相互作用过程与相互关系。首先制度空间化是制度对空间的形塑。在这个过程中制度由社会性存在（社会关系）转变成空间存在（空间规则或制约），形塑着空间。制度安排、制度创新和制度变迁必然导致空间分化产生制度空间化现象，并伴随空间解构与空间重构。制度空间化主要体现为通过涉及空间开发、保护的政策与制度，对不同行为主体进行边界限定。如风景名胜区规划中会有一些具体的边界划分，包括核心区、缓冲区的边界及其对应的活动强度、活动内容等，也就是通过制度空间化来实现其游憩价值、生态环境价值等。其次，空间制度化是特定空间对制度的诱致，也是制度空间的逆向工程。通过空间的规则设计、空间组织结构、空间行为等，促使空间从物质存在转化为社会存在，激发制度建构、制度创新、制度变迁以及制度扩散。如经济特区通过试验区来诱致地方制度创新，之后在全国层面进行推广形成制度扩散效应。

　　制度化空间与空间制度化是一个制度安排与空间生产循环互动的过程。现有空间是先前制度化作用的结果，也是未来制度化的原点。如先前一些国家、地方的制度或专类性制度通过制度空间化直接形塑，也通过资本等要素间接形塑进行空间重构，影响了空间边界、建成环境、空间结构、空间形态、职能、规模、行为和效益等方面。这个空间生产过程相应会诱致新的制度再安排，成为后续制度安排的起点。

　　第三部分是边境型自贸试验区的制度循环和空间生产。首先是边境型自贸试验区的特征。沿边地区普遍发展水平比较落后，处于行政管理体系末端，边缘化效应导致的空间生产过程中资本逻辑和权力逻辑所产生的效应较弱，制度逻辑成为核心，由此边境型自贸试验区对国家和上级政府的制度安排非常敏感。边境效应包括剥离效应和融合效应，目前主要在融合效应下边境型自贸试验区的发展与规划逐步从境内自建转变成跨境共建模式。边境型自贸试验区"去边界化"和"再边界化"的空间生产，导致该地区空间规划需要建立"境内错位共赢，境面协同共享，境外孪生共进"的整合型跨境经济体系、协同型跨境空间体系和一体化跨境制度体系。

　　其次，边境型自贸试验区的制度循环与空间生产。一方面是制度空间化，即根据制度领域将制度空间化划分为点、线、面、域、云五类空间。点是边境里面的边民互市点，线为海关监管特殊通道，面和域是综合保税区或者是保税物流园区，还有虚拟化的云空间，包括跨境电商等。另一方面是空间制度化，就是通过建构型制度化、契约型制度化、规制型制度化的过程形成一些新的制度，通过境内和境外来进行扩散。境内主要是自贸试验区扩散到类似的其他自贸试验区再到全国复制推广，境外是邻国的核心区域扩散到邻国的沿边区域最后到邻国的其他区域进行制度的扩散。

接下来介绍一个华蓝设计2020年做的广西自贸试验区崇左片区规划实践与思考。该自贸试验区起步期是1992—2003年，起步是正贸、边民互市制度驱动空间生产；提升期是2004—2012年的综合保税区制度驱动空间生产；扩大期是2013—2019年的边境合作试验区的空间生产；2019年设立自贸试验区。现在正在推进自贸试验区的发展和建设，面积约15平方千米，覆盖了主城区、物流园区、综合保税区以及口岸区域等这些区域。

在制度空间化方面，自贸试验区制度安排与空间生产的响应。首先是功能的适应性升级，围绕"五跨"的目标要求安排衍生功能，实现功能业态与空间环境的适应性升级，包括跨境物流、跨境加工制造、跨境贸易、跨境旅游、跨境金融等。其次是布局的区域化协同，通过"邻域协调＋区域协同"的机制促进空间协同生产，化解空间破碎化和孤岛化的问题。其核心区是国务院批复的15平方千米范围，承载着自贸试验区全方位的制度创新，包括贸易、海关、土地、金融等方面制度的创新；协同管理区是凭祥市中心城区和凭祥宁明加工园区，主要是优先复制自贸试验区经验，并在投资、土地、财税等方面进行适度政策突破和制度创新。第三，空间的全域化管治，主要是落实国土空间规划制度的相关要求，将碎片化的各类制度空间有机缝合。所谓的碎片化，包括了口岸区域、互市点、综合保税物流园以及城市区域等一些地块。通过国土空间规划将其整合为一体化的边境型自贸试验区，通过与发展规划、环境规划、林业规划、景区规划衔接来落实相应的空间治理制度，形成空间规划一张图，进行空间管控。

在空间制度化方面，就是支撑空间价值最大化的地方制度创新。首先是对上位制度的细化和再安排，包括了制定相应的政策，在通关便利化、财税、金融、用地保障等方面进行制度细化和安排。其次要推进与越南的跨境协同治理，重点是建设中越凭祥—同登跨境合作区，如设立跨境协调机构来管控分歧，解决共同的问题。这是未来制度扩散和制度创新方面在空间优化需要重点拓展的方向。

总结一下，我们虽然做了对空间制度化以及制度空间化的研究，但将制度安排作为空间生产的因素进行分析只是基于制度视角的一种粗浅建构，一定程度忽视了资本和其他社会关系在空间生产中的作用；并只分析了制度安排和环境的关系，忽视了制度安排与工商业动力基础、城市福利的关系，因而尚存很多商榷空间。同时案例也只限于广西的案例，在分析过程中有比较强的针对性，能否概化到其他类型区域也有待进一步论证。

杨晓娟：中国自贸试验区发展态势与规划方法研究

今天我交流的内容主要包括以下三个方面。

第一个是研究综述。通过对自贸试验区研究成果归纳和总结发现，相关核心文献非常多，已经达到1200多篇，但是相关规划的文献较少，不足20篇，反映出了规划学界和业界对自贸试验区规划方法的研究还相对比较薄弱。通过对规划研究成果的梳理，现有研究主要包括以下五个方面：中外对比挖掘经验、业务实践、技术方法、专项规划以及理论机制。总体上对自贸试验区的规划体系、功能布局还有空间规划技术方法的研究还有待深入。

第二个方面是未来发展态势。从2013年到2019年，中国已先后分五批设立了18个自贸试验区。在空间分布上东部地区有上海、浙江、海南、山东，另外兼顾西部和东北，包括重庆、四川、陕西、广西、云南以及东北的辽宁和黑龙江；从地域分布上以沿海型自贸试验区为主，中部地区相对较少，只有河南和湖北两省有自贸试验区。美国自由贸易试验区始于1936年，截至2018年共有对外贸易区260多个，加上分区有500多个。主要以沿海和沿河分布为主，具有临边界分布趋向。通过中美比较，我们认为未来中国自贸试验区应进一步扩大设立数量，具有综合保税区、口岸等海关监管区的沿海、沿河、沿边境或国界线、拥有铁路或航空枢纽的城市都可能获批自贸试验区。自贸试验区将从个别省、自治区和直辖市的"特供"转变成"标配"，国土空间布局趋于均衡化。

在政策演化方面，通过梳理35份国家级政策文件可以看出，从刚开始总体方案以国发形式发布，到以国发形式发布的深化方案，到后面批复文件以及相关的推广通知，到最后为自贸试验区配套的相应政策，政策演化具有三个方面的特征：一是自贸试验区设立的模式正在发生变化，从"总体方案"模式转变为"批复"模式，从逐个发文设立转变为批量发文集束设立；二是自贸试验区经验复制分全域推广和全国推广两个层次，出现从综合模式转变为专项模式的迹象；三是自贸试验区设立和试点的经验复制由"国发"逐渐转变为"国函"方式。

第二个方面就是规划方法。首先是规划体系。据不完全统计，截至2020年3月份，18个自贸试验区已经或正在编制相关规划85个，涉及总规、控规、城市设计、产业规划、行动计划以及综合用地规划等多种类型。在规划模式方面，18个自贸试验区以往的城市规划体系主要以总体规划和详细规划为主，兼顾了一定的城市设计；在发展规划体系下主要以实施方案和产业规划为主；另外在空间规划和综合规划方面也有一定的涉及。在规划类型方面，整区和片区的规划差异比较大，整个规划体系相对还有待完善。不同的自贸试验区规划类型差异比较大。从整体上看，上海出台的是自贸试验区的控规，而广东出台的是建设实施方案，重庆是针对产业进行了产业的发展规划。从分片区情况看，广东深圳编制了深圳前海蛇口片区的综合规划，福建出台有厦门和福州片区的产业发展规划。同一个自贸试验区内不同的片区规划形态也不一样。如河南自贸试验区分为三个片区,其中郑州片区编制了空间布局规划和三年行动计划,洛阳片区编制了综合规划,而开封则编制了总体规划。在规划属性方面,大多数规划都属于法定性规划。不管是曾经住建领域的城乡规划体系,还是发改领域的发展规划体系,以及当下的自然资源领域的空间规划体系,90%以上都可以划归法定性规划。同时,可能受规划改革和存量发展模式影响,发达地区如广东有一些非法定性规划,如广州的南沙新区片区的提质扩容研究、南沙新区片区规划研究等。在规划范式方面是因地—因时—因需制宜,三大规划范式并举。受制于发展阶段、建设目标,场地条件、区域环境等各方面差异,自贸试验区规划呈现建设规划、发展规划、规制规划三种规划范式并举的现象。建设规划主要针对发展阶段相对落后、处于培育期的自贸试验区,以增量规划为主导,是一种蓝图规划;发展规划针对成长期的自贸试验区,是增量规划和存量规划并存,强调长期的发展愿景制定,普遍采取公共政策模式;而规制规划主要针对发达地区的自贸试验区,如上海、天津和广东,是以存量规划为主导,以利益配制为出发点,普遍采取规则化管控模式。在体系构建方面,随着我国规划体系改革已经进入稳定发展阶段,空间规划和发展规划的框架体系已经基本成型,自贸试验区应该适应新型规划体系,加快理顺上位规划、下位规划和等位规划之间的关系,建立以发展规划为统领,以空间规划为基础,以规划研究为支撑的新型规划体系。

其次在功能定位方面。自贸试验区的提出与全球化和世界地缘经济格局变动息息相关,自贸试验区作为我国高水平开放的节点和高质量发展的场所,兼具人流、物流、信息流以及商品流的枢纽价值,以及作为区域乃至国家新时代增长级或中心地,对外具有辐射带动功能价值的双重属性。通过对各个自贸试验区的目标定位和承担使命梳理,将18个国家级自贸试验区划为五个类型:全球竞合型、国际影响型、国家拉动型、区域辐射型和特殊战略型。全球竞合型是由世界级或全球级城市代表国家参与世界竞争和合作,毋庸置疑上海具有这样的功能。海南属于特殊战略型,因为其涉及到国家安全战略,所以海南自贸试验区是全岛域自贸试验区,功能定位主要是以旅游业、服务业和高新技术产业。在功能体系方面,对总体方案中各个自贸试验区的功能划分词频进行分析,发现物流、金融和制造位于各个大功能之首。值得注意的是,贸易并非自贸试验区的首位功能,自贸试验区也不排除制造功能,尤其是以装备制造为主导的先进制造功能,同时也发现电子商务、文化等一些生活服务功能占据重要的地位。但是居住、科教、医疗等城市基本公共服务功能相对较弱,反映出自贸试验区更多体现为生产性空间。

自贸试验区功能结构规划包括三个层次。第一个层次是基本功能—衍生功能结构规划,如依托于功能性的设施,包括港口、机场、车站、口岸以及景区景点,通过人流和物流发展相应的服务产业;或是通过依托功能性的机构,如总部、营运中心、资金中心、订单中心等形成的商品流、资金流和信息流发展相应的产业功能;第二个层次是核心功能—配套功能结构的规划,即基于功能的行业生态链视角,理清上游—中游—下游的功能、内圈—中圈—外圈功能延伸的链条关系;第三个层次是主体功能—兼容功能结构规划,即基于地块、分片区、自贸试验区整体不同空间单元,理清主体功能、兼容功能、负面功能的空间互适性组合关系。

在空间规划方面,除海南外所有自贸试验区均采用"一区多片、一片多块"的方式布局;除海南、上海外,其余自贸试验区大部分划分为三个片区,且面积控制在 120 平方千米以内。根据总体方案和各地规划统计,除海南外的 17 个自贸试验区共划分了 57 个片区,一百多个地块,空间碎片化和断续性的特征突出。为了发挥自贸试验区的整体效益,我们对空间规划策略进行了梳理,提炼出五个策略:场域混合、邻域整合、全域融合、地域协同竞合和区域联动共生五个策略。

场域混合:自贸试验区存在较多存量空间,混合开发能显著提升满足发展的需求。混合开发模式有竖向混合和水平混合,在二者基础上还可以进行综合混合。此外为强调场域生命周期成长过程中功能和业态演化的响应,要进行生长混合。

邻域整合:鉴于除海南外的 17 个自贸试验区基本都以多片区、多板块的飞地形式出现,相对缺少行政区划统一规划管理内容。为了规划完整性、系统性和连续性,分片区之间建议进行相邻空间整合,以开放街区、共建共享的理念将邻域空间一并纳入规划,释放自贸试验区的红利。如湖北宜昌自贸试验区,国家实际批复范围不到 30 平方千米。但地方为了统筹发展,在规划区范围外划定了一定区域作为统筹范围,面积达 65 平方千米。

全域融合:多数自贸试验区多在三个地级市设立分片区,为了规避发展的异步乃至异化,跨行政区的全域综合统筹非常关键。所以要综合考虑区域环境、产业发展、基础设施等因素打造一体化空间格局,实现各个区之间的同步发展。

地域协同竞合:在适当领域因地、因时、因需地推动自贸试验区与同省、同市范围内自创示范区、重点产业园区、重要景区等政策区或功能区有机竞合。如辽宁和厦门均提出要与同省和同市其他政策区与自贸试验区进行功能有机竞合来实现协同发展。

区域联动共生:就是跨地域或者跨国界自贸试验区共生与共赢。如共同服务于 21 世纪海上丝绸之路的广东和福建、示范西部大开发的重庆和四川,还有京津冀协同发展的河北和天津,如何实现跨地域的联动也关系到自贸试验区的健康和可持续的发展。另外中国自贸试验区的跨国界联动共生,包括服务于"一带一路"的广东、福建、河南与中国境外的自贸园区跨国界实现共同发展,也是后期需要研究的方面。

本报告主要是基于中国自贸试验区空间模式和政策演化发展态势的分析,立足 18 个自贸试验区规划的模式、类型、属性和规划范式的结构。通过以发展规划为统领,以空间规划为基础,以规划研究为支撑的自贸体系、规划体系的构建,进一步提出自贸试验区定位、体系、布局三层次的功能规划方法和五域一体化的空间规划方法,以期为整个自贸试验区的功能体系还有空间组织模式研究,以及未来规划实践相关工作希望能够提供一定的借鉴意义。

胡浩:空间发展规划角度的自贸试验区审视——以上海自贸试验区九大板块协同发展为例

自由贸易区一般是指按照世界贸易组织(World Trade Organization,WTO)相关原则签订自由贸易协定的双边或多边合作区域,一般意义上指自由贸易区(Free Trading Zones,FTA)。在该区域中商品和人员可以自由流动、自由贸易,不受国界和关税的限制。随着经济全球化步伐的加快,许多国家和地区不断探索新的自由贸易区形式,如中国已与31个国家和地区建设了15个自贸试验区,签署了8个自贸协定。还有一些国家和地区在本国境内设立特定区域实行税收优惠和特殊监管政策的"小自由贸易区"逐步发展起来。

我国设立的自由贸易试验区是基于国家长三角一体化、长江经济带、西部大开发等区域发展战略和"一带一路"倡议的服务需要进行规划和布局的。共有55个片区,涉及41个城市。随着我国改革开放水平的提高和各地区探索、复制自贸试验区建设步伐的加快,自贸试验区内部和外部的协同发展问题成为提高自贸试验区整体发展水平和更高质量网络建设的重要内容。

自贸试验区发展与规划协同。自2013年建设上海自贸试验区以来,虽然试验区数量、规模得到很大的发展,但国内关于自贸试验区的研究并不是很多,且多以板块、片区等飞地形式出现,各自为政,功能定位和发展重点没有明显的差异化划分,所以在片区协同和现实推进中存在很大阻力。此外各个片区之间存在一定利益藩篱,产业发展和制度创新水平存在差异,进而也对自贸试验区规划的内部外部协同存在一定阻碍。

自贸试验区发展规划与常规城市规划及区域规划不同。自贸试验区多以片区或者飞地形式出现,一般会超出行政区划或行政边界管理服务范围,所以其规划要涉及各地区管理服务的协调;自贸试验区是一种特殊类型区域,而区域是一个相对完整的地域系统,因此自贸试验区规划需要更多战略发展、统筹发展方面的考虑;自贸试验区的建设目的是制度创新,因此其规划需要在思想、思维和思路方法上有更多顶层设计。另自贸试验区多带有功能光环,很多试验区建设时就有自己的发展功能定位,在发展中要突出园区发展的特色。所以自贸试验区的发展规划,要从城市规划或者区域发展规划角度做一些规划协同研究。

目前国内已有部分学者关注该领域,如龙云安、边杨、陈宏等关注了自贸试验区与国家战略、"一带一路"倡议的关系;还有自贸试验区协同发展理论、自贸试验区军民协同方面的理论研究和综述。实际上在自贸试验区实际操作层面,各个地区也在推动自贸试验区之间的协同发展。2018年4月《中国自由贸易试验区协同开放发展倡议》发布以后,全国11个自贸试验区以协同开放发展论坛的形式来推动建立协同开放性的制度安排。2018 年 8 月四川首先对自贸试验区协同改革进行先行先试。从未来发展看,自贸试验区的改革将会更加注重整体性、系统性和协同发展。

上海自贸试验区九大板块的空间发展整合。上海自贸试验区是全国第一个获批的自由贸易试验区,2014 年扩区面积从 28.78 平方千米增加到 120.72 平方千米,片区数量由 4 个海关监管区增加到包括保税物流园区、出口加工区、科技园区和金融贸易区等多种功能在内的 7 大片区。2019 年,临港新片区的设立再次为上海自贸试验区增加了 873 平方千米的发展空间,除由原洋山保税港区及其周边临港装备产业园、南汇新城等连片扩充而形成的临港地区南部区域外,浦东机场南侧区域、小洋山岛区域两个飞地成为上海自贸试验区新增119.5 平方千米先行启动区的两大板块。经历了 2013 年、2014 年和 2019 年三次拓展和发展以后,上海自贸试验区形成了 9 个片区,使其成为我国目前 18 个自贸试验区中片区数量最多的一个试验区。9 个片区根据地理位置和区位分别是外高桥保税物流园区、外高桥保税区域、金桥出口加工区、陆家嘴金融贸易区、张江高科技园区、浦东机场综合保税区、浦东机场南部区域、临港地区南部区域,以及小洋山岛和洋山港区域。

从空间规划视角上,上海自贸试验区 9 个片区可以从几个方面进行类型划分。从发展时序上,以 2013、2014、2019 年时间轴可分为前期探索区、后期发展区和近期创新区;从功能组织上可以分为为贸易服务的特殊监管区、为生产服务的自由贸易园区和产城协同的特殊经济功能区;从空间支撑上,外高桥保税区和物流园区、金桥加工区都是借助长江黄金水道和陆港经济发展起来的陆港支撑区,浦东机场和浦东机场南侧区域是依托空港发展起来的空港支撑区,小洋山岛和临港地区南部区是依托洋山港发展起来的海港支撑区。对应三个支撑区可以分为三个组团:北部陆港组团、浦东空港组团和新片区海港组团。

上海自贸试验区 9 大板块北起长江口沿线的隋唐公路,南到杭州湾的小洋山岛,西北—东南跨度 100 多千米,涉及浦东新区、奉贤区和闵行区三大行政区域,空间面积将近 1000 多平方千米,范围大、数量多,飞地、套嵌形式错综复杂。因此,上海应该在板块互通互联、功能分工、共同协同方面先行先试探索,促进板块之间的功能协同、目标协同和制度创新协同。首先,应重点关注新旧板块之间的制度创新协同。上海自贸试验区九大板块的制度创新协同涉及 2013 年以来近 10 年的自由贸易制度设计和对外开放发展政策的探索,不同历史时期、不同发展背景和国际背景下各园区制度创新和制度设计不同。如何进行制度顶层设计是新旧板块协调应重点考虑问题。其次,各类板块发展功能不同,从内部看,片区之间的战略发展目标需要对接,对外也要对接国家战略。此外,占地面积不同大小板块之间也需要协同。

在临港新片区获得国家批复时,上海已经重视协同发展。如临港专门设置战略协同区和创新协同功能的拓展区,将协同思想纳入到临港新片区的规划当中。在产业发展上也设置了临港生命科学园,在现代服务业开放区、创新协同区、相关的企业发展方面也提出了相应的协同和提升要点。

最后,我们建议:自贸试验区之间的整体发展是越来越重要,协同效应将会在自贸试验区发展中发挥越来越重要的作用。自贸试验区的发展一定要在内部做好多规合一,与国土空间规划相对接,以及与国家战略对接。上海自贸试验区的建设要通过板块的精细化管理,提高空间组织水平和空间管理的水平。各板块之间可以按照建设时序、建设形式,还有支撑、功能组团来对板块进行整体设计和功能组织。同时,上海自贸试验区的建设发展要推动片区、园区、产业、企业等空间发展组织和规划设计的创新、探索和示范引领。

魏正波:区域联动背景下自贸区升级研究——以深圳前海蛇口自由贸易试验区例

自由贸易试验区(简称"自贸试验区")是国家全面深化改革开放的试验田。从改革开放之后开始设开发区、高新区到后来开始设保税区、保税港、综保区,每一个区域的出现都是国家对外开放的新探索。自贸试验区是目前开放程度最高的层级,代表着国家开放新的实验平台和特定空间类型,发展内涵也在不断拓展和升级。

前海蛇口区域是深圳特区建设中国特色社会主义先行示范区的试验田。从 2008 年开始在前海蛇口做的产业、制度还有城市建设上的很多探索后来都复制到全市。国家给深圳批复的社会主义先行示范区的很多内容其实在前海已经试验了。前海自贸试验区的最大作用就是为深圳的创新转型发展起到先行先试的作用。

自贸试验区是深化改革和推动转型的重要发展平台。我国的开放平台除了自贸试验区还有边境合作示范区、跨境和边境口岸。各个自贸试验区面向不同开放扇面,但其根本出发点是调节政府与市场之间的关系,使经济要素市场开放程度更大更广。同时自贸试验区更大的作用是将经验进一步向周边区域复制推广,拉动所在城市和地区产业和空间转型。

前海蛇口发展经历了三个版本。最早可能是特殊政策区域,关注区域极化,作为深圳的一个新中心来发展;2015 年、2016 年习总书记第一次来视察的时候进入 2.0 版本,主要为提质扩容和进一步深化改革;2019 年习总书记再一次来的时候进入 3.0 版本,关注经验的推广与复制,把自贸试验区的先行先试以及带动整个深圳和珠三角产业链分工的作用放大。这些是本报告的研究背景,后面内容分为四个部分。

第一部分是自贸试验区发展演变和升级趋势总结。国外的自贸区是自由经济区,完全免税,我国自贸试验区要征收 10% 的行邮税,很多跨境电商不是完全免税。但是自贸试验区的特点是"五个自由":货物进出自由、货物存储自由、贸易自由、投资自由以及人员进出自由。这五个自由比传统保税区有很大进步。保税区跟自贸试验区是有区别的。国内现设的自贸试验区基本上都是在原来保税区基础上扩大的,包含原来保税区的一部分。深圳保税区就在前海蛇口范围内,有物理围网,目前在探索电子围网。横琴已经实现电子围网。自贸试验区相对更融入城市空间,没有围网的概念;保税区功能偏重于保税加工跟物流,而自贸试验区更偏重于生产型服务业,而且目前越来越偏重于生活性服务业。除金融、高端贸易外,还要为国际化高端人士提供生活空间;此外保税区仅有货物存储、进出自由,自贸试验区更多强调贸易自由、货币流通和人员进出自由。

自贸试验区的使命。自贸试验区第一个使命是紧密切合国家创新、开放发展理念和供给侧改革的思路。自贸试验区最大的特点就是小政府、大市场。所谓的自由经济区实际上是政府的权限越缩越小。很多营商制度改革、政府市场关系改革其实也是在缩小政府的权限,把市场的自由度还给企业,增强创新的意识;自贸试验区的第二个使命是契合“一带一路”国家倡议,把“一带一路”倡议做到全球、做到更大的领域。要让“一带一路”沿线国家来我们国家投资,我国企业要走出去,必须先有一个示范,这个示范就是自贸试验区;第三个使命是倒逼。改革开放进入深水区之后,自贸试验区最大的使命是倒逼政府转变职能。深圳建设四十周年,近来最大的变化就是政府不断在转变职能。从国家开放倒逼改革的四个浪潮来看,第一波浪潮是深圳特区开放,推动商品经济改革;第二波浪潮从浦东开放开始,带动整个经济运行体制的改革,包括国企改革;第三波浪潮是加入 WTO 之后,规则开始与国际慢慢地接轨;现在自贸试验区引领的新浪潮作用是引领、构建高水平的新开放格局。这种开放格局可能比原来沿边、沿海、沿江更加开放,更加深入内部、全域的概念。李克强总理在自贸试验区考察时一直在强调一个概念,“自贸试验区实际上是一个扩大开放的破冰船,深化改革的挖掘机,自贸试验区绝对不像开发区或者高新区那样按特殊的税收政策去吸引企业,而是一个体制机制改革的高地”。

区域联动背景下自贸试验区发展升级趋势。通过几个项目的总结认为有三个趋势:第一个,自贸试验区更加关注人的需求,成为城市高品质生活的样板。新阶段自贸试验区要关注人的需求,就业岗位越来越国际化,生活和就业环境与国际高品质追求接轨。如深圳前海蛇口区域商业、金融已与国际接轨,未来能够更吸引人的就是生活环境,包括国际学校、国际医院以及国际交往的空间。在前海规划时我们也开始调整原有规划,把越来越多的音乐厅、文化馆等文化设施放入。第二个,自贸试验区更加关注技术变革,成为城市高质量发展的先行示范区。现在科技的变革带来生活方式与生产方式的变革,催生新型要素平台,尤其是人工智能、5G 等技术创新应引入自贸试验区,带动区域生产组织方式的变化。同时要加快城市公共事务领域的改革,成为城市治理模式改革的先行示范区。第三个,自贸试验区要关注对外赋能,成为区域管理服务和生产组织中枢。自贸试验区占据双向开放市场的高端,一方面与境外的资金、人才、信息、技术等充分对接,促进要素的自由流动;另一方面,对接城市和区域各类园区,将功能外溢到区域中进行组织,起到高端重组区域或者城市功能布局的作用。

第二部分结合前海蛇口工作的经验,交流一下前海蛇口自贸试验区发展升级的方向。首先是前海蛇口目标定位升级。根据国家给前海蛇口片区的战略定位:我国金融对外开放试验示范窗口、世界服务贸易重要基地和国际性枢纽港。与国内其他片区最大的不同就是金融创新,希望把前海建设为国家人民币结算的全球中心。对前海蛇口未来升级的战略使命,国家层面更多要关注政策创新和先行先试的使命;广东省层面要起到推动粤港澳大湾区协同的概念;深圳市层面更多是引领深圳创新、促进转型发展的使命。由此,未来前海蛇口的目标设想就是建成国际一流的湾区都会。它包括三个方面的含义:湾区海城——彰显湾区魅力,大力发展海洋经济和蓝色经济;创新智城——集聚智造、创新、贸易、金融、航运等建设创新城区;人文趣城——建成品质优越、设施齐全、服务高端、生活便利的综合型城区。此外还要建设西部沿海自由贸易带,希望以前海蛇口片区为引领,以 20 千米城市轨道、出行半个小时为半径,建设深港西部沿海自由贸易带;以城际轨道半小时为半径,形成珠江东岸的泛自贸区域;以大轨道交通,辐射 30 分钟 60 千米范围,建成粤港澳大的自由贸易湾区。

前海蛇口的未来升级还需要关注几个区域协调和港城关系。第一,前海蛇口片区处于交通末梢,要变成一个生产组织中心,交通地位首先要转变,从交通末梢向交通枢纽转变,接入国家八横八纵高铁网;通过跨湾通道把以前 90 度的辐射扇面变成了 270 度,以后再扩展到 360 度的扇面;区域跟周边所有的城际轨道实现 1 小时可达。第二,关于港城关系调整。前海蛇口片区原有蛇口港、赤湾港、大铲湾港等,港口空间局促,港城矛盾突出。应适应新一代港口与临港型自贸区建设需求,大力发展港口运营、物流组织、国际中转业务,改造散杂货功能、预留海岸线,促进港城融合,建设国际化滨海中心区。

功能完善和职住平衡。随着对该区域规划的不断完善,原来规划中多为商务金融用地,职住平衡问题凸显。根据规划未来前海合作区从业人员 80 万人,内部居住只满足 20 万人,约 60 万人需要区外平衡。通过规划调研发现周边区域只能容纳 15~20 万人居住,依然有大量从业人员需要远距离通勤和平衡。为此有如下解决方法:区域内和外围增加职住平衡的职住用地,通过开发单元调整原来规划,形成不同以生活为主导或者以生产为主导的单元,通过大社区概念培育职住平衡模式。具体分为三步:第一步要打造多元的复合空间,加入国际交往、国际消费的功能,吸引七类国际化精英在该地集聚;第二步在中心完善优化之后,搭建多元化创新平台;第三步将整个深港西部地区变成国际湾区,带动香港西部地区的创新区域。如前海蛇口自贸试验区对面的香港洪水桥区域就是香港未来重要的创新园区、创新新城。

第三部分自贸试验区与跟城市空间发展的互动。首先自贸试验区推动城市空间转型升级。自贸试验区最大的特点是政策深化。通过政策红利不断扩大制度安排,为城市经济朝高端服务业和先进制造业转型发展提供经验。如以前深圳和香港互相不认可职业资格,后来慢慢认可,这样香港人才更方便在自贸试验区就业。建议自贸试验区按"三步走"方案实施,从"自贸试验区"启动,不断向"自由港"政策方向发展,最后带动城市走向"自由港城"。通过几个政策的改变试图带来城市空间转型。

第一个是金融创新政策。以伦敦为例,现在伦敦金融中心区已经不是单个中心区,而是变成了金丝雀加上金融城的几个片区、集群,大概 5～6 千米的半径。金融中心已经不是传统意义上集中在一块的 CBD,而是变成组群的概念。自贸试验区支持国际化金融业务拓展之后,商务办公的离心化趋势会越来越明显。因为中心的高房价促进了离散,深圳的商务中心已经开始出现离散的趋势,从福海,到福田、前海两个中心,现在新一版的规划已经更多中心的概念,且每一个中心内部是一个簇群。以前海为例,前海包括前海蛇口、后海、深圳港总部基地、宝安中心区,变成了一个中心簇群的概念。上海浦东、北京 CBD 也有同样趋势。

第二个是税收政策。依托自贸试验区的企业税收优惠政策和外籍人士个人税收优惠政策,自贸试验区科研机构和个人可获得科技开发、成果转化和高科技产业发展的资金渠道,推动创新性企业集聚发展。前几年前海蛇口还有 15% 的企业所得税优惠,后来取消了。但个税优惠还在实施,港澳和外籍人士个税最高 15%,超过 15% 的纳税额由深圳市政府补贴。这个优惠对国际人士吸引非常大。

第三个是科创体系。深圳的创新体系主要分布于南山高新区,特别是粤海街道,号称全球中心。该区域集聚了国家大部分科技创新的总部,包括腾讯和华为(现华为已迁走)以及大疆。因为自贸试验区所具有的优势不在于制造业,而是拥有国际化的交流环境以及国际化的金融环境,能够促进研发的实践。

第四个是商贸格局改变。随着跨境电商、平行进口等营销模式的兴起,高品质消费需求呈现爆发性增长。仅依靠自贸试验区已不足以满足商业消费的增长需求,需要在全市层面统筹保税展销、跨境电商等功能组织,自贸试验区作为平台枢纽,外围发展展销及分拨等功能,在保税备货、展销等方面呈现广域布点的趋势。国家最近几年给深圳前海蛇口出台的一些意见里也要求以自贸试验区为龙头在全市统筹布局,实现自由贸易的一个更大区域统筹。

对自贸试验区未来发展的一些思考。首先,自贸试验区规划与城市规划的最大不同在于要关注政策跟空间的关联性。因为通关政策、金融政策、税收政策细化和深化之后会给整个城市空间带来很大的转变。比较深圳前海蛇口自贸试验区前后两次规划图,最大区别就是首先在用地上不像以前分碎,而是采用单元的方式;第二就是增加了产城融合空间,适当增加居住用地;第三在滨水跟滨海空间增加了紫颜色用地用于国际学校、国际医院、音乐厅、文化馆等适应国际惯例或者国际人士的内容。其次,不同类型的自贸试验区空间发展的重点将有所差别。第一类如上海陆家嘴、天津于家堡、前海蛇口等中心型自贸试验区。国家对其产业要求是要发展金融、科技、国际交往这些职能,在空间上就要避免高成本的商务空间对国际交往等功能的挤压,区域要有基本的保障性住房和商务公寓,实现住宅平衡,同时区域内还要留充分的公共空间和中小企业发展的空间。第二类是依托原来一些开发区或高新区的园区型自贸区。这类区域在产业上更多要强调实体经济与科技创新融合,在空间上要聚焦产业链研发和关键部件制造等环节。要将这两个环节一定布局在自贸试验区里或周边,控制产业链和创新链的组织端核心。现在国家要求创新链、价值链、产业链等融合发展,在自贸试验区规划研究时一定要牢牢控制创新链条。第三类是枢纽型,即依托保税港、机场建设起来的自贸试验区。需要依托原有仓库、物流基础等搭建期货以及跨境电商等交易平台,在空间上相应要平衡仓储物流空间与现代服务空间,探索"前店后仓"模式,可能需要将部分保税仓储外移到区外,留足现代服务空间,发展保税贸易、国际贸易展销、跨境商品消费体验、供应链管理等功能。再次,自贸试验区对城市发展转型的作用会越来越关键。自贸试验区更大的作用是把整个城市或区域带动起来,将其政策红利外溢到全市乃至周边。

最后是结语。第一,我国很多自贸试验区以后可能都将面临升级与扩容问题。自贸试验区升级绝对不是简单的空间范围扩大,需要关注自贸试验区内生活环境与生产环境的变化,提高制度环境、营商环境和生活环境的品质。第二,自贸试验区最大的意义不是本身的发展,而是对城市和更大区域转型升级及辐射拉动作用。因此,未来应关注自贸试验区的制度创新与政策创新及城市空间的互动关系,促进城市空间人的生活方式和生产方式的改变,由此实现自贸试验区的高质量发展。

矫雪梅:制度集成视角下的"自由贸易试验区+"模式研究——以成都自贸试验区双流片区为例

自贸试验区作为新时期重要的改革开放举措,其战略定位就在于以制度创新为核心形成对外开放新高地。国务院批复的自由贸易试验区方案大多要求要形成有国际竞争力的制度创新成果,推动经济发展质量变革、效率变革和动力变革。从这个意义上来看,自贸试验区肩负着重大的制度改革使命和任务,需要不同的制度之间形成有利有效的集成,才能充分发挥试验区的改革效能。城市规划工作者可能更多关注于空间上的功能,如交通等。本报告则尝试从政策集成的角度来指导产业发展和空间落位。

为什么选这个题?我们在做双流项目的时候发现,双流是政策高密度集中的区域,是目前国内唯一同时具备自由贸易试验区、国家级新区、临空经济示范区、综合保税区的区域,还拥有六大口岸、144小时过境免签、第一个低空空域协同管理试点、跨境电商的综合试验区。同时有这么多国家"帽子"其实是非常不容易的,也可以看出国家对西部大开发的保障力度。

但同时也发现,这些政策在双流并没有被很好地使用,各个平台之间独立运行、没有连通;虽然有了一定的经济流,但是政策红利没有真正释放出高品质的设计、运营、管理、服务和转化能力;综合区和城市的融合度不是很高,政策区对双流经济发展带动不是很强;而且双流面临重庆、武汉、西安等区域城市的激烈竞争,急需提升各方面创新能力。因此我们对这些政策区进行了详细研究。

首先这些政策区是国家不同部委、不同司局分管的。双流航空经济区是由国家发改委基础司分管,自贸区是商务部国际经贸关系司分管,天府新区是国家发改委地区司分管,综合保税区是海关总署分管。不同部委平行,权力也相对平行,协同很难。即使这样我们希望挖掘每个政策区的内涵,把平行运行的政策进行叠加,从中找出可以为城市产业发展和整体发展更好地助力内容。研究发现这些政策区是在同一个空间中高度叠加。如天府新区1578平方千米,涉及了双流区一半的空间面积;临空经济示范区覆盖双流区大约100平方千米,自贸试验区又与临空经济示范区重叠将近34平方千米。在同一个空间上高度融合了这么多政策区,必须充分释放这些政策区的红利,充分挖掘叠加效应。

全国范围内已经陆续出现有不同政策试验区叠加联动的发展模式,并以自由贸易试验区＋国家级新区的双区联动为典型。截止到2019年全国共计18个省市获建自贸试验区,分布在40个城市单元中,其中14个城市同时也设立了国家级新区,有11个城市同时设立了综合配套试验改革区,有7个城市同时设立了临空经济示范区,有20个城市同时设立了国家级综合保税区。双区叠加或者多区叠加的情况目前在全国非常普遍,上海、成都、广州、天津、西安等都是较为典型的政策红利汇集区。但很少有人研究政策叠加,或者怎么应用它。

以自贸试验区为基础,与其他政策区进行叠加以研究制度集成下的效能拓展。首先把自贸试验区与临空经济示范区叠加,发现两个政策区的优惠政策叠加之后可以极大地激活航空金融等衍生服务业发展。自贸试验区"境内关外"的独特性与临空经济示范区的航空指向充分融合,形成独特的临空自贸试验区产业体系。且大多数临空经济示范区将自身定位于现代产业基地、区域物流中心和科技创新等平台,这些战略方向的落地实施需要相关的先行先试的改革举措支持,而自贸试验区又恰好满足这一需求,两者存在相互促进的关系。

将自贸试验区与国家级新区进行政策的叠加,二者政策叠加之后可以更好地激活保税、研发等新兴服务贸易业态。国家级新区被赋予了全方位的先行先试特权,可充分拓宽自由贸易试验区在境内外要素流通的内延和外伸。二者叠加之后更适合发展"保税＋",即从传统的"保税＋制造""保税＋物流"逐渐向"保税＋研发"和"保税＋检测"等高附加值业务的拓展。

将自贸试验区与国家级新区以及临空经济示范区进行叠加,可以更好促进临空资产等高端要素平台的搭建。目前政策对国家级新区的发展方向没有很多限制,自贸试验区主要发展贸易金融产业,临空经济示范区主要以航空为指向,这些政策叠加融合有助于临空资源高端要素的集聚。

成都双流"自贸试验区＋"模式。因为成都双流是多个政策区高度汇集之地,因此以双流为例来具体阐述如何将多种政策叠加与当地产业发展基础相结合,最后在空间上的体现。

成都自贸试验区成立于 2017 年 3 月,其中双流片区的定位是以制度创新为基本要求,重点发展现代服务业、临空制造等产业。这些产业大多在双流已有较好基础。规划方案要求双流在政府职能转化、双向投资合作、贸易便利化、金融改革创新等方面先行先试。综合保税区是 2016 年成都获批跨境电商综合试验区,打造服务全川的单一窗口、一站式的跨境电商服务等等,并且支持综合保税区进行要素的整合和产业的配套,推动综合保税区发展成为具有全球影响力和竞争力的加工制造中心、研发设计中心、物流分拨中心、检测维修中心和销售服务中心。临空经济示范区是 2017 年国家空管委批复四川省试点方案,同意在四川省开展低空空域协同管理试点,赋予该区临空经济创新高地、临空高端产业集聚区、内陆开放先行区、新型生态智慧空港城等四大功能定位。同时四川省支持成都临空经济示范区建设国际航空枢纽,构造连接"一带一路"和长江经济带的空中的桥梁,全面提升临空经济示范区自主创新能力和可持续发展能力,吸纳全球创新资源,打造面向全球的创新创业开放格局。天府新区是 2014 年 10 月获批的全国第 11 个国家级新区,四川省最大限度地赋予新区行政管理机构相关管理的权限,重点扩大新区在投资、外商投资等方面的审批和管理权,优先安排新区开展国家和省重大改革的试点,来支持新区在全面深化改革中的先行先试。这几个政策区都围绕着一个核心——双流空港。双流机场在 2018 年 12 月旅客吞吐量就已突破 5000 万人次,成为中国大陆继北京、上海及广州白云机场之后的第四大机场。但是其货运吞吐量并不是很占优势。

双流的问题与挑战分析。首先,产业发展较为粗放,高端服务业发展不足。在临空经济构成上,虽然靠近机场,但是航空制造的产值占比不高,仍以电子信息、建材产业等传统产业为主,没有很好地把政策区红利与产业发展结合起来,且航空产业都是以低端的航空服务为主,真正的发动机维修、整装维修、口岸服务、保税贸易、电子商务等为主的空港贸易服务业仍处于起步阶段。其次,城区功能跟政策区结合欠佳。基础设施切割试验区,城区东西向交通联系不便,道路系统不完善,路网结构不合理,影响了内部要素融通聚合。再次,土地利用效率低下,高价值产业发展空间缺乏保障。工业地均产值仅 27 亿元,机场周边高价值区域并没有实现临空服务集聚,生产性服务业比较少,且以连片开发的普通工业区为主,浪费高价值的临空经济核心空间。

将上述政策叠加之后,认为双流的产业构建应该把航空枢纽价值、开放门户价值和城市功能价值最大限度地发挥出来,同时把成都天府之国的资源环境禀赋,现有电子信息、高端装备制造等产业基础利用起来,充分释放政策红利,通过结构调整、新业态注入,附加值提升等打造整体的产业发展优势,创新临空产业,升级优势产业,做强战略企业。由此提出双流要聚焦空港经济发展,坚持以高端化、特色化为路径,构建"3＋2"的产业体系,即由航空产业、电子信息、绿色能源三大主导产业和大健康与生物医药产业、文化创意两大特色产业构建成的现代产业体系。

同时以"自贸试验区＋"模式指引功能空间落位。第一,升级低效用地为创新用地,圈选政策最汇集、用地价值最高的区域,升级低效工业用地为创新用地。第二,依据地块的政策属性落位各类功能区,建设四大组团。临空商务组团:主要是集聚跨境金融、航空金融、临空资产交易等高附加值的服务业,同时凭借紧邻机场通关的便利性,为时间敏感人群提供新型商务办公的空间,引入临空指向型总部、专业指向型企业总部等;"保税＋"组团:引入保税＋研发、保税＋检测等高附加值环节,与现有基础充分融合;创新孵化组团:集聚生产、技术服务和管理等功能,为现有产业提供技术研发中试等服务,并为中小企业提供孵化的平台;空港高技术综合组团:依托现有的产业基础打造空港高技术产业功能区,未来形成以电子信息、新能源生物产业为代表的高技术产业区域。第三,消除政策上的空间阻隔,在基础设施上保证政策红利区叠加之后产业能够更好地发展。把机场东西两侧通道打通,规划下穿通道;优化全区的道路交通网络,保障主干路的快速的便捷的通达;按街区制要求,优化内部小组团道路畅通。

最后总结一下,本报告以成都自贸试验区双流片区为例,从制度集成视角将自贸试验区视为我国重要的空间治理方式和改革开放举措,分析其与各类政策在同一空间叠加、融合所产生的政策集成效应。研究认为,以自由贸易试验区为代表的政策试验区,建设的核心本义是通过体制机制创新降低制度型交易的成本,所以多种政策试验区的叠加区域应该打破行政壁垒。对各类政策试验区采取集成模式,通过政策融合和制度创新,为新兴产业营造、科研技术创新、消费市场培育以及腹地纵深厚植提供支撑。

此外,本研究是从地区发展和规划方法角度研究政策区域叠加后适合发展的产业。实际上如果要保证这些产业更好地落地,还需要从国家层面来协调各部委之间管理的权限和利益划分,才能保证同一空间中把特殊政策区叠加之后,使红利真正地释放出来。

特邀嘉宾点评

罗小龙:感谢邀请,有机会学习孟老师和其他五位老师的报告。因为时间关系,我主要对前三个报告进行点评。

今天的六个报告,其中孟老师的报告是介绍境外自贸区的发展情况,杨晓娟老师的报告是对我国18个自贸试验区的规划方法进行研究,其余四位老师则就单个自贸试验区案例进行了具体研究,有广西凭祥、成都、深圳和上海,我听后深有启发。我在7月底的时候对上海和广西凭祥自贸试验区进行了调研,当时有很多困惑,其中最大的困惑是自贸区如何在我国推进? 现在全国有18个自贸试验区,除海南自贸试验区政策是国家级事权下放到省级,其余17个自贸试验区政策基本上是省级事权下放到自贸试验区。在推进的过程中如何突破已有制度框架进行创新? 这是一个很重要的问题。第二个问题就是自贸试验区确实是全方位的政策包,但在调研中发现地方在实际推进中还是比较困难的。如上海2013年就成立了自贸试验区,但一直推进缓慢,2018年又批复建立了上海自贸试验区临港片区。根据自贸试验区相关管理官员介绍,现在中国自贸试验区最重要的问题就是货物可以自由流动,但是资金和人员还不能自由流动,与香港还有很大差距。其他政策与海南相比也有很大差距。因此在新的改革开放大背景下如何进行制度创新,这是必须要解决的问题。

刚才六位老师的报告都对我有一定启发。孟老师的报告很有意思,开拓了我的视野。孟老师对自由经济区的演化和界定做了一个非常系统、全面的介绍,并从流空间的视角介绍了三个境外自贸区,有很多知识亮点。希望孟老师下次有机会能够展开详细介绍一些境外园区案例。欧阳老师的报告以边境自贸试验区为题,阐释了制度对空间的塑造作用以及空间对制度的诱致作用。我认为该报告将边境自贸试验区的形成、建设、空间生产阐释得很清楚,是一个很有意义的话题。杨老师的报告很全面,对自贸试验区的规划,包括规划体系、国际比较、技术方法做了一个全方位梳理,提出了建设规划、发展规划和规制规划三种规划范式,以及自贸试验区的几种类型。这些对于规划学者都很有启示,是我们进行自贸试验区规划的一个很好的参考指南。这就是我向各位老师学习到的。

陈林:感谢主办方中国地理学会经济地理专业委员会的邀请,还感谢《规划师》杂志。我认真看了六位老师的文章,也常年关注自由贸易。我来谈谈学习感受吧。

首先三位的报告给我的感觉就是"联动"。如何联动? 软硬联动与内外联动。什么是硬的? 是地理空间上的联动。什么是软的? 是制度和政策方面的联动。自贸试验区内部、试验区各片区之间、全国各地自贸试验区之间的联动,就是硬的;软的就是政策的、制度方面的联动。内外的联动就是自贸试验区内部的三大片区四大片区联动,以及各省自贸试验区之间的联动。如矫老师的报告中仅双流片区就有四个有明确规划红线的政策区,他们之间的联动值得注意。所以我认为后三位报告殊途同归,从不同学科、方向和视角来研究联动问题。

具体而言,胡浩老师的报告对全国18个自贸试验区的55个片区,加上上海临港片区后的56个自贸试验片区做了一张全国分布图,这向经济学界研究自贸试验区的学者呈现一个非常直观的表达,数据通过地理空间的展示非常清晰明了。胡教授提到了上海自贸试验区与长三角规划纲要的关联,这也是一种制度上的联动,对我启发非常大。

魏老师的报告在自贸试验区规划的时候注重人才的流动和需求,这对今后我们从内聚化的角度研究自贸试验区有很大的帮助。另外他提到自贸试验区规划与城市规划的互动对我启发也非常大。因为现有的自贸试验区多是在已有的国家级开发区基础上申报,但实际批复面积有限。如广东自贸试验区的申报方案最初包括空港新区和很多国家级政策区,但最终批下来的面积只有原来申报的十分之一。所以要强化自贸试验区政策优势,还需要自贸试验区与城市规划等在政策方面进行联动,扩展其辐射空间。

最后矫老师的报告对我也有很大启发。我刚从双流回来,虽然没有长时间逗留,但第一感觉就是自贸试验区宣传不够,所有路牌上都没有宣传自贸试验区的;而且双流自贸试验区的政策"帽子"这么多,如何实现政策联动应是将来要研究的重点方向,也是许多自贸试验区面临的实际问题。我感觉三位老师的"联动"概念对我特别有启发。非常感谢论坛邀请。

问题交流

主持人:感谢罗老师与陈老师的精彩点评,因时间关系就不请报告人回应了。金凤君老师请教欧阳老师:边境自贸试验区发展的基础动力是什么? 制度设计如何匹配诱发,如何实现双赢?

欧阳东:基础动力与区域发展的一般动力以及国际贸易发展动力比较类似。边境自贸试验区的发展动力还是产品和服务在不同国家之间的分工,以及不同国家之间需求和生产能力、生产成本之间的关系。制度方面,现在我们感觉匹配性是一个比较大的难点。比如说在广西凭祥自贸试验区的崇左片区,目前面临的问题就是中越双边的开放政策不匹配。例如我们这边设立一个单边自贸试验区,但越南方面并没有对应的开放区域。所以未来双边联合自贸区应是一个非常重要的方向,否则自贸试验区的政策红利很难释放。另外凭祥这类型的自贸区,关税等政策非常关键。而海南自贸试验区有很多政策优惠,如在货物、人流、服务等方面的开放。因此未来双边开放的自贸试验区可能会是边境型自贸试验区的一个发展导向,这需要进行制度的创新和制度的再生产。

主持人:接下来的问题主要是问孟老师跟魏老师,目前中央对于自贸试验区均有带动地区发展的要求,如何用区域的角度来看待自贸试验区的发展,自贸试验区通过怎样的路径影响区域?

魏正波:我就说我在深圳的认识吧。在深圳这么多年,觉得前海蛇口在没有自贸试验区帽子之前其实自身也在发展。因为国家现在要求自贸试验区要带动区域,带动城市,怎么把在自贸试验区里试行的很好的制度快速地应用到所在城市政府的机制里面,我们觉得这个还是挺重要的。从2008年前海设立到现在短短十年间,前海大概每年有几十上百条各个方面创新的政策和机制出台,而且很快应用到了深圳市政府的改变里面。可能这种改变是潜移默化的,或者是快速反应的。我们一直在说珠三角,或者是深圳为什么能够吸引创新人才,就是因为政府是很灵活的政府,对创新人才不同的需求、不同的考虑,都会有快速的反应。我觉得这可能是国家对自贸试验区最大的要求,或者使命,就是一定要快速改革、快速反应、快速创新,最后拉动区域发展。最近全球形势变化,如果一旦错过一个时间节点、一个时间段,可能应对国际风云变幻的形势就会错失先机,这是我自己的感想。

主持人:自贸试验区承担了先行区的功能,但实际上以前我国设立的四个特区以及后来的经济开发区,当时设立的时候都希望在制度创新上有先行先试的作用。自贸试验区从其定义看就是要实现比世贸组织更为优惠的投资和贸易政策,促进对外开放。如果把自贸试验区的功能向城市或者向制度创新扩展,相当于占了其他政策区的职能和功能,这样是不是会形成一些矛盾?如果自贸试验区在所有政策上都有先行先试的作用,将来是不是会有更多的地方申请自贸试验区的帽子,这样国家政策是否就相对混乱了?

孟广文:这个问题问得好。我国各种类型的自由经济区和国外最大的不同是承担着我国改革开放政策工具的作用和职能。以前像经济特区和开发区、高新技术产业园区主要的职能就是制造业开发及其相应的制度改革。这种改革经过三四十年的实施比较成功,我国由计划经济变成了社会主义市场经济,实现了高度工业化,自由经济区已经非常成功地推动了全球化、制度创新、工业化以及城镇化,但也产生了空间区域差异、阶层差异、生态问题以及深化改革障碍等问题。而且经济特区、开发区、高新技术开发区、甚至海关特殊监管区等没有进行服务业开放试验,如金融、旅游、生活性服务业的开放。现在国家深化改革需要进行服务业开放,但服务业开放又存在着很多不确定性和风险。因此就如当年建立经济特区一样,通过建立自由贸易试验区来试水服务业开放,了解其风险边界并积极全面融入全球化。可见,自由贸易试验区就是我们国家在前期制造业开放基础上实施的服务业开放试验。当然了,自由贸易试验区在各个地方落实的时候,就变成一个政策包了。它除了满足国家服务业开放、扩大开放、全面开放的战略需求之外,又承担了刺激地方经济发展的职能。自由贸易试验区开始扩容,又囊括了加工、制造等职能。因此,我认为自由贸易试验区就是自由经济特区的升级版,开始侧重于服务业,但和国际上其他自贸区相比还不是典型的自由贸易区。

我认为,中国可能在不断地创造新的空间类型,也许自由贸易试验区就是其中一种。世界上自由经济区的各种类型来到中国都会发生转换、转变来适应中国的国情,所以我认为自由贸易试验区作为经济特区的升级版,对我们国家服务业开放,比如国民待遇、新的发展理念、服务贸易、自然人移动准入等等有探索价值。国家也看到这一点，为了更全面的试验服务业开放就以海南自由贸易试验区为试点，将其由经济特区升级为自由贸易试验区，并要规划建设自由贸易港。

另外，自由经济区的类型不同，对区域经济的带动作用不同。自由经济区含自由贸易区、自由贸易试验区、自由贸易港等，他们对区域的带动作用可以是改革开放的试验平台、制造业和服务业的试验载体、走向全球化和区域经济一体化的先行区以及工业化和城镇化的驱动力。

陈林：我想补充我的视角。刚刚矫老师关于功能分配图激发了我的想法。另外几个"帽子"，包括国家的高新区等等的"帽子"，它的省内的行政职能或者主管部门级别都不会有自由贸易试验区那么高，每个省自由贸易试验区工作领导小组组长都比较高级。我觉得自由贸易试验区这个功能有可能可以引领其他"帽子"的功能，这个突破性想法我觉得是可以去贯彻的，从政府的角度看自贸试验区的功能比较引领。

主持人：贸易战背景下，自贸试验区未来发展会受到什么影响，主要体现在哪些方面，是否需要调整？

孟广文：这个问题挺难回答的。第一，贸易战最大的问题是上升到文明和政治的竞合关系，而不是纯经济问题，不能完全按经济的规则和逻辑来理解。如果一个地区整体不具备全球化条件的话，国家可以将其某个特殊地域单方面开放来参与全球化，这就是自由经济区且包括自贸区。也就是说这是在正常经济规则和国际秩序基础上的一种制度安排。但如果处于一个地缘战略和竞选压力，甚至是处于没落大国对新兴大国全面的、不计后果的、甚至是不理智的全面压制和打压情况下，自由贸易区本来应该能发挥的全球化飞地功能不一定能真正发挥得好。但是毕竟全球化的历史大趋势是难以阻挡的，在某一个短期阶段可能会碰到逆全球化的逆流和障碍，但从长远全球化、区域一体化将会一步步分阶段、分程度实现。而自由贸易区将是参与全球化的先行特殊区。

第二，在"一带一路"倡议下，中国根据产业分工的内在规律也实行了"走出去"战略，在海外直接投资。直接投资的主要方式就是建立海外园区，特别是在欠发达国家。这些国家不是所有的地方都适于现代化大生产，就需要选择一个地方集中建设基础设施、公共服务来满足现代化生产需求，将中国的开发区经验移植到海外，利用我们国家的优势、资本管理经验和技术，并结合东道国的劳动力、配额以及双边多边的有利贸易协定建立海外生产基地。这在正常的经济环境下是一个非常合规、合理的贸易分工和产业分工。即使中国生产的商品变成了 made in 东道国了，正常情况下也能够实现贸易冲突的合理规避。但是在无底线的打压下这种模式也将面临严峻挑战，我们的产品绕道越南或东南亚出口某一大国的路径和渠道也将会受到影响。

但是我们要充满信心,全球化不可阻挡,区域经济一体化是全球化的重要组成部分,自由贸易区是区域经济一体化的一个必然的阶段。我们对中国的自由贸易区建设、国内国外发挥对外开放的功能总体上应该保持信心。

主任总结

首先感谢孟教授对本次论坛的召集和组织,六个报告都非常精彩!自贸试验区是当前经济地理学界、规划学界、制度研究、社会学界都关注的热点议题,也是一个综合性问题。今天报告的选题非常好!

我认为自贸试验区未来有几个值得研究的问题:一是自贸试验区建设风险问题。自贸试验区在制度和空间上是并行建构的,体现了中国人对新时代全球化和发展环境的新理解。但作为建构型新空间,其发展面临哪些不确定性或动态变化因素,需要在空间和制度上针对这种建构过程中被忽视或遗漏的障碍进行补救?二是自贸试验区发展与规划受多种因素影响,且处于动态变化过程之中。动态因素与静态空间如何有机融合值得深入研究。三是自贸试验区的原生动力是什么?不管是制度设计还是空间规划诱导,从可持续发展视角看必须找到其发展的原生驱动力。到底是来源于城镇化还是国际贸易抑或全球化,需要进一步深入分析。此外,实践中我们也看到一些自贸试验区成功了,另外一些不怎么成功。根据案例研究提炼具有普适性的经验并分享到中国其他区域或其他发展中国家,不仅对中华民族具有重大意义,对人类文明发展也具有重要价值。

长三角区域一体化空间的发展

召集人：

陈雯，中国科学院南京地理与湖泊研究所研究员，区域人文经济室主任，中国科学院大学资源与环境学院教授，博士生导师。兼任中国科学院可持续发展研究中心副主任，苏科创新战略研究院理事长，长三角一体化决策咨询专家，国家级长三城市群发展规划和区域一体化发展规划纲要编制的研究专家。

报告团队：

中国科学院南京地理与湖泊研究所人文地理研究团队，长期以来扎根于长三角，面向长江中下游和长三角区域发展中的前沿性和战略性的重要问题展开科学研究，为国家地方各级政府提供了咨询服务。国家长江三角洲区域一体化发展规划纲要的唯一技术支撑团队，长三角城市群发展规划和长三角地区区域规划的首席技术支撑团队。近年来，该团队还承担了长三角各级政府的发展空间规划、发展规划、产业规划、生态环境规划的编制工作，是长三角地区率先发展和一体化发展决策制定、地方推进实践的重要技术支撑团队。

点评嘉宾：

曾刚，华东师范大学终身教授，博士生导师。现任华东师范大学城市发展研究院院长，兼任教育部人文社科重点研究基地中国现代城市研究中心主任、上海市高校智库——上海城市发展协同创新中心主任，上海市社科创新基地长三角区域一体化研究中心主任。

主持人： 马丽副研究员

陈雯： 谢谢经济地理专业委员会提供的这样非常好的交流平台。我们团队一直在做长三角区域一体化发展的空间研究工作，2016 年完成了一个自然科学基金重点项目，并出版了《长江三角洲区域一体化空间》专著。在此基础上，团队持续开展这方面的研究工作。今天带来的五个报告，是团队中年轻人的研究成果。一方面是从动力的角度，如长三角动力的分析、长三角的创新、企业的并购、高铁基础设施的运作研究对长三角一体化动力机制的影响，另一方面是长三角一体化带来的区域效应研究，主要是从房价和生态环境的角度进行分析。

我们团队目前有 20 人,主要以中青年科学家为主。我简单介绍一下今天做报告的五位年轻科学家。王磊博士毕业于香港中文大学,曾在英国曼彻斯特大学以博士后身份工作了一段时间后回国,入选了中国科学院引才计划青年项目,2020 年也有幸获得江苏省优秀青年称号。目前致力于高铁网络与城镇化的结合研究。宋伟轩副研究员博士毕业于南京湖地所,一直在做房价、封闭社区方面的研究,主要补充我们在城市社会和区域社会地理方面的研究。他今天的报告是关于房价在长三角区域的比较研究。李平星副研究员的研究背景是比较交叉融合的,硕士是学生物的,进而在中科院地理所樊杰老师那里读博士,主要是从事生态方面的研究,他的特长是把区域增长和生态环境的效应结合起来。吴加伟是我们团队最年轻的一位研究人员,是我们自己培养出来的硕士、博士,曾在美国犹他大学访学一年,他的研究方向是产业地理、企业并购对长三角一体化的影响。最后一位是孙伟副研究员,他也是我们所培养的博士,主要做空间功能分区研究,近期把重点转向长三角创新。今天的报告就重点介绍长三角创新的内容,特别是创新一体化、创新分工、创新联动对一体化的影响。

这五份报告希望得到更多同行的批评指正,希望以后有更多的机会能跟大家交流,也谢谢曾老师给我们的点评! 谢谢!

主旨报告

王磊:长三角高铁网络发展及其空间效应研究

感谢各位老师和同学,我汇报的内容主要包括四个部分。首先是高铁网络及其空间效应研究的简单综述介绍;其次对长三角高铁发展的背景和问题进行阐述;第三部分则是详细介绍一个长三角高铁网络发展空间效应的案例研究;最后是结论和讨论部分。

经济地理学对于高铁的研究很多,如王姣娥老师、金凤君老师团队已经做了很深入的研究。高铁的定义以及高铁空间影响的研究文献也比较多。高铁通过提供快捷、舒适的乘车环境,在 200～800 千米的旅行距离中最具有竞争力。这个范围又是一个城市群的尺度。因此高铁通过显著的时空压缩效应以及对可达性的空间调整,深刻影响城市群空间结构。

从全球交通工具来看,高铁被认为是一个可持续性的交通工具。如英国的北部振兴计划(Worthern Powerhouse)提出为改善城市之间的连接需进行高铁网络建设;美国 2050 战略将高铁网络建设作为重要的发展策略;中国的"十三五"规划也将城际高铁作为基础设施建设的重要内容之一。目前,全球有 20 多个国家建设了高铁系统,主要有三个模式:一个是高铁的走廊模式,其与普铁不兼容,主要如英国的第一个高铁和日本的新干线;第二个是混合网络,即高铁和普铁相互兼容,如德国;最后一个是高铁国家网络,如中国和西班牙,采取了相对独立的高铁系统,又有混合的铁路交通网络。

现有关于高铁发展的空间效应研究的文献较多。首先从基础设施的角度,在高铁的规划和建设中,影响高铁可达性的因素主要有两个,一个是车站的区位及数量,另一个是高铁站与城市交通网络的连接。欧洲大部分高铁站设立在市中心,多是普铁升级形成高铁站,以利于与城市其他交通系统的有效整合,同时也为了城市更新和繁荣城市中心的活力。我国高铁站多布局在城市郊区,主要是因为中国仍处于快速城镇化阶段,郊区建设成本低,也有利于引导城镇化的发展。国外对于高铁的区域效应多集中在单线或有限几条线路带来的可达性廊道效应研究。而相比于其他国家,我国城市群地区高铁的建设速度与网络密度相对较高,已形成高铁的网络。因此,其区域经济效应和空间可达性效应均与国外有显著不同。

现有文献对高铁可达性评估的研究主要有三个方向:通过交通网络的模拟研究高铁带来可达性格局的变化;采用列车时刻表分析城市间高铁连接程度和交通时间的变化;以及通过对旅客出行的问卷调查,分析高铁出行在整个旅行时间的分布状况。这三个方向各有意义,交通网络模拟的优势在于建立高分辨率的可达性格局,但无法考虑交通工具对实际出行的制约;旅客时刻表比较精准的反映车站之间的实际旅行时间,但往往将城市作为点进行分析,无法估算车站到城市内部时间距离且也无法估算换乘等待时间;旅客时间调查时间方法精度比较高,但耗时耗力且空间分辨率比较低,且在不同城市的调查难以控制相关参数的一致性。

在这些文献背景下探讨长三角城市群的高铁网络研究。首先从全球城市尺度看,中国处于快速城镇化的阶段,涌现了一批城市群和巨型城市,未来交通需求显著上升。另一方面,我国区域发展不平衡,不同地区对交通的需求以及不同人群对交通时间价值的考量也有很大的差异。从国家高铁建设和个人使用看,高铁都是现代社会出行的必需品。在此背景下,我们主要探讨几个方面的问题:一个是从交通的供给,包括基础设施和客运服务的角度来探讨高铁的空间效应;另一方面尝试从交通的需求出发,对客流带来的空间效应进行研究。

从以往的研究看,对于研究对象空间范围的界定、交通方式组合的界定以及对交通可达性的定义等不一致会导致结论有差别,很重要的一点就是是否把城市内部交通考虑在内。如安徽宿州市,宿州东站距离城市中心大概有30千米,而其普通铁路站距离市中心只有3千米。所以乘坐高铁首先在城市内部就需消耗大量的时间。因此,高铁发展如何改变区域本来就不均衡的空间发展,对哪些城市更有利,对哪些城市不利? 这一直是高铁发展以及高铁空间效应探讨的重要问题。

长三角高铁网络化的空间效应研究。长三角是我国区域一体化程度最高,或者是区域经济最发达的城市群之一。长三角的普铁和高铁网络都十分发达。2018 年普铁有 7000 千米,有 18 条高铁网络,高铁车站 122 座。

第一,对长三角高铁空间可达性进行模拟。主要考虑门到门的计算方法,将可达性分为城市内部交通和高铁站点之间交通两个部分,由此模拟了长三角所有城市到上海市中心的距离,可以看到,到上海市中心的可达性在高铁的带动下逐渐提高。但如果仅考虑车站和车站之间的距离,就会有很大的结论误差。以上海站到南京站的距离为例,2016 年的普铁大概是 2.8 小时,高铁站与站之间是 1.2 小时,但是如果考虑到车站到市中心的距离,实际上高铁对通行时间的改变并没有那么显著。在此基础上我们探讨了整个区域可达性的变化。首先模拟了没有高铁情况下的空间可达性,可以看到地理中心和车站区位对区域可达性有很大影响。然后模拟了有高铁情景下的空间可达性,发现高可达性区域在大城市核心区的范围得到了显著扩展。进而通过比较两个结果发现,有些地区获得了比较好的超出平均水平的可达性提升,有的地方则低于平均水平。相对于普铁站到城市中心平均 5 千米的距离,长三角大部分高铁站距离市中心大概 10 千米,很大程度上增加了乘客的出行时间。因此做可达性研究时,在一定程度上需要考虑市中心城市内部的交通状态。

第二,主要探讨了高铁的客运服务网络。相比普铁而言,高铁更加集中在中心城市。通过二者车站的规模一位序图可以看出高铁在中心城市的数量集聚程度远远高于普铁。基于旅客时间表,比较了高铁开通前(2007 年 4 月)、后(2016 年 4 月)长三角高铁网络对铁路客运服务的影响。构建了一个将时间以及城市之间客运服务强度都考虑在内的区域网络可达性指数,发现普铁网络的可达性形成了核心—边缘结构,且在研究时段内没有显著变化;高铁发展弱化了既有的核心边缘结构,所有铁路城市的可达性都提高了约 50%;高铁可达性格局仍与普铁可达性格局显著相关,表明高铁建设主要还是在普铁网络的基础上进行。而在城际客运频次空间格局方面,整个长三角客运服务频次强度较高,主要集中在上海、南京和杭州之间,尤其是上海到南京、上海到杭州的客运连接最为紧密;高铁发展加强了城市之间的既有联系,也同时增加了城际的服务频次。从长三角城市区域可达性指数格局及其演变看,上海、南京、杭州、无锡、苏州等城市的可达性最高;两个年份的可达性格局显著相关,高铁大约改变了 25%的网络可达性格局。因此高铁是增强而不完全改变普铁的可达性空间格局。而且需要强调的是,有部分城市虽新建了高铁,但由于客运频次减少,可达性指数反而有所下降。

最后是我近期在做长三角城际高铁客流网络的社区结构研究。前面两个研究主要是基于高铁供给视角,这个则是从客流/高铁使用者的需求端视角出发。由于客流数据相对难以获得,我们以可获取的 2017 年 7 月份的数据建立了城市之间的客流网络,运用社区探测技术进行客流社区识别。研究发现长三角高铁客流网络存在四个大区域和七个小次区域。社区探测很大程度可以揭示市场驱动的区域一体化空间格局,或者是城际之间的密切联系。

因此,它对未来研究长三角区域一体化的多层次性和地方特征具有一定的启示。同时值得注意的是,新的高铁修建也可能改变区域的空间结构。如2020年7月1号通车的上海至苏州至南通的铁路将对苏中和整个长三角地区的连通性产生很好的促进作用。

最后简单总结一下。第一是长三角地区高铁网络显著改变了区域可达性和连通性,对区域一体化具有显著的影响,高铁对于时间距离的缩减具有显著的作用;第二,高铁客运服务发展强化了中心城市在区域的支配地位,使强者更强;第三,高铁站与城市的连接性较差,抵消了高铁发展带来的可达性的提升程度,未来高铁发展需要统筹城市规划和交通发展;第四,如何协调高铁和普铁之间的网络关系,处理好高铁客运供给和市场需求之间的关系,需要进一步的研究。如欧洲的相关研究中将部分普铁作为高铁的喂给方进行分析,形成高铁与普铁服务在空间组织上的互补;第五,需要深入探讨高铁的社会经济效应,做好高铁在建城市的规划应对,以及从使用者的角度探讨长三角不同地区高铁对出行的影响。最后,未来需要进一步探讨高铁网络对区域一体化影响的层次性和地方特征,以及区域一体化视角下如何统筹高铁建设和客运服务网络。

宋伟轩:一体化视角下的长三角城市住房价格空间分异

我的汇报内容主要包括五个方面。

第一部分是区域一体化发展与房价分异的关系。中国城市的房地产市场比较神奇,全世界各种金融危机都未能影响中国房价的上涨。2016年中央提出了"房住不炒"新定位,但是依然没能阻止中国城市房价的迅速上涨,由此带来一些问题。在该背景下,经济学、地理学、社会学等各领域学者均意识到研究房价问题的必要性和紧迫性。其中经济地理学者对房价的研究主要集中于两个方面,房价差异的时空格局和影响房价的因素和作用机制。以往的研究发现,房价的差异性是广泛存在的,而影响房价分异的因素复杂多样;影响因素不但复杂,其作用强度和组合特征也随着时空的变化而不同,表现出较强的时空异质性。因此,要解开房价分异机理的黑箱,首先须清楚区域房价差异的时空特征和规律。

区域房价分异演化的基本规律有:第一,房价不是孤立发展的,而是具有传导性的,也就是所谓的波纹效应、溢出效应;第二,房价差异是城市资源配置能力差异的综合货币化表达,区域内资源要素流动影响房价分异;第三,房价增长具有一定阶段性和波动性,房价传导与扩散表现出了"时空的滞后性"。单一时间断面的研究不足以刻画房价分异的特征;最后,房价分异不是区域差异的简单映射,而是存在着辩证互惠关系。区域一体化与房价分异之间存在互动关联,一体化区域城市联系更加紧密,要素流动更加频繁,分工更加细致,也更加容易观察和总结出分异的特征和规律。因此,我们以长三角为例,通过较小空间尺度和较长时间跨度分析房价时空演化过程与分异格局。

之所以选择长三角一是因为其一体化程度较高;二是因为区域内城市类型较多样;三是其发展模式更具代表性,即内生发展动力比较强;四是因为其房价领跑全国;五是因为其内部房价差异非常明显。数据来源方面主要采用了中国房价行情平台的数据。该平台的数据有几点优势:一是时间连续性,采集房价的时间比较早;二是样本的完整性,个人通过软件爬取的数据通常不够全面。房价行情平台不仅有自己的数据获取平台,又有9300家房地产网站的交易数据,覆盖面较广;三是数据准确性,该平台有一套自己的技术可以做到机器整理和人工核对相结合。我们主要运用了平台提供的2008—2018年各个城市不同区县以存量房为主、兼顾新房的房地产挂牌数据。

从长三角整体房价增长特征看,11年间城市尺度和区县尺度平均房价分别增长了146％和175％。在增长时序上具有非常明显的阶段性。以2011年和2015年为时间节点,经历了快速上涨、相对平稳期和再度快速上涨三个非常明显的阶段;从房价整体分异程度看,无论城市尺度还是区县尺度,泰尔指数均有所上升,且区县尺度房价分异程度更高,分异增长趋势也更加显著;在房价分异格局上,上海的龙头更加凸显,南京和杭州的次中心地位逐渐巩固,浙江、苏南与安徽和苏北的差距加大。从城市和区县两个尺度对比看,城市尺度的房价格局模糊了区县间的房价差异。如上海的卢湾区和崇明区,2018年平均房价相差了每平米74000元。因此,下一步分析将主要采用区县尺度来进行细致观察。

第三部分研究长三角区县房价的俱乐部趋同特征。在房价增长类型划分方面,美国学者提出了超级明星城市理论,根据城市住宅需求的高低和供给弹性大小,将美国280个都市区房价由高到低划分为四类,分别是超级明星城市、非超级明星城市、高需求城市和低需求城市。参照该理论,根据长三角区县房价高低、所在城市等级与区位特征,将327个区县划分为六类:分别是核心城市城区、中心城市城区、发达城市城区、其他城市城区、核心圈层县市和外围地区县市。

从每种类型城市的房价增长看,沪宁杭等明星城市的房价最高,增幅也最大,外围区县房价最低,增幅最小。也就是说两者的差距拉大,从2008年的7倍扩大到2018年的10倍,说明区域内部房价分异程度加剧。各种类型区县的房价增长的特点不同,房价增长存在显著的波动性。2011—2015年期间大概超过1/3的区县出现了房价下跌,温州甚至出现了暴跌现象。六类区县中,上海和外围地区县市房价增长最为稳定。即使在2011—2015年,房价都保持了平稳增长。南京和杭州表现也有所不同,南京的稳定性更强,杭州波动比较大,这可能与浙江整体的波动性有关。

基于上述分析,对一体化区域房价分异的模式与趋势进行研究。众所周知,一体化过程能够促进资金、劳动力等各种生产要素加速流动,产生1＋1＞2的化学反应,提升整体资源配置和经济发展效率,因此有利于区域整体房价上涨。而在一体化区域内部,因为核心一边缘结构会更加凸显,区域层面难以实现房价的整体收敛。同时一体化过程放大和加快了房价传导的波纹效应,有效缩短了房价传导的时空滞后性,更容易产生区域内部的房价增长俱乐部现象。

相对于非一体化或者较低一体化程度区域,一体化区域能够吸引更多的外部资源进入,并促进内部资源要素的合理流动,所以整体上一体化区域的房价更高,但是内部的差异更大。这主要是因为高端的稀缺要素不断地流向核心城市和区域中心城市,导致了大城市房价的高不可攀。一句话概括,我们认为在可预见的一段时间内,长三角地区城市房价在保持整体相对较快增长的同时,不同类型城市间的房价差距加大和同类城市间房价趋同的现象将并存一段时期。

为什么会产生一体化区域内部房价差距越来越悬殊的现象呢?就是相对于以往新古典主义采用区域经济基本面,如 GDP、居民收入等因素对区域房价分化的解释,Smet 基于城市经济职能分工和资本积累逻辑建立的解释框架可能更具解释力。他将城市经济职能划分为生产、消费和商务服务三种,认为后福特时代的城市转型就是由生产职能向消费职能和商务服务职能不断转化的过程,并认为生产职能对房价的约束越来越弱,消费和商务服务型城市的房价异军突起,导致房价走势的不均衡。以长三角为例,根据陈雯老师团队一系列的研究成果,发现自本世纪以来长三角城市间在 GDP、财政收入、居民收入等一些核心经济指标上,区域差异表现出一定的收敛态势。但房价分异与之相左,其原因就是具有高附加值和剩余价值的经济机会,以及高端的服务、教育、医疗等稀缺公共资源和高端劳动力要素不断流向核心城市。

值得注意甚至值得警惕的是,房价增长和分异的加剧会反作用于一体化的进程。如房价上涨造成生产要素成本上涨,将迫使部分低端产业和低端劳动力外迁,高技能劳动力向核心城市集聚。当房价升高和分化到一定程度,在房价筛选机制的作用下,一方面将抑制外来人口流入核心城市,另一方面也将阻止区域内的劳动力自由流动。此外,住宅通常是中国家庭最重要的家庭资产,房价增长差异实际上意味着城市间、区域间、城乡间、群体间财富的重新配置。所以房价分化实际上是使财富集中到了少数城市和少数人手中,这无疑将加剧阶层分化和区域社会不平衡发展问题。因此,区域房价过高和过度分异都不利于长三角高质量一体化发展。

最后,基于高质量发展的出发点,提出房价调控的一些具体建议。说到调控,隐含的意思就是现在房价出现了问题。从两个角度说明一下,第一从住房市场总市值看,经大致估算,2017 年长三角城市住房总市值超过 100 万亿。这相当于长三角三省一市当年 GDP 的 5 倍以上,全国 GDP 的 1.2 倍。第二以国际上通用的售租比来衡量房价的合理性。单位面积的售价比上单位面积的月租金,发达国家标准一般认为 200～300 比较合理。由于国情差异,我国可以适度偏高,但2015—2018年,长三角各区县平均售租比已从448升高到574,说明房价增长越来越偏离真实的供需关系,即房子炒的成分增加或是投资的属性加强,这明显不是合理表现。从空间看,2015年售租比高于700的区县主要集中在丽水、金华、温州等浙西南的一些地市。但到2018年浙西南地区多地售租比超过了800,沪宁杭、合肥、苏锡常,甚至安徽芜湖、安庆等城市都出现了售租比迅速攀高现象。2016年全国有名的房价四小龙,其中三条龙就在长三角:南京、合肥、苏州。在这一轮房价暴涨过程中,并没有充足的消费需求作为支撑,所以我认为是不健康的,需要适度的调控。对于区域房价调控建议,总体原则是遏制区域房价过快上涨与过度分异,促进资源要素更加高效、更加自由地流动,缩小区域差异。针对不同类型城市也提出了相应调控建议,时间关系就不细述了。

最后一点展望,下一步研究应关注房价分异的深层次机理以及如何科学地识别"房价俱乐部",此外,要判断一体化发展是不是一定带来房价分异,或者说长三角房价分异的拐点会不会出现,什么时候出现等等。谢谢!

李平星:区域土地利用变化的生态环境效应

我的报告主要分为四个方面。

首先是长三角区域一体化过程中空间发展的典型特征。第一,建设用地迅猛拓展,且空间蔓延呈现"四处开花"趋势;第二,生态空间被大量和无序占用。在一些重要的生态功能区内存在大量建设用地,导致整个生态过程受到明显破坏,生态系统服务功能明显下降。第三,建设用地污染负荷居高不下。虽然建设用地的人口、经济承载规模逐步增加,用地集约水平大大提高,但该过程中也带来一些问题,能源消耗量大,强度偏高。沪苏浙皖单位建设用地电耗均高于全国平均水平,各类环境污染物排放量和排放强度也在全国平均水平之上。可见,长三角在建设用地集约利用过程中,也造成了单位用地生态环境负荷有所增长。

本报告中生态环境效应的研究将基本围绕类型识别、格局刻画、机理分析、效应评估和引导调控几个方面展开,主要的目标是在全球化与市场化、环境与气候变化、新型工业化、城镇化和生态文明建设的大背景下,构建分析长三角地区土地利用变化带来生态环境效应的研究框架。土地利用变化主要从数量、结构、分布以及转型角度分析,而生态环境变化则从生态、环境、资源几方面分析。在此框架基础上,结合案例区域主要开展四个方面的研究:第一是土地利用变化与生态环境变化的时空格局与耦合关系研究;第二是土地利用变化的生态环境效应发生机制;第三是生态环境变化对区域可持续发展的影响,包括生态、经济发展和社会发展;第四是基于生态环境效应的土地利用变化引导路径与优化措施。

基于这个研究框架,我现在主要开展了三个方面的研究:第一是比较支撑性的整个城市拓展格局与驱动机理研究;第二是对建设用地的生态环境效应进行评估;第三是区域生态安全格局构建的方法和思路研究。

第一,对苏南地区的城市空间拓展格局进行研究。主要以遥感数据为支撑,从区域层面分析城市空间拓展的格局及其效应。在拓展格局方面主要分析了拓展的强度和速度;效应方面分析了城市的形态、紧凑度变化,并在区域层面关注了城市结构,主要运用了位序规模方法;在影响因素方面主要是进行了相关性分析和定量定性判断。研究发现,苏南地区建设用地总量分布呈现明显的双核特征,南京和苏州市区占据主导地位,苏锡常地区集中连片的格局较为明显;受建设用地增长较为分散的因素影响,城市紧凑度有所下降,郊区县市紧凑度下降更加明显;受上海辐射以及沿江开发带动影响,环沪与滨江地区是城市空间快速拓展的代表区域。

第二,建设用地生态压力的综合评估。以往研究多通过数量和占比变化反映区域建设用地拓展对生态空间的压力,主要指标为土地开发强度。但实际上即使建设用地总量相同,单位建设用地的污染负荷差异也可能比较大,且建设用地的空间分布也有明显差异。这种利用强度、空间分布的差异将对建设用地的生态压力产生较大影响。因此,我们提出综合定量评价的思路,从三个方面进行评价:一是数量导向的生态压力,即基于建设用地的数量和占比;二是强度导向的生态压力,基于单位建设用地污染物排放的强度,主要如二氧化硫、氮氧化物等污染物;三是空间分布导向带来的生态压力,主要基于建设用地在不同类型、不同等级生态重要性分区内的空间分布展开。通过评估发现,在数量上苏南地区中心城区开发强度较大,这与中心城区建设用地数量多、占比高有关;强度导向的生态压力主要集中在沿江地区,与该地区产业结构偏重、重化工业用地较多、污染物排放密集有关;分布导向的生态压力分析主要通过生态过程模拟,从维护生态过程的角度研究不同生态重要性空间与建设用地的空间分布的耦合,认为生态重要性较高的地区建设用地带来的生态压力就相对较高,而生态重要性较低区域的建设用地生态压力也较低。基于这个思路,研究发现沿江、湖区与低山丘陵地区生态重要性较高,而生态压力较高的建设用地也主要分布在沿江与环湖区域,因此沿江、宁镇、宜溧山地的县市区建设用地分布带来的生态压力较大。

在数量、强度、空间分布生态压力分项评价基础上进行综合分析。总体上,沿江地区综合生态压力较高,滨湖和山地综合生态压力较低;各个县市区主导压力因子也存在明显差异,空间分布作为主导影响因素的单元数量最多。也就是说在未来区域发展的过程中,如果想减轻建设用地带来的生态压力,从优化建设用地的空间分布出发是一个比较重要的思路。而污染物的排放强度作为主导因素的单元主要是分布在沿江地区,因此未来优化产业结构和降低污染物排放强度就是一个适用手段;绝大部分中心城区的主导因子仍然是数量和占比,因此该类地区的土地利用优化就是考虑如何加入生态空间和拓展绿色空间。

第三,区域生态安全网络构建和用地调整建议。主要目标是从维护区域生态过程、完善区域生态网络的角度,揭示潜在的生态廊道,定量评估土地利用变化背景下景观破碎度和连接度的变化,提出用地优化调整的建议,主要的研究方法是最小累计阻力模型。利用 2000 年和 2015 年土地利用格局,构建了阻力表面。以南京市为案例区,将重要的生态空间作为源区模拟区域潜在的生态过程,分析其潜在生态廊道。从模拟分析结果看,南京市的生态廊道主要是沿水体、林地、山地等空间蔓延;受土地利用变化因素影响,部分生态廊道位置和走向发生明显变化。主要变化区域集中在南京市中心的紫金山生态廊道到近郊青龙山生态廊道区域,主要是受到近郊区土地利用变化剧烈影响,生态廊道的破碎度发生明显变化。与2000 年相比,2015 年大部分生态廊道的破碎度有明显上升,即不同重要性生态功能区的连接度下降。近郊斑块的生态破碎度增长最为明显,与近郊地区新城建设导致建设用地增长剧烈明显相关。

通过对生态廊道沿线土地利用变化分析发现,在用地类型转化上,耕地向城镇用地转化最多,其次是农村居民点转向城镇用地、耕地转向农村居民点、耕地转向独立工矿,可见非建设用地向建设用地转换非常明显;基于廊道不同宽度缓冲区格局的分析,发现越靠近廊道中心线的地区用地水体占比越高,土地利用相对稳定;而越靠近廊道外围区域,非建设用地向建设用地的变化量越大;通过用地变化矩阵的分析,发现南京土地利用变化分布相对集中在近郊的四个片区,主要如新城建设较快的河西新城、江北新区等;在用地类型上,非建设用地、独立工矿向城镇用地的变化占据主导地位,与城市空间快速拓展有明显的关系。综合用地调整的难度,从经济可行性等方面提出沿廊道内部缓冲区进行土地利用调整,构建一个能更好地维护区域生态安全和保障生态过程的生态廊道,可操作性更强。

未来研究将主要从几个方面展开:第一,突出土地利用转型的研究视角,揭示长时间趋势性的变化特征;第二,加强土地利用变化典型模式的总结和梳理。如苏南从乡镇工业发展到工业园区以及现在的新城区,土地利用变化及其生态环境效应有很多典型模式需要进一步总结和梳理;第三,深化区域一体化发展的背景下的空间协调开发与保护研究。

吴加伟:长三角地区企业本土并购投资的时空动态性研究

很荣幸有这个机会分享我的研究工作。我的报告主要从研究背景、文献综述、数据方法、分析结果、政策启示以及研究展望等方面进行汇报。

首先是研究背景。一般认为并购是买方企业通过兼并和收购等方式获得标的企业部分或全部资产所有权的投资模式,类型多样,且可在不同空间尺度发生。经济地理学研究认为企业并购投资有两个比较突出的特征:第一,它是区别于绿地投资的企业直接投资模式。不同于绿地投资优选最佳区位,并购投资更关注买方企业对理想标的的搜寻、交易和整合,更多的是与标的企业的存量资产相关。并购可能涉及到企业间、企业所在地方间、企业与地方间的关系,并购投资机制对经济地理学经典的理论解释也提出了挑战;第二,并购是具有鲜明地理属性和空间效应的经济活动。并购可以带来企业控制权等资源要素和权力的空间流动,对企业、产业、区域发展均会产生深远影响。并购活动也为产业集聚空间组织结构以及区域一体化与城市发展等研究提供新的视角。

在现实的经济活动中,并购已经逐渐成为国际资本流动的主要形式。2018年跨境并购占全球FDI流入量的比重高达62%。在国内,商务部的研究报告以及贺灿飞教授团队研究表明,跨境并购已经成为我国企业"走出去"、获取海外优质资产的主要手段,企业本土、跨地区、跨行业、跨所有制的并购日益活跃。总体来说,企业并购投资对全球经贸发展和中国产业转型升级的作用愈发明显。基于这样的背景,20世纪50年代以来,企业并购投资已备受经济学、管理学等领域学者关注。管理学、经济学和国际贸易学等领域的研究,主要关注企业为什么要实施投资并购,它有哪些预期收益等问题。自20世纪80年代以来,经济地理学者开始关注企业并购现象,注重研究其地理属性和空间效应,关注企业并购作为地理行为,企业和谁发生了并购交易,交易发生在哪里,又为什么能够发生? 今天的报告主要围绕"在哪里"的问题,即企业并购投资的时空动态性展开。其中,企业并购投资"时空动态性"概念包括如下内涵:第一,并购双方,即买方企业和标的企业的地理分布格局;第二,买方和标的方企业层面之间的投资联系;第三,企业所在区域之间,由于大量企业发生投资联系,区域间呈现出并购网络结构;第四,并购双方地理分布格局以及投资网络存在动态演化趋势,具有多尺度、多层级交互特征。

经济地理学中已经针对买方和标的方企业地理分布格局及其演化特征,企业间、区域间并购网络结构及其演化,以及上述两个行业差异性等具体问题展开了一些卓有成效的研究。总体研究进展可以总结为以下三个方面:第一,西方经济地理学主要关注发达国家/地区,像欧盟、美加自贸协议区等地区的并购投资,对中国企业并购投资研究相对较少;第二,国内经济地理学者对绿地投资区位选择进行了非常充分、卓有成效的讨论,但对企业本土并购的时空动态关注不多;第三,现有研究对企业本土并购与主权国家内部区域发展的互动研究相对较少。结合以上综述,本报告选择长三角区域来探讨中国企业本土并购投资情况。

之所以选择长三角作为案例区,首先是考虑到长三角作为中国经济发展的活跃增长极,产业基础雄厚,企业本土并购市场发育较早,是国内本土并购最为活跃的区域之一。尤其是近年来经济和产业转型、金融与资本市场完善、区域竞合与一体化深化等促进了区域并购投资市场的繁荣。长三角70%的企业并购投资发生在区域内部,同时城市和区域之间的联系也非常紧密,不同区域发展差异比较明显,以长三角作为案例区具有代表性和现实意义。在数据和方法上,主要是构建了企业投资并购的空间数据库,数据库以长三角县(市、区)为空间单元,涵盖了1996年到2016年间所有的并购投资事件和相关企业。研究方法以GIS空间分析、社会网络分析为主。

从实证分析结果看,并购双方地理分布格局有三点特征:第一,并购双方在县市尺度上共同集聚的特征比较明显,主要分布在沪宁杭甬等大都市内部;第二,随着时间的推移,买方和标的企业集聚空间呈现沿沪宁合、沪杭甬扩散态势;第三,买方和标的集散态势有所分化,买方企业还是进一步向中心城区,尤其向是大都市市区聚集,标的企业则是呈现向长三角外围区或中小城市扩散态势。

通过对制造业、生产性服务业和生活性服务业不同行业的企业并购双方地理分布格局进行总结,发现:第一,制造业以及金融、科研等生产性服务业的并购市场更为活跃;第二,并购双方企业所属行业结构及其演变趋势存在明显差异,买方企业为制造业的占比越来越高,标的企业为制造业的占比反而越来越低,这表明在长三角地区企业通过并购进行制造业服务化转型的趋势已经较为明显。第三,制造业并购双方主要集聚在沪宁、沪杭甬通道上,集聚空间的扩散态势相对更为明显。而生产性和生活性服务业集聚格局比较固化,以沪宁杭大都市中心城区为主要集聚区。

针对企业并购投资联系网络特征分析总结发现:第一,跨县市并购投资联系不断增强,上海、杭州、南京等大都市市区是网络的绝对核心。第二,并购网络的核心逐渐开始由沪宁、沪杭甬区域向外围扩展,也就是说长三角更多的城市通过企业并购融入了城市联系或合作网络。第三,在网络核心区域内部,一些中等城市,尤其是江阴、诸暨、昆山等县域经济发达城市,在并购网络的层级及其对外投资强度不断提升。

不同产业并购投资网络的特征呈现如下特征:制造业并购网络与买方、标的企业格局较为相似,多层次网络节点比较明显,且其网络联系空间范围逐渐由沪宁杭等大都市市区向周边县市和外围地区进行拓展。相比之下,生产性和生活性服务业并购网络相对固化,上海、杭州、南京等大都市市区的绝对核心地位未被撼动。

在实证分析基础上,探讨企业并购在区域一体化发展方面的政策启示。第一,如何更好激发企业主体行为,尤其是企业并购活动在推动长三角区域一体化方面的作用。实证分析结果表明,企业并购投资的快速增长加强了长三角不同城市和区域之间的经济社会联系。同时也发现,在长三角地区企业并购投资具有明显的本土偏好,大量的企业并购投资活动分布在同一省、市、县的内部。这一方面与企业和产业层次,尤其是企业生产经营水平的区域差异明显相关。我们关注到,2010年以来沪苏浙一些城市陆续出台了鼓励企业兼并重组的政策,但政策具有明显的行政区经济思维和地方保护主义特征,相关政策仅支持行政区内部本地企业的并购投资活动。如果通过相关政策优化更好激发企业并购活力及作用,长三角需要进一步推进要素配置"去行政化"改革。同时,出台长三角区域层面企业并购基金以及配套政策,也可推动优质企业在更大的范围内进行资源要素的优化配置。

第二,并购对城市间企业扩张和产业升级差异化路径的支撑作用。通过对城市间并购联系相对强度的分析可以发现,长三角核心区、沪宁杭等大都市企业并购数量和强度上在"城市对"中占绝对优势;长三角核心区大多数企业更倾向于并购外部制造业企业,而外围区企业更偏好并购大都市内的服务业企业,尤其是科研、商务等生产性服务业企业。城市之间并购投资数量、并购标的企业所在行业选择具有"不对称性",这也从侧面表明经济发达地区和欠发达地区之间、大都市和中小城市之间的制造业和服务业企业扩张与产业升级路径也存在明显差异。上述结论的政策启示是,不同城市和区域需要立足地方的发展实际,尤其是立足优质企业转型升级的差异化需求,通过完善地方政府政策和社会服务体系来强化企业并购对地方产业升级的支撑作用。

第三,企业并购投资对区域一体化发展进程的影响。并购伴随企业控制权空间流动,针对并购过程中企业控制权转变的分析发现,长三角企业控制权转移主要发生在发达地区,尤其是上海、杭州、南京等城市企业控制权"极化"态势明显。从这个角度看,企业并购投资加剧了大都市和中小城市之间的发展差异。并购视角下,大都市对外的经济辐射和带动作用主要还是集中在其临近地区,比如与上海并购联系密切的是苏州、南通、宁波等城市,而对安徽中小城市辐射带动较弱。在上述过程中,外围地区,尤其是中小城市面临优质地方资产和企业资产流失的风险。大都市上市公司、行业龙头企业大量向外并购优质企业资产,可能会导致外围区及相关城市愈发丧失区域发展"主动权"。但同时,温州等民营经济相对发达的少数外围城市,在企业并购投资网络中是控制权收益一方。这表明一些地方通过特色产业、龙头企业的培育,可以突破区域发展路径锁定,在某些领域实现"赶超"。因此,企业并购与区域一体化关系是辩证的,后面还有待结合具体案例进行深化研究。

以上是我今天汇报的主要内容,对于未来研究的展望主要有以下几方面:第一,中国企业本土并购投资时空动态性的研究还有待深化,更多典型区域、不同并购类型、多尺度综合等问题需要进一步探讨;第二,结合时空动态性特征,需要充分探讨企业并购"配选"机制,尤其是企业层面和区域层面关联因素如何影响企业本土并购投资活动;第三,企业并购投资空间效应、政策启示,尤其是长三角区域一体化效应的研究也需要深化;最后,跨境和本土并购,以及绿地投资和并购投资之间的差异性也需要进行探讨。谢谢大家。

孙伟:长三角创新网络联系及政策关联——基于专利转移数据

今天我的报告主要分为三个部分。

第一部分研究背景。首先,在区域一体化发展中,引导创新分工需要更好地发挥政府作用。一体化是在打破行政界线约束、促进要素有序流动基础上,根据经济社会和资源环境的区位条件差异性,引导城市分工协作、有机配置,形成整体合力的一个过程。政府导向的一体化分工一方面主要在于人文地理学最经典的开发保护等空间的功能分工;另一方面就是科技创新的分工。与产业分工需要更多依靠市场力量不同,创新需要大量的投入,政府可以在该过程中做更多引导性的工作。哪些地方做重大课题的基础研究? 哪些地方去做应用基础的产业化研发攻关? 这也可以作为其他发达城市群的经验。其次,创新链的关联是一体化联系所必须的。在一体化的联系过程中,各个地方的产业分工很多时候依赖于创新链的不同环节,特别是依赖于技术或创新成果的应用转化和产业化。通过创新联系,实现产业链的关联。再次,长三角科技创新技术的现状和问题。长三角创新资源丰富,2018 年 R&D 经费支出和专利授权量都占全国 1/3 左右,每万人专利授权量是全国平均水平的一倍。内部的技术交易也很活跃,长三角的授权专利在区域内的转化量占到所有授权专利的近 96%,也即是说长三角地区目前产生的科技成果基本上都是在区域内部转化的。但同时仍存在一些问题,如创新分工不清晰,创新合作网络不健全等。基于现状问题,本报告试图揭示以城市为节点的创新联系网络演化规律,探讨创新联系可能的影响因素,从理论层面上为长三角一体化发展实践提供参考。

本研究主要是利用国家知识产权局 2010—2018 年专利转移的数据库。原数据有 38 万条,经过清洗和筛选得到有效数据 25 万余条。以该数据为基础,运用社会网络分析和空间相关分析等方法,对空间格局和网络联系进行刻画和解释。

第二部分为分析结果。首先,长三角地区创新能力持续增强,且大城市主导特征明显。长三角专利授权总数不断攀升,但发明专利的占比呈现下降的趋势。上海、南京、杭州、合肥和苏州等中心城市基础研究实力和发明专利量较高,2010—2018 年五个城市的发明专利授权占量长三角比重始终在 50% 以上,但近年来占比有所下降。有条件做基础研究的城市都在选择短期的技术性成果产出,如南京近年来发明专利占整个授权专利的比重不断下降,2019 年下降幅度达 8% 左右。原来一些有条件做基础研究的城市都在转型做急功近利的研究。

其次,创新成果转移的格局逐渐由集聚向扩散发展,多中心态势基本形成。技术输出格局从 2010 年前的上海"一枝独秀"转向了 2018 年的上海、南京、苏州、杭州等"多中心"空间格局,但该多中心格局依然呈现出向超大、特大和省会城市极化的态势;技术吸纳空间格局相对均衡,2010—2016 年基本呈现以上海为中心的核心—边缘向外梯度衰减的差异,现在这种格局正逐步向由几个中心城市为核心构成的都市圈化创新联系区域转变。实际上,区域内多数中小城市的技术吸纳能力对于其最临近的中心城市的技术转移具有很强的空间邻近性和依赖性。

第三,创新联系的网络化格局初显,中心城市的辐射力增强。2010—2015 年,以专利转移数据刻画,上海与其余 40 个城市的创新联系总数占到了整个区域的 41%。2015—2018

年,随着长三角规划以及相关城市群规划的实施,一体化发展和创新共同体建设不断推进,该地区创新网络的强关联模式已不再是单纯以上海为主导,苏州、杭州、南京、合肥等开始融入到第一层级网络核心,宁波、无锡、绍兴、南通等次级节点城市与其他城市的关联度也在提升,成为区域创新联系的新生力量。创新联系的度数中心度刻画了节点的强度,中间中心度表示节点之间联系最短路径的强度。通过计算创新联系的度数中心度和中间中心度,发现各城市的度数中心度逐年上升,中间中心度逐年下降,表明区域整体创新联系不断增强,但增长速度快的城市创新集聚能力持续增强,依然呈现出马太效应。核心城市中心度的差距不断缩小,即苏州、杭州、南京、合肥与上海的差距不断缩小,表明多中心极化的创新网络格局进一步凸显。

第四,创新联系的影响因素。创新联系的影响因素较多,本报告选择了六个指标进行刻画,分别为人力资本、产业发展、城市旅客客运量(主要采用高铁客运量)、资金投入、经济基础和高等教育资源。同时又单独对南京和苏州两个城市进行了细致分析。如南京高校主要的创新成果是以论文的形式展现,与外部城市结网更多体现为知识溢出,而南京的专利转移80%是以企业为主。长三角内部高校和企业之间跨地区的合作较少,表明高等教育资源丰富的地方不一定对创新联系产生决定性影响。此外,从空间角度看创新联系具有明显的空间溢出效应。通过 SLM 模型可以看出空间溢出对长三角的创新联系有显著的正向影响,即某一城市的创新联系增强会带动毗邻城市创新联系度的提高。

在整个创新网络演化过程中,六个指标背后的驱动机制与创新政策有很大关系。城市的行政层级不同,对于人才引进、R&D 投入和其他创新活动的投入能力以及基础设施连通性投入的差异都很大。一般行政等级越高或者财力越雄厚的城市,其人才政策、创新政策会形成极化效应。如上海的引才政策要优于南京、杭州、合肥等城市,南京、合肥又优于苏州、绍兴等城市。政策极化会带来新一轮的创新要素极化,从而导致创新能力的马太效应显著。虽然区域性创新联系不断增强,但真正的创新高地不断地向几个中心城市集聚,创新要素也不断地被几个中心城市虹吸。

最后是结论和讨论。主要结论是:长三角的创新能力逐渐增强,大城市主导特征依然明显,呈现了多中心极化的格局;城市创新联系不断扩散,网络化格局显著,且空间依赖性逐渐增强;创新联系的路径选择具有地理临近特征,以超大城市和特大城市为中心的都市圈化,再由都市圈走向城市群,有空间不断演化和延伸的特征;创新极化与网络联系演化受到了多种要素影响,政策在其中发挥了重要作用。

此外,关于今后的研究方向,第一,目前长三角所有的城市都在发展实用性的技术研发,基础研究较为忽略,成果转化的平台载体也缺乏统筹,如何重塑一体化的创新链分工格局?第二,技术转移还是以企业为主,高校、科研机构的技术输出非常有限,创新资源如何转化成创新的现实能力？第三，创新的政策在其中作用巨大，但如何去构建一体化的区域创新政策，使大、中、小不同城市的创新目标都更精准，而不是所有的城市都一味追求高大上和高投入，结果就是大城市不断地吸收创新要素，而中小城市在创新过程中变成了一个追赶者的角色。而且创新投入没有实际的产出，浪费了宝贵的财税资源。

特邀嘉宾点评

今天中国科学院南京地理与湖泊研究所陈雯研究员团队五位年轻才俊围绕长三角一体化的发展、科学基础、分析方法与实际运用方面做了非常好的报告，体现了经济地理学的多视角、多维度，从不同方面来研究长三角一体化发展过程，特别是其背后的一些科学问题，我受益匪浅。今天参会的专家很多，包括研究高铁网络的金主任、王姣娥研究员，以及长三角地区南京师范大学一批学者对一体化的研究也做得非常好。我想借此机会谈一下感受。

第一位王磊先生的报告对长三角高铁建设的一些特征进行了描述。他认为高铁对大都市之间的联系影响很大，但我个人认为比较新颖的发现是高铁对传统市中心的联系可能没有我们很多人想象的那么强。他通过一些定量方法研究发现高铁对大都市中心城区的可达性影响不太大，我认为这是一个非常有意思的结论。有一点他讲得也非常好。西方的一些高铁更多是对传统铁路干线的升级改造，可能其不仅服务于基础设施更新，还服务于城市更新。而中国的高铁建设更大作用是通过提高城市和区域的可达性服务于土地的升级，如新城建设。这和西方国家把高铁作为公共交通工具有点不一样。所以考虑高铁收益的时候，可能除了可达性以外，是不是把土地收入、土地价格和土地溢出效应等考虑进去？我觉得这一点可能蛮有意思，能够体现中国作为一个发展中国家，特别是作为一个快速城镇化的国家与发达国家不一样的地方。如果进行深入研究，可能更能体现出两种模式的差异，一个强调升级改造，一个是强调开拓。

第二位宋伟轩老师的"一体化视角下的长三角城市住房价格空间分异"也非常有意思。长三角地区一体化其实扩大了城市房价的差异。这个研究结果往往和期望有一些不一样，这体现贵的地区什么更贵，便宜的地区与贵的地区房价的差异不仅没有缩小反而还加大了。大家原以为通过一体化使得中心城市的资本、需求向周边地区或中小城市扩散，但是结果是不一样。而且部分结果与西方国家进行了比较，结论很有意思。这方面我认为有几个问题可以和大家讨论。一方面，中国的房地产或者房价与跟西方一些国家差别还是蛮大的。我们国家从 2000 年前后取消福利分房，推进住房制度改革，才有了房地产市场。长三角地区其实有些城市的房地产市场还不满 20 年。将我国的房地产市场与西方国家比较稳定、比较长周期的、已经 50 年甚至 100 年的市场相比，如果只是简单做比较是否有一些局限性？而且最近 20 年中国的房产价格是受供求关系以及货币量的影响较大,此外房价和城市的人口迁移状况也密切相关。最近杭州的房价涨得比较快,这可能和其人口迁移有一定的关系。当然还有一个最新情况,新冠疫情以后经济疲软,上海、南京、苏州、杭州等城市为了解决财政收入下降的问题开始土地放量供应,也可能对未来房价产生影响,特别是会影响供求之间的关系,我认为这是一个值得观察的问题。总体而言,房子的价格对中国人是一个很令人关注的话题,年轻同志和年老的同志都比较关注。从地理学角度做研究会有一些新的发现,也值得我们思考。

第三位李平星副研究员"长三角土地利用变化的生态环境效应",有两点我蛮有感触。一方面,长三角地区土地利用的情况和生态环境特征,如集约水平上升、能耗环境排放量上升;另一方面,2000 年到 2015 年景观破碎度上升。这个现象值得关注。从某种意义上讲,长三角在生态环境合作方面在国内起步比较早,大气限值较高,后面会出现什么结果,我也很期待。我认为有两个问题是不是可以进一步探讨。第一,长三角地区工业开发是更多采用集中在园区或者重点地区,还是应该沿着轴线进行面上开发? 可能从某种意义上讲,面上开发会导致单位面积能耗和污染排放量下降。但实际上要考虑到污染排放的治理问题,结果可能就不一样。除排放外,还需要看治理层面、长三角地区土地利用的状况到底是好还是不好。第二,总体来讲长三角进入了后工业化时代,但地域之间的差异比较大,如安徽很多地方还处于工业化的中期阶段,而有些地方则进入工业化后期甚至到后工业化时代。地区间分异背景下,土地利用变化在不同的地域类型中生态环境效益有什么差别? 我觉得这个问题可能对地区建设生态廊道会有新的有意思的发现。

第四位吴加伟副研究员的"长三角地区企业本土并购投资的时空动态研究"。正如他所说的,国内外经济地理学者对中国企业的本土并购关注不够,所以我认为他的研究填补了我们国家这个方面的空白,非常好。同时他分析了并购的空间的特征,发现区域之间的并购是有利于大都市,而不太利于或者是比较少利于中小城市的发展,区域之间的差异在扩大。另外并购的行业特征以生产性服务业为主、更活跃,制造业在沿着轴线扩散。这些发现都非常有意思,一些作用机制也值得关注。我觉得有两点值得继续深入。一方面,能否通过横向比较的办法研究长三角地区的企业本土并购水平到底是比较充分还是不够充分? 潜力空间有多大? 我认为这个需要有一个更加精准、更加自信的判断。另一方面,企业并购对一体化的影响。并购首先发生在大城市之间,那并购以后对地方一体化、竞合关系、经济联系的影响到底如何? 能否用一些数据或方法来分析一下? 我认为长三角地区总体上来讲联系比较紧密,但和潜在水平相比还有一定差别。此外刚才讲到行政界限的影响,如肥水不外流、拉郎配现象真的有那么厉害吗? 过去苏南到苏北搞过很多工程,最近几年跨行政边界的联系似乎多起来了。结果会如何,我认为这也值得关注。

最后一位孙伟副研究员的"长三角创新网络联系及政策关联——基于专利转移数据"，这个题目是我们团队也非常感兴趣的话题。他的报告里面讲了两点结论，一方面长三角的创新网络联系尽管有增强，但距离应该达到的水平还有很大的差距或者有很大发展潜力；另一方面从现在成果的转换看，从以前的上海单中心特征比较明显，到现在一些中心城市或者是大城市、重要节点城市的多中心格局转变，这些结论我基本同意。对于之后的研究，我认为有两点供参考。一方面，长三角地区尽管经济发展水平内部差距不是很大，还有共同的文化基础，但与珠三角相比，长三角科技成果的一体化程度非常低。我们的技术市场形形色色，非常浓厚，但都与行政架构紧密相连。跨行政边界的联系、特别是跨省之间的交流很少，这与珠三角有很大不同，所以导致长三角地区的独角兽企业比较少。第二个方面，在人才方面，我认为长三角地区创新网络破碎化的一个很重要原因就在于长三角地区的政府总体很强大，并且乐于做事情，实施了很多的人才奖励计划互相挖墙脚，包括高科技企业奖励计划，好像使得从单中心变成多中心。但实际上行政干预造成了很多的问题，推高了专利或者技术的空间转移成本，并且破坏了原有的市场。从这个意义上讲，哪一类城市觉得这个不好？哪些城市在这种情况下成为最大的赢家？或者哪个城市通过行政干预损失最小可以继续拼下去？我想这些问题对于未来的研究比较重要。因为其他国家，如欧盟的一些国家行政干预很少，并没有一个国家搞一个特殊且排他性的政策。对于一些技术转移，大家好像都觉得自己吃亏了，但最终结果谁占便宜了？不知道。那大家都吃亏的情况下，为什么还不合作？我认为这个方面也值得我们关注。

总体感觉今天的五份报告体现了南京地理所陈雯研究员团队在经济地理学、特别是围绕长三角高质量一体化做得非常深入的研究。他们将传统与现代结合，通过一些调研或是面板数据、截面数据、定量方法的运用，总结科学研究问题并进行政策转化。我认为这给我们经济地理学研究提供了一个很好的借鉴，甚至可以成为我们学习的榜样。今天五份报告给我提供了一些很好的新的启示，很多结论对我们未来深化长江三角洲一体化研究很有启迪，非常感谢，也期待以后有更多机会交流。

问题交流

主持人：谢谢曾老师的精彩点评。今天的报告的确让我有很多的思考。希望陈老师或曾老师可以就长三角一体化的内涵进一步阐述一下。我认为在基础设施、社会基本公共服务的相对均衡上实现一体化是可以的，但是如果实现所有的居民收入甚至是住房价格差距缩小来表征一体化，我认为可能不太适合。一体化应该有一个维度。

曾刚：我代陈雯研究员讲一讲。她在不同的场合，包括著作还有论文里反复强调，一体化绝对不等于均质化,更不等于是完全一致化。这一点我非常同意。我认为一体化是发展机会的均等,大家都有发展的机会,但不意味着这个城市和另外一个城市变成一样的。大城市之间不应该变成一样,其他中小城市之间也不应该如此,所以我非常同意陈雯研究员的观点。

主持人:是的,一体化不是均等化,一体化应该是比较有机的联系。接下来进入问题交流。首先请问王磊老师,高铁网络的空间效应,目前您关注的是可达性的研究。那么是通过哪种机制来影响可达性?根据您的研究结果,高铁的影响和一般铁路不同,那么高铁的影响机制和一般铁路、长途客运等又有什么区别?此外高铁在塑造城市空间结构以及区域协调方面又有什么样的作用?

王磊:这几个问题很全面,基本上总结了高铁对空间的多尺度影响。从可达性的角度来讲,之前有很多老师也做了很多研究,认为这种可达性主要是从站点的安排和线路走向、基础设施来影响可达性,有的城市设置了站点,有的城市没设置,这是一个直接的影响。另一方面是客运服务。两个城市之间如果每天的客运服务次数比较多,城市之间的可达性就比较高。比如上海到南京目前每天有200多次的单向车辆,基本上几分钟就有一趟车,但是兰溪市每天可能只有10来班车。这是直接影响可达性的。

其实高铁和普铁是互通的。因为有些车站里二者只不过是铁轨不同,高铁在专用的高铁铁轨运行,普铁不能在高铁铁轨上运行,但在车站上是共用的。但是高铁和普铁也有差别。大部分高铁,包括我们国家的高铁和世界上大部分国家的高铁只是客运用途的。很多学者也提出我国发展高铁的主要原因是为了减轻普铁的客运压力,所以高铁主要是对客运产生比较重要的影响。

高铁对城市尺度空间结构的影响研究,目前也做了一点工作,但还不是很深入。总体来看,高铁站和城市之间应该是相互吸引。刚刚曾老师也讲了,高铁站很大的目的是为了撬动土地的价值,引导我们国家的城市城镇化和区域城镇化发展。通过我们的调研和一些初步研究可以看到,高铁在不同的城市有不同的影响。为什么呢?主要是我们国家高铁在建设的过程中受到了很多政治经济因素的影响。一方面是高铁投融资机制。高铁在建设过程中,大城市一般跟铁路总公司或以前的铁道部有很强的议价能力。高铁路线的布局可以在一定程度上与城市规划的发展方向相吻合,这样高铁对大城市就有比较好的正向影响。但是小城市由于议价能力比较低,高铁站点的选址可能是被动的、自上而下的。这种情况下可能高铁站点在小城市的选址不一定符合城市规划的发展导向。可能城市规划向西发展,但高铁站在东边,这样高铁对城市空间结构的形成很不利。另一方面,很多城市高铁站在郊区,于是在高铁站周边做了一些高铁新城的规划。目前来看,综合性大城市的高铁新城发展比较好,但是小城市由于投资能力或者是市场吸引能力有限,目前的发展不是特别好。如南京到杭州沿线的一些小城市的高铁站已经发展十年了,但高铁站周边的商务发展或者城市建设还是相对滞后。

主持人:接下来的问题请问宋老师,第一,房价是有炒作的成分,如温州、北京的炒房,房价背后操纵影响比较大。这些炒作肯定对房价差异有影响,不知在数据处理时如何看待?第二,房价的空间差异通常用特征价格理论来解释,一体化的目的是减少这种特征要素的差异,那么它对区域房价空间差异的影响机制或者是传导媒介是什么?

宋伟轩:我刚刚已经在网上留言了,再从另外一个角度解释一下。我对一体化的研究不是特别深,但是我坚信曾老师的一句话,一体化绝对不是一样化。在很多层面上可能会有越来越明显的分工或者分异。特别是高层次稀缺的资源,肯定会更多向更核心更中心的城市集聚,所以房价有这样的分异趋势。但我不知道这个趋势能持续多久,是不是会有一个拐点。

另外,刚才两位老师提到的,不管是温州资本还是山西资本或者热钱对于房价的影响,以及特征价格模型对房价机理的探讨。不可否认,资本和热钱对于房价的显著拉伸有非常重要的作用,而且特征价格模型也是探讨机理的一个非常经典的模型。我本人也用过特征价格模型分析城市内部小区房价的差异,以及城市之间房价差异形成的原因。但是计算之后并没有写文章,因为我认为这个只是从数据中得到的计量分析结果,并不能准确反映真实的现象,这个结论说出来我自己都说服不了我自己。我本人还是对房价持一个比较神秘的态度。我想现在很多大师、经济学的大师,也很难准确地描述为什么会产生这样的房价增长和分异。正如曾老师刚才所提到的,我们的房地产市场时间还很短,包括经济周期、国家政策、调控手段、人的迁移、土地供给等等都会影响房价。曾老师提的几个方面都可以申请面上基金去研究。我个人比较赞同目前流行的一句话,就是房价的增长,"短期看金融,中期看土地,未来看人口"。未来谁能抢占更多、更高质量的人口,可能房价是最有潜力的。

最后我说一下我自己的感受。为什么研究房价?因为我本身喜欢房子,但是又没有那么多钱去买房子,所以我对这个是有矛盾的。我就看看南京,哪个地块房价高,哪个地块房价涨得快,进而又扩展到了长三角一体化的探讨。我感觉房价合不合理与个人的感受联系紧密。我觉得现在我的收入相比总理说有 7 亿人月工资不到 1000 块钱应该不算低,但再看现在的房价,如果是刚毕业的话是支撑不了的,所以我觉得这个房价肯定是不合理的。但是反过来又体现了理性人的拗性。我生在南京,买了房我又想着让房价持续地涨,就感觉家庭的资产在增长。所以个人不要去判断房价高低、好坏,或者它会产生什么样恶劣的影响,而只是客观地去观察、评价这 11 年间长三角房价的空间格局。我没有大胆地去说差异的机理是什么,只是对其格局进行描述。我希望以后通过我们所有人不断地努力,能够最终解开房价增长和房价分异的黑箱。谢谢大家!

主持人：好的，谢谢宋老师。我也喜欢房子，但我认为不同地区的房价都有一个基准价和指导价，而那个基准价一般会受到地方经济发展水平、收入水平的影响。我们可以找一些基准价来进行比较研究。接下来的问题是问吴博士。第一个问题，您对跨境并购是否有研究？2008 年金融危机对跨境并购有影响，请问金融危机对于本土并购是否也有同样的影响？第二是关于并购的格局和效应，是否对并购的动机进行过研究，如果要研究的话从哪些方面来推进？

吴加伟：第一个关于金融危机的影响。金融危机对跨境并购影响很深远。当然，中国在全球市场当中已经深度融入了全球经济体系，金融危机对本土并购的影响是不可避免的。就我个人掌握的数据而言，2008 年到 2009 年，中国本土企业并购投资的交易数量和金额都呈现明显的下降态势；而在 2009 年到 2012 年当中，本土并购的数量和金额都呈现波动状态。其实金融危机对并购市场，不管是国内还是国际的影响都很深远。

关于第二个动机的研究。最开始的企业并购动机可能是经济学、管理学研究较多，如协同效率、交易成本等都已经形成非常成熟的理论。当然企业并购投资配选机制也是经济地理学研究非常重要的领域。像荷兰的柏士曼等知名的教授也对这些问题展开了一些深入的研究。我个人认为还是要从企业之间、企业所在区域之间和企业与跟区域之间这些层面、关系性的或者临近性的因素去分析。我最近也在做这些分析工作，如果有后续成果可以进一步深入交流和讨论。

主持人：还有两个问题。首先企业并购和绿地投资在区位选择和区位因素上有什么差异？第二，在企业空间扩张的过程中，两种扩张方式经常是相互配合的，要么是并购，要么是新的投资。你通过对长三角地区的研究，对此有何发现？

吴加伟：关于新建与并购的差异，我个人认为新建投资更多是企业选择区位，更多衡量的是和这个区位相关的劳动力、运输等经济地理学非常传统或者新兴的要素。而并购其实是企业选择了一个企业，也选择了标的企业所在的区域进行投资。企业并购在投资过程中可能涉及到标的企业资产的整合，这是一个非常关键的过程。所以说并购和新建投资相比，对企业之间、区域之间的关联性和临近性因素更为关键。

关于企业对外投资两种模式的协同问题，我最近还没有做这两个方面的比较研究。但我们也经常参加一些长三角市县规划的调研，我们到企业也会问企业现在或者过去对这两种投资模式的选择或者是它的考量。总体看来，这两种方式在企业的扩张过程中肯定是普遍同时存在的。在当前，尤其是像现在这样一个发展不确定因素非常凸显的背景下，并购在企业扩张的程中发挥了节约新建成本、控制不确定风险等优势。我们调研的很多企业近些年购买专利、拓展新业务和拓展新市场领域等更多地会选择并购投资模式。这也是我们为什么认为并购是当前中国产业转型，或者是区域之间产业差异化分工、产业协同协作比较关键的一个模式或者是比较重要的手段。

具体问到企业对这两种模式的选择时,如一个生产制造型企业拓展一个新的领域或市场区域时,企业可能更关注对这个行业或陌生区域的熟悉程度,这可能决定它选择是新建一个还是去并购现有的相同领域的一个企业。这也是和企业之间、企业所在区域之间的关联性或者临近性要素直接相关的。

主持人:好的。接下来请陈雯老师来进一步阐释一下长三角一体化的内涵。如果是理想化的长三角一体化,其创新网络应该是什么样子的?房价应该是什么样子,企业之间的合作又是什么样的一个状态?

陈雯:我们很难说目前应该是什么样子的。对一体化的研究我们在不断地深化。一体化首先是一个分工关系。通过研究发现经济反而在一些区域更加集中了,更多的区域可能会留在生态保护空间里面,而并不是说一体化发展以后更多地区能变成城镇化地区。一体化发展不是要带动更多地区城镇化,这可能和我们原来经济学在谈拓展、平衡发展理论正好不一样。原来经济学谈平衡增长极时,一个地方经济增长后,投资会出现边际衰减效应,由此会寻找下一个增长极进行投资。但是新经济地理学提出了一个新的观点,克鲁格曼提出了投资规模边际递增。在一些地区做专业化分工以后,它越做越擅长,越做水平越高,可能通过不断追加这方面的投资去占领更大的全国乃至全球的市场后,获得的收益是在增加的。这就是我们所说的规模收益递增理论,这与传统上规模收益边际递减恰恰相反,所以就导致在一些地区形成马太效应,越好的地区就会越做越好,越差的地区可能会很难找到新的机会。在整个发展过程中,就会出现经济更加集中,专业化的地区会更加专业化,这是我们对区域一体化的一个正解。

但是这种情况,一体化中政府要做一些工作。是不是每个地方政府都要做一些产业投资、产业引导方面的工作?要做什么?这么多年的研究发现,政府也没有办法和每个地方去说哪个地方的产业应该怎么做,而且每个地方的产业,如长三角很多城市的产业,也不是政府规划出来的。如杭州的阿里大数据是马云发展出来,不是杭州市政府规划出来的;苏州的电子新兴产业也不是规划出来的,它是市场选择之后出来的。政府在推动一体化方面能做的几件事情,我认为一个就是刚才孙伟的报告中提出来的,创新的导向。哪些地方能够做一些基础研究?哪些地方能够做一些技术创新内容?政府可以在不同的领域进行投资导向。第二个方面,像李平星博士报告的生态环境影响,政府可以为了整个长三角一体化、可持续一体化、一体化安全,去约定一些地区必须做生态保护空间。第三,正是恰恰因为投资会更加集中,有些地方的生态要保护起来。我们各个地方政府非常关心社会福利均衡问题,如刚才王磊谈到的高铁。基础设施和公共服务设施是不是根据人口分布的特征进行相对均衡的配置?均衡的配置不等于均等,是根据地方的需求、人口增长、人口分布的格局以及经济需求的状况配置公共服务和基础设施,以达到区域人民共享一体化的交通便利、医疗教育、文化等福利设施。这三件事情是政府应当去做的,即政府应在经济集中、生态安全跟社会福利方面做一些工作。这是我们现在能够基本上判断的一个方向。

在这个方向,哪些要素可能相对趋同,哪些要素相对会形成分异,这就是我们后面要不断去研究的内容。特别是宋伟轩报告的房价问题,在这种情况下,可能有一些地区的房价就是高增长的。我们现在说上海的房价高增长或大城市房价比较高,并不是什么坏事,否则大城市将不堪重负。我前几天上课,让同学们选择未来要去哪里?几乎98%的学生都想去大城市,并不愿意去中小城市。那么房价在某种程度上可能是一种挤出效应,能够相对均衡一下中小城市的人群分布。我们现在分析它的逻辑并不去做价值判断它是好还是不好,某种程度上可能是一种平衡的机制。我们现在也在谈上海要做人口减量化,这是另外一个话题。某种程度上,上海的高房价可能会给周边带来影响。如果上海的房价与周边的房价一样的,其他城市就更难吸引到人才了。这方面的研究我们现在也在不断地深化过程中。

一体化会导致那些结果?确实在一些方面,如企业并购通过市场的带动、市场分工和区域联系肯定会促进整个区域的一体化。但企业并购到底会带来行业在各个地方专业化分工的出现,还是会通过并购实现小区域更加趋同?通过并购,可能会把原来只在苏州的生产方式或产品扩展到更多地方,有可能会形成一种同质化的状态,也有可能形成一种异质化的或者更加集中的状态。目前这种状态我们还不是看得非常清楚,还需要再进一步研究。

另外,还有一个问题我们现在开始关注,也希望大家更多关注,就是一体化下的治理体系应该是什么样子。大家可能关注到最近的一体化示范区国土空间规划,最近刚刚发布一个一体化示范区政策,是涉及一市三省的一个政策。它建立了一个执委会,但这到底是一个什么样的管理机制,是不是有决策权还是作为一个协调机制,后面都还有很多可以值得进一步谈论研究的话题,也可以和粤港澳、京津冀等地区形成一个互动学习的过程。

主任总结

首先感谢王磊等五位青年学者做得非常精彩的报告,也感谢陈雯研究员团队使我们对长三角有了进一步认识,也对你们的房价、创新、生态环境格局有了更深入了解。也感谢曾刚教授做了非常精彩的点评。你们都来自长三角地区,那里将来可能是引领世界发展的重要一极。所以增加对于长三角地区的了解,对于理解经济地理问题或是选择经济地理研究方向或方法是非常有意义的,非常感谢!通过晚上这五个报告的学习,我觉得从经济地理学这个角度,有几点启示:

第一个方面,这五个报告的共同特点是都用了地理学非常有意义的空间工具——网络分析法。我认为经济地理学要创新必须在手段上创新，他们的报告展示了地理学的空间分析视角。

第二个方面，经济地理学是自然和人文社会科学交叉的学科，这个交叉表现在除自己的理论以外还需要借鉴其他学科的理论。我认为这几个报告在研究过程中借鉴了经济学、生态学、管理学的一系列理论方法，所以他们不是仅拿数据来说话，而是有一定理论和共识性的原理为支撑来进行分析。这是我们推动经济地理学创新所收获的。

第三个方面，地理学的特点之一就是区域性，我们必须在某个区域脚踏实地做研究。这五个报告都是围绕长三角的问题展开，虽然他们选的高铁、土地利用、房价、创新、本土并购等几个方面代表了长三角的几个小领域，但是体现了一个非常明确的区域性，就是来解释长三角地区一系列社会经济活动的空间规律、背后机制、可能形成的模式以及对社会经济发展的影响。我认为在这个层面你们总结得非常好。

第四个方面就是信息化的大数据。我看各位老师的报告都用了各种系列的数据。地理学研究现在越来越需要一系列数据来支撑判断，我认为做好这方面的工作非常重要，这是一个大的方向。把GIS的手段、数据、对问题的理解、热点问题的把握结合在一起，可以使我们在认知世界、服务国家战略方面比别人更精准、更综合一些。本论坛的主题是经济地理学的创新与发展，我也希望在一系列的学术交流过程中推动学科理论、方法技术手段的发展，使解决实际问题更具有针对性和科学性。

最后，再次感谢陈雯研究员的团队和曾刚教授，以及在网络里听我们学术讲座的各位同行同人等一系列参与者！感谢中国地理学会B站直播！谢谢！

（注：从本次论坛开始，所有论坛报告同步由中国地理学会在B站进行直播）

东北地区全面振兴的新动能

报告人：

孙玉涛，大连理工大学经济管理学院的教授、副院长，国家优秀青年科学基金获得者，入选中宣部宣传思想文化青年英才、欧盟第七框架计划玛丽·居里研究学者，研究成果发表在 *Science*，*Research Policy* 等国际顶级刊物上，相关研究成果曾获教育部二等奖、辽宁省科学技术进步一等奖等。

黄金川，中国科学院地理科学与资源研究所副研究员，主要从事城市与区域规划研究。主持国家发改委"关于优化营商环境的项目审批和企业开办问题研究"，曾获建设部华夏建设科学技术一等奖、生态环境部科学技术进步二等奖、新疆维吾尔自治区科学技术进步一等奖等若干奖项。

点评嘉宾：

修春亮，东北大学江河建筑学院教授、院长，中国地理学会经济地理专业委员会副主任，*Chinese Geographical Science* 编委，辽宁省建设类专业教学指导委员会副主任，曾荣获"第三届全国优秀地理科技工作者"称号。

主持人： 王姣娥研究员

主旨报告

孙玉涛：东北地区基础创新能力的现状与挑战：以辽宁省为例

最近习总书记刚刚到吉林考察，提出了实施东北振兴战略，加快推进新时代吉林全面振兴、全方位振兴的目标，表明中央对东北问题非常重视。与此同时，2020 年 7 月 23 号《第一财经》刊出一篇文章——副省级城市大盘点，从结果看，东北仍非常弱势。文章把 15 个副省级城市分成 4 个梯队，第一梯队是深圳、广州，第二梯队为成都、武汉、杭州、南京，第三梯队为宁波、青岛、济南、西安，而大连、沈阳、厦门、长春和哈尔滨处于第四梯队。在 15 个副省级城市中，东北有 4 个，接近全国 1/3，但这 4 个城市如大连、沈阳、长春和哈尔滨，都位列第四梯队,经济规模离万亿元 GDP 还有很大差距。在全国 15 个副省级城市的 GDP 排名中,哈尔滨位于榜尾,是东北 4 个城市里面最靠后的;在全国所有城市 GDP 排名中,哈尔滨也仅位居第 42 位,这表明东北经济最好的 4 个城市在全国的经济地位非常不乐观。与此同时,在东北内部,其他城市和大连、沈阳、长春、哈尔滨的发展差距也较大。上面这些信息实际上是想传达什么内容呢? 第一,东北下滑趋势并没有遏制住,从 GDP 排名或经济发展角度都一样。第二,中央非常重视东北的发展问题,十八大以来习总书记多次来东北视察。在现阶段,我国经济的发展离不开科学技术和创新,下面我会给大家分享近年来东北在全国科技和创新发展中的地位变化,并重点分析辽宁基础科学研究的情况。报告中主要用数据说话,最后提出我个人的一些观察和思考。

第一,东北地区研发创新能力现状。

首先,东北三省制造业的研发情况及与长三角地区的对比分析。很多人说东北落后是 2000 年之后的情况,但实际上并不是。我们分析发现,在浦东开始开发的时候,东北就已经开始落后了。从研发经费来看,2000 年浙江、上海和江苏的研发经费远远超过东北三省,但当时东北在全国的位置还是相对比较靠前;2009 年和 2000 年相比,东北的差距并没有那么大,或者说下滑并不太明显。而 20 世纪 90 年代实际上是东北创新能力大幅度下滑的时期。从有效发明专利看,进入 2000 年以后长三角地区得到了快速发展,而东北却没有。我们曾发表文章提出一个观点,东北制造业的衰退从 20 世纪 90 年代以来持续存在,制造业是东北经济最重要的支撑部分,而 2003 年东北振兴战略的提出并没有从根本上扭转东北制造业的颓势。运用研发的专业化水平对东北制造业和长三角地区进行比较分析,在制造业部门的研发经费的区位商分布上,从 2000 年到 2009 年,区位商大于 2 的产业部门数量东北地区从 10 下降到 7,长三角也从 11 降到 7,但区位商在 1~2 之间的产业部门数量长三角地区一直保持在 13 个,而东北地区从 5 个降到了 2 个。在制造业部门的有效发明专利区位商方面,东北地区下降幅度更大,而长三角处于上升趋势,而且东北地区制造业中的优势产业几乎没有发生变化,即一半以上的产业仍为原来的传统优势产业。

其次,是区域创新能力,创新能力是支撑制造业发展的基础。2019 年我们出版了《中国研发经费报告 2018》,清晰地展示了东北地区研发经费在全国地位的下降。2000 年,东北地区研发经费在全国占比 7%,2003 年占比 9%,2006 年占比 15%,2000—2006 年是明显的上升趋势;但 2013 年下降为 6%,2016 年只有 4%。我们还发现了一个让人吃惊的结论,2016 年整个东北地区的研发经费总和是 600 多亿元,还不及华为公司的研发支出,这体现出东北从研发创新的源头已经开始退化。在柳卸林老师主持出版的《中国区域创新能力报告 2001》中,2001 年辽宁区域创新能力在全国排第 6 位,吉林排第 10 位,黑龙江排 16 位,辽宁的位置非常靠前,吉林和黑龙江在全国属于中上游。但在《中国区域创新能力报告 2019》

中,辽宁的区域创新能力已经下降到第 19 位,吉林和黑龙江位列倒数 5 位,仅仅比新疆、内蒙古和西藏高一点,且吉林、黑龙江、新疆和内蒙古的创新能力效应值非常接近。

再次,向大家展示下我们今年出版的《中国知识产权区域布局研究报告(2019)》的分析结果。其中,辽宁区域创新综合能力排全国第 14 位,人均 GDP 排全国第 17 位。辽宁省在全国排名优于第 14 位的仅有两个指标,一个是普通高校数,排名第 13 位;另一个是万人发明专利数,排名第 8 位。但从 2008 到 2015 年,辽宁区域知识产权综合能力从第 8 位下滑到第 14 位,下滑趋势并未得到很好的遏制。进一步将区域知识产权综合能力划分为创造潜力、创造能力、运用能力、运用需求和保护能力,发现辽宁省运用需求较强,但运用能力等其他方面相对比较弱;吉林省知识产权创新综合能力排全国第 20 位,近年来呈现小幅度下降趋势;黑龙江区域知识产权综合能力排全国第 19 位。

通过前面分析可以得出简要观点。第一,制造业是东北的根基,东北的制造业衰退从 20 世纪 90 年代开始到现在的下滑趋势并没有得到遏制,仍然以传统优势产业为主,并没有出现新的优势产业,跟随模仿性的产业政策实际上是无效的。什么是跟随模仿的产业政策?就是光电子热的时候,东北很多地方要打造光谷,做光电子;互联网热的时候说要做互联网,汽车热的时候说要做汽车。但 30 年过去了,东北新的产业几乎没有很好发展,仍然是一些传统的装备制造业在支撑整个制造业。第二,近 20 年来,东北三省的创新能力出现大幅度的下滑,黑龙江和吉林已经处于全国垫底。第三,东北三省的知识产权创造、运用和保护水平也呈现显著的下滑。从前端的制造业到中间的创造,再到后端的知识产权保护三个环节看,发现有一定的滞后效应,越基础的东西可能不会那么快的衰退。

第二,基础科学研究发展现状。重点探究基础科学的研究是否同创新能力、知识产权能力、制造能力一样,呈现较大幅度的下滑?

以辽宁为例,分析其 2010—2018 年 R&D 人员及经费内部支出数据发现,该时期研发人员数量小幅度增长。从 R&D 人员活动类型分布看,基础研究人员比重上升,应用研究人员比重上升,试验发展人员比重下降。这一结果与近些年东北地区产业的下滑有很大关系。基础研究和应用研究加在一起为科学研究,其主要集中在高校和科研院所,而东北的高校和科研院所主要靠国家支持,因此 R&D 经费内部支出结构同 R&D 人员结构的变化类似,基础研究和应用研究的 R&D 经费占比呈上升趋势,且超出全国平均水平很多。2018 年,全国基础研究和应用研究比重占 R&D 经费内部支出的 15%,而辽宁省基础研究和应用研究对应比重约占 25%。

在 SCI 论文方面,1945—2017 年辽宁 SCI 论文累计发文量排全国第 9 位。其中 2010—2017 年辽宁地位有所下滑,排全国第 10 位,从一定程度上说明基础科学研究的地位在短期内保持稳定状态。从 EI 论文看,东北三省的 EI 论文发文量地位好于 SCI。1969—2017 年,辽宁 EI 论文累积发文量排全国第 6 位,黑龙江和吉林分别是第 11 位和第 14 位。2010—2017 年,辽宁、黑龙江和吉林的 EI 发文量情况相对 SCI 指标还算不错。从 ESI 高被引看,黑龙江排第 10,辽宁排 13,吉林排第 15。整体从经费和论文看,相对于区域创新能力,东北地区基础科学研究水平稍微高一些。在辽宁省内,大连理工大学排第一,辽宁工业大学排第二位,东北大学排第三,但数量和大连理工大学差距较大。从获奖情况看,2011—2019 年辽宁省所在单位主持和参与完成的国家科技奖 109 项中,国家自然科学奖只有 13 项,相对较弱。

从科研基地平台建设看,辽宁重点实验室和国家工程中心的领域分布中,装备制造业占绝对的主导优势,资源环境、新材料、生物医药、农业也有少数几个;人才队伍建设方面,近年来有博士科研启动资金、自然科学基金、院士后备、百千万人才支持,但是近年来高端人才流失比较严重。辽宁省在 2018 年启动了兴辽人才计划,但和其他省份相比,兴辽人才计划的出台要晚很多。国家在出台 QR 计划时,很多省市也出台了本省的人才计划,但辽宁没有对应的人才政策出台,直到 2018 年才出台一些新的人才政策,大连市也是最近才出台一些新的人才政策。

在学科建设方面,辽宁两所高校入选双一流大学建设高校,分别为大连理工大学 A 类,东北大学 B 类;22 所高校入选"辽宁省一流大学重点建设学科学校"和 65 个重点一流建设学科。辽宁省学科建设相对滞后,全国很多省市在国家刚启动双一流建设之后,就对应启动了省里的双一流计划,而且给予了大量的经费支持,辽宁省目前虽然出台了计划,但经费支持好像还没有到位。

在基础科学研究现状方面,第一,与制造业、创新能力和知识产权能力等下游领域相比,东北三省在基础科学领域的位置虽有所下滑,但位次仍然比较靠前。基础研究相对于科技创新和产业发展而言,仍然具有一定的优势。第二,东北的基础科学研究就像 10 多年前的创新和 20 多年的制造业在全国的位置,如果不采取措施将会出现进一步的严重下滑。为什么会做出这种判断呢?从制造业或产业到创新到知识产权,有一个过渡的过程。如基础科学研究主要依赖于高端人才,如果经济情况不好,可能很难留住高端人才,所以近几年辽宁省高端人才流出去很多。现在辽宁省和大连市都在积极推动一些新的人才政策,希望能吸引人才并留住人才。第三,辽宁在基础研究方面的优势在不断丧失,东北大学和大连理工大学在东北整体环境中表现比较弱势。从上一轮的学科评估看,辽宁没有一个 A$^+$ 学科,大连理工大学 A 学科只有 2 个,A$^-$ 学科 5 个,东北大学情况也不容乐观。此外,整个东北地区的高校,包括吉林大学、哈尔滨工业大学的学科评估结果都不太乐观。

具体而言,辽宁省基础科学研究发展面临的挑战主要有几个方面。第一,基础研究经费投入增长相对滞后。辽宁 R&D 经费在全国的位置整体下滑。2010 年辽宁 R&D 经费在全国排第 10 位,2019 年却已下降至第 12 位。其中辽宁基础研究经费占全国比重提高是因为试验发展在萎缩,企业发展情况不太好,所以 R&D 经费向基础研究集中;第二,基础研究多元化投入机制尚未形成,主要表现在辽宁省财政科学技术支出总量在全国位次下滑。2011 年以来,辽宁省地方财政科学技术支出占财政支出比重的年均增速为－2.1%,2018 年辽宁地方财政科学技术支出占财政支出的比重从 2011 年的 2.2%下滑到 1.4%(全国对应的比重是 2.8%)。财政情况下滑对科学研究的支撑就会弱化;第三,基础研究的应用对产业发展的支撑明显不足。辽宁和东北三省整体的产业结构与 10 年前、20 年前没有太大变化,新技术研究并没有在本地有效支撑产业转型升级和发展出战略新兴产业。一个比较典型的现象是科技成果的本地转化率偏低,墙内开花墙外香的问题非常突出。以大连为例,大连有两个重要的科研和教育机构,为中国科学院大连化学物理研究所和大连理工大学。中国科学院大连化学物理研究所的本地转化还可以,但大连理工大学的本地转化比较低,较多研究成果去南方转化。我们很早就提出了这个问题,地方政府也想解决这个问题,市里领导和省里领导也多次到学校来座谈,但是目前来看改善不是很大;第四,缺乏科学领军人才和顶尖团队。高水平人才缺乏,人才流失严重,孔雀东南飞问题非常严重。引进人才以东北籍人士为主,人才吸引能力不足。

最后,提出辽宁省基础科学研究发展的政策建议。近期,辽宁省在基础科学研究方面有两个比较大的举措,一是提出了辽宁实验室建设,从 2019 年开始酝酿,2020 年底基本上要落地;二是正在紧锣密鼓地推进洁净能源国家实验室建设工作。人、财、物是基础科学研究的基础。

首先要解决人的问题。科研人员如果没有友好的环境,很难控制孔雀东南飞的问题,也要明确吸引东北籍的优秀人才回乡创新创业。

第二,解决财的问题。基础研究和应用研究有较大不同,东北地区很多高校和院所属于中央财政直接支持。优先满足财政科技和教育经费投入,支持双一流高校发展。目前为止,地方财政对双一流高校发展以及科技支撑相对较弱。

第三,解决平台的问题。当前,辽宁国家重点实验室工程中心在传统的装备制造业方面仍然具有比较优势。继续加强在装备制造方面的优势,加快推进洁净能源国家实验室建设。依托辽宁实验室建设,支持大连和沈阳建立联合的综合性国家科学中心。目前国家有四个综合性国家科学中心:北京怀柔、上海张江、安徽合肥和广东深圳,国内多个地方也已提出要建设综合性国家科学中心。大连目前的科学实力和财政实力相对较弱,如果大连和沈阳能够联合依托现有的国家重点实验室、省重点实验室,优势将更加明显,更能得到国家支持。产业和经济的发展是人、财、物的基础,科技和经济形成良性循环才能更好地促进基础科学研究发展。

第四,差异化的竞争策略。近年来,东北产业、人才政策都是采取跟随模仿式发展,形成路径依赖。新兴产业发展多是跟风,实际上既没有技术基础,也没有人才基础,相关的学科基础也没有,这样是很难发展起来。因此要改变这种路径依赖,寻求合适的政策方向。并且要依托新技术改造传统产业,通过提高科技增加值实现产业价值链的跃升。近期调研发现,大连有很多产业平台、产品平台,但其配套大部分都不在辽宁本地,而是在南方,本地配套率低。很多大产品,如船舶、机车及军工产品的本地配套率也非常低,不到30%。因此辽宁的产业发展还有较大空间。

第五,突破性的发展政策。东北要想冲出怪圈,遏制下滑趋势,必须要有突破性的发展政策。一是,在个人所得税政策、人口政策、大连自由港建设方面实现突破。如南方一些城市提出的个人所得税减免政策,对于人才非常利好;人口生育政策是否可以对东北三省或辽宁全面放开? 当前东北的人口总量在萎缩,一方面是出生率比较低,另一方面是迁出人口多;还有大连是不是能够建自由港? 二是鼓励人口进一步向沈阳、大连聚集,将资源优势集聚起来形成集聚效应或发展增长极。

最后,建立效率优先的治理体系。一提到东北问题,大家提得最多的就是体制问题,东北体制为什么这么多年没有办法突破。是否可以从某一个具体的点或者示范区入手探索来突破传统的一些束缚,突破原来治理的惯性。第二是充分发挥高校和科研院所的作用,让高校成为干部的输出地。因为讲到体制的时候,就是要解放思想。一般在科研单位或者高校容易接触前沿想法,能有利于地方治理体系的现代化或者产生一些新的想法。

主持人:谢谢孙教授的精彩报告。如何提升创新能力是现阶段东北振兴中面临的非常关键的问题。在以往的研究中,我们会发现要提升东北的创新能力,需要考虑两个方面,一是企业的基础创新能力建设,二是基础研究能力的提升。孙教授的报告首先从全国的尺度分析了东北三省在全国的基础创新能力,包括区域创新能力、研发经费、知识产权布局等方面地位的变化。比较而言,东北的经济发展或者说制造业的发展趋势不是特别乐观。以往我们团队研究也发现,东北的知识产权,尤其像专利、专利转化、专利交易等方面,东北也存在知识与技术外流的趋势,从而导致它在全国的创新地位下降明显。孙老师的报告还涉及到非常重要的一部分内容,即东北的基础创新能力或者说基础研究能力目前在全国而言仍具有一定优势,包括东北的高校及重要实验室和研发平台等资源,但也面临着下滑的风险。最后,东北人才外流的情况也非常严重。感谢孙老师的报告,给我们分享了东北振兴中非常重要的一个议题。

黄金川:城市营商环境评价与东北振兴潜力的研究

我今天汇报的主要内容包括:营商环境提出的背景,营商环境评价的理论方法,东北地区在营商环境方面存在的一些问题,以及对东北营商环境优化的一些建议。

营商环境最近是个热点,其提出背景主要有五个方面。首先,国际学术界对营商环境的实验与研究。1983 年,秘鲁经济学家德·索托带领自己的学生在秘鲁和纽约开展了一个关于开办企业的经济学实验,影响很大。他发现在纽约开办一家企业只需要 4 个小时,但是在秘鲁开办一家企业,需要 289 天。这个实验对营商环境的研究和建设产生了重要影响,并在学术界形成了共识:无限政府的经济环境当容易造成寻租,并导致制度性的交易成本远高于契约经济社会。2001 年斯蒂格利茨开创的信息不对称理论获得诺贝尔经济学奖,并作为世行首席经济学家,组织团队开创了全球营商环境评价。从 2003 年始营商环境评价已开展 17 年了,每年主题不同,但每年的主题里都有一个非常重要的、不变的议题——改革。实际上,国际上的营商环境评价,与我国的放管服改革,是一致的。

其次,营商环境对一些地区发展确实产生了很大的作用。比如,新加坡连续 12 年位列全球营商环境排名第一位,良好的营商环境正是新加坡崛起的重要原因。世界银行在对全球 190 个经济体研究的数据表明,营商环境确实能够促进投资增长,促进 GDP 增长,降低制度性交易成本。近两年我们对中国营商环境的一些量化评价也表明中国的营商环境整体有所改善,可以为企业降低 20％的经营成本,带动 GDP 增长将近 0.8 个百分点。基于一个省的数据分析了结果显示,营商环境便利度和人均 GDP 之间存在显著的正相关关系。所以,有很多城市提出了"人人都是营商环境"的口号。

第三,我国周边的一些战略竞争对手和合作伙伴也密切关注营商环境,尤以俄罗斯和印度最为典型。2017 年,印度在全球营商环境评价中排名第 100 名,但 2019 年已经上升到第 63 名,提升速度很快。俄罗斯也是如此,其营商环境排名已经从 2012 年全球的第 100 多名提高到了 2019 年的第 28 名,增长速度在全球引人关注。这两个国家都无一例外的在全国范围内开展了省、市、州的营商环境评价,对中国的启发很大。其中,印度开展的营商环境评价包括两个方面,一是国家工业政策与促进局发布的印度营商环境调研报告,另一个就是印度转型国家研究院基于企业视角开展的营商环境评价报告。

第四,现阶段,我国很多城市的发展已出现了分化。2019 年,国家发改委关于新型城镇化的报告中首次出现了收缩性城市概念,这些城市的人口、经济增长都出现了收缩现象。2016 年,国家卫健委和联合国基于随机过程模型推测出我国部分地区的人口呈现收缩趋势。实际上,这种现象在美国的经济发展版图里早已发生过。据了解,过去八十年间美国前十大城市当中,有八个城市都曾经出现过收缩或衰退,大家有目共睹的就是底特律。底特律在最鼎盛时人口 185 万,但是现在其人口还不足 78 万,流出人口近 100 多万。底特律衰退的原因很多,其中一个非常重要的原因就是底特律营商环境越来越差。而芝加哥是一个先衰退后又崛起的城市典型,其崛起的一个重要原因就是建筑许可便利度的提升。芝加哥和周边同类城市波士顿在办理建筑许可方面的优势,扭转了芝加哥连续 17 年人口下降的局面,使其成为目前美国为数不多的人口还在增长的城市之一。

基于以上四个背景,我国开始关注营商环境。习近平总书记在 2017 年中央财经领导小组的会议上,提出了构建稳定公平透明、可预期的营商环境,着眼于提高国际竞争力,激发微观市场主体活力。李克强总理,强调一定要依托放管服改革,打造法治化、国际化、市场化和便利化的营商环境,以促进我国现代经济体系构建和高质量发展。2019 年 11 月 5 日,国家主席习近平在第二届中国国际进口博览会上,将国家治理体系和治理能力的现代化和营商环境的优化结合起来,特别提出要推动法治营商环境和简政放权,打造公平竞争的环境。2020 年 7 月 8 日,李克强总理在国务院常务会上,认为营商环境会极大地影响生产力和竞争力。所以,他建议将优化营商环境作为实现"六稳"工作和落实"六保"任务的重要抓手,要构建长效的营商管理优化机制。2020 年 1 月,我国《优化营商环境条例》正式实施,对破除体制障碍和激励创新机制,推动用法治手段优化营商环境,具有重大意义。

营商环境评价的理论根基和具体方法。到目前为止,营商环境并没有统一的基本概念,世界银行的评价更注重于软环境,我国《优化营商环境条例》能称营商环境是指企业等市主体在市场经济活动中所涉及的体制机制性因素与条件,也主要以软环境为主。国家发改委组织的营商环境评价则对软环境和硬环境都同时给予了关注。"十三五"规划里提出,营商环境包含(公平竞争的)市场环境、(高效廉洁的)政务环境、(公正透明的)政策环境和(开放包容的)人文环境。不同地方结合自己的特点对营商环境的概念也做了不同的解读。如杭州市提出营商环境具体包括六个环境,即:政务服务环境、投资贸易环境、产业发展环境、创新创业环境、法治环境和生态人文环境;天津市则着眼于政务、市场、法治和人文四个方面来阐述营商环境。

营商环境包括四方面内涵,具体为:法治化内涵、国际化内涵、便利化内涵和市场化内涵。这些内涵基于两个最重要的营商环境理论根基,一是诺贝尔经济学奖获得者斯蒂格利茨提出的信息不对称理论,认为信息不对称是影响市场经济发挥作用的非常重要的原因。2002 年斯蒂格利茨基于信息不对称理论,构建了全球营商环境的评价体系。2017 年,世行首席经济学家奥利弗·哈特与合作者一起提出了不完全契约论,并将其纳入指导全球营商环境评价的理论体系。为了营造公平、透明、可预期的营商环境,降低企业制度性交易成本和生产经营成本,促进资源在更大范围内的优化配置,新时期,我国迫切需要提出以法治化为基础,国际化为参考,便利化为手段,市场化为导向,高质量发展为目标的营商环境分析和评价框架。基于这两个理论,营商环境重点要协调五个关系:政府和企业之间、企业和企业之间、企业和员工之间、企业和中介机构之间及政府部门之间的关系。

国际上对营商环境评价主要有两大逻辑:一是结果导间逻辑,即从营商环境实际效果出发,选择宏观效果性指标来反证、影射营商环境的好坏。如综合实力评价、竞争力评价、创新能力评价等都是从不同层面对营商环境进行基于结果角度的评价。二是工作过程逻辑,即从引导工作效率出发,选择微观工作指标引导营商环境的改革。世界银行开展的全球营商环境评价就是基于微观逻辑的评价,这种评价最大的优点就是能够指导各地经济体开展改革,找到工作抓手和发展路径。世界银行开展全球营商环境评价,主要是基于企业的全生命周期理论,从企业选址到获得融资,日常经营阶段的纳税和跨境贸易,及遇到问题以后寻求司法途径的解决等各个环节来考虑企业的发展环境。其根本目的包括两方面,一是如何降低监管的复杂程度和费用支出,从而提高效率和降低交易成本;二是给予更好的法律制度保障,提高企业发展的稳定性和可预期性。

世界银行的评价指标不断丰富,一级指标已经从最初的 4 个指标扩展到现在的 11 个评价指标和 1 个观测指标。具体的二级指标,包括程序指标、时间指标、费用指标和指数指标。基于世界银行、世界经济论坛、国家统计局以及不同学术机构关于营商环境评价的研究,结合我国的特点和放管服改革的相关要求,制定了中国特色的营商环境评价指标体系,打造中国营商环境的评价方案。这个评价方案主要围绕企业的办事流程,影响企业投资的因素及体现监管和服务质量三个维度来构建三维评价立方体,其中特别注重立足于企业视角的评价。

营商环境改善要依靠"放管服"改革。近几年,国家陆续出台一系列与"放管服"改革、优化营商环境相关的政策文件。据不完全统计,从 2016 年到 2020 年 7 月底,国家共出台了 600 多份与营商环境相关的政策文件。基于刚才提到的两个理论基础和四个基本内涵,我们提出营商环境评价指标体系的构建要从公平的市场竞争环境、开放的投资贸易环境、便利的政务服务环境、优惠的商务成本环境、公正的法治监管环境、高品质的社会服务环境和高活力的创新创业环境七个方面三个角度展开。

营商环境评价中特别重视数据来源。目前来看,相关数据来源主要包含四个方面,称为"四端"。一是企业端,中国营商环境评价特别强调企业视角,让企业的满意度获得感得到提高。企业是市场的主体,也是营商环境的直接受益者,开展营商环境调查和评价来自于企业的数据最关键。二是部门端,营商环境是改革,改革的推动主要是来自于各职能部门,对改革的深度理解和具体落实也靠职能部门,所以营商环境的评价也需要有职能部门的一些数据填报。三是系统端。营商环境和信息化建设密切相关,企业等市场主体办事过程当中各种数据在信息系统里面都有留存。四是专家端,互联网大数据抓取、中科院基础数据库、社会经济统计资料、权威第三方报告等都可作为专家端的数据源。

有了数据基础,还需要有科学的方法来计算最终得分。营商环境评价的基本方法主要是世行推荐的前沿距离法。我国经过前两年的营商环境评价实践,在前沿距离法之外又在目标距离法及有关权重方面进行了探索。营商环境的评价范围也在逐渐扩大。2018 年,全国试评价城市 22 个;2019 年拓展到 41 个;2020 年会进一步增加到 100 个。如河南省 2019 年度评价的结果明显体现了其中原城市群"中心强,外围弱"的圈层分布格局特点;广西壮族自治区的评价结果体现出以西江为轴,沿线强、两侧弱,呈带状对称分布的空间格局。

营商环境是东北振兴的关键点。着重介绍东北地区的发展现状、振兴优势潜力、主要问题与东北振兴战略解读。

近二十年来东北三省在全国经济比重持续下滑,已从 2000 年 9.9% 下降到 2019 年 5.1%;2019 年东北地区 GDP 总量仅 5 万亿元,不足广东省的一半。GDP 增速下滑问题更为严重,尤其吉林、黑龙江的 GDP 增速已经连续在全国倒数。2020 年受疫情影响,辽宁省 2020 年上半年的经济增速也已下滑到全国倒数第三,仅次于湖北和天津。在固定资产投资方面也不容乐观。2019 年东北地区三省固定资产投资占全国比重仅为 4.93%,比 GDP 占比还要低。在工业方面,根据地理资源所王成金老师的研究,东北三省规上企业数量从 2013 年以来出现了大幅下滑,表明市场主体都不愿意来东北创业。2019 年全国有 219 个国家级经济开发区,而东北三省合计仅有 22 个,和浙江省一个省的水平差不多。长期以来,东北三省以采选、钢铁、石化、能源方面等传统产业为主,新兴产业方面发展非常薄弱,尤其是和广东、江苏、浙江相比,东北地区在"互联网＋"、半导体、新能源等战略新兴产业的优势非常不突出;民营经济方面,2017 年东北三省民营经济企业数量比重为 48.03%,但产值比重还不到 20%,民营经济是东北振兴的巨大短板。

刚才孙老师对东北三省的创新能力以辽宁为例做了一个非常好的报告,从报告中就可以发现,东北的基础研究能力还不错,但应用创新成果越来越少,尤其是本地转化和本地吸纳能力低。人口方面,东北三省现在是我国区域经济四大板块中唯一一个人口下降区域,同时老龄化问题也非常突出。2018 年底沈阳市老年人口已经达到了 187 万,占全市总人口的 25%,属于重度老龄化;在全国老龄化人口比例分布最高的前十大城市中,东北就占了 4 个。人口老龄化将使东北劳动力供给不足问题非常突出。沈阳、哈尔滨、长春、大连的人口指数下降非常明显,其中沈阳的城市人口指数已经从 48 下降到了 23,还不足排名全国第一城市人口指数的四分之一。人才方面,2004—2018 年东北三省规模以上工业企业研发人员除辽宁省有缓慢增长外,黑龙江和吉林均出现了显著下降,和中西部地区一些代表性的省份形成了明显的反差,如四川、贵州、安徽等省区研发人员全是增量。

东北振兴的优势和潜力。东北振兴实际上还有一些基础,如交通条件较好,已经形成了完善、覆盖的交通体系,机场体系的布局也相对比较均衡。传统资本密集型企业的产业优势虽然有所下滑,但还有一定的优势。《吉林报告》中数据表明,吉林省的装备制造尤其是汽车制造等产业的劳动生产率和东部沿海相比并不落后。如吉林省通用设备制造业的劳动生产率是 158.8 万元/人,仅低于广东省,但高于浙江、江苏和上海。此外,东北振兴具有良好的教育基础,高校多、技术科研能力较强,基础人才储备相对丰富,只是人才优势没有很好利用起来,使创新成果多跑到东部沿海地区去转化。在城市群发展潜力方面,基于各方面的综合评价表明,辽中南、哈大齐城市群已经初具规模,但辐射能力和强度有待发挥。2019 年中国城市群发展潜力评价结果显示辽中南城市群具有较大发展潜力。

东北振兴存在的主要问题就是体制机制等深层次矛盾,市场化程度不高,政府改革不到位,主要靠要素投入和投资拉动的经济模式还没有转型为创新驱动,"投资不过山海关"的舆论形象没有得到根本性的扭转,振兴动力缺乏。具体来看,我们认为制约东北振兴主要有五个方面的因素:一是国有经济比重较高,民营经济发展活力不足;二是服务业发展相对滞后,尤其是支撑制造业转型的生产性服务业比较滞后;三是发展方式过重依赖于投资,创新驱动能力较弱;四是营商环境障碍比较多,突出表现在诚信体系缺失,目前还没有形成契约社会、契约经济,信用体系尚未构建齐全。四是法治环境较差,依赖熟人关系而非规则的办事习惯根深蒂固,"新官不理旧账"和政策变化的不可预期,困扰了很多企业。与东部沿海地区尤其是广东、江苏等省份比较,东北三省的法治环境、法律制度建设明显不足。虽然近几年东北三省在营商环境法治建设方面有了突飞猛进的提高,辽宁省、吉林省营商环境条例率先推出,但在系列化、制度化、法治化保障方面还存在较大差距;五是企业在东北的要素保障能力弱和要素的成本比较高。从工商企业用电电价分析,吉林省 1 000 伏以下的一般工商业用电电价全国最高,黑龙江、辽宁也处于全国高电价的第一方阵。1~10 千伏电压的电价也仍然较高。水价方面,东三省居民综合水价较中西部地区要高,如沈阳非居民综合水价是 5.25 元/吨,在全国排名靠前。哈尔滨、吉林、长春的水价也位居全国前列。工商业用气价格方面,黑龙江工商业用气价格最高达到了 4.56 元/立方米,东北三省的平均价格是 4.23 元/立方米,远高于全国平均水平。

东北地区在国家国防安全、粮食安全、生态安全、能源安全以及产业安全等方面的战略地位,使得东北振兴到头重要。2019 年 9 月习近平总书记到东北考察,2020 年又到吉林考察,提出了东北振兴的六个方面要求。其中,第一个就是要以优化营商环境为基础,全面深化改革。第五个是深度构建"一带一路"建设开放合作的高地。这两个是东北实现全面振兴的关键点。2020 年 5 月 24 日,国信办就"六稳""六保"工作发布新闻发布会,特别提出东北振兴的重点就是持续优化营商环境,建设面向东北亚的开放合作平台。最近,在实施东北振兴战略等一系列的实施意见中,对于营商环境方面也给予更多的重视。其中,关键有两点:一是优化营商环境基础,全面深化改革,以改革作为发展动力,尽快完善有利于民营经济发展的营商环境。二是全面扩大开放,深度融入共建"一带一路",加快构建东北对外开放的大平台。

基于问题剖析和东北振兴战略要求,在东北振兴优化营商环境方面,我们提出五条建议:

第一,建立营商环境的工作台账。工作机制方面,建立部门联动联办的机制、信息共享机制、督查问责机制、企业服务反馈机制。找到东北地区营商环境的痛点、堵点和难点,按照问题导向、竞争导向、目标导向和结果导向,借鉴全国先进地区的经验找到具体的工作操作抓手。

第二,构建政企常态化沟通和闭环的和谐发展和反馈解决机制。一是通过"万人助万企"和问题投递渠道,及早发现企业问题,并建立问题反馈机制。二是提高企业的风险核察能力,借鉴香港的"监察易",北京的"风险监督平台"的经验,构建一个"府院联动"和"危困企业预警"机制。

第三,开展部门评价。全国各省份都在开展营商环境评价,主要是以地区评价为主导。实际上营商环境是改革,部门是营商环境最重要的推手。因此,开展部门逻辑的绩效评价,才能压实责任,真正起到以评促改、以评促优,推动营商环境优化的初衷。

第四,聚焦营商环境的一些堵点和痛点,打造东北地区营商环境改革创新的先行实验区,尤其是要借鉴广东深圳在营商环境综合改革创新实验区、营商环境特区的经验,聚焦营商环境的关键领域,突出问题导向,推出系列改革创新举措,实行集成创新。如围绕企业风险洞察的"聪明监管实验区",依托于企业信用评价构建"智慧金融实验区"、优化企业供应链的"产业生态实验区",突出知识产权保护和专利导航的实验区,做工程建设项目改革领域的实验区等。

第五,开展东北地区新型产业或行业营商环境研究,服务精准招商和精准投资。营商环境机制的构建要立足于数字化的营商环境平台,实现对各区营商环境的监测评价及精准服务,尤其是顺应疫情后,全球产业链、供应链的国际化分工向区域内协同转变的趋势,有效引导一些战略新兴产业,包含传统优势产业的转型升级要素进入东北,才能实现政府的精准招商和企业的精准投资有效结合。只有这样才能实现东北地区优化营商环境,并进而来推动国有企业改革和民营经济振兴,实现真正的根本性振兴。

特邀嘉宾点评

两位报告人都非常年轻,我听了也很受启发。2020年7月22日至24日,习总书记到吉林视察,这是十八大以后习总书记第五次到东北,可以看出习总书记对东北的重视。在吉林视察期间,习总书记去了黑土地梨树县玉米核心主产区、一汽及一些其他部门,表明总书记关注的不仅是经济问题或发展问题,而是全面的发展。我们注意到他视察农业、视察工业、视察高新区、长春新区等工作,对东北的提法是全面振兴、全方位振兴。国家领导层的提法很有深意,并不是单一就某方面做一些改进,他们对东北的期望非常全面、非常高。

抗战胜利以来,党和国家一直高度重视东北地区的发展,因为东北能影响到国家全局。从现在看,东北经济总量在全国的地位较低,人均收入水平也开始低于全国平均水平。但是,20 世纪 80 年代东北三省和内蒙古东部四盟市的人口和土地面积占全国比重大致都是十分之一左右,但 GDP 总量远超过全国的十分之一,大约百分之十二三,即人均 GDP 要高于全国平均水平,10 年前也是这样。但从 2016 年开始,东北人均 GDP 开始低于全国平均水平。当前看东北经济产出虽然总量比重都不太好,但在全国的重要性仍然还在。总书记提到东北在粮食安全、能源安全、生态安全、国防安全、产业安全方面的战略性地位仍十分重要。如产业安全方面,生产航母、舰载机、机床等各种高端设备的关键产品可能在地方 GDP 统计中量不高但重要性非常高,这是无法以 GDP 衡量的,这也可能是中央重视东北的一个原因。此外,东北在地缘政治、国家安全方面也很重要。

刚才孙老师和黄老师的两个报告都非常有特色。其中,孙老师的报告重视东北的基础创新能力研究——以辽宁为例。从近年来东北经济衰退情况看,整体上黑龙江衰退更快一些,吉林衰退稍微慢一些。总的看来东北三省内部还是有差别的,很明显衰落最快的是黑龙江;四大城市中,哈尔滨衰退得更快一些,大连在辽宁最南端,发展相对好一些,这是东北内部的差距。根据孙老师的研究分析,我认为创新能力研究的单项指标,如有效发明等,这些指标及其数据都值得我们重视。先进制造业企业规模大的比较少、民营经济比较少,这也是大问题。创新的本地转化率低,显然不是一个好事情,但另一方面可能也说明科技创新部门、单位、机构发挥的全国影响比较大,但对本地经济的支持有限。

我特别重视孙老师刚才讲的基础研究部分中科技创新、产业创新和制造业衰落问题。制造业是最开始衰落的,创新表现出来的衰落也比较明显,现在看东北的基础研究还不算落后,但如果这么发展下去的话,有可能也步两者后尘,值得我们高度警惕。现在不管是大连理工、东北大学、吉林大学、哈尔滨工业大学,都面临着人才流失的问题,当然也有回来的人才。但回来的人才较少,主要有东北籍人才和在东北就学的人。

孙老师提的政策建议很好,建设国家科学中心的思路很好,沈大合作希望能试一试。海南自由贸易港的政策,包括个人所得税、自由港等政策,如果放在东北的话,我觉得会比放在海南的效果要好。东北三省内部区域创新能力差异大,相对差距也在拉大。东北建设国家中心城市的战略应该明确提出来,显然如果在东北布局国家中心城市,大家公认会放在沈阳,但沈阳的问题是没有非常著名的大学(东北四所最重要的大学,位于沈阳的东北大学是最弱的)、沈阳周边县区发展较弱,整个经济实力较低。不管怎么说,我们希望通过各种方式把东北的潜力挖掘好,衰落的局面争取能有所扭转。目前东北三省的各种与经济相关的单项指标中,与创新相关的各种指标最弱,还有就是与开发开放相关的指标。

黄老师的优化营商环境我听了也很受启发。黄老师讲了营商环境的来龙去脉,营商环境和人均 GDP 的关系,俄罗斯和印度营商环境的进步,还有营商环境法治化、国际化、便利化、市场化的四个内涵,以及基于结果逻辑和工作逻辑的前沿距离法、目标距离法的评价方法。这些知识对地理学者来说比较新鲜,我印象里地理学者专门研究营商环境的不是很多。黄老师对东北做了很细的评价,尤其是水电成本分析很值得我们关注。他提出的具体的营商环境改进途径,我建议整理下,报给东北有关部门或者在媒体上做一些发布,发挥一些影响。

以往我们的相关研究主要关注投资环境,从硬件到软件,一些学者们做了投资环境评价研究。现在我们更关注软环境方面的营商环境,这和企业的关系非常直接,也很有针对性。关于营商环境创新,我有一点观察想和大家分享一下。我们国内各部门实际上都在抓自己的权力,各部门在行使权力的过程当中实际上有很多重复,给企业增加了一些负担。管理部门的天然倾向就是扩大自己的权力,但社会上制衡部门扩充权力的行为和力量较少,这值得我们思考,需要在治理体系改革方面予以突破。另外,我还注意到南北方营商环境的差异。在营商环境改进和为企业服务方面,南方省市经常会有一些创新尝试,这些创新尝试如果仔细推究,可能和现有的某些政策、管理规定或法律存在一定冲突,但是他们敢于尝试,这也显示出他们的管理自信和经济自信。我觉得北方或者西部没有取得那么好的成绩,也与他们在制度创新、改进营商环境、发展经济等方面的制度创新自信程度不高有关,这也导致了与营商环境相关的地域差异。

总而言之,这两个研究从地理学者的角度看,对于找到东北全面振兴的核心约束和新动能,提供了一个非常重要的背景和切入点。感谢两位老师的分享,谢谢各位!

问题交流

主持人:谢谢修春亮老师的点评,我们从今天的两个报告学习到很多。现在开始问题交流环节。请问孙老师,有效专利怎么衡量?

孙玉涛:目前关于专利有很多统计指标,如一些学者喜欢用申请专利,但也看是发明专利还是所有专利,还有一些学者用国际专利、PCT 专利。所谓有效专利,就是指没有过期的专利,国家知识产权局有专门的统计。如一个企业申请了五条专利,最后可能有三条授权,但是这三条授权专利可能过了两年之后有两条失效了,那么这个企业可能只有一条有效专利。

主持人:谢谢孙老师的回答。大家在专利数据选取时一定要非常注意,其实有很多专利数据,有申请专利,授权专利,甚至还有申请的发明专利和授权的发明专利,还有有效专利,甚至还有用专利的年度累计量情况。每个指标代表具体的含义都不一样,这是大家在应用过程中需要注意的问题。

黄金川老师报告中提到营商环境的一个内容是公正的法治环境,就是关于知识产权保护,这恰好将我们今天的两个报告结合起来。直播室也有留言说东北需要构建良好的营商环境,我觉得这应该是全国人民,也是东北人民普遍的共识,现在最关键的问题是东北地区如何构建好的营商环境? 东北地区如何提升创新能力或保障基础研究能力在全国地位的稳定性? 这更值得关注,包括政府界、学者如何提出一些有用的、可操作的政策建议。在聊天区,有人留言说中央应该给东北更大的支持,发挥东北的优势,尤其是科技教育、现代农业、冰雪产业以及生态环境等方面。

两位老师的研究都很好,也非常有参考价值。我们也一直关注东北振兴到底要从哪里入手。过去 10 年、20 年的研究中对发展问题看得比较准确,只是解决方案和措施方面好像一直不是特别明确,包括政府也在考虑如何解决现在东北面临的各类问题,包括产业发展问题、创新问题、营商环境等。我们也希望更多学者和同学能够加入这些研究中,更多地关注东北地区。现在还有两个小问题。一个是问东北人口流出的原因及影响,另一个问题是目前全国出现很多人逃离北上广现象,东北是不是能够抓住契机,留住本地人才以及吸引外地人才来东北创业呢? 这两个问题请修老师回答吧。

修春亮:我说的不一定对,但也是一个角度。东北的人口问题应该动态地看,清朝封禁时期东北三省只有 100 万人,解封以后很快就达到 1000 万人。军阀张作霖时期增长很快,达到三四千万人。中华人民共和国成立以后增长也非常快,黑龙江增长最快。现在看黑龙江人口也是减少最快的,但是减少速度比当时人口增长的速度要慢得多,动态看可能也是一种回归。当时为什么这么多人来东北,因为那个时期东北地区有粮食、矿产资源,粮食和煤铁等,是当时社会最重要的物资,都是发展经济和人口增长的必需资源。现在时代变了,最重要的物资——粮食不再是紧缺物资,人们在填饱肚子后追求舒适。东北的气候条件就成为人口外迁的一个因素。再有就是大家追求发展、追求更高收入,到一些经济更发达的地方去,流失也很正常。但是这种流失我不是非常担心,因为现在东北三省仍然有接近 1.1 亿人。即使按照现在的流失速度,以后人口稳定在 9000 万~1 亿人之间,这个规模比德国、法国、英国等所谓世界大国的人口规模还高,老龄化程度上也比他们低。所以,只要我们好好做,认识到危机并不可怕,还是有足够的回旋空间。这是一种视角,也供大家参考。

金凤君:我再补充一下修老师的看法。刚才修老师已经说了需要历史动态地看东北人口外流问题。以前户口制度是固定的,现在全国一盘棋流动。在对收入、生活条件有了追求之后,如东北地区部分老年人流出,从社会学的角度来讲,应该是一个常态。但是,东北地区的人口流失我们要注意的是什么？大概有两个问题，一个是人才需要一定的基础。我们要有年轻人在东北，假如说东北地区现在出生率很低，年轻人都跑出来是不行的，要想办法留住一部分年轻人。假如说有 3 000 万年轻人在东北，地区发展模式就会不一样。再一个是国家需要引入一些政策人才。还有要保证边境地区人口的合理布局稳定，在稳定促进国防安全方面做大量工作，需要国家政策来稳定这些地区的人口。至于城乡结构调整，在小范围之内用城市化手段可以稍微引导一下，它的空间结构会更优化、更合理。

主持人: 疫情对东北振兴战略未来的落实有没有影响？会有什么样的影响？

金凤君: 疫情的发展不仅仅是对东北地区有影响，对我们国家乃至对世界的影响都非常巨大。习总书记 2019 年就说了现在是百年未有之大变局。在现有大格局下，东北地区的发展肯定受到影响。但是从全国角度来看，东北地区的重要性会陡然提升，这是我最初的判断。因为东北地区对国家安全的重要性肯定会引起国家的高度重视，但是不是促进东北地区经济快速的发展还不太好判断。

主任总结

首先感谢孙玉涛教授、黄金川副研究员、修春亮教授接受邀请支持本期东北创新发展专题论坛。实际上我们策划这个专题很长时间了，东北地区一直是我的团队研究的科研试验基地，服务国家是最主要的出口，策划本专题主要是为新时代东北地区的发展做出我们应有的贡献。

两位教授做了非常精彩的报告，修教授也做了很好的评论。他们用大量数据事实来论证东北地区面临的现状、形势及其严峻性，同时在此基础上提出了东北地区未来发展的一些方向和路径，我觉得都是非常好的一些思考。再次感谢你们。这两个报告并结合修教授的评论，我有两点建议。

第一点是给孙老师的建议。孙老师提出应在东北搞一个国家创新中心或者科学中心，我很赞同。这需要国家投入大量的力量，我们也一直共同呼吁。但是要沈阳和大连联合来做，我不赞同。我认为这个中心要么在大连，要么在沈阳，要么就在哈尔滨或者长春。为什么呢？因为存在行政协调问题。假如我是国家发改委领导，要对地方进行资助，就不知道把经费拨给谁。即使先给了辽宁省，辽宁省再下拨给沈阳和大连时也不好明确。从地方角度来讲，一些政策和问题沈阳和大连也不知道找谁，也不敢越级去找。我认为新时代东北的运作模式需要深刻的反思和理解，要提高政策的精准化，明确政策的对象。这是我对孙教授报告的一个建议，供思考。

黄教师的报告我也认真学习了。这几年营商环境很热，东北地区的营商环境较差。我的建议是立足于东北地区新型的政商关系，以前我们叫政企关系、政经关系，我认为新时期应该是政商关系，即政府和营商环境或是整体发展的关系应遵循市场商业的规则。恰恰东北地区在改革过程中缺失这个。东北地区没有科技局吗？有。没有研究院吗？有。但是他们之间的关系很弱，如东北地区农业很好，农业推广中心、农机推广中心都有，但仔细看他们发挥作用了吗？这就值得疑问了。所以，需要从政府机制来推动建立一种新型的政商关系。

最后说下我的一些感受。我本身也是东北人，从事东北地区研究 20 多年。对中华民族发展来讲，东北地区的重要性在 1000 年、2000 年内可能都不会变化。就现在发展来讲，我觉得有三个方面需要强调。第一，东北地区是推动我国工业化的柱石，作用虽然在变弱，但仍然很强。第二，东北是国家粮食安全的基石。没有东北保证粮食安全，我国在洪水、疫情情况下马上就会产生社会恐慌。正是有了东北的保障作用，老百姓心里才安稳，能温饱。东北地区在保障粮食安全基石的同时也保障了国家的生态安全。第三，东北是巩固国土安全的磐石。东北地区稳定，全国一定稳定，但是东北地区出了问题，至少黄河以北或是淮河以北都会面临问题。所以，我也呼吁有志学者，多多研究东北，多多关心东北。东北地区有问题，但是也需要我们针对问题去破解，使这个地区再进一步的发展，使我们国家的发展基石稳固下去，这是我们的责任和义务。谢谢大家！

东北转型发展与新型城镇化

召集人：

张平宇，中国科学院东北地理与农业生态研究所研究员，博士生导师。长期从事东北经济地理、老工业基地改造等相关研究。

报告团队：

中国科学院东北地理与农业生态研究所人文与经济地理研究团队在张平宇研究员的带领下，主要从事东北地区城市与区域发展问题研究，包括东北老工业基地振兴与发展，区域城市化过程、机理及其资源环境影响，资源型城市转型，城市老工业区改造，农业与农村发展等。在有关东北区域发展过程与机理方面的研究成果非常丰硕，并为东北地区的区域发展战略及国土空间规划制定等提供决策支持。

东北师范大学人文地理与城乡规划研究团队坚持以中国东北地区为主要研究区域，形成了人文地理与区域经济地理、城市地理与城乡规划等研究方向，围绕东北振兴与转型发展、中国图们江地区通海航运、东北亚区域合作、长吉图开发开放、哈大城市群建设等重大战略问题开展了大量的理论与实践研究，并且在新型城镇化发展、资源型城市转型、城市与区域规划、国土开发与利用等领域取得了丰硕的研究成果。

点评嘉宾：

金凤君，中国科学院地理科学与资源研究所研究员，博士生导师。中国地理学会经济地理专业委员会主任，全国经济地理研究会副会长，"东北地区振兴规划"首席专家，享受国务院政府特殊津贴，中国科学院杰出科技成就突出贡献者，生态环境部环境影响咨询委员会委员。

主持人：王姣娥研究员

主持人：东北是中国区域经济发展的重要板块。习近平总书记等党和国家领导人非常关注东北，曾多次到访东北地区，并针对东北振兴发表讲话。今天晚上有幸邀请到中国科学院东北地理所及东北师范大学的青年才俊。他们在中国科学院东北地理所张平宇副所长的带领下,围绕着东北地区和东北老工业基地振兴、城市和区域发展等方面开展研究。报告团队共有六位青年才俊,有请张平宇副所长来介绍。

张平宇:经过我和东北师大刘艳军副院长商量,东北师大选定了刘艳军、魏冶、王昱三位老师做报告。刘艳军长期从事城镇化、东北区域发展、收缩城市方面的研究;魏冶主要进行基于流分析的城市群网络研究;王昱长期从事东北地区转型发展和收缩城市问题研究。东北地理所的三位老师是刘文新、李鹤、李静。刘文新侧重环境与区域发展方向的研究,近些年结合主体功能区规划特别是国土空间规划和双评价开展了一些研究;李鹤长期从事资源型城市脆弱性和资源型城市转型研究,近年来结合东北对外开放研究俄罗斯城镇化及俄罗斯和中国区域合作;李静主要侧重城市内部结构研究,最新研究是关于土地利用结构方面的内容。

今天的报告选题都是针对东北城市和区域发展,非常有特色和现实意义。他们把近期一些研究成果推介出来,和国内同行们进行交流,希望他们的报告能够让大家感兴趣,互相切磋,提出宝贵意见。我预祝今天的报告圆满成功,我也像普通听众一样认真学习你们的精彩报告。谢谢!

主旨报告

刘艳军:东北区域发展态势与未来展望

报告议题主要围绕东北地区近两年在区域发展、城市发展等方面的进展和态势,同时结合了一些个人的思考。

东北地区是我国重要的资源型发展区域,地域范围包括东北三省和内蒙古东部地区。东北地区在装备制造、农业生产、粮食安全、能源保障等方面为国家做出了非常重要的贡献。在2018年深入推进东北振兴座谈会上,习近平总书记指出,东北地区维护国家国防安全、粮食安全、生态安全、能源安全、产业安全的战略地位十分重要。总书记的讲话从"五个安全"角度,进一步明确了东北在全国的发展定位,是未来东北地区发展的重要遵循和战略方向。

资源环境是东北地区开发建设的重要基础,从经济系统、城市体系、资源环境等角度看,东北各发展要素组合和体系较为完整。从资源环境禀赋角度,东北地区在水资源、土地资源、矿产资源等各方面都具有很好的条件,这是支撑东北地区发展的重要基础。从历史发展角度看,经历过几个发展阶段,东北区域发展取得了很大的成就。最近几年,受到关注较多的是在国内外发展环境变化以及东北特殊的经济结构、体制机制问题等综合影响下,仍处在振兴中的东北经济出现再度下滑的现象。以增长速度放缓、经济占比下降、产业转型缓慢、人口流失以及城市收缩等为主要表现特征。

在城市和区域层面,随着新一轮"东北现象"的出现和延伸,各城市和区域在整体发展动力、经济增长速度、产业竞争力、人口流失程度等方面的差异进一步扩大,引致东北地区城市系统及区域发展格局发生显著变化。区域发展要素主要集中于哈大城市带以及哈尔滨、长春、沈阳、大连四个中心城市,中小城市发展动力相对不足。近年来,城市收缩问题比较明显,特别是一些资源型城市在发展过程中面临较大发展压力,陷入了发展困境,需要加快转型。此外,东北地区存在较多的特殊类型地区,如资源枯竭地区、边境地区、老工业区、贫困地区、少数民族地区等,这些特殊类型区域也面临着振兴和转型发展问题。

十八大以来,习近平总书记先后六次到东北地区进行考察调研,提出东北全面振兴、全方位振兴的总体方向。2019 年 12 月,习近平总书记在《求是》杂志发表重要文章,多次提到东北,指出"十四五"时期东北发展要有新的战略性举措,推动东北全面振兴。2019 年,中共中央国务院发布了《支持东北地区深化改革创新推动高质量发展的相关意见》,这些都对东北地区未来发展提出了明确的方向和要求。

尽管当前东北地区发展面临诸多挑战,但近两年东北在城市发展、区域发展、对外开放等方面仍取得了一系列的成果。在重大设施建设方面,东北高速铁路的建设有较大进展。目前东北地区高铁网与全国发达地区相比相对偏弱,尚未真正形成网络体系,但也在加快建设,关注度比较高的京沈高铁已于 2021 年初正式通车。其中,沈阳到承德段已经在 2018 年通车。喀赤高铁、新通高铁、哈佳客专等近两年已经开通。敦白客专、牡佳高铁等在建项目预计在未来两年开通,还有正在谋划和推进的东北东部高铁和东北西部高铁等。这些项目建成后,将实现东北高速铁路网的形成。

城市发展方面,黑龙江省和吉林省正在联合推进哈尔滨—长春的一体化发展。《哈长城市群发展规划》作为国家层面的重要规划已实施了近五年,哈长一体化是对哈长城市群发展规划的具体落实,对哈长城市群建设和东北地区协调发展都将有较大影响。此外,2020 年 6 月国务院批复同意原属于四平市代管的公主岭市划归长春市代管,进一步拓展了长春市的发展空间,通过推进"强省会"战略将进一步推动长春市中心城市发展,对东北区域发展起到支撑作用。

在开放合作方面,2019 年国家批复了黑龙江自贸试验区的建设,加上之前批复的辽宁自贸试验区,以及目前正在积极谋划和申建的吉林自贸试验区,将对东北地区未来的开放和合作起到非常重要的支撑作用。2020 年中韩国际合作示范区落位在长春,对长春市、吉林省乃至东北地区开放都将产生重要影响。东北地区和东北亚区域的合作和联系较多,中韩自贸协定签订后,中韩国际合作示范区的建设未来将有较大的发展空间。

从区域开发平台角度,国家发改委、民航局批复了《关于支持长春临空经济示范区建设的复函》,临空经济示范区建设将对长春乃至东北地区航空枢纽建设、临空经济发展以及对外开放合作起到重要支撑作用。此外,国家发改委、自然资源部支持吉林珲春海洋经济发展示范区建设,未来的发展方向和定位主要是深化与浙江宁波的海洋产业对接,开展海洋经济合作发展示范。

在梳理近两年东北城市与区域发展、开放合作等领域取得重要进展的基础上,需要进一步明确东北地区"十四五"以及未来一段时期的发展方向和支撑条件,并重点关注实现东北发展振兴的主要路径。

从宏观背景角度看,国际经贸摩擦加剧、全球疫情蔓延、中美博弈升级对经济社会发展带来一定的冲击,国家层面提出加快形成以国内大循环为主体、国内国际双循环相互促进的新发展格局。东北地区依托发展优势和基础条件,在新发展格局中具有重要地位。东北地区拥有很多关系到国民经济命脉和国家安全的战略性产业,包括装备制造、现代农业等方面,在国际产业链、供应链循环受阻的背景下,内循环的战略或将为东北地区带来新的发展机遇。此外,李克强总理在2020年全国两会期间接受中外记者提问时提出,我国正在积极推进中日韩自贸区的建设,愿意在经济大循环中建立中日韩小循环。东北亚经贸合作的深入发展也将对东北地区开发开放产生重要影响。目前,东北参与东北亚地区合作整体态势较好,有利的发展环境会给东北地区产业、经济发展带来新的机会。

从发展方向上看,在国家战略需求层面,东北首先要从保障国家国防安全、粮食安全、生态安全、能源安全、产业安全方面强化发展和建设,并将高质量发展及全面振兴、全方位振兴作为未来发展的指向。从东北区域重构角度,当前东北地区的人口流失、城市收缩以及要素空间极化趋势比较明显,需要进一步优化空间布局,形成东中西三大板块发展格局。中部主要是哈大城市带,强化城镇化建设和产业发展;西部是生态经济区,东部是绿色经济转型区域,突出发展生态经济和绿色经济。从城市整体发展格局来看,需要进一步强化中心城市、都市圈、城市群的功能,重点建设沈阳、大连、长春、哈尔滨四个中心城市,并依托核心城市打造现代化都市圈,支撑哈长城市群和辽中南城市群高质量发展,促进东北地区经济社会和城镇化建设整体推进。从开放视角看,东北未来面向东北亚地区的发展和合作,应该发挥越来越强的功能和作用。当前,东北依托城市群、港口群、口岸群分别支撑哈大核心发展带、东北沿海经济带、沿边开发开放带的发展格局,也将对东北地区未来开放产生重要影响。

发展路径主要集中在几个方面。一是区域合作发展方面,强化辽东半岛与京津冀地区、山东半岛协同发展,促进环渤海地区一体化。目前很多学者提出打造环渤海大湾区,这是未来可以探讨的区域合作发展方向。二是城镇化路径优化方面,东北地区传统城镇化是"增长和扩张型",未来发展方向上应该强调"高效增长和精明收缩结合型"的城镇化发展战略,集中资源建设城市群、都市圈、重点城市和潜力城市,推动收缩城市通过精明收缩、减量规划等途径实现内涵式发展。东北地区边境城市很多,从稳边戍边的角度,应支持丹东、珲春、满洲里、绥芬河、黑河等边境城市的发展建设，出台一些新的支持政策，稳定边疆人口。三是重大设施建设方面，结合新基建、新型城镇化以及交通和水利等重大工程（"两新一重"）建设，推动大连新机场建设以及沈阳、哈尔滨、长春机场扩建，推进东北东部和东北西部高铁或客运专线建设，加快补齐县城城镇化短板。四是强化中心城市引领方面，目前东北地区还没有国家中心城市。通过比较，沈阳市整体的发展基础和影响力使其更具备引领东北振兴发展的条件，需要共同推动沈阳市创建国家中心城市，提升城市体系功能，引领东北振兴发展和开放合作。推进大连市建立东北亚国际航运中心，长春市建设国家区域创新中心，哈尔滨市打造对俄合作中心城市。五是深化开放合作方面，持续深化对口合作，加强东北三省、四市与东部地区发达省份和城市之间的合作。探索建设大连自贸港、吉林自贸试验区、中日韩国际合作区等新开放合作平台。推进中蒙俄经济走廊建设，深化长吉图开发开放战略，探索图们江出海新通道，与俄罗斯共建"滨海 1 号"和"滨海 2 号"国际交通走廊，深化推动"借港出海"，建设我国向北开放的重要窗口。

刘文新：流域视角下东北区域发展时空格局变化分析

我的汇报分为四个方面。

第一部分是关于流域的研究评述。流域是一种特殊的地理单元，是以水为核心，由水、土、资源环境等自然生态要素与社会经济等人文要素相互作用形成的"自然—经济—社会"复合地域空间。

不同学科从不同角度对流域进行了大量广泛深入的探讨和研究。从区域经济角度看，流域具有整体性和关联性、区段性和差异性，以及由不同干流、支流之间形成的层次性和多维性的特征；从生态角度讲，流域是典型的山水林田湖草有机生命体。有学者将流域作为开展生态学研究及区域可持续发展研究的典型地域空间。流域覆盖了水系的上中下游，资源环境要素比较丰富。有些专家学者提出，针对全流域山水林田湖草生态要素进行开发和保护，对区域发展重大问题进行统筹规划和一体化系统治理，体现流域的整体性和统一性；从经济地理角度看，李小建老师近期以黄河流域高质量发展研究为例发表了文章，提出有两个方面是经济地理学者可以值得探讨的方向。一是从人地关系的视角，审视人类与生态环境持续相互作用形成的共处关系；二是从空间异质的视角审视区域之间的联系以及空间协调状况，人地关系协调和空间关系协调决定着流域发展的质量和趋向。同时，樊杰老师提出，经济地理学的研究区域经历着从由行政区、方位区、类型区、政策区逐步拓展到以自然地理单元或自然系统单元为主导的地理单元区的过程。随着黄河流域保护与高质量发展上升为国家战略，学术界或政界对流域的关注进一步提高。基于地理单元的研究，有两个比较独特的科学价值，一是和人地关系相结合便于开展人与自然的耦合研究，对区域可持续性有较清晰的认知,包含了流域山水林田湖草、产城人各个角度,便于深入研究整个区域的可持续性;二是不同流域内部,各子区域之间的相互作用,有利于相对准确和客观的研讨。樊杰老师也提出了基于地理单元的区域高质量发展研究的一般范式,主要包括三项研究内容:一是系统解析地理单元在全国或大区域整体可持续发展格局中的功能定位,如何在全国更大的层面上看流域的定位,主要指功能定位;二是新时期生态文明建设对于人地系统耦合有哪些新的要求;三是地理单元内部和区域内部的分异与空间组织模式。综合目的是使流域各方面的综合效益得到最高,人均综合效益得到最高,实现生态产品的价值化,缩小经济差距,保持地理单元经济竞争力、生态可持续性及社会公平性,强调地理单元角度区域发展的经济效益、社会效益和生态效益。

这是从学术或理论界对流域发展的一些关注和系列探讨,我们在具体规划实践中也对流域有很大关注。2018 年 4 月,习近平总书记对辽河流域的水污染问题作出重要批示,吉林省委省政府高度重视,编制了辽河流域国土空间规划。2018 年 9 月,我们承担了吉林省辽河流域国土空间规划双评价工作及空间规划的主要编制工作,发现流域单元对一些关键问题、关键要素,有很好的研究示范价值。2020 年 7 月 22 日,习近平总书记来吉林视察,到吉林省四平市梨树县国家百万亩绿色食品原料(玉米)标准化生产基地考察粮食生产、黑土地保护利用、农业机械化规模化经营等情况。梨树县位于东辽河流域的中部,是东北粮仓、松辽明珠。同时,从流域角度来讲,在水土平衡、农业开发与水资源综合利用方面,也存在一些亟待我们去解决的实践问题。

第二部分,东北流域发展的时空格局。先看总体流域概况。东北流域主要指松辽流域,包括松花江区和辽河区。松花江区又分为二级流域分区,包括额尔古纳河、嫩江、第二松花江、松花江(三岔河口以下)、黑龙江干流、乌苏里江、绥芬河、图们江;辽河区二级流域分区为西辽河、东辽河、辽河干流、浑太河、鸭绿江、东北沿黄渤海诸河;还有 30 个三级流域分区,这是我们从流域角度认识区域发展的基本分析单元。

从流域角度讲,区域发展首先面临的问题是如何划分评价单元。评价单元按照三级流域单元来看是一个自然单元,但很多要素特别是经济社会要素不是按流域进行划分,而是以行政单位为基础统计形成,所以本研究是以县级行政单位为基础,通过和三级流域空间叠加形成三级流域分区单元,是将一些人口、经济、社会等要素综合集成在三级流域的分析单元上。

在指标选择上,流域以县级单元为基础,受数据收集约束,统计指标分为经济、社会、生态三大类。经济指标包括:人均 GDP,反映一个地区的经济发展水平;人均财政收入,反映一个县或一个地区的财政实力;金融机构贷款余额占 GDP 比重,反映一个地区经济的活力。社会指标包括:人均存款余额,反映居民富裕程度;万人拥有中小学生数、万人拥有医疗机构是基本民生保障。生态指标从两个角度,一个是生态用地占比,从林地、草地、湿地、水域占县域比重来研究,反映的是生态规模情况;同时采取县域平均 NPP 值反映生态系统的质量,从规模和质量角度进行综合分析。统计数据主要来源于东北四省区统计年鉴、中国区域经济统计年鉴、中国县市统计年鉴等,土地利用数据来源于中国科学院资源环境科学数据中心,NPP 数据来源于陈鹏飞老师发表的数据。分析方法上,由于都是正向指标,采取极大极小值标准化,等权重求和得到单位指标得分,用变异系数、Global Moran's I 分析空间变化演变过程。

流域发展格局分析。从人均 GDP 角度看,出乎意料的是,存在人均 GDP 在沿边界河流域相对较高的特征。额尔古纳河流域、东北沿黄渤海诸河流域、绥芬河流域人均 GDP 相对较高。嫩江流域、西辽河流域人均 GDP 长期较低,等级持续下降。从经济综合指数看,沿边界河流域经济相对较高,尤其是松花江的额尔古纳河、乌苏里江、绥芬河、图们江流域。嫩江流域、西辽河流域综合指数比较低。从全局莫兰指数看,显示出明显的正空间自相关关系,2003 年与 2017 年相比,2017 年有相对增加的趋势。从社会综合指数看,沈阳抚顺东部、鸭绿江、海拉河等区域社会综合指数普遍较高,嫩江流域、松花江(三岔口以下)社会综合指数较低。莫兰指数表现出空间正相关性,且从 2003 年 0.2363 显著升高到 2017 年 0.3704,呈现空间集聚趋势。从生态本底条件指数看,空间格局相对稳定,东北地区的生态空间主要以东部长白山以及东西两部的森林生态草原带为主。从整个流域发展看,人均 GDP 的变异系数最高,经济综合指数、生态本底条件指数居中并且呈现增长趋势,社会综合指数保证基本民生之间差异较小并显示降低态势。

第三部分,结合我们开展的吉林省辽河流域的国土空间规划及双评价工作,针对辽河流域面临的主要问题做一些探讨和分析。吉林省辽河流域是辽河源头和上游,也是吉林省重要的工业基地、全国重要粮食生产区。目前存在水资源过度开发、水环境严重污染、水生态功能退化等诸多问题,人地矛盾比较突出。总体来看,吉林省辽河流域面积 1.7 万平方千米,地势从东南向西北缓降,主要河流有东辽河、西辽河、招苏台河、条子河等,大型水库 2 座,水资源总量 19.99 亿立方米。2017 年,地区生产总值占全省 9.65%,人口占全省 15.28%,人口密度为全省人口密度的 1.7 倍,城镇化率低于全省平均水平 6 个百分点,并包括东辽河上下游、二龙山水库、招苏台河、条子河等子流域。这些子流域也是我们下一步分析流域要素的一些基本概念。

目前辽河流域存在的问题主要集中在三个方面。首先是水资源短缺和过度开发。吉林省辽河流域水量较少,开发利用率较高,农田灌溉用水比重高。人均水资源仅为全省人均值的 31%,全国人均值的 23%,属资源重度缺水地区。同时流域内水田开发增长较快,占比高,并沿河分布,挤占了河道生态用水。辽河流域水田灌溉用水量占总用水量的比重长期处于45%～56%之间,而水田面积仅占流域总耕地面积的5.76%,可见水田大规模开发是辽河流域水资源过度开发的重要因素;其次是水环境污染超标比较严重。通过对流域断面的几项环境指标进行分析,发现均已超标。2016—2017年辽河流域6个国考断面全部为Ⅴ类和劣Ⅴ类水体,Ⅴ类水体占33.3%,劣Ⅴ类占比高达66.7%。从流域的角度,我们对地区的工业污染、农业种植污染以及城市生活污染的分布进行了分析,可以看到污染源分布对流域水环境的影响;再次是流域生态补偿与区际协调。生态补偿主要基于生态系统重要性评价的成果,包括水源涵养功能、水土保持功能、防风固沙、生物多样性等。通过评价发现辽河流域生态涵养能力较好,水源涵养生态极重要区主要集中在东部山区的东辽河上游源头区,占整个辽河流域面积的15%。但在整体流域上,不同区域之间需要建立生态补偿和协调机制。目前吉林省辽河流域内东辽河干流至河清断面15.3千米河段、小梨树河约28.3千米河段为辽源市与辽宁省界河,条子河、招苏台河为四平市与辽宁省界河,尚未建立起统一的生态保护规划和补偿制度。流域上下游之间尚未建立资金补偿、对口协作、产业转移、人才培训、共建园区等补偿机制。针对这些问题我们在吉林省辽河流域国土空间规划中提出了相关建议,包括建立森林补偿机制、水环境区域生态补偿机制、耕地生态保护补偿机制以及生态保护红线补偿机制等。同时结合上下游(省域之间的上下游、省域内部的上下游)、左右岸、吉林省和辽宁省之间,主要是条子河、招苏台河以及省域内部不同市县之间的协调问题进行了探讨。

简单归纳一下主要结论和建议。一方面,东北地区流域之间存在显著的发展差异,部分河流上中下游之间的差异明显,流域发展的总体格局变动较小。发展水平较高的为大连、沈阳所在的辽河中下游流域,和长春、哈尔滨所在的松花江中游流域。从要素角度,流域之间经济差异比较大,生态本底条件差异居中,社会综合发展水平差异最小;动态来看,经济、生态差异增大,社会发展水平差异减小,基本公共服务均等化程度在提高。

另一方面,探索编制跨省区流域国土空间规划,需要破解流域发展的水资源配置、水污染治理、生态补偿及区际协调等难题。虽然东北地区大江大河比较多,但是尚未形成比较高水平的经济发展带。辽河流域重点探索辽河源头区与辽宁中部城市群之间的生态补偿机制与区域协调发展机制;松花江流域应探索以流域各类要素综合统筹为重点,推进哈长城市群一体化发展;嫩江流域则需重点探索脱贫、生态保护与高质量协同发展问题。

李鹤:北极航道对中国东北与欧洲贸易通道组织的影响

我的报告内容包括四方面。首先是研究背景介绍。伴随着全球变暖,北极航道的开发利用已经得到国际社会的广泛关注。本研究中的北极航道指北极东北航道,是从白令海峡沿着俄罗斯的北方海航道到欧洲的航运通道。作为近北极国家和全球航运和贸易大国,中国是北极航道最大的潜在用户之一，一直以来都十分重视并积极参与北极航道的开发建设。

2017年，国家发改委和国家海洋局联合印发了《"一带一路"建设海上合作设想》，提出积极推动共建经北冰洋连接欧洲的蓝色经济通道，这个设想也得到了俄方的积极回应。同年中俄双方领导人共同提出了打造冰上丝绸之路。2018年初，国务院新闻办公室发表《中国的北极政策》白皮书，进一步表明了我国愿与世界各方共建冰上丝绸之路的态度。当前，冰上丝绸之路已经成为我国"一带一路"倡议的重要组成部分。

近年来北极航道的航运价值已经开始显现。自2011年以来，经由北方海航道的货运量由300万吨已增长到2019年的3000万吨左右，增速非常快，特别是2017年以来，货运量年均增速均保持在1000万吨左右。从通航期看，每年允许大型船舶通行的天数超过140天，航运旺季集中在7月到10月。北极航道是连接东北亚和欧洲距离最短的海上运输通道，从现在运行的船只走向看，亚欧之间的航次不多，主要船只走向是从北方海航道港口到亚洲或欧洲、从俄罗斯西部到北方海航道港口以及北方海航道港口之间的运输。2017年北极航道的航次走向中，经由北极航道的航次只有27次，约占俄罗斯全国航次总数的1.4%，总体看对北极航道的开发建设还处于起步阶段，航运潜力还未完全显现。但据俄罗斯官方机构预测，2034年北极航道的货运量可达到1.57亿吨。

在我国"一带一路"倡议中，东北地区是向北开放的重要窗口，与欧洲国家具有相对比较紧密的贸易联系。近年来东北三省和欧洲国家的贸易规模呈现波动上升趋势。2018年对欧进出口贸易总额已经达到552亿美元，占东北三省进出口贸易总额的42.5%，贸易联系主要集中在俄罗斯和德国。与此同时，东北三省也是我国距离北极航道最近的一个区域。随着北极航道通航条件的改善，近年来东北三省积极对接北极航道，目前已经开辟了"辽海欧"国际运输通道。2013年以来，先后完成从大连港、营口港出发经由北极航道到欧洲的航行任务，耗时约需一个月时间。几次航行表明，相比传统航道，经由北极航道到欧洲更节省运输里程、运输时间和燃油消耗。

随着北极航道的开通，东北地区对欧贸易通道面临新的竞争态势。目前东北地区对欧贸易通道中，传统航道运费低但运输时间长，中欧班列运费高但运输时间短，缺少一条运时和运费比较均衡的贸易通道。东北地区主要物流节点经由北极航道到欧洲的运输里程，基本上介于中欧班列和传统航道之间，更接近于中欧班列的运输里程。且通过北极航道至欧洲的时耗在30天左右，这个数字近年来不断被刷新。2019年10月一条货船从堪察加半岛出发，经由北极航道到俄罗斯圣彼得堡，总共耗时15天。按照这样的航行速度，从东北经北极航道到欧洲的耗时可以大幅缩短，与中欧班列的运输时长差距会越来越小。从运费上看，目前北极航道还没有公开报价，主要是一些学者的估算。学界普遍认为，北极航道集装箱运输单位里程的运输成本要高于传统航道，但是具体成本差异还没有统一的认识。

对于东北地区对欧贸易运输而言,这三条通道到底存在怎样的竞争态势? 这是我们想要探讨的第一个问题。第二个问题是,目前东北地区绝大多数的外贸集装箱运输都是从大连港转运,对于距离出海口相对较远的吉林省、黑龙江省以及内蒙古东部地区而言,需要经过长距离的陆路运输才能装船发货,陆海联运成本较高。北极航道开通后,东北地区部分内陆城市可以沿着黑龙江航道到达俄罗斯马戈港,进入鄂霍次克海对接北极航道,也可以从绥芬河和珲春出境,利用俄罗斯远东港口、朝鲜罗津港以及沿着图们江进入日本海对接北极航道。相较从辽宁沿海港口出发对接北极航道,从珲春、绥芬河、抚远、图们江出发对接北极航道运输里程能大幅缩短。因此,本研究的第二个问题就是北极航道开通后,东北地区从日本海和鄂霍次克海出海的对欧贸易运输是否更具优势?

针对这两个问题,以运时和运费作为反映不同贸易通道竞争力的主要指标,将汉堡港作为对欧贸易运输的目的地港,测算单个集装箱从东北地区运到汉堡港的运时和运费,识别不同贸易通道间的竞争态势。首先选取了 10 座对欧运输节点城市,对比不同节点城市经由不同通道到汉堡港的运时运费差异。目前这 10 个节点城市除同江以外都开通了中欧班列,由于同江中俄跨江铁路大桥即将投入使用运行,因此把同江也作为一个节点城市进行比较。其次,在通往辽宁沿海、日本海、鄂霍次克海方向上选取了 10 个对接北极航道的陆海联运节点,比较了东北地区 34 座内陆城市经由不同陆海联运节点至汉堡港的运时、运费差异。其中,辽宁沿海方向上选择了大连、营口等 6 个港口,日本海方向上选择了珲春和绥芬河,沿着黑龙江航道进入鄂霍次克海选择了同江和抚远。

首先,利用 ArcGIS 和 Portdistance 软件测算各条运输通道的运输里程,考虑到运时和运费的波动情况,分别采用了长、短和高、低两种情景对运时、运费进行估算,得出了不同贸易通道的运时和运费区间,并遴选不同内陆城市对接北极航道的最优陆海联运节点。不同运时情景下的相关参数设定,运输时长主要考虑运输工具的行驶时间和中途停靠时间,相关参数的设定主要参考了相关研究,北方海航道信息办公室发布的相关信息,以及运输企业管网和相关媒体的报道。运费的设定根据不同运输方式采用了不同的测算方法,相关参数设定参考了相关的研究、口岸和港口收费标准、物流网站公开报价。

研究结果如下:首先是三条贸易通道比较的结果。从运时看,主要物流节点经由北极航道到达欧洲大概需要 18.6～35.6 天,相比传统航道可以大幅度节省运输时长,并且越靠北的物流节点运输时间节省越明显。从珲春、绥芬河和同江出发进入北极航道到达汉堡港,运输里程比从辽宁沿海出发节省 1000 海里左右,但由于多了内河运输、铁路运输、通关换装环节,同一情景下用时仍长于后者。从与中欧班列对比来看,北极航道与中欧班列运输区间无重叠,各物流节点从内陆到沿海二者运输时长差距逐渐缩小。对于辽宁沿海的物流节点,经由北极航道最短的用时已经接近于经由中欧班列到达欧洲最长的运时。北极航道在运时方面为东北地区自由贸易提供了新的选择,其中内陆物流节点利用北极航道对欧运输具有竞争力的时长范围为 22～29 天范围内,沿海物流节点利用北极航道具有竞争力的运时区间在18.6～25.4 天。

从运费情况看,主要物流节点经由北极航道到达欧洲的单箱运费区间为 1300～3400 美元。对于大连、丹东、营口、沈阳而言,经由北极航道和传统航道抵达汉堡的单箱运费区间几乎完全重叠。其余物流节点同一情景下经由北极航道抵达汉堡的单箱运费均低于传统航道,单箱运费缩减普遍在 8%～13%,其中同江运费缩减幅度可达 16%～19%。由此可见,北极东北航道开通更有利于缩减吉林省、黑龙江省及内蒙古东部主要物流节点的对欧运输费用。从珲春和绥芬河出发进入北极航道到达汉堡港,单箱运费与从辽宁沿海港口出发相近,经由同江进入北极航道抵达汉堡港运费区间略高于上述物流节点。北极航道与中欧班列运费区间没有重叠,与刚才介绍的运时趋势变化相反,各物流节点从沿海往内陆二者的运费区间差距越来越小,在满洲里二者的运费区间较为接近。总体来看,北极航道的运费区间显著低于中欧班列,但是与传统航道的运费区间重叠比较明显,其中内陆节点利用北极航道在运费方面的节省更为显著。

从主要陆海联运节点看,运时方面,各个内陆城市经由不同陆海联运节点到达汉堡港的用时差距并不大,最短的用时介于 22.9～35.9 天范围内。把两种情景下均具有运时优势的节点作为各个内陆城市对接北极航道运时最优的节点,结果显示运时最优的节点主要是营口、大连、珲春、绥芬河。总体来看,东北地区经由辽宁沿海和日本海进入北极航道的运时优势更明显,经由鄂霍次克海进入北极航道,由于需要铁路、河运、海运的转换衔接,运时优势并不明显。经由辽宁沿海对接北极航道的运时吸引范围主要是辽宁省的内陆城市以及蒙东地区的赤峰和通辽。经由日本海对接北极航道的运时吸引范围主要是吉林省的延吉市以及黑龙江省的鸡西、牡丹江和七台河市,其余内陆城市从辽宁沿海和日本海对接北极航道的耗时相当,存在明显的竞争。

运费方面,各内陆城市经由不同陆海联运节点到汉堡港的单箱运费的差距比较明显,最大差距都在 320 美元以上,运费区间介于 1400～3500 美元之间。选取两种运费情景下均具有运费优势的节点作为运费最优节点,结果显示运费竞争力较强的陆海联运节点主要包括辽宁沿海港口(除大连外)、珲春及绥芬河。辽宁省内陆城市及内蒙古通辽、赤峰经由辽宁沿海港口进入北极东北航道运费最优。除本溪外,其余内陆城市对接北极东北航道的陆海联运节点存在运费竞争。通化、四平经由日本海和辽宁沿海进入北极东北航道运费相当,存在运费竞争的陆海联运节点主要为珲春与辽宁沿海的营口、丹东和盘锦。经由鄂霍次克海进入北极东北航道的运费吸引范围小,仅同江作为陆海联运节点对双鸭山市有一定吸引力。其余 21 座内陆城市经由日本海进入北极东北航道运费最优,珲春、绥芬河作为陆海联运节点运费优势较为明显，但二者运费吸引范围存在部分重叠。对比来看，经由不同海域对接北极航道的运费吸引范围差异明显，其中经由日本海的运费吸引范围最大，涵盖 21 座内陆城市，经由辽宁沿海的运费吸引范围次之，包括 10 座内陆城市，二者运费吸引范围仅在通化、四平有小部分重叠。

各个内陆城市对接北极航道，运时最优物流节点和运费最优物流节点并不完全一致，在此基础上选取各个内陆城市对接北极航道运时和运费均具有优势的物流节点作为各内陆城市对接北极航道的最优节点。结果显示，总体来看经由辽宁沿海和日本海对接北极航道的综合优势最为显著，运时和运费方面都具有竞争力的是营口、珲春和绥芬河三个物流节点。辽宁沿海港口中，营口港的优势最为突出，腹地范围涵盖了辽宁省中部城市及内蒙古通辽市，其余几个港口仅在运时或者运费单方面具有一定的竞争力。吉林和黑龙江省多数内陆城市及内蒙古兴安盟、呼伦贝尔市经由日本海进入北极航道的综合优势更明显。在进入日本海的两个物流节点中，珲春和绥芬河是存在着一定竞争，腹地范围存在着一定重叠，主要集中在黑龙江省东北部的伊春、鹤岗、七台河、鸡西、牡丹江几个城市，这几个城市从珲春和绥芬河进入日本海的运时运费相当。经由鄂霍次克海进入北极航道的陆海联运节点同江和抚远，由于远离内陆城市，需要铁江海联运至欧洲，在运时方面不具备竞争力，运费方面仅对双鸭山具有一定吸引力。

最后小结。首先，东北地区主要物流节点经由北极航道至欧洲的运时区间大致介于中欧班列与传统航道之间，运费区间则显著低于中欧班列，接近或略低于传统航道。相比中欧班列和传统航道，北极航道的开通为东北地区对欧贸易运输提供了一条运时和运费优势较为均衡的贸易通道。三条对欧贸易通道中，北极航道在适航期与传统航道存在较为明显的竞争，该航道可缩减东北地区主要物流节点对欧铁海联运时长，越靠北的物流节点运费的节省越明显。北极航道与中欧班列仅在辽宁沿海物流节点存在潜在竞争，短运时情景下上述物流节点经由北极航道至欧洲的用时与长运时情景下经由中欧班列至欧洲的用时接近，但经由北极航道会大幅节省运费。若中欧班列不提升运输效率，部分货源可能会向北极东北航道转移，以达到节省运费又不会大幅延长运时的效果。

其次，东北地区内陆城市经由辽宁沿海或日本海对接北极航道的综合优势最为显著。其中辽宁沿海港口主要对辽宁省内陆城市及内蒙古通辽市、赤峰市吸引力较强，吉林省、黑龙江省多数内陆城市及内蒙古兴安盟、呼伦贝尔市经由日本海进入北极航道开展对欧运输综合优势更明显。经由鄂霍次克海进入北极航道的陆海联运节点区位偏僻，并且需要铁—江—海联运至欧洲，在运时方面不具备竞争力，在运费方面仅对双鸭山具有一定吸引力。总体而言，北极航道开通将对东北地区经由辽宁沿海开展对欧铁海联运的空间组织形式产生影响。

第三,东北地区内陆城市对接北极航道的 10 个主要陆海联运节点中,运时和运费方面均具有竞争力的主要为营口港、珲春及绥芬河。其中,营口港对辽宁省中部城市、吉林省四平市及内蒙古通辽市吸引力最强,吉林省各市州以及内蒙古乌兰浩特市以珲春作为陆海联运节点综合优势更明显,黑龙江省多数城市以及内蒙古呼伦贝尔市则更适合经由绥芬河进入北极航道。三个陆海联运节点中,营口港与珲春、绥芬河的竞争较小,仅四平市经由营口港和珲春进入北极航道存在相互替代性。珲春和绥芬河位置邻近,并且经由北极航道至欧洲的运输里程相近,二者腹地吸引范围均涵盖黑龙江省东北部部分内陆城市,作为陆海联运节点存在较为明显的竞争。北极航道的开通为东北地区对欧贸易通道的组织优化提供了新机遇,应发挥各贸易通道比较优势,规避不合理竞争,形成优势互补的对欧贸易运输格局。以下是几点建议:

(1)随着中欧班列的补贴退坡,未来中欧班列应从自身比较优势出发,以高效的运输服务作为核心竞争力,对承运货物进行结构性调整,削减不利于中欧班列持续发展的低附加值货物,规避与海运的不合理竞争。

(2)对于黑、吉两省主要物流节点而言,利用北极航道开展对欧陆海联运综合优势更为明显,但目前黑、吉两省利用俄罗斯远东港口的贸易运输主要面向日韩及我国南方港口。应积极与俄方相关部门充分沟通协调,开通经由北极航道的对欧陆海联运通道,作为传统航道的季节性补充。

(3)经由绥芬河、珲春的中俄"滨海 1 号""滨海 2 号"国际交通走廊在对接北极航道方面存在一定竞争。对比来看,珲春距离俄罗斯远东港口的铁路运距更短,铁海联运优势更为明显。并且,珲春作为陆海联运节点服务的地域范围更广,腹地吸引范围对欧贸易规模也更大,可优先推进"滨海 2 号"国际交通走廊与北极航道的对接。

(4)营口港是经由辽宁沿海进入北极航道综合优势最为突出的陆海联运节点,但目前该港口外贸直航航线主要面向东南亚和日韩,应抓住北极航道开通的契机,发挥距离东北经济腹地铁路运距短的区位优势,积极开拓经由北极航道至欧洲的外贸集装箱航线。

王昱:从资源枯竭到城市收缩:问题识别与研究范式转换

"区域问题"和"问题区域"始终是经济地理学研究的重要内容。在学科交叉和研究方法不断创新的背景下,地理学的区域性和综合性是它区别于其他学科非常重要的研究视角或者研究范式。而资源型城市和收缩城市是根植于东北,且具有全国意义的两个非常重要的学术话题,既是学术概念也是区域问题。同时,资源枯竭城市是东北等老工业基地问题的缘起,其研究范式属于传统的经济地理学,接续产业、脆弱性、转型、可持续发展等是资源枯竭城市研究的重要议题。此外,收缩城市是新时代我们对东北区域问题的重要识别,其研究范式更多地融合了社会地理、文化地理等学术话语,类似于剥夺、机会公平等传统上不属于经济地理学的一些学术概念更多地应用到收缩城市的研究当中。近二十年来,东北地区就是以一个问题区域的形象呈现在中国的区域发展格局之中。东北振兴战略中的一些重要问题,在这二十年中,其认知及重要性不断变化。

推动资源枯竭城市转型是国家东北振兴战略的重要内容之一。资源枯竭城市并不只在东北地区,但是东北地区资源枯竭型城市的数量、枯竭程度、城市密度以及所占的比例最高。因此资源枯竭城市是根植于东北并且成为具有全国意义的重要经济地理学学术话题。关于资源枯竭城市我想用一个非常感性的表达方式去呈现对它的理解。2018 年,我曾经写过一篇小网文,题目是《被时间定格的城镇,被时代裹胁的泥沙》,文章题目表达了我对资源枯竭城市兴起衰落的看法。"被时间定格"是指它在某一个阶段之后发展就基本停滞了,"被时代裹胁"是指它的缘起、快速发展以及衰落都和这个时代紧密相关,特别是在东北地区。

东北地区是国内工业化和城市化最先起步也是相对程度最高的一个区域,虽然目前其地位有所变化,但它在一定时间内的发展水平确实是最高的。由于工业化和城市化的开发以及国内建设对资源的需求,一些城市被时代所选中,快速实现了工业化和城市化,然后由于资源枯竭及产业分工的变化,又快速的被时代抛弃,因此就形成了这样的一种状态。"被时间定格、被时代裹胁",这些城市在面对兴起和衰败时的无助,城市本身决定不了什么,而是这个时代的变化选择了它,又在另一个时间因同样的因素抛弃了它。我走访了很多资源枯竭城市(镇),拍了许多照片。你会发现好像回到了二十年前,建筑、街道、景观特色,仿佛时间定格了。

资源枯竭型城市问题,不仅是经济问题、人口问题,还有生态问题,包括采煤沉陷区等,是一个综合性的问题。东北振兴之后,对资源型城市的研究经历了一个热潮。在知网(CNKI)上以"资源型城市"为关键词把每年发文数量做成图形,发现自 2003 年东北振兴战略提出以后,经济地理学关注的一个重要热点问题就是资源型城市。发文量顶峰出现在2012 年。之后随着对东北认识的变化以及东北相对地位的变化,学界对于资源型城市的关注度开始呈现相对收缩的状态,发文量不断减少。为什么对资源型城市问题的关注会出现一个快速爆发,然后到达顶峰之后开始衰落呢?主要是由于东北在变化,国家也在发生着变化。改革开放之后,我国在全球分工当中的相对地位、产业结构、区域发展格局均处于不断变化之中,其中东北的定位、功能也在发生着变化。

对于资源型城市的研究,有很多关注领域,包括脆弱性、弹性、韧性等,其中最核心的就是接续产业问题,还有可持续发展问题、转型问题、采煤沉陷区问题、生态移民问题、生态补偿问题等。这些研究都是在经济地理学相对传统的研究框架下进行的一些探索。去资源型城市调研,我们会发现当地领导最关心的还是接续产业、替代产业问题。也就是说我们对于资源型城市的研究还处于发展或者改革的底层逻辑,即寻求增量的逻辑。当存量出现问题的时候,我们必然靠寻求增量来解决问题。中国的改革具有增量改革的底层逻辑。在改革时,一般要寻求增量,让存量保持相对稳定。东北地区在改革开放初期是国内存量最大的地区,因此在改革初期,"摸着石头过河"通常不会在存量上做文章,而是会去东南沿海地区寻找市场经济的增量。当增量达到一定程度之后,再对存量进行改革,因此我们会发现东北改革的时间逻辑和中国改革的增量逻辑是一致的。1990年代,东南沿海地区市场经济和民营经济到达一定增量后,东北老工业基地的国企改革开始推进,然后开始出现大量下岗职工,一些国有企业面临破产。这些在一些文学作品和影视作品中有所反映,如电影《钢的琴》就反映了钢厂职工下岗之后的生存状态。

我们研究了很多可持续发展问题、生态补偿问题、接续产业问题,但关注的核心问题仍然是增量改革的底层逻辑,也就是如何去获取增量。这存在着一个不足。当资源型城市的资源并没有枯竭,但是却出现了资源产权、资源效益分配,以及不同利益阶层之间利益关系和机会公平问题的时候,很多资源型城市的问题可能就不单单是资源本身的关系,而更多的是产权问题、分配问题、利益关系问题。当今世界的发展、中国的发展面临的很多问题,真正底层的矛盾就是类似这样的矛盾,这也是我认为对资源型城市研究不足的一个方面。

进入新时代,新的话题"收缩城市"出现了。通过知网统计发现,该话题在2012年之后出现了一个爆发式增长。城市收缩现象具有全国意义,但它也是根植于东北,因为东北地区资源型城市普遍都是收缩的。城市还是那些城市,只是在新时代我们对区域问题的认知发生了新变化。为什么会出现这种变化呢?一个重要原因是东北在国家战略中的地位发生了变化。刚刚刘艳军教授也讲了东北地区的五个战略定位:国防安全、粮食安全、生态安全、能源安全、产业安全,排在前面的是国防安全、粮食安全、生态安全。也就是说,当我们国家仍然在寻求增量时,东北地区对国家的意义也发生了变化,时代背景的变化使我们开始关注新问题。将牡丹江市2019年常住人口与2010年第六次人口普查数据中的常住人口对比后,发现常住人口实实在在的减少。大兴安岭林区前段时间也出现了一个热议话题,森林保护得很好,但是后继无人,在林区进行管护的都是年过半百的老人。关于收缩城市我总结了一些基本观点。第一,收缩城市应该是一种转型,不应被忽视。第二,微观的收缩城市的故事讲起来会很有意思,比如说产业和城市空间的变化、收缩过程在城市空间上的投影过程、剥夺与机会公平等问题。

最后总结一下为什么要关注城市收缩问题?第一,我将收缩定义为一种转型,我更愿意用"收缩转型"这个概念,这比较中性;第二,传统价值观是看重增量的,但没有增量也是一种转型;第三,"增长转型"和"收缩转型"是新型城镇化阶段两种并行的转型模式;第四,城市收缩转型具有综合性,是一种经济、社会、文化、生态等全方位的转变;第五,由于地域不同、城市本底不同、城市类型的多样性以及城市主动适应的多样性,会形成丰富多样的收缩转型模式,非常值得经济地理学去研究;第六,城市收缩转型有助于我们讲好新时代东北的故事以及探索东北该如何去服务于国家的国防安全、生态安全、粮食安全、产业安全等。

魏冶:网络视角下辽宁省城市的地位与角色

我将从城市网络视角来分享对辽宁省城市地位和角色的认识。报告分为两部分,第一部分是基于通话数据的城市地位与角色分析;第二部分是基于人口流动数据的城市地位与角色分析。

城市是现代社会经济活动的主要载体,在制定城市发展的目标和发展战略之前,首先要明确城市功能、地位和角色,以便做到因地制宜、有的放矢。以往常常用拥有资源的多少来判定城市的地位,比如 GDP、人口、资本等。进入信息时代之后,城市间联系愈加紧密,学者们越来越意识到,一个城市的地位和角色,不仅取决于自身属性,更依赖于同其他城市和区域的交流。

首先通过通话数据对城市的功能和角色进行分析。辽宁省拥有 14 个地级市,我们的研究单元包括地级市以及下设的县市。有学者认为网络结构和网络区位赋予城市功能和地位新阐释,特别是 Castells 的"流空间"理论,认为资本、信息通过流动来诠释世界城市的网络地位。城市地位,或者是它的角色可以通过不同地点、不同尺度上描绘不同主体之间的关系来描绘。全球—地方的研究视角逐渐走进学者们的视野。我的研究就是通过全国地方视角来揭示不同尺度下辽宁省城市的网络地位和角色。

度中心性、中介中心性、紧密中心性等一系列指标经常用作描述城市的网络地位。大多数研究认为,处于网络中心位置的城市有利于其对资源、信息的集聚或扩散,也意味中心城市在网络中拥有更强的控制力。然而,城市对网络中资源要素集聚扩散的能力与控制力或许并不是一回事。学者 Neal 认为,在网络中中心性是资源集聚和扩散的能力,控制力是城市在资源流动中的影响力和支配力,二者是不同的。Neal 最开始提出递推中心性和递推控制力的概念,后来为避免和数学上的概念相混淆,更名为转变中心性的概念。转变中心性可以有两种诠释,分别为中心性和控制力。我们的转变中心性就是在 Neal 提出公式的基础上加入修正城市之间地位差异、关联特征的依存参数。

我的研究基于城市间通话数据。有学者认为信息流对其他流动起到引导和整合作用,其他流通过信息流统一组织和匹配。之前有学者通过信息网络来研究城市的角色和关系,最经典如 Camagni 最早提出的城市网络的概念,就是基于城市间通话的数据进行的实证研究。全国—地方指数,类似于区位商,采用城市的省内联系和省外联系的比值减去辽宁省所有城市省内和省外联系的比值作为全国—地方指数。如果是正值,城市地方化程度高,表现为内向型特征;如果是负值,城市全国化程度高,表现为外向型特征。

分析城市关联网络特征。地方视角下,只考虑辽宁省各个城市之间的信息流动,发现高等级联系主要发生在各地级市和周边县市之间,但也有一些城市之间的联系打破了边界的限制,形成如沈阳—大连、沈阳—营口、大连—阜新等密切联系。全国视角下,辽宁—全国信息网络中,辽宁省城市与东北地区城市和北京的联系最强,还跟东北以外如上海、天津、广州、深圳、石家庄等城市等联系比较紧密。

分析全国—地方性特征。根据全国地方化指数对城市的类型进行划分,辽宁省多数城市都属于内向型城市。外向型城市主要是沈阳、大连,以及省界周边的几个城市。沈阳和大连遵循着沈大双核的结构,通过与外界密切相连的"全球管道"获得全国其他城市的信息资源,又通过"本地蜂鸣"不断将信息和知识传递扩散至当地其他次级中心城市和邻近城市。值得注意的是,除沈阳和大连两市,营口市的对内对外联系位于领先的位置,但目前营口市仍属于内向型城市,对全国网络的嵌入度不够。辽宁省的其他港口城市如丹东市,盘锦市,葫芦岛市和锦州均也呈现内向型特征,在对外联系的能力上有所欠缺。

分析中心性和控制力。高中心性城市主要分布在哈大交通轴线。高中心性城市拥有很好的资源集聚和扩散能力,沈阳市、辽阳市、抚顺市的中心性位于第一层级。抚顺市在地理上邻近沈阳市,其高中心性得益于对沈阳的规模借用效应。相比之下,辽宁省北部和东部边缘地带城市中心性普遍较低。高控制力的城市分布与城市行政等级相一致。地级市对管辖的县、县级市具有很好的控制力,代理和调节所管辖的县市对网络资源的访问和流通。值得注意的是,阜新市并没有进入到高控制力城市中来,它与其他地级市相比有所欠缺。

分析城市的网络角色。根据控制力和中心性画二维坐标,将城市划分为:高中心性高控制力的典型城市,高中心性低控制力的枢纽城市,低中心性高控制力的门户城市,低中心性低控制力的边缘城市。枢纽城市是资源集中和扩散的场所,门户城市充当守关者的角色,典型城市二者兼具。典型城市包括沈阳以及一系列地级市,这些城市作为城市网络中的核心节点城市对其周边城市具有较强的引导和等级的提升作用。大连和抚顺为一级枢纽城市,一些县级市为二级枢纽城市,这些城市有大量的机会去交换资源,城市发展潜力较大。本溪市作为地级市,对覆盖范围内的县级市的控制力不高。丹东市为门户城市,获得资源的能力或者资源集聚扩散能力比较差,融入辽中南城市群的能力很弱,但是对地方的控制能力比较强,这与它所在区域位置相关。阜新市处在边缘城市,控制力和中心性都不是很强。

城市要提升自己的地位,不是简单地建立新的或者强大的联系,而应该专注于战略联系。提高资源集中潜力需要与连通性强的地方建立新的连接,而增强指挥和控制则需要与连通性弱的地方建立联系。枢纽城市可以通过与路径缺乏的小城市建立联系,来提高影响力;而门户城市则需要与中心城市建立有效的连接来获得潜在的资源市场。作为二级门户城市,丹东应该加强与沈阳和大连的信息、交通和产业联系。作为边缘城市,阜新一方面要加强与沈阳、大连的联系,另一方面还应该加强与周边县市的合作与协同。作为一级枢纽城市,大连和抚顺情况有所不同的,大连在地理位置上处于陆地边缘,对周边的影响力和控制力不足,应该进一步加强跟丹东、营口、锦州、葫芦岛、盘锦等港口城市的联系,打造港口群或者增强产业合作。抚顺的集聚扩散能力主要来自于沈阳的规模借用,未来要深入推进沈抚同城化。同时,抚顺也要加强与清原、新宾两个少数民族自治县的联系。

第二部分是基于人口流动的城市角色和地位的分析,研究数据来源于腾讯春运节后的人口流动数据。之前的中心性分析都是基于无向网络,人口流动是有向的,这样就产生了区别。中心性可以分为两种,一种是集聚性的、一种是扩散性的。只有在净迁入时,才体现出一个城市对于以流动人口为表征的资源的控制力。因此控制力这里不做区分,只考虑城市净迁入的情形。全国导向指数类似于全国地方化指数,如果是正值就是全国导向,如果是负值就是地方导向。

辽宁省跨省人口流动主要表现为人口迁入主要来自的于东北地区的黑龙江省和吉林省,迁出地主要是京津冀和长三角地区,北京、上海等五个城市吸纳了近80％的人口净迁出量,说明辽宁省在迁出时主要指向直辖市、省会城市等经济发展核心地区。辽宁省内人口流动主要表现为沈阳、大连是两大集聚核,沈阳的集聚性特征明显;辽西地区人口流动最为活跃,典型表现是向沈阳的集中流动,锦州市向多个城市大规模人口外流。这可能与锦州市城镇化率较低有关,城镇化率56％,低于辽宁省平均水平,存在农村人口外流的情况。

全国一地方性特征。辽宁省14个地级市的全国导向指数都是负值,地方化程度高于全国化程度,均呈现内向型特征,大连与沈阳的内向型程度最低。中心性和控制力方面,沈阳和大连表现较高的集聚性中心性,人口是流入的。盘锦市表现出微弱的集聚性中心性,其他城市都属于扩散性中心性。不考虑外部影响,沈阳和大连两个城市主要吸引辽宁其他城市人口流入,而其他城市是人口输出,锦州扩散性中心性比较明显,人口流失比较严重。在控制力方面,总体格局是"大双核"和两个"小双核"相辉映的空间结构,大双核是沈阳市和大连市,小双核是盘锦市和葫芦岛市。

通过控制力和中心性二维坐标,对城市进行分类,沈阳和大连是唯二的集聚型典型城市,扩散型枢纽包括锦州、铁岭、朝阳和辽阳,这些城市应该提高人口集聚能力。门户城市虽然人口流动活跃度不高,但是展示了一定的控制力,充当了局部子区域的看门人角色,可抵御其他城市的区域拉力作用,如盘锦和葫芦岛。边缘型城市人口流动并不活跃,保持人口流动网络地位上的相对稳定,但抚顺和丹东控制力较低,虽然在人口流失方面不严重,但是在吸引人口流动方面有所欠缺。

最后总结与讨论。我们构建了不同类型的辽宁省城市网络,已有的数据分析结果显示,大连在辽宁省产业投资、金融网络中占据着首要地位,但信息网络上沈阳占据着首要地位。鞍山虽然在产业和金融的绝对数据上在辽宁省城市中排名第三,但在城市网络角度,如金融网络方面,营口和沈阳的联系非常紧密,信息网络方面营口和沈阳及其他城市联系紧密,在产业投资网络上也与沈阳有很大的关联,由此推断未来营口的发展态势可能比鞍山更好。

提出几点思考。一是,沈大双核的地位是毋庸置疑,中心性和控制力兼具,但无论是信息网络还是人口流动网络,沈阳的网络地位都更胜一筹,尤其在控制力方面,未来大连市与周边地区的合作方面需要加强。二是,应该重视未来辽西地区城市的角色转换和人口流动问题,盘锦、葫芦岛与锦州可作为典型的研究案例。三是,丹东及其下辖县市如何深度融入辽中南地区发展,是辽宁区域发展的难点和突破点。四是,在网络视角下,哈大(沈大)交通走廊仍旧是辽宁省的精华地带,是网络资源集中的主干地带。最后,营口具有好的发展潜力,在辽宁各种网络获得了一定的地位和资源,但它嵌入到全国网络的能力和人口的集聚能力都有待提升。

李静:村域尺度下居民点优化重组模式探索——以吉林省为例

我今天主要讲东北地区的乡村问题。

第一部分是研究背景。农村聚落是农村人地关系的一个核心体现,也是城乡建设用地的重要组成部分。2016 年全国农村居民点面积 19.2 万平方千米,是城市和建制镇用地的 2 倍。农村户均居民点用地 740 平方米,人均达到 326 平方米。基于自然环境条件、社会经济、历史文化以及生活习俗等影响,农村居民点的数量较多、规模细碎,存在分布散乱、利用粗放等一系列问题。如我们选取了吉林省两个比较典型的行政村,在行政村里分布很多自然屯,有 1~2 个居民点的规模比较大,其他的自然屯的规模相对来说比较小,分布比较散乱。因此,科学识别农村居民点的分布特征和规律显得尤为重要。

我国农村空心化现象呈现逐步加剧的态势,已成为农村经济社会发展中的一个热点和焦点问题。我们团队在 2018 年对吉林省西部地区农村空心化问题进行调研,发现吉林西部空心化问题比较严重。空心村的大量出现为乡村治理带来很多严峻的问题,包括土地资源闲置浪费、村容村貌衰败、人居环境恶化、农村经济发展迟缓、农村老龄化,甚至包括农村社会的不和谐发展。

对多年来统计数据进行分析发现,随着农村人口逐渐减少,农村建设用地不减反增,农村宅基地粗放利用、浪费严重。2009 年以来,我国政府出台一系列政策,高度重视日益严峻的村庄空心化问题。2013 年中央"一号文件"提出加强和创新农村社会管理。2018 年中央"一号文件"提出探索宅基地所有权、资格权、使用权"三权分置"。党的十九大提出实施乡村振兴战略,《乡村振兴战略规划(2018—2022 年)》尤其强调要应对好村庄空心化和农村老龄化等一些问题。2019 年中央"一号文件"明确提出抓紧制定加强农村宅基地管理指导意见，开展闲置宅基地复垦试点。十三届全国人大二次会议第 4426 号建议的答复摘要，明确强调要加强对东北粮食主产区空心村情况的调查，进一步摸清底数，分析问题。2020 年 7 月 29日，自然资源部和农业农村部，联合发布的《关于保障农村村民住宅建设合理用地的通知》，明确提出要优先利用村内空闲地，尽量少占耕地。

　　第二部分是国内外研究动态分析。农村居民点整治是优化新型城镇化过程中人地关系的一个有效途径。对居民点整治、空心村整治研究的相关文献进行梳理，可以发现研究区域主要集中在我国中部以及东南沿海地区，缺乏对东北粮食主产区居民点的研究。研究尺度多以县和村为主，缺乏大尺度上的农村聚落优化布局研究。传统整治潜力理论估算主要采用人均或户均建设用地标准法，随着城镇化进程的加快，农村人口逐渐向城市迁移，很难准确估算乡村常住人口数。农村居民点整治在全国范围内广泛开展，取得一定的经济社会效益的同时，也存在一些大规模的合村并居、"赶农民上楼"、农民权益得不到保护等问题。基于以上考虑，本研究以吉林省为案例区，提出了一种在村域尺度下农村居民点优化重组的新模式，以期为乡村规划提供可操作性强的科学指导。

　　研究区域是吉林省，其位于东北地区中部。吉林省东部、中部和西部区域差异特征明显。东部为长白山区，中部为台地平原区，西部地区属于农牧交错区，生态环境比较脆弱。选择吉林省作为研究区域，对于山区、平原区或者是农牧交错带等不同类型的居民点研究，都具有一定的指导意义。随着工业化、城市化的快速推进，大量农村人口转入城市，农村空心化问题较突出；同时建设用地需求与耕地保护间的矛盾日益突出，2009—2016 年吉林省耕地减少 400 平方千米。因此，选择吉林省作为研究区具有典型性。

　　第三部分是研究方法。首先是农村居民点用地的提取，主要采取 91 卫图助手软件，基于高清卫星影像提取面积大于 3000 平方米的居民点作为研究区农村居民点数据。居民点的空间分布特征主要采用核密度和景观形状指数进行分析。农村宅基地的空置情况主要采用入户调查的方法。抽样选择 18 个居民点，其中，东部 7 个，中部 6 个，西部 5 个。在调查中发现吉林省农村宅基地的空置情况类型比较多。

　　重点介绍我们提出的优化重组模式，我们把它形象地称为"整小填大"模式。重组模式是基于村域尺度进行。如一个行政村包括了一些比较大的居民点，还有一些比较分散的小居民点。随着空心化问题的日益突出，居民点内部就会出现大量的闲置宅基地。通过对不同区域宅基地空置率的调查，结合居民点的数据，得到了空置宅基地的总面积。以这个总面积作为整理的一个阈值。在村域尺度，引导长期在城镇居住的农户退出闲置宅基地，将小居民点内的在用宅基地农户置换到大居民点的闲置宅基地内，并将小居民点内的宅基地全部腾退出来后进行整理和复垦。我们从最小的居民点整理开始，直至达到整理的阈值。

　　第四部分是研究结果。首先,分析了重组前居民点的分布情况,以整个居民点个数、平均居民点规模、居民点面积比例等为度量指标,吉林省农村居民点平均规模为 0.0994 平方千米,中部地区农村居民点面积占比最高,为 5.91%,分别高于西部和东部地区 2.50% 和 4.84%。吉林省每个行政村平均居民点为 5.88 个,全省 60% 以上的行政村有多于 5 个的农村居民点,其中约 7% 的行政村居民点个数超过 20 个,且主要分布在吉林省中部平原区。自然条件、人口密度、经济、交通、农业发展水平等因素是导致中部居民点小而密,东西部密度比较低的主要原因。

　　居民点的形态分布特征。吉林省形态不规则和较不规则的乡村聚落主要分布在交通运输网络最密集的中部地区。形态中等规则和比较规则的农村居民点主要分布在西部和东部地区,这些地区城市化速度相对较慢,交通较不发达。因此,从景观形态特征分布来看,吉林省中部地区的农村居民点更需要布局的整理和空间优化。

　　对吉林省农村宅基地空置情况进行调查,吉林省农村宅基地空置率平均值为 18.32%。其中,西部地区宅基地空置率最高,平均空置率为 24.48%;其次是东部地区,平均空置率为 18.47%;中部地区宅基地空置率相对较低,平均空置率为 12.02%。西部自然环境比较脆弱,耕地质量等级也比较低,农民收入都不高,导致大量的农民外出打工,空置率相对来说比较高。东部地区是山区,一方面由于 2000 年全面启动“天然林保护工程”,2014 年全面停止天然林商业性采伐,引起职工大量下岗和提前退休,这是该地区村庄空心化和人口流失的主要原因。此外,延边朝鲜族自治州作为中国最大的朝鲜族聚居地,对韩国和日本进行劳务输出的规模越来越大。虽然东部山区耕地资源相对匮乏,但特色农业资源丰富,所以东部地区空置率比西部地区稍微低一些。中部平原地区,农业发展条件非常的好,城镇化工业化发展比较快,空置率相对较低。

　　按照“整小填大”模式进行优化重组,全省可增加有效耕地面积 1046.66 平方千米,其中西部、中部和东部分别为 404.15 平方千米、452.05 平方千米和 190.46 平方千米。居民点数量减少 44.6%,西部减少幅度最大(54.3%),其次是中部(43.2%)和东部(41.3%)。优化重组后,吉林省平均每个行政村居民点个数由 6 个减少为 3 个,减少近 50%。吉林省农村居民点平均规模大幅增加,由 0.0994 平方千米增加到 0.1510 平方千米,增加 51.9%。

　　最后是结论与讨论。通过以上分析给大家展示了一幅吉林省农村居民点破碎化和空心化的复杂画面。我们的研究就是把农村居民点日益突出的“空心化”和长期存在的“破碎化”相结合,提出一种新的优化重组模式。通过研究发现,中部地区农村聚落属于高度碎片化,小聚落密度高,形态不规则,具有比较大的整治潜力,而空置率相对较低。东部和西部地区,居民点破碎度相对较低,但是空置率相对较高,所以不同的区域土地整治面临一系列不同的挑战。

我们提出的"整小填大"优化重组模式是一个探索,主要具有以下特点。首先,基于村域尺度的居民点空间优化重组,既不涉及权属变化,又不会改变农民的生活方式,更加具有空间可操作性,对乡村土地整治规划来说具有指导意义。其次,优化重组模式考虑不同类型农民的利益需求,充分尊重农民的权力。"整小填大"优化重组模式的实践意义主要表现在以下几个方面:第一,促进了空置宅基地再利用,提高农村居民点集约利用水平,有效改善邻里关系。第二,这个模式不会使得耕地半径扩大,便于农业生产,有效增加耕地面积,减少机械化耕作和规模经营的障碍。同时,可更有效地利用村级现有基础设施和公共服务设施,对加快农村基础设施建设、提高公共服务设施利用水平和降低基层管理成本具有重要意义。

"整小填大"优化重组模式的有力推进,取决于宅基地的有效退出,所以我们针对宅基地管理制度也提出了几点建议。宅基地使用权是一种不稳定、不完全、有条件和受限制的用益物权。宅基地使用权不能变现,以及房屋和宅基地的不可分性也使进城农民不愿轻易放弃农村的房屋所有权,宅基地使用权制度的固化成为空心村整治改造的重要阻力。首先,进一步明确农户宅基地退出意愿的影响因素是当务之急。同时要建立有效的宅基地退出机制,并探索对退出宅基地农户优先承包整理出耕地的权利,以期更高效推进闲置宅基地整治。

特邀专家点评

首先感谢六位报告人,就东北的问题给了一系列精彩的报告。因时间关系,我简单点评几点。

首先,六个报告我认为有几个共同的特点。第一,他们针对东北的问题视角都比较前沿,比如说北极航道、城市群的重构、农村宅基地优化、流域整合等,都非常的有意义。第二,他们的研究大部分都采用了地理学先进的手段,比如遥感、大数据分析手段,还有一些经济分析方法。我认为这几个方面非常有意义,因为论坛的主题就是推动经济地理学的创新与发展,正好与论坛宗旨契合。第三,在解决东北问题上都形成了自己的视角,针对东北不同的问题,从不同的研究积累和理论支撑提出见解和分析结论。我觉得这三点在六个报告里面体现得都非常充分。

其次,每个报告里都有学习的亮点。刘艳军教授经过宏观政策和基础分析,提出基于国内大循环和中日韩小循环促进东北未来发展的路径。我认为这是一个很好的视角。刘文新基于流域的分析,是经济地理与技术化、自然化、生态化相结合的很好的一个研究范式,落脚点在区域的可持续发展与流域的生态补偿视角上,从经济地理研究经济问题向综合性问题跨越,是报告的一个特点。李鹤的报告从运时和运费、枢纽和腹地、航道竞争方面进行分析,体现了地理学、区域经济学的特点。这不仅仅是一种概念或战略阐释,而是一种基于收益的评价。王昱博士经过一系列分析提出收缩转型的概念,是比较新的视角。他将资源型城市和收缩型城市有机结合起来,不是负面的看收缩城市,而是要从科学理性的角度看收缩型转型在东北地区的意义、作用和未来的一些途径。魏冶教授运用大数据的方法分析中心性,也是地理学需要努力拓展的一个方向。他对内向型城市和外向型城市的分析,可以看出东北地区在改革开放、城市发展方面的一些作用,也是非常有特色。最后李静博士的报告基于社会经济和遥感技术手段的综合分析,提出了农村居民点整理的"整小填大"模式,我认为这个不仅对东北地区有意义,对全国乡村振兴和农村新型城镇化都具有非常重要的意义。

最后谈谈我对东北地区的理解。我们必须关注东北问题。识别东北问题容易,但是解决东北问题难得多,因为它太复杂了,需要我们多学科持续、长期关注东北地区的研究。习总书记提出五个安全,每个安全对我国发展都至关重要,所以我们在识别问题的过程中,要不懈努力,排除千难万险去寻求解决东北问题的途径,把东北问题推向更可持续发展的方向。

怎么来推动呢?从地理学角度或者从东北地区综合角度,包括社会组织结构的调整或重构、空间结构的优化和提升、产业体系的重构建设、企业模式的重构或是创新,都是东北需要解决的问题。作为经济地理学者,空间结构的调整与优化应该是我们努力的一个方向。

问题交流

主持人:谢谢金老师点评。大家对东北问题非常关注,B站上听众人数破新,高达到7000多人,问题也比较多。先请问王昱老师,您提到有些资源枯竭城市面临的不是资源枯竭问题,而是资源产权问题,能否再简单解释一下这个观点的来源,谢谢。

王昱:经济地理学的研究传统上从产业、区域空间结构角度出发,而并不太去关注人和人之间的这种关系,包括产权分配、机会公平,其实它更多的是一种人和人之间的关系,是一种制度关系。除了东北之外,可以看到很多的资源富集地为什么发展得不好,就是由于没有用一种相应的制度解决人和人之间的关系。通过调研我感受到,资源型城市的问题,虽然资源枯竭是一个最重要的影响因素,但很多确实是因为没有处理好企业家和工人阶层之间的关系、利益分配的关系等导致。因此我认为制度、人和人之间的关系也应是资源型城市发展必须要应对的一个问题。当然这种问题不只对资源型城市,对中国的其他区域或城市的发展也非常重要。

主持人:中科院沈阳生态所的薛冰老师问,改革的底层逻辑是增量,实际上无论是2003年的东北振兴战略,还是2017年提的东北全面振兴,其中一个重要的思路就是在盘活存量,对于资源枯竭城市其存量的表现形式或者载体一般是哪些?又有哪些是可以被盘活的?

王昱：我汇报当中一直想表达的问题就是，在传统上我们对于资源枯竭城市的研究一直在遵循着一种寻求增量的方式，所有的规划包括区域规划和发展规划都很看重增量。所以对于传统意义上的资源枯竭城市研究，我们也是在追求增量、发展接续产业，发展一些替代性产业。但是追寻增量的发展路径对于一些城市，特别是人口减少的城市，是否是一个合适的发展逻辑和发展路径，是可以研究的。因此我提出了"收缩转型"的发展模式。增量和存量之间的关系确实是中国城市发展中，特别是整体区域发展中非常重要的问题。东北地区可能在寻求增量上确实遇到了很多问题，也不是说没有增量，如现在的装备制造业等方面就有增量。但是和国内其他地区相比，在一些产业分工的格局当中，东北获得增量的空间相对来说不足，因此面对这种增量增速不是非常快时如何去发展？收缩转型相当于是我们对发展的一种新的理解。我的观点是发展和增量之间并不存在着绝对必然关系。

主持人：收缩城市的指标量化有哪些？

王昱：现有的研究都是以人口为主。我们现在对衰退城市的定义和研究主要看常住人口数据，但是这个数据不容易获取。如牡丹江刚刚公布2019年的数据，人口减少。其实无论从人口出生率还是从人口迁移的角度，最重要的就是人口绝对数量的减少，以及人口减少所带来系列反应，如产业萎缩、城市废弃空间的出现等。目前指标主要还是人口，但随着新一轮人口普查数据公布，希望会有一个体系性的指标体系来界定收缩城市。

主持人：关于城市存量问题，张平宇老师留言说，现在东北很多城市的储备存量可能有一些价值不大了，一些甚至已经是东北向前发展的历史包袱，所以东北现在以及未来的发展方向是创新，就是发展新兴的产业，通过技术创新和产业创新来带动东北发展，这也可能是未来的路径之一。

下面再回到问题区，这几个问题主要是关于农村居民点整治的问题。第一，居民点整治是否要考虑耕地与居住地之间的距离，太远了可能不太适合，可能要根据农民的意愿来进行整治。第二，居民点整治的成本谁来承担，农民不愿意搬迁怎么办？第三，宅基地的空心化如何来识别？第四，农村居民点的整治和国土空间规划是如何衔接？

李静：关于居民点整治需要考虑农民耕地与居住地的距离，因为我们的研究主要是在村域尺度下进行居民点优化重组，耕作半径适度，便于农业生产。

居民点整治的成本谁来承担，农民不愿意搬迁怎么办？本研究主要目的是提出了一种在村域尺度下农村居民点优化重组的新模式，而居民点整治的资金来源以及农民搬迁的意愿是后续规划工作需要具体考虑的内容。土地整治工作的资金主要依靠政府财政投资，同时也需要引入农村土地金融业务来扩大农村居民点整治的资金来源。

第三个问题是宅基地的空心化如何识别。我们对吉林省东中西部进行调研，将至少1年以上时间无人居住的宅基地定义为空置宅基地。第四个问题就是农村居民点整治与国土空间规划的衔接,这个问题特别好。从规划层级和内容类型来看,国土空间规划分为"五级三类"。"五级"就是国家级、省级、市级、县级、乡镇级。其中国家级规划侧重战略性,省级规划侧重协调性,市县级和乡镇级规划侧重实施性。乡镇国土空间规划的一个重要方面就是构建科学适度有序的农村居民点布局体系和营造干净整洁便捷的农村人居环境,因此农村居民点整治在乡镇国土空间规划里是一个非常重要的内容。

主持人:最后两个问题是给刘艳军老师的。第一个问题是报告里面提出了几个东北地区的发展方向,是否有具体的例子? 第二个问题是从全国看东北地区原来是工业化的先行者,但是在转型或者转轨过程中落后于其他地区,这与地方的创新积累和创新转化有关系吗? 另外从创新的视角看有哪些方法可以促进东北经济的发展。

刘艳军:关于东北地区的发展方向,总体方向是从国家战略需求的角度,在保障"五个安全"要求之下,推动东北高质量发展、全面振兴和全方位振兴。具体来看,高质量发展包括创新发展、绿色发展、集聚发展、协调发展等方面,全面振兴和全方位振兴在报告里涉及区域空间重构、城市发展布局、开放合作路径、重大基础设施建设等方面,具体实现路径可以包括促进东北地区区域一体化发展、争创国家中心城市、推进新型基础设施建设、加快融入中蒙俄经济走廊建设、打造向北开放窗口等。

第二个问题是关于东北的创新发展。东北地区的大型国企研发、科教资源、各类专业人才等创新资源较多,长期发展过程中也积累了一定的体量和规模,但是在本地创新成果转化等方面与发达地区相比有差距,很多研究成果没有转化成具体产业或者实现产出效益。从创新的角度,可以考虑从几个方面通过创新驱动东北发展:一是强化优势产业或企业的研发;二是培育扶持创新型企业、高科技企业发展;三是通过完善政策推动科技成果转化;四是优化支撑创新发展的营商环境;五是留住和吸引科技创新人才。

召集人总结

张平宇:总结谈不上,我就补充一个知识点吧,关于东北地区的范围。东北地区是东北三省加上内蒙古的东四盟,这是地理学经典的划分,经济地理区划和自然地理区划,都是没有问题的。但是2003年东北振兴战略之后,国家发改委在研究范围的时候,内蒙古比较积极,锡林郭勒盟积极参与这项工作,所以把锡林郭勒盟划入振兴东北政策的范围区域,就导致了后来各个方面应用东北地区的范围不太准确。我一直强调呼吁我们作为地理学者,包括我们东北地理所的学者,一般情况下要注意把握这个范式,还是以经典的划分为主。比如说西部大开发时延边州也是享受政策,其实它是一种政策区域范围。我们搞地理研究的还是要注意区分一下。谢谢大家!

后　记

　　2020 年的新冠疫情虽然影响了我们经过长途跋涉实现面对面的交流,但没法阻断我们通过网络进行面对面视频交流的可能,这就是信息化带来的好处,也是信息化时代出现的新业态,一定程度上也是经济地理学创新的新方向。所以,与时俱进是促进学科发展的基本原则,同时也希望经济地理学者在学科创新上能先行一步。基于上述想法,中国地理学会经济地理专业委员会先是于 2020 年 5 月组织了"新冠疫情下经济地理学的创新与发展"线上学术研讨会,并取得了良好的效果。200 多位经济地理学者欢聚在网络会议室里,探讨疫情给经济地理学的研究对象、理论和方法带来的挑战和思考,讨论非常热烈。

　　随着疫情的不断反复,考虑到 2020 年举办线下学术年会可能性低的困境,经过酝酿和准备,经济地理专业委员会于 2020 年 6 月开始推动了"云学术交流"系列论坛活动。我们的初衷是邀请学界有威望的专家和有学术造诣的年轻学者做学术报告,利用周末晚上活跃疫情背景下的学术气氛,并为抗疫献智献力。随着论坛活动的不断举办,产生了非常好的效果,也得到了学会的认可,每周六晚上"固定"的学术论坛成为了大家共同的期待,这也增加了我们组织系列论坛的信心。2020 年 6~8 月,我们共组织了 13 次论坛,累计 38 位学者受邀进行了学术交流,涉及 16 所高校院所。这些报告涉及了"一带一路"、全球化、金融地理、产业集群、创新地理、能源地理、空间分析方法等学科研究方向与方法,以及东北地区、长三角、自贸区等重大区域和重点领域。

　　据不完全统计,平均每次论坛的听众可达 3000 人,最多时达到了 7000 多人;有近 5 万人次参与了本系列论坛的学术活动,相当于召开了一次超大型的学会会议。对这些参与者,我代表专业委员会表示感谢! 同时也感谢中国地理学会,通过学会平台的 B 站直播扩大了论坛的影响力,实际上也扩大了经济地理学学科的影响力。

　　2020 年的论坛尝试了新的学术交流方式,也体现了学科在发展中对信息等新技术的应用能力。目前,线上学术交流已经成为常态。我们将继续响应中国地理学会的号召,未来根据新的情况,继续组织相应的论坛,以此来扩大经济地理学的学科影响力,加强学科的创新力,助力青年人才的成长,同时也为国家发展做出我们应有的贡献。

金凤君

2021 年 8 月